표지의 좌석 배치도

표지의 그림은 조각가 쉴러만스가 총회를 참관하며 동판(銅板)으로 제작한 것이다. 도르트 총회에는 영국, 팔츠, 헤센, 스위스, 나사우-베터라우, 제네바, 브레멘, 엠덴에서 온 26명의 신학자들도 참석하였다. 프랑스와 브란덴부르크(Brandenburg)에도 초청장을 보냈지만, 프랑스는 루이 13세의 반대로, 브란덴부르크는 루터파의 반대로 대표자들의 출석이 금지되었다. 도르트 총회는 프랑스 대표자들이 회의 중이라도 올 수 있기를 기다리는 마음과 그들이 비록 몸은 떨어져있어도 신앙과 정신에 있어서 자신들과 같이 한다는 마음으로 회의 내내 자리를 비워두었다. 네덜란드의 지역 노회들 10곳은 53명의 목사와 장로를 보냈고, 5개 대학은 1명씩 5명의 신학자를, 의회는 18명의 대표자를 보냈다.

도르트 신경 구성 조감도

	1. 신적 선택과 유기	2. 그리스도의 죽음과 이로 인한 구속
1	죄로 인해 영원한 저주와 죽음 하에 있게 된 인류	죄에 대한 벌을 요구하시는 하나님의 공의
2	그런 인류에게 독생자를 보내어 믿으면 영생을 얻게 하신 하나님	하나님의 공의를 위해 십자가에서 죄와 저주가 되신 독생자
3	인류를 믿음으로 이끄시려고 복음의 전파자를 보내시는 하나님	전 세상의 죄를 속죄하기에 무한한 가치가 있는 독생자의 죽음
4	전하여진 복음을 믿지 않으면 진노가, 믿으면 영생이 주어짐	참된 사람이자, 성부와 성자와 같은 본질의 그리스도
5	불신의 원인은 사람에게, 믿음의 원인은 하나님에게	모든 사람들에게 선포되는 그리스도를 통한 영생의 복음
6	일부에겐 믿음을 주시고, 일부에겐 주시지 않는 하나님의 영원한 작정	그리스도의 희생의 흠이 아니라 자신의 잘 못으로 믿지 않는 이들
7	순전히 은혜로 택자들을 선택하시고, 구원의 수단도 정하시는 하나님	오직 하나님의 은혜로 믿고 구원받는 이들
8	다양한 종류의 선택이 아니라, 하나의 같은 선택	제한 속죄: 택자들에게 실패 없이 발휘되는 그리스도의 죽음의 효력
9	선택의 원인과 조건이 아니라, 선택의 목적인 믿음과 믿음의 순종과 거룩함	태초부터 힘차게 실행되었고, 계속해서 실행될 계획
10	선택의 유일한 원인인 하나님의 선한 기쁨	
11	하나님의 지혜, 불변, 전지, 전능에 따라, 방해, 변경, 폐지, 종결이 없는 선택	
12	호기심의 탐구가 아니라, 선택의 열매의 관찰을 통해 주어지는 선택의 확신	
13	선택의 확신에서 오는 겸손과 찬양과 정화와 사랑	
14	신구약과 현대에도 선포되어야하는 선택 교리	
15	일부는 선택되지 않고 간과되는 유기의 작정	
16	유기 교리에 놀라지 않는 은혜의 수단 사용자와 두려워하는 육신의 정욕자	
17	자신의 본성이 아니라 은혜 언약의 효력으로 거룩한 유아	
18	선택과 유기 교리에 대한 올바른 자세	

	3. 사람의 타락, 하나님께로의 회개와 그 회개의 방식	4. 성도의 견인
1	하나님의 형상으로 창조된 사람의 지정의에 걸친 부패	죄로부터 전적으로 구원되지 않는 중생자
2	모방이 아니라 본성의 전달을 통한 부패한 후손의 출산	연약함을 인해 겸손해지고 그리스도에게 피신하는 성도들
3	죄인으로 태어나 전적 부패한 사람	성도의 견인: 세상과 사탄의 유혹에 넘어지는 성도들을 격려하시고 보존하시는 하나님
4	희미하게 남은 본성의 빛으로 회심할 수 없는 사람	시험에 유혹되지 않도록 깨어 기도해야 하는 신자
5	십계명(율법)을 통해 구원을 얻지 못하는 사람	중생자의 심각한 죄가 가져오는 결과
6	성령의 권능으로 복음을 통해 믿는 자들을 구원하시는 하나님	신자의 심각한 타락에도 성령을 거두시지 않는 하나님
7	하나님의 자유로운 기쁨으로 구약보다 신약에 더 다수에게 선포되는 복음	심각한 타락의 신자를 죽지 않는 씨와 말씀과 성령을 통하여 회복하시는 하나님
8	복음을 통해 진지하게 부르시는 하나님	삼위 하나님을 인해 믿음과 은혜에서 떨어지지 않는 신자
9	복음과 그리스도와 하나님이 아니라, 사람에게 있는 비회심의 원인	구원과 견인에 대한 확신을 갖는 택자들
10	사람이 아니라, 선택하시고 부르시는 하나님에게 있는 회심의 원인	하나님의 약속에 대한 믿음과 성령의 증거와 선한 행위의 추구로 생기는 확신
11	하나님께서 성령을 통해 택자들을 회심하게 하시는 방법	육신의 의심과 유혹으로 믿음의 확신을 늘 느끼는 것은 아닌 성도
12	초월적으로 확실히 중생되어 자체로 행하는 의지	거만과 안일이 아니라 겸손, 공경, 경건, 인내 등을 가져오는 견인의 확신
13	다 이해할 수 없는 중생과 회심의 작동 방식	방종이 아니라 주님의 길에 대한 관심으로 이끄는 견인에 대한 되살아난 신뢰
14	하나님의 선물로써 실제로 수여되고 불어넣어지는 믿음	복음과 성례의 사용을 통해 이뤄지는 하나님의 은혜의 일
15	받을 자격이 없음에도 주시는 하나님의 은혜에 대한 합당한 태도	신자와 비신자의 견인에 대한 다른 태도
16	사람을 나무가 아니라 인격으로 대하여, 의지를 참되게 회복하는 중생의 은혜	
17	중생의 사역에 은혜의 수단을 사용하시는 하나님	

전적 부패, 전적 은혜

전적 부패,
전적 은혜

초판 1쇄   2018년 7월 9일 발행
　2쇄   2019년 1월 3일 발행

펴낸이　　종교개혁500주년기념사업특별위원회
지은이　　김요녕
발행인　　김기영
발행처　　도서출판 영음사
주소　　　경기도 수원시 권선구 경수대로369번길 20, 4, 5층
전화　　　031) 233-1401, 1402
팩스　　　031) 233-1409
전자우편　biblecomen@daum.net
등록　　　2011. 3. 1 제251-2011-14호

이 도서의 국립중앙도서관 출판시도서목록(CIP)은 서지정보유통지원시스템 홈페이지(http://seoji.nl.go.kr)와 국가자료공동목록시스템(http://www.nl.go.kr/kolisnet)에서 이용하실 수 있습니다.(CIP제어번호: CIP2018020832)

ISBN 978-89-7304-135-0 (03230)
값은 뒤표지에 있습니다.

이 책의 출판권은 도서출판 영음사에 있습니다.
저작권법에 의하여 보호를 받는 저작물이므로 무단전재와 복제를 금합니다.

도르트 신경의
역사적 배경과 해설

정요석 지음

전적부패,
전적은혜

종교개혁500주년기념사업
특별위원회
대한예수교장로회(합신)
펴냄

도서출판 영 음 사

간행사

　　제102회 총회(2017년 9월)는 종교개혁500주년기념사업특별위원회로 도르트 총회 400주년 기념 사업을 수행하도록 결의하였습니다. 이에 동위원회는 도르트 총회 400주년 기념 책자와 세미나를 2018년에 갖기로 결정하였고, 이의 일환으로 이번에 『전적 부패, 전적 은혜: 도르트 신경의 역사적 배경과 해설』이란 책이 나옵니다. 합신 교단이 도르트 총회의 결과물을 한국 교회에 소개하게 되어 하나님 앞에 감사합니다.

　　도르트 총회는 1618년 11월에 아르미니우스의 가르침을 따르는 항론파의 주장을 논의하기 위하여 네덜란드 국가 의회에서 소집했습니다. 도르트 총회는 네덜란드의 목사와 장로와 신학자와 의회 대표만이 아니라, 총회의 신학적 엄밀성과 중립성과 전문성과 보편성을 위하여 영국, 팔츠, 헤센, 스위스, 나사우–베터라우, 제네바, 브레멘, 엠덴의 신학자들도 초청하였습니다. 이에 8개국으로부터 26명의 신학자들이 참여하여, 개혁주의 교회에서 유일하게 준(準) 세계 총회의 성격을 갖게 되었습니다. 6개월여 동안 진행된 총회의 막대한 비용을 의회는 기쁨으로 모두 지불하며 하나님의 말씀이 교리와 교회 질서에 있어서 올바로 드러나기를 바랐습니다.

400년 전에 작성된 총회 결과물을 지금 기념하여 책자로 내는 것은 그 결과물이 시대의 한계를 받는 사람의 소견에 의한 것이 아니라, 영원한 진리인 하나님의 말씀에 의거한 것이기 때문입니다. 더욱 우리가 명심해야 할 것은 도르트 신경이 작성될 때 스콜라적인 방식이 아니라 대중적이고 보편적인 (popular and catholic) 방식으로 작성되었다는 것입니다. 즉 도르트 신경은 어려운 학문적인 방식이 아니라 일반 성도가 이해할 수 있는 대중적 방식으로 기록되었습니다. 그런데 지금 일반 성도가 도르트 신경을 어렵지 않게 이해할 수 있는지요?

우리 모두가 보다 열심을 내어 도르트 신경을 어렵지 않게 이해하는 수준이 되기를 바랍니다. 그리고 왜 유럽의 유력한 목사들과 신학자들이 도르트 신경의 작성에 그렇게 많은 정성과 시간을 바쳤는지 새길 수 있기를 바랍니다. 요사이 하나님의 말씀은 더 혼잡되었고, 개인의 사사로운 이득에 오용되고 있습니다. 도르트 총회의 정신을 새기며 우리 모두가 하나님의 말씀을 혼잡하게 하지 아니하고 곧 순전함으로 하나님께 받은 것 같이 하나님 앞에 서와 그리스도 안에서 말하기를 바랍니다.

우리는 이 책자를 통하여 남을 비판하고 정죄하기보다 종교개혁과 도르트 총회의 정신과 개혁으로 우리의 부족함을 살피기를 바랍니다. 400년이 지났으므로 우리는 더 개혁되고, 현재의 환경과 변화까지도 담아내야 합니다. 이 책자를 통하여 이러한 의식과 다짐이 우리 교단에 더 일어나 바른 신학이 바른 교회와 생활에까지 이어지고, 진리에 대한 사랑이 하나님과 이웃에 대한 사랑으로 풍성하게 나타나기를 바랍니다.

2018년 6월

종교개혁500주년기념사업특별위원회

공현식, 김만형, 박삼열, 안만길(위원장),

이남규, 정요석(서기), 조병수, 장도영(연구위원)

머리말

400년 전에 네덜란드 도르트에서 하나님의 주권과 사람의 책임을 성경에 의하여 잘 토론하고 정리한 결과물을 합신 교단이 기념하게 되어 기쁩니다. 도르트 신경은 십자가에서 죽으신 그리스도의 대속의 죽음을 찬란하게 드러냈고, 이 죽음의 효력이 하나님께서 택하신 자들에게 확실하게 적용됨을 분명히 드러냈습니다. 그러면서 이러한 큰 사랑을 받은 사람이 어떤 믿음의 여정을 걷게 되고, 해야 할 일이 무엇이며, 어떻게 하나님을 즐거워하고 찬양해야하는지, 무책임하게 사람의 자유와 권한을 확장한 알미니안에 맞서 잘 나타냈습니다.

아마 대부분의 교회는 지난 주일 예배에서 사도 신경으로 신앙을 고백했을 것입니다. 사도들의 가르침을 요약한 사도 신경은 삼사 세기부터 사용되었고, 현재와 같은 형태는 칠팔 세기에 확립되었습니다. 세계 교회는 사도 신경만이 아니라 325년에 첫 번째 공의회에서 채택된 니케아 신경과 451년에 네 번째 공의회에서 채택된 칼케돈 신경도 오늘날 받고 있습니다. 왜 우리는 이렇게 1,500년도 넘게 오래 전에 형성된 신경(信經)들을 현재에도 적합한 내용으로 받을까요? 그것은 그것들이 시대의 한계를 받는 사람들의 소견이 아니라, 성경 전체의 내용에 따라 형성되었기 때문입니다.

    400년 전에 만들어진 도르트 신경도 그 시대의 한계를 벗어나지 못하는 사람들의 소견이 아니라, 만고불변의 성경 말씀에 따라 만들어졌기 때문에 우리는 이것을 기념하고자 합니다. 신앙고백과 신경을 받는다는 것은 성경을 어떻게 해석하는가와 긴밀히 연결됩니다. 도르트 신경은 많은 성경 구절들의 참된 의미가 무엇인지 서술하고 있습니다. 도르트 신경을 새기는 것은 결코 그 이후 400년 동안 전개된 신학의 흐름을 무시하는 것이 아니고, 성경 구절들의 참된 의미가 무엇인지 다지는 것이고, 이에 따라 그 이후 전개된 신학을 올바로 바라보는 것입니다. 합신 교단이 400년 전의 도르트 신경이 성경에 따라 얼마나 격조와 깊이 있게 작성되었는가를 살핌으로써, 진화론의 영향으로 400년 전의 사람들보다 우리가 더 현대적이고 우월하다는 교만이 깨어지기를 바랍니다.

    도르트 총회는 네덜란드가 스페인에 맞서 독립전쟁을 하는 휴전 중에 열렸습니다. 서구 열강은 인도를 비롯한 아시아와 남미의 여러 나라를 식민지로 삼기 시작했습니다. 그래서 독립과 전쟁, 식민지와 무역 등이 그 당시 쟁점과 관심사였습니다. 그런데 도르트 총회는 성경에 근거하여 다섯 가지 교리와 교회 질서, 몇 가지 교회 사안을 다루었을 뿐입니다. 이것은 도르트 총회가 이런 쟁점들을 무시했다는 것이 아니라, 무엇보다 근본적인 것은 올바른 성경 해석과 교회 질서라고 인식했다는 것입니다. 성경 해석과 교회 질서를 바라보는 관점이 제대로 확립될 때 교회가 직면하는 다양한 쟁점을 바라보는 관점 또한 옳게 형성되고, 신자들 간에 차이가 있어도 서로 대화하며 용인할 수 있는 범주가 될 것입니다.

현대 사회는 도르트 총회가 열린 400년 전보다 더 복잡해졌고 쟁점 또한 더 많습니다. 하지만 해 아래 새 것이 없다고 전혀 보지도 듣지도 생각지도 못한 문제가 발생하는 것은 아닙니다. 도르트 신경을 대하는 진지한 자세와 전체를 이해하는 해석력이라면 현재 우리에게 닥친 어떠한 쟁점도 성경에 근거한 해석을 할 수 있을 것입니다. 계시의존사색력을 기르게 됩니다. 도르트 총회 400주년을 기념하는 것은 흘러간 노래를 다시 트는 것도 아니고, 낡은 잣대로 복잡한 현대를 재단하는 것도 아니고, 오히려 현대의 복잡한 여러 쟁점들을 바라보는 눈을 기르는 것입니다. 독자들이 이 책을 덮을 즈음에 통일, 난민, 페미니즘, 동성애, 인권, 세계화, 환경, 정치, 교육 등을 성경에 의하여 바라보는 사고력에 있어서도 도움 받기를 바랍니다.

사도 신경은 간단하고 쉽지만, 이에 비하여 도르트 신경은 양도 많고 어렵고 학문적으로 보입니다. 신학자들이나 살펴볼 문서를 일반 목회자와 성도가 머리 아프게 살펴볼 필요가 있을까요? 도르트 신경은 전체 총대들의 교회를 위한 신학이란 인식과 하이델베르크 요리문답을 작성한 경험이 있는 팔츠 대표자들의 역할 하에서 학문적인 방식이 아니라 대중적이고 보편적인 방식으로 평이하게 작성되었습니다. 이것은 일반 성도가 도르트 신경을 집중하여 읽으면 이해할 수 있다는 의미입니다. 도르트 신경은 첨예한 신학적 논쟁을 정확하게 축약하여 기술하려다보니 어쩔 수 없이 신학적 용어들을 사용하고 있지만, 사용되는 몇 단어들과 쟁점에 익숙하여지면 기본적으로 쉽습니다. 그러니 신학 전공자는 물론이고 일반 성도도 과감하게 도르트 신경을 읽어보기 바랍니다. 짜임새 있는 체계와 반복되는 내용을 인해 평이함을 느끼게 되고, 다 읽은 후에는 본인이 짜임새 있는 신학 체계와 깊이 있는 성경 해석에 진입해가고 있음을 경험할 것입니다.

이 책을 읽을 때 아래와 같은 몇 가지 사항을 참고하기 바랍니다.

첫째, 각 장의 말미에 토론문제가 있습니다. 소모임으로 이 책을 공부할 때에 각 장의 내용을 정리하며 원활하게 대화할 수 있도록 토론문제를 만들었습니다. 한 번의 소모임에서 몇 개의 문항을 다룰지는 모임의 성격에 따라 자유롭게 정하면 됩니다.

둘째, 이 책의 말미에 심화설명 6가지가 실렸습니다. 특히 앞의 네 가지는 성경 전체와 신학 일반을 이해하는 데 큰 도움이 되니 읽어보기 바랍니다. 심화설명을 이해하고 분석하는 노력은 현재 한국 교회가 직면한 여러 쟁점들을 성경에 따라 분석하는 계시의존사색력으로 이어질 것입니다.

셋째, 도르트 총회는 외국 대표들과 도르트 신경을 같이 작성한 후에, 네덜란드 대표들끼 모여 현재의 교회정치와 예배모범과 권징조례에 해당되는 교회질서도 작성했습니다. 이 책은 이에 대해서 제목들만 간단히 소개하였는데, 자세한 내용은 박윤선 박사의 『헌법주석: 정치·예배모범』이나 허순길 목사의 『개혁교회 질서 해설』 등을 참고하기 바랍니다.

넷째, 이 책은 라틴어로 작성된 도르트 신경 원문을 번역했습니다. 이미 영어와 한글의 번역본들이 몇 개 있는데, 필자는 이것들을 참고하여 라틴어 원문에서 직접 번역하여 정확한 번역이 되도록 시도했습니다. 그런데 번역은 반역이라는 말이 있는 것처럼 어쩔 수 없는 오류와 어색함이 있습니다. 앞으로 이 책이 참고 되어 더 좋은 번역본이 나오기를 바랍니다.

아르미니우스주의가 반영된 신학을 채택한 교단들을 우리는 어떻게 바라보아야 할까요? 도르트 총회처럼 그들이 틀렸다고 정죄하며 교제와 교류를 끊어야 할까요? 도르트 총회 후 400년이 흘렀습니다. 400년이란 시간은 그들과 우리의 장단점이 무엇인지 세월 속에서 자연히 드러내주었습니다. 그들을 정죄하기에 앞서 우리의 드러난 약점을 어떻게 개선할 것인지 살펴야 하고, 그들의 드러난 장점을 겸손하게 인정하고, 그 장점이 우리의 신학에서 실천적으로 펼쳐지도록 깊이 연구하고 고민해야 합니다.

알미니안을 반대하던 이들의 후예 중 상당수가 알미니안이 되었고, 알미니안의 후예들은 더 사람 중심으로 생각하게 되었습니다. 이 책자를 읽는 독자들 중 적지 않은 분들이 아르미니우스주의에 가까움을 확인하며 놀랄 것입니다. 400년 전의 알미니안은 지금의 상황에서 보면 오히려 신학과 교회질서에서 보수적입니다. 이 시대가 400년 전보다 얼마나 후퇴하였고 인본주의로 흘렀는가를 알 수 있습니다. 우리가 도르트 총회 400주년을 기념하며 보다 더 바른 신학과 교회와 생활에 대한 통찰과 도전을 받을 때에 우리는 현재의 한국 교회만이 아니라, 사회의 여러 쟁점들도 좌우에 치우치지 않는 계시의존사색으로 읽어내어 교회와 사회에 맑은 물과 통찰을 흘려보내고, 알미니안 교단들로 인본주의로의 치우침 대신에 그들의 긍정적 장점이 드러나도록 견제하게 될 것입니다.

    도르트 신경을 읽을수록 자신의 부패를 읽어내고, 하나님의 전적인 은혜가 아무 이유 없이 주어짐을 깨달아, 하나님을 온전히 찬양할 수 있기를 바랍니다. 하나님의 전적 사랑을 더욱 체험하며 이웃에 대한 사랑으로 이어지기를 바랍니다. 우리는 다 그분의 충만한 데서 받을 뿐이니, 은혜 위에 은혜입니다!

싱그러운 유월의 끝자락에서
정요석

차 례

간행사   5
머리말   8

제1부 도르트 총회의 역사적 배경   19
  1. 네덜란드의 독립 전쟁   22
  2. 네덜란드의 종교개혁   27
  3. 아르미니우스   30
  4. 도르트 총회   36

제2부 도르트 신경   47

제1장 첫째 교리: 신적 선택과 유기   51
  1. 항론파의 신적 선택과 유기   52
  2. 도르트 신경(반항론파)의 신적 선택과 유기   54
  3. 첫째 교리에 대한 항론파의 구체적 잘못에 대한 반항론파의 구체적 답변   112
    : 이해와 나눔을 위한 질문   133

제2장 둘째 교리: 그리스도의 죽음과 이로 인한 사람의 구속   145
  1. 항론파의 그리스도의 죽음과 이로 인한 사람의 구속   146
  2. 도르트 신경(반항론파)의 그리스도의 죽음과 이로 인한 사람의 구속   147
  3. 둘째 교리에 대한 항론파의 구체적 잘못에 대한 반항론파의 구체적 답변   172
    : 이해와 나눔을 위한 질문   185

제3장 셋째 · 넷째 교리: 사람의 부패와 하나님께로의 회개와 그 방식   193
  1. 항론파의 사람의 부패, 하나님께로의 회개와 그 방식   194
  2. 도르트 신경(반항론파)의 사람의 부패, 하나님께로의 회개와 그 방식   196
  3. 셋째와 넷째 교리에 대한 항론파의 구체적 잘못에 대한
     반항론파의 구체적 답변   247
    : 이해와 나눔을 위한 질문   265

제4장 다섯째 교리: 성도의 견인   277
  1. 항론파의 성도의 견인   278
  2. 도르트 신경(반항론파)의 성도의 견인   279
  3. 다섯째 교리에 대한 항론파의 구체적 잘못에 대한
     반항론파의 구체적 답변   312
    : 이해와 나눔을 위한 질문   330

제5장 결론   341
  1. 도르트 신경의 결론   342
  2. 칼뱅주의 5대 교리   348
  3. 도르트 신경의 작성 방식   352
  4. 도르트 신경의 구조   355

제3부 도르트의 교회 질서   367

부록 심화 설명 — 377

심화 설명 1: 성부와 성령과 똑같은 영원하고 무한한 본질을 지니신 하나님의 독생자 — 378

심화 설명 2: 분리되지 않는 삼위의 사역 — 385

심화 설명 3: 성경에 나오는 하나님에 대한 말씀들의 분류 — 389

심화 설명 4: 양성 일인격(兩性 一人格, Two distinct Natures, One Person) — 394

심화 설명 5: 보이는 말씀인 성례 — 404

심화 설명 6: 타락 전 선택설(전택설)과 타락 후 선택설(후택설) — 410

참고 목록

참고 1: 사람과 맺으신 하나님의 언약 — 106

참고 2: 성경에 나오는 "세상"과 "모든 사람들"의 의미 — 165

참고 3: 내적 인식 원리와 외적 인식 원리 — 201

참고 4: 신자와 불신자 모두에게 허락된 일반 계시(general revelation)의 유용성과 불충분성 — 204

참고 5: 루터의 노예의지(the Bondage of the Will) — 223

참고 6: 웨스트민스터 신앙고백 9장 "자유의지"(Free Will) — 224

참고 7: 은혜의 외적 그리고 통상적 수단(the Outward and Ordinary Means of Grace) — 243

제1부

도르트 총회의 역사적 배경

마틴 루터(Martin Luther, 1483-1546)가 1517년에 95개 반박문을 주장하며 시작된 종교개혁은 존 칼뱅(John Calvin, 1509-1564)을 통해 더욱 옳게 다듬어졌고, 유럽 전체에 널리 퍼졌습니다. 네덜란드도 칼뱅의 영향을 크게 받았습니다. 그런데 야콥 아르미니우스(Jacobus Arminius, 1560-1609)가 이를 뒤트는 주장을 하며 많은 혼란이 일어났습니다. 이 영향을 받은 목사들은 아르미니우스의 사후에 자신들의 견해를 공식적으로 주장하며 교회의 공적 가르침을 바꾸려고 했습니다. 여러분은 아래 구절을 어떻게 해석하십니까?

> 아들을 믿는 자에게는 영생이 있고 아들에게 순종하지 아니하는 자는 영생을 보지 못하고 도리어 하나님의 진노가 그 위에 머물러 있느니라.
>
> 요 3:36

여러분이 이 구절을 "하나님은 타락한 죄 속에 있는 인류로부터, 성령의 은혜를 통하여, 예수 그리스도를 믿을 자들을 그리고 그 믿음과 믿음의 순종을 지속적으로 끝까지 견인할 자들을 구원하기로 정하셨다."라는 의미로 해석하였다면, 바로 아르미니우스주의자들의 해석에 속합니다. "아들을 믿는 자에게는 영생이 있고"라는 표현 때문에 그리스도를 믿는 자는 구원받는다고 해석할 수 있는데, 왜 위의 해석이 잘못된 것일까요? 이에 대한 답을 이 책은 앞으로 살펴봅니다.

58명의 네덜란드 목사들과 신학자들은 1618-1619년에[1] 네덜란드 도르트(Dordt)에[2] 모여 이런 해석이 잘못되었다고 결정했습니다. 이 회의에는 유럽 전역의 개혁 교회들에서 온 유력한 목사들과 신학자들도 참여하였는데, 8개국에서 온 26명이 참여하여 도르트 총회는 개혁파의 유일한 국제회의가 되었습니다.

그러면 이제부터 첫째로 도르트 총회가 왜 열렸는지 역사적 배경과 개요를 살펴봅니다. 둘째로 도르트 총회에서 외국 대표들까지 참여하여 결정한 도르트 신경(信經, Canon[3])에 대하여 살펴봅니다. 셋째로 도르트 신경의 작성 이후 네덜란드 대표들만 참여하여 결정한 도르트 교회 질서에 대하여 살펴봅니다.

---

[1] 1618년에 조선의 왕은 광해군(1575-1641, 재위 1608-23)이었다. 중국 대륙에서는 여진족을 통일하여 1616년에 후금을 세운 누르하치가 1618년에 명나라와 전쟁을 시작했다. 임진왜란(1592-1598) 때 군사를 파병한 명나라의 파병 요청을 받고 광해군은 1만 명을 파병하였다. 1619년 3월에 조선과 명의 연합군은 후금에게 대패하였다. 그런데 광해군은 후금의 군사력을 명이 감당할 수 없다고 판단하여 명의 요구에 어쩔 수 없이 파병하였지만, 지휘관 도원수 강홍립에게 명군의 명령에 일방적으로 따르지 말고 형세를 보아 신중하게 향배를 정하라고 명령하였다. 그래서 강홍립은 전투에서 대패하였을 때 후금에게 투항했고, 후금도 조선의 이러한 입장을 이해하는 외교문서를 조선에 보냈다. 광해군은 큰 물자를 보내어 그들의 마음을 샀고, 후금은 조선군 포로 석방으로 화답하였다. 1618년에 유럽 대륙에서는 로마 가톨릭을 따르는 국가들과 개신교를 따르는 국가들 사이에서 벌어진 30년의 종교 전쟁(1618-1648)이 시작되었다. 1619년에 영국은 인도에서 처음으로 식민지를 점령했고, 아프리카 노예가 처음으로 북아메리카에 도착하였다.

[2] 도르트레히트(Dordrecht)는 네덜란드 남서부 조이트홀란트 주에 속해 있다. 2017년 현재 약 100 km²의 땅에 약 12만 명이 살고 있다. 글자를 줄여서 Dort나 Dordt라고도 한다.

[3] canon은 "교회법, 신앙 및 행위의 기준, 규범, 기준, 근본 원리"의 뜻을 갖는다.

1. 네덜란드의 독립 전쟁

스페인의 무적함대를 이끈 것으로 유명한 국왕 필립2세(Philippe II, 1527-1598, 재위 1556-1598)는 광적일 정도로 로마 가톨릭을 신봉하여 개신교를 이단으로 몰아 말살하려고 하였습니다. 그는 신성 로마 제국의 황제인 자신의 아버지 카를 5세보다 더 강하게 식민지 네덜란드의 개신교를 탄압하였습니다. 네덜란드에 무거운 세금을 부과하였고, 통치의 편의를 위해 권력의 중앙 집중 정책을 추진하였습니다.

1517년에 시작된 마틴 루터의 종교개혁은 네덜란드에 큰 영향을 주었고, 이후에는 칼뱅의 가르침이 넓게 퍼졌습니다. 1566년 8월에 개혁 교회(Reformed Church) 신자들이 중심이 되어 로마 가톨릭 성인의 성상을 파괴하였습니다. 무역에 의존하던 네덜란드의 지방 정부는 정치 경제적 이유로 자유와 관용을 이용하는 편이지라 개신교에 관대한 편이었고, 수많은 성상 파괴에 대해서도 방관하였습니다. 성상 파괴는 스페인의 가혹한 통치 행위와 종교 탄압에 대한 저항의 표현이었습니다.

필립 2세는 이를 응징하기 위해 1567년 8월에 1만의 군대를 알바 공(Duke Alva)의 지휘 하에 파견하였습니다. 알바 공은 2명의 네덜란드 백작을 참수하였습니다. 이들은 로마 가톨릭 신자로 필립2세에 대한 충성을 지켰음에도, 개신교에 대한 관용 정책을 취하였다는 죄목으로 처형되었습니다. 그 후 수천 명의 개신교인들이 종교재판소를 통해 교수형과 참수형과 화형으로 처형되었습니다.

이에 네덜란드 독립전쟁이 1568년에 시작되었습니다. 홀란트(Holland), 젤란트(Zeeland), 위트레흐트(Utrecht)의 영주인 빌렘1세(Willem van Oranje I, 1533-1584)는 지도자가 되어, 1568년 4월에 알바 공의 스페인 군대와 싸워 승리하였습니다. 이로부터 승리와 패배가 교차하는 80년간의 독립전쟁이 이어졌습니다.

유럽의 넓은 영토를 다스리는 스페인은 네덜란드와의 전쟁에만 몰두할 수 없었고, 지중해에서 오스만 제국과도 싸워야했습니다. 이런 이유로 물자와 재정을 본국으로부터 충분히 공급받지 못해 어려움에 빠진 알바 공은 주둔 비용을 해결코자 판매수익과 토지수익의 1할을 세금으로 납부하는 세법을 네덜란드 의회를 강제하여 통과시켰습니다. 이러한 강압적 통치는 개신교인만이 아니라 로마 가톨릭 교인의 반란도 거세게 불러왔습니다. 1572년에는 독립 반군이 브리엘을 점령하며 북쪽 지역에 영향력을 확대하였습니다. 1575년에 파산에 빠진 스페인으로부터 급여를 받지 못한 용병들은 앤트워프(Antwerp)에서 약탈을 자행하였고, 이 약탈에 놀란 시민들은 크게 저항하였는데 로마 가톨릭 신자들까지도 독립 반군에 가담하였습니다. 1578년에는 로마 가톨릭 세력이 우세한 암스테르담과 미델부르크(Middelburg) 두 도시를 제외하고 대부분의 도시들이 독립 반군에 가담하였습니다.

17개주로 이루어진 네덜란드의 독립 운동에서 칼뱅주의자들을 중심으로 한 북부는 스페인에 맞선 독립 전쟁을 주장하였고, 로마 가톨릭 신자들을 중심으로 한 프랑스어의 남부는 현 체제를 유지하려는 경향이 있었습니다. 스페인은 1579년에 이런 남부의 로마 가톨릭 신자들과 동맹을 맺어 북부에 맞섰고, 북쪽의 홀란트, 젤란트, 위트레흐트, 흐로닝언(Groningen) 주 등은 1월 23일에 위트레흐트 동맹으로 대항했습니다. 이 동맹은 신앙의 문제로 조사와 박해를 받지 않고, 각 주가 신앙의 문제를 관장한다는 조약을 만들었습니다. 스페인이 종교재판소를 통해 벌인 심문과 박해로부터 자유를 선언한 것입니다. 그리고 1581년 7월에 스페인으로부터 독립을 선언했습니다. 작은 네덜란드가 당시의 최강국 스페인에 맞서 내전을 벌일 수 있었던 것은 스페인의 강한 육군을 피해, 네덜란드의 저지대와 수로를 이용하여 게릴라전을 벌였기 때문입니다. 스페인의 육군은 이런 싸움에 익숙하지 않아, 반군을 압도하지 못했습니다. 반군의 지도자 빌렘 1세는 1584년에 암살되었고, 그의 아들 모리스(Maurice)가 그 지위를 상속받아 독립 전쟁의 지도자가 되었습니다.

스페인의 국왕 필립2세는 독실한 로마 가톨릭 신봉자인 잉글랜드의 메리 여왕과 1554년에 결혼하였습니다. 메리 여왕은 피의 여왕이라고 불릴 정도로, 로마 가톨릭에 맞서는 성공회와 개신교 신자들을 핍박하였습니다. 자녀를 낳지 못한 메리 여왕은 1558년에 죽고, 이복동생인 엘리자베스1세가 여왕이 되었습니다. 성공회 신자인 그녀는 로마 가톨릭을 증오하였고, 당연히 필립2세도 좋아하지 않았습니다. 그녀는 네덜란드가 스페인이나 프랑스에 항복하면 이들 나라들이 너무 커지기 때문에 네덜란드 개신교 신자들의 독립 전쟁에 말과 군사를 후원하였습니다.

엘리자베스1세의 성공회 정책에 노여워하던 필립2세는 이 후원을 전쟁의 명분으로 삼아 1588년에 영국을 침공했습니다. 스페인은 넓은 지역의 통치 비용과 몇 곳에서의 전쟁 비용을 상당 부분 남아메리카와 같은 식민지에서 가져오는 황금과 물자로 충당했는데, 영국의 해적들이 자주 중간에서 침탈했습니다. 해적들을 징벌하지 않고 적절히 이용하고 격려까지 하는 엘리자베스1세는 필립2세에게 여러모로 진노의 대상이었습니다.

그런데 스페인이 자랑하던 무적함대는 영국과의 전쟁에서 큰 패배를 당했습니다. 백병전에 강한 스페인 해군은 배를 맞부딪친 후에 배 위로 뛰어 올라 적을 섬멸하는 데 능했는데, 영국의 배들과 맞부딪칠 기회 자체를 만들지 못했습니다. 스페인의 대형 선박들은 영국의 빠른 조류에 적응하지 못해 서로 빽빽하게 붙어 초승달의 진형을 취했는데, 영국의 신형 범선들은 조류를 역류하며 기동성 있게 스페인 배들을 치고 도망하였습니다. 여기서 스페인의 무적함대는 큰 패배를 맛보았습니다.

네덜란드의 반군 지도자 모리스는 이 전쟁에 해군을 이끌고 참전하여 큰 기여를 했습니다. 스페인은 1589년에 프랑스와의 전쟁에서도 패배하였습니다. 모리스는 이 패배로 스페인이 약해진 틈을 타 1588년부터 1602년 사이에 주요 도시들을 점령하였고, 이때 현재의 네덜란드 국경과 비슷한 형태의 영토가 갖추어졌습니다. 네덜란드는 1607년에 지브롤터 해전에서 결정적 승리를 쟁취하면서 스페인의 지배에서 벗어났습니다. 1609년에 북부 네덜란드와 남부 네덜란드는 헤이그에서 휴

전 조약을 맺었습니다. 이런 과정 속에서 네덜란드는 막강한 해군력으로 동인도 회사(1602년)를 설립하고,[4] 인도네시아와 싱가포르 등을 식민지로 삼으며 식민지 쟁탈전에도 합류하였습니다.

네덜란드 독립 전쟁 연표

- 1556. 필립 2세(1527–1598, 재위 1556–1598)가 아버지 카를 5세의 지역을 물려받음
- 1566. 개혁 교회 신자들이 중심이 되어 로마 가톨릭 성상 파괴
- 1567. 알바 공작 네덜란드 총독이 되어, 종교재판소를 통해 수천 명의 신자 처형
- 1568. 빌렘1세가 알바 공과 싸워 승리, 80년 스페인 항전 시작
- 1572. 빌렘의 3차 스페인 항전으로 브리엘을 점령하며 북쪽 지역에 영향력을 확대
- 1579. 북쪽의 7개 주들 위트레흐트 동맹을 맺음
- 1581. 헤이그 의회를 열고 필립 2세의 통치권을 거부하며 독립과 종교 자유 선언
- 1584. 빌렘이 스페인 첩자에 의해 피살되고, 아들 모리스가 후계자가 됨
- 1588. 스페인의 무적함대가 영국 침공에서 큰 패배
- 1589. 스페인 프랑스와의 전쟁에서도 패배
- 1590. 네덜란드 7개 주 공화국이 영국, 프랑스와의 동맹 조약 체결로 독립국으로 인정됨
- 1602. 동인도 회사 설립
- 1609. 네덜란드와 스페인의 12년 휴전 조약 체결
- 1621. 네덜란드와 스페인의 30년 전쟁 시작
- 1648. 뮌스터 조약으로 30년 전쟁 종식되고, 네덜란드는 독립

4　네덜란드는 일본 나가사키에도 진출하였다. 1653년 8월에 제주도 근해에 배가 좌초하여 제주도 모슬포 근해에 상륙한 하멜은 동인도회사 소속으로 나가사키로 가는 길이었다.

조선 시대 연표

- **1392.** 태조 이성계 조선 건국
- **1567.** 선조 제14대 임금 등극
- **1592.** 4월 임진왜란 발발
- **1608.** 광해군(1575-1641, 재위 1608-23) 제15대 임금 등극
- **1619.** 조선과 명의 연합군이 후금에게 대패
- **1623.** 인조반정으로 조선 제16대 임금 등극
- **1636.** 병자호란
- **1863.** 12월 고종 제26대 임금 등극
- **1897.** 2월 고종 대한제국 초대 황제로 즉위
- **1907.** 6월 헤이그 만국 평화 회의(44개국 참가)에 특사 파견
- **1907.** 헤이그 특사건으로 고종 퇴위, 7월 순종 제27대 임금, 대한제국 제2대 황제 즉위

2. 네덜란드의 종교개혁

　　네덜란드는 로마 가톨릭을 신봉하는 스페인 황제들의 지배를 받았기 때문에 로마 가톨릭이 아닌 종교들은 모두 이단 취급을 받았습니다. 당연히 루터의 사상을 전파하고 따르는 이들은 핍박을 받았습니다. 아우구스티누스파 부수도원장인 주트펜의 헨리(Henry of Zutphen)는 루터의 친구로서 루터의 종교개혁 사상을 네덜란드에 널리 소개하였고, 그후 앤트워프의 아우구스티누스파 수도회 수도승인 헨리 보스(Henry Vos)와 존 에션(John van den Esschen)이 개신교를 전하다가 1523년에 화형을 당했습니다. 주트펜의 헨리는 이단 심문이 오기 전에 브레멘으로 도망하였지만, 붙잡혀 1524년 12월에 화형을 당하였습니다.

루터파의 순교 이후에 1525년부터 성만찬 논쟁이 벌어졌습니다. 인문주의자인 호엔(Cornelius Hoen)은 "이것은 나의 몸이다"라는 예수님의 말씀은 "이것은 나의 몸을 상징하는 것이다."로 보아야 한다고 주장했습니다. 로마 가톨릭은 "이것은 나의 몸이다"를 말 그대로 받아들여 성찬의 떡과 포도주를 예수 그리스도의 몸과 피로 보기 때문입니다. 그런데 호엔은 "…이다"라는 말을 "…의미를 갖는다"로 해석해야 한다고 가르친 것입니다. 호엔의 주장은 화란의 많은 사람들에게 영향을 미쳤습니다. 즉 성찬에 관한 종교개혁의 가르침이 화란에 영향을 미쳐 로마 가톨릭에 큰 충격을 주었고 개신교인들은 증가하기 시작하였습니다.

성찬 논쟁 이후 1540년경까지는 재세례파 운동이 크게 일어났습니다. 재세례파는 기존의 엉성한 고백에 따른 세례는 참된 세례가 아니므로, 다시 온전한 신앙고백과 함께 세례를 받아야 한다고 주장했습니다. 이들은 기존의 세례를 인정하지 않듯 기존 교회의 조직과 가르침 등도 인정하지 않으며, 혁명적 방법과 정신으로 초대교회를 회복하고자 하였습니다. 이들은 큰 영향을 미쳤지만 사람들의 마음을 오래도록 잡지 못하였고, 로마 가톨릭의 박해가 더해지며 급격히 약화되었습니다.

그 대신 칼뱅주의가 1540년부터 네덜란드에 큰 영향을 미쳤습니다. 칼뱅주의는 단순히 신학 교리만이 아니라, 사람들의 세계관과 인생관에도 영향을 미치며 국가 전역으로 퍼져나갔습니다. 네덜란드 사람들은 스페인에게 정치적, 경제적으로 핍박을 받기 때문에 독립하고 싶었는데, 칼뱅주의라는 참된 신앙을 접하며 잘못된 로마 가톨릭 신앙으로부터 벗어나고자 더욱 독립 운동에 매진하였습니다.

　루터파, 재세례파, 칼뱅주의 등의 개신교 영향이 커지자 스페인의 국왕들은 처음부터 가혹하게 탄압하였습니다. 로마 가톨릭이 이단으로 지정한 주장을 인쇄하거나 보급하는 자를 화형에 처하는 칙령을 내렸고, 1522년에 종교재판소를 설치하여 경건한 신자들을 박해하였습니다. 성경을 읽었다는 이유로, 종교적 대화와 논쟁을 했다는 이유로 재산을 몰수하고, 교수형이나 화형에 처하였습니다. 이 박해로 수만의 사람들이 죽임을 당하였습니다. 그럼에도 칼뱅주의는 네덜란드 전역으로 퍼져나갔습니다.

　1547년에 로마 가톨릭에서 개신교로 돌아선 귀도 드 브레(Guido de Bres, 1522-1567)는 종교적 탄압에 맞서 네덜란드 전역에 있는 개신교인들을 변호하고 그들을 교육하기 위해 "벨직 신앙고백서"(Belgic Confession)를 1561년에 작성하였습니다. 브레는 이것을 1559년에 파리 대회에서 공인된 칼뱅이 기초한 "프랑스 신앙고백서"를 참고하여 작성하였습니다.

　이 고백서는 1563년의 앤트워프 대회(Synod)와 1566년의 아우크스부르크 회의(Diet of Augsburg)에서 네덜란드의 신앙 표준 문서로 채택되었고, 1571년에 독일의 엠덴(Emden)에서 열린 전국 대회에서 성경을 제일 잘 해석한 신앙고백서로 받아들여졌고, 1574년의 도르트 지역 대회와 1581년의 미델부르크 전국 대회(National Synod)[5]에서도 받아들여졌습니다.

5　이 책은 "Synod"를 한 지방에 속한 교회들이 모였을 경우에는 "대회"로 번역하였고, 전국 교회들이 모인 "National Synod"이면 "총회"나 "전국 대회"로 번역한다. 따라서 1618년의 "National Synod of Dordt"는 전국 대회에 속하므로, 도르트 총회로 번역한다.

네덜란드의 개혁 교회(Reformed Church)는 스페인에 맞서 독립과 종교 전쟁을 치루면서, 지방 대회와 전국 대회를 몇 번 열어, 자신들이 지켜야 할 교리와 교회 질서와 신앙생활이 무엇인지를 다루었습니다. 첫 번째 지방 대회는 1563년 4월에 투코잉(Turcoing)에서 열렸습니다. 첫 번째 비공식적 전국 대회는 1568년에 네덜란드 국경 접경 지역인 독일의 베젤(Wesel)에서 열렸는데, 이 대회는 개인들이 교회의 신임장 없이 종교적 열망으로 모여 교회생활에 대한 일반적인 규칙의 초안을 마련했습니다. 3년 후인 1571년에 열흘 동안 독일의 엠덴에서 열린 총회는 베젤 대회에서 마련한 초안에 기초하여 교회 질서 등에 관한 교회 헌법을 최초로 채택했습니다. 네덜란드 개혁 교회는 벨직 신앙고백에 기초하여 세워졌기 때문에 사역자들은 벨직 신앙고백에 의무적으로 서명하면서 다른 내용을 가르치지 않겠다고 서약했습니다. 여기서 마련된 교회 질서(Church Order)는 변화된 환경에 따른 약간의 수정을 거쳐 1618년의 도르트 총회에서 그대로 교회 질서로 채택되었습니다. 1581년의 미델부르크 대회는 "하이델베르크 요리문답"(1563년)에도 사역자들이 서명해야 한다고 결정했습니다.

3. 아르미니우스

네덜란드의 개혁 교회들은 몇 번의 대회(Synod)를 거치며 칼뱅주의에 입각한 벨직 신앙고백과 하이델베르크 요리문답을 받아들이고, 다른 내용을 가르치지 않겠다는 서약을 모든 목사들에게 받았습니다. 동시에 네덜란드의 개혁 교회들이 따라야 할 교회 질서와 신앙생활도 결정했습니다.

그런데 이런 결정들에 대하여 아르미니우스는 자신을 추종하는 목사들과 함께 크게 두 가지로 이의를 제기하였습니다. 이들은 첫째로 벨직 신앙고백과 하이델베르크 요리문답은 성경의 가르침을 온전히 담고 있지 않고, 특히 몇 조항들은 성경에 위배된다고 보았습니다. 이들은 이것들과 성경을 서로 대립시키며, 성경의 권위에 이르지 못하는 이것들에 교회의 직분자들이 서명하는 것에 이의를 제기했습니다. 둘째로 이들은 다른 내용을 가르치는 사역자들을 개혁 교회가 치리할 수 없고, 대신 정부(국가 의회)에 그런 권한이 있고, 전국 대회를 개최할 수 있는 자격도 정부에 있다고 보았습니다. 자신들에게 반대하는 교회에 치리의 권위를 주기보다 자신들을 덜 억압하고 자유를 주는 정부에 치리와 권징을 맡기기를 원했습니다. 이들은 교리와 교회 질서 모두에 반기를 든 것입니다.

이렇게 큰 영향을 끼친 야콥 아르미니우스(Jacobus Arminius, 1560-1609)는 1560년에 네덜란드 남부의 오우더바터(Oudewater)에 사는 개혁 신앙의 부모 밑에서 태어났습니다. 1576-1581년에 레이던(Liden) 대학에서, 1582-1587년에 제네바와 바젤에서 신학을 공부하였습니다. 제네바에서는 칼빈의 후계자인 테오도르 베자(Theodore Beza, 1519-1605) 밑에서 배웠습니다. 1587년에 귀국하여, 다음해 8월에 암스테르담에서 목사 안수를 받은 후 큰 개혁 교회의 목사가 되었고, 1590년에 결혼하여 8명의 자녀를 낳았습니다.

1589년에 시인이자 극작가인 코른헤르트(Dirck Volckertszoon Coornhert, 1522-1590)는 베자의 예정론에 이의를 제기했습니다. 그는 베자의 말처럼 하나님이 어떤 자는 선택하시고 어떤 자는 버리신다면, 그 하나님은 버린 자로 하여금 죄를 짓게 만드는 죄의 조성자라며, 성경 어디에도 이런 내용은 없다고 주장했습니다. 많은 사람들이 그의 영향을 받자, 교회의 당회는 베자의 제자인 아르미니우스에게 그가 틀렸음을 밝혀줄 것을 부탁했습니다. 아르미니우스는 그의 주장을 면밀히 살폈는데, 오히려 자신이 그의 입장에 서있음을 확인했습니다. 그는 사람의 자유의지와 타락과 하나님의 은혜에 대한 코른헤르트의 주장이 옳다는 보고서를 올렸습니다.

아르미니우스의 이러한 신학적 성향은 1590년대에 점점 굳어졌습니다. 로마서 7장을 설교하면서 그는 죄의 법에 사로잡힌 자의 삶을 구원 이전의 삶으로 해석했습니다. 구원 받은 자는 죄의 영향을 이겨내고 승리의 삶을 산다고 생각한 것인데, 사람의 자유의지에 대한 낙관적 견해가 반영된 해석이었습니다. 위에 있는 권세는 하나님의 사역자가 되어 선을 베풀고, 악을 행하는 자에게 보응한다는 로마서 13장에 대하여 설교할 때, 그는 위에 있는 이러한 권세가 교회의 행정과 신앙에 대해서까지 적용된다고 말했습니다.

그의 이러한 가르침은 당연히 회중의 의문과 반발을 불러일으켰습니다. 그와 함께 같은 교회를 목회하던 플란키우스(Peter Plancius)는 벨직 신앙고백 제15조의 원죄에⁶ 근거하여 그가 틀렸다고 항의서에 서명하였고, 종교법정이 그를 조사하기도 하였습니다. 그러나 그는 목사 임직 때 벨직 신앙고백에 서명하였고, 그 이후로도 지켜왔다는 주장으로 정죄를 피했습니다.

1602년에 전염병으로 레이던 대학의 세 신학 교수들 중 두 명이 죽었습니다. 경건과 화평과 학문성을 인정받던 아르미니우스가 후임으로 추천되었습니다. 충실한 칼뱅주의자인 프란시스쿠스 고마루스(Franciscus Gomarus, 1563-1641)가 그의 신학을 의심하여 반대했지만, 대학과 총회 관계자들은 그가 확정된 교리들만 가르치겠다는 약속을 하자, 고마루스의 지도 아래 박사 논문을 쓴다는 조건으로 그를 교수로 임명하였습니다. 1603년 7월에 고마루스의 지도 아래에 하나님의 속성, 특별히 하나님의 의를 다룬 논문으로 박사학위를 취득한 아르미니우스는, 8월에 새로운 교수로 부임하여 9월부터 가르치기 시작했습니다. 그는 공개 강의와 같은 공적인 자리에서는 자신의 서약을 지켰지만, 강의실

---

6   벨진 신앙고백 제15조 "원죄 - 우리는 아담의 불순종으로 말미암아 원죄가 모든 인류에게 퍼진 것을 믿는다. 이것은 전 본성의 부패이고, 유전적 병인데, 이 병으로 유아들까지도 어머니의 태에서 전염된다. 그리고 사람 안에서 죄의 근원으로서 존재하는 원죄는 모든 종류의 죄를 사람에게서 만들므로, 하나님이 보시기에 너무나 악하고 혐오스러워서, 모든 사람들을 정죄하기에 충분하다. 원죄는 중생에 의해서도 완전히 없어지거나 근절되지 않는데, 죄가 통탄할 이 근원으로부터 늘 나오기 때문인데, 마치 물이 샘으로부터 나오는 것과 같다. 그럼에도 불구하고 원죄는 하나님의 자녀들에게 전가되어 정죄에 이르지 않고, 하나님의 은혜와 자비에 의하여 그들은 용서된다. 이것은 그들이 죄 속에서 안심하고 쉬어도 된다는 의미가 아니라, 이런 부패에 대한 인식이 신자들로 하여금 죽음의 육신으로부터 구제되기를 바라면서 종종 탄식하게 만든다는 것이다. 그러므로 우리는 죄가 오직 모방으로부터 나온다는 펠리기안의 오류를 거절한다."

이란 사적인 자리에서는 자신의 견해를 드러냈습니다. 고마루스의 그에 대한 의심과 논쟁은 1604년 2월부터 본격적으로 시작되었고, 아르미니우스도 이후로 자신의 입장을 공개적으로 드러내기 시작하였습니다. 그의 가르침의 영향을 받은 학생들은 교회들에서 그의 가르침을 설교와 성경공부 시간에 드러내었고, 이것은 그대로 성도들에게 영향을 미쳤습니다. 시간이 갈수록 많은 목사들과 성도들이 그의 가르침에 영향을 받았습니다.

그의 가르침의 정체가 드러나자 정통 목사들이 항의하기 시작하였습니다. 1605년 11월에 남부 네덜란드의 교회 대표자들은 레이던 대학에 아홉 가지 질문을 담은 청원서를 제출했습니다. 레이던 대학 당국자는 이런 청원서는 대학이 아니라 전국 대회(National Synod)에 청원해야 한다고 답변했습니다.

전국 대회 준비를 위해 1607년에 헤이그에서 모인 각 지역 대회 대표자들은 "예정, 아담의 타락, 자유의지, 원죄 그리고 유아의 구원"에 관하여 알려진 그의 견해를 그에게 제시하며 맞는지를 물었습니다. 그는 이것은 자신의 견해와 정서가 아니라고 단호하게 부정했습니다. 그렇다면 그의 정확한 견해가 무엇이냐고 물었지만, 그는 그들이 자신이 잘못된 교리를 가르친다는 편견을 갖고 있고, 그들은 여러 명이지만 자신은 변호해 줄 사람이 없고, 자신은 이곳 대표자들의 사법권 하에 있지 않고 자신이 속한 단체의 사법권 하에 있다며, 자신의 견해를 밝히지 않았습니다. 이렇게 양쪽의 차이가 큰 것을 확인한 국가 의회는 전국 대회를 허락하지 않았습니다.

1608년 5월 30-31일에 고마루스와 아르미니우스는 의회 앞에서 논쟁했습니다. 아르미니우스는 자신의 주장이 어떤 면에서 성경과 기존의 교리와 차이가 나는지 모르겠다고 답변했고, 고마루스는 그가 칭의의 방식에 대하여 잘못 주장하고 있다고 예리하게 지적했습니다. 하지만 의회는 그 예리한 지적의 의미를 신학적으로 잘 이해하지 못하였기 때문에, 구원의 방식에 대하여 양자 간에 차이가 없으니 서로 화해하라고 결정했습니다.

아르미니우스 개인의 입장에서 보자면 그는 네덜란드로 돌아와 목회의 길에 들어서면서부터 신학교에서 가르치는 내내 주변으로부터 신학에 대한 의심을 줄기차게 받았습니다. 이로 인한 힘듦을 그는 자주 토로하였고, 내향적인 성향 때문인지 아니면 전술상의 방식 때문인지 그는 자신의 주장이 무엇인지 명확하게 밖으로 적극적으로 나타내지 않았습니다. 그런 그를 두고 주변 사람들은 자신의 정서가 무엇인지 투명하게 공개하지 않고 흐릿하게 숨기는 자라고 비판했습니다. 아르미니우스는 주변의 계속된 질문과 의심과 비판에 대하여 1608년에 연속된 두 개의 글을 통해 자신의 견해와 정서, 그리고 서운함과 불평을 드러내었습니다. "아홉 가지 질문에 대한 답변"(Answers to Nine Question)과 "정서의 선언"(Declaration of Sentiments)이 그것입니다.

고마루스는 이 작품들에 대해서도 비성경적이라고 단호히 비판하였고, 시 의회는 이 둘을 화해시키기 위해 1609년 8월에 모임을 주선하였으나, 결핵으로 추정되는 병으로 고통을 받던 아르미니우스는 1609년 10월 19일에 죽었습니다. 그의 사후에 그의 영향을 받은 43명의 목사들은 1610년에 헤이그에서 모임을 갖고, 그들의 신앙고백과 교리에 해당되는 문서를 다섯 가지 항목으로 내놓았습니다. 주로 아르미니우스의 저술을 인용한 이 문서는 기존의 교리에 항의한다는 의미에서 "항론서"(抗論書, Remonstance)로 불렸고, 이들은 항론서의 이름을 따 항론파로 불렸습니다.

4. 도르트 총회[7]

"항론서"(Remonstance)를 작성한 이들이 "항론파"(Remonstrants)로 불리며, 이들을 반대하는 이들은 자연스럽게 "반항론파"(Contra-Remonstrants)라고 불렸습니다. 항론파들은 1610년에 항론서를 제출하면서 국가의 관장 하에서 전국 대회가 열리기를 탄원했습니다. 그들은 총회를 통해 성경에 위배되는 것으로 보이는 벨직 신앙고백과 하이델베르크 요리문답을 다섯 가지 항목에서 수정하고, 목사와 장로와 집사가 반드시 이것들에 서명해야 한다는 규정을 바꾸기를 바랐습니다. 아르미니우스에 우호적인 행정장관 올덴바르네벨트는 의회에 제출된 항론서를 구속력이 있는 문서로 채택하여 논쟁을 해결하자고 했습니다.

---

7   이하의 내용은 셀더후이스의 글을 참조하였다. Herman J. Selderhuis, "Introduction to the Synod of Dordt (1618–1619)," in Donald Sinnema, Christian Moser, and Herman Selderhuis eds., *Acta of the Synod of Dordt* (Bristol: Vandenhoeck & Ruprecht, 2015), xx–xxx.

하지만 이 결정은 큰 반발을 불러왔고, 의회는 양쪽 진영의 대표자 6인씩을 불러 회담을 갖게 했습니다. 1611년 3월 11일부터 70일 동안 열린 이 회담에서 합의점은 도출되지 않았지만, 각 진영은 상대방이 무엇을 주장하는지 정교하게 파악할 수 있었습니다. 반항론파는 항론서에 맞서 "반항론서"(The Counter-Remonstrance)를 일곱 가지 항목으로 내놓았습니다. 그리고 동시에 교리에 대한 결정권은 정부가 아니라 교회에 있다고 주장했습니다. 하지만 항론파에 우호적인 의회는 목사후보생들에게 항론서를 넘어서는 질문을 해서는 안 된다는 결의안을 채택했습니다. 이 결의안은 당연히 더 큰 갈등과 논쟁을 불러왔습니다. 이를 해결하기 위한 총회의 필요성이 대두되었지만, 총회 소집권을 가진 의회는 거부했습니다.

1571년에 독일의 엠덴(Emden)에서 열린 총회는 2년마다 총회를 열기로 결정했지만, 스페인이 개신교를 탄압하여 열 수가 없었습니다. 1574년에 도르트에서 지역 대회(Particular Synod)가 열렸지만, 총회는 1578년에서야 도르트에서 열렸습니다. 그때 3년 후에 다시 전국 대회를 열기로 하여, 1581년에 미델뷔르흐(Middelburg)에서, 1586년에 헤이그에서 열렸습니다. 1591년에는 올덴바르네벨트와 아르미니우스가 참여한 회담에서 교회 헌법이 작성되었는데, 정부안이 많이 반영되었습니다. 목사와 장로의 임명 결정권이 정부 대표자에게도 주어졌고, 교회 대표자의 선정은 정부의 승인 하에 이루어졌고, 전국 대회와 지역 대회 등이 정부의 허가를 받게 되었습니다.

이렇게 해서 총회 승인권을 가진 정부는 아르미니우스주의에 대한 논쟁과 갈등이 심함에도 불구하고 총회 개최를 허락하지 않았고, 1606년에야 총회 준비를 위한 위원회를 허락하였습니다. 그런데 홀란트와 젤란트 주들은 총회 의제에 벨직 신앙고백과 하이델베르크 요리문답 그리고 교회 질서의 개정이 포함되어야 한다고 주장했습니다. 그러나 반항론파가 이를 반대하여 준비 위원회는 의제 항목 설정에 실패했고, 이를 본 국가 의회는 총회와 지역 대회가 더 이상 열리지 않는다고 결정했습니다.

1579년의 위트레흐트 동맹 이후, 국가 의회는 전체 예산의 60% 정도를 담당하는 홀란트 주가 주도적인 역할을 하였습니다. 홀란트의 행정장관 올덴바르네벨트(Johan van Oldenbarnevelt)는 각 주의 의회에 권력이 있다고 보았고, 무엇보다 홀란트 주의 번영에 관심이 많았습니다. 홀란트는 로마 가톨릭의 스페인과 무역을 통해 큰 부를 축적하였기 때문에 로마 가톨릭과의 갈등을 원하지 않았고, 종교의 관용을 원했습니다. 아르미니우스와 항론파는 각 주의 관리가 신앙의 자유를 보장하고 교회를 보호해야 한다고 보았고, 기존의 신앙고백에 목회자들이 모두 서명하는 것에 거부감을 보였고, 서명을 거부한 직분자들을 교회가 치리하는 것에 저항하였습니다. 올덴바르네벨트와 항론파는 이렇게 공통점을 가져 서로 친밀했습니다.

이에 비해 빌렘 1세의 아들로 반군의 후계자가 된 총독 모리스 공(Prince Maurice)은 독립전쟁을 이끌며 군사력을 가졌고, 총독으로서 동맹에 참여한 주들 전체에 관심을 가져 자연스럽게 중앙집권적이었습니다. 그리고 반항론파는 기존의 신앙고백들을 중요하게 여겼고, 교회의 치리는 신앙고백에 따라 목회자에 의하여 이루어져야 하고, 교회는 국가로부터 자유로워야 한다고 보았습니다. 또 전체 주들에 관계된 중요한 신학적, 교회적 문제는 총회를 통해 해결되어야 하며, 신앙과 교리의 일치가 이루어져야 한다고 보았는데, 이런 면에서 모리스와 의견이 같았습니다.[8]

이런 정치적 입장의 차이도 가미되어 올덴바르네벨트와 협력 관계를 유지하던 총독 모리스 공은 반항론파의 편에 서기 시작했습니다. 그는 1617년 7월에 헤이그에서 반항론파의 예배에 참석하기 시작하며 그가 어느 편에 섰는가를 분명히 하였습니다. 반항론파는 항론파 정치 지도자들이 우세한 주에서 올바른 종교 생활을 위해서 반란을 일으켰는데, 모리스는 그 반란을 진압하기 위한 군대를 보내지 않았습니다. 그러자 올덴바르네벨트는 자신을 지지하는 주들과 함께 민병대를 고용할 수 있다는 "샤프 결의안"(the Sharp Resolution)을 공포하였고, 암스테르담과 도르트와 같은 도시들이 총회를 열자고 요청했음에도 거절했습니다. 모리스는 이 행위를 홀란트의 독립 선언과 반역으로 판단하고서, 올덴바르네벨트를 제압했습니다.

모리스는 먼저 국가 의회에서 총회를 여는 안건을 다루었는데, 4대 3이라는 한 표 차이로 이 안건이 통과되었습니다. 그래서 도르트 총회가 1618년 11월 13일부터 1619년 5월 29일까지 열리게 된 것입니다. 그리

---

8 안인섭, "도르트 총회(1618-1619) 직전 시대의 네덜란드 교회와 국가 관계의 배경 연구", 『한국개혁신학』 57 (2018): 302-305.

고 도르트 총회가 끝난 직후 5월 13일에 올덴바르네벨트는 반역죄로 교수형을 당했는데, 단순히 종교적 이유 때문이 아니라 정치적 이유가 컸습니다. 이후에 네덜란드는 반항론파가 정치와 교회에서 모두 주된 세력이 되었습니다.

이제 이 총회가 어떻게 진행되었는지 살펴보겠습니다. 모든 총회 진행 비용을 지불한 의회가 초청장을 항론서의 내용과 함께 1618년 6월 25일부터 지방 노회들과 영국(Great Britain)의 제임스 왕, 프랑스의 개혁 교회들, 팔츠의 선제후(選帝侯),⁹ 헤센(Hessen, 독일 중서부에 위치)의 백작, 스위스의 개혁주의 주(州, Canton)들에게 보냈고, 나중에 나사우-베테라우(Nassau-Wetterau, 독일 헤센의 서부에 위치), 제네바(Geneva), 브란덴부르크(Brandenburg, 독일의 중동부에 위치) 등에도 보냈습니다. 총회의 신학적 엄밀성과 전문성과 보편성을 위해서 그리고 팔츠 같은 경우는 이미 하이델베르크 요리문답을 만든 경험이 있었고, 영국과 스위스 주득도 비슷한 신학적 토론의 경험이 있었기 때문에 외국 대표들이 초청되었습니다. 영국, 팔츠, 헤센, 스위스, 나사우-베테라우, 제네바, 브레멘(Bremen), 엠덴(Emden)에서 26명의 대표자들을 보냈습니다.¹⁰ 9개의 지역 노회들과

---

9 選帝侯(Kurfurst, Elector): 신성 로마 제국의 제후들 중 1356년의 황금문서에 의하여 독일 황제의 선거권을 가졌던 일곱 사람의 제후를 일컫는다. 1273년경에 시작되어 1356년 금인칙서(金印勅書)를 통해 성문화되었는데 트리어 마인츠 쾰른 대주교, 작센 공작, 라인의 팔라틴 백작, 브란덴부르크 변경백, 보헤미아 왕 등 7명의 선제후가 있었다. 1560년에 팔츠(Pfalz)의 선제후가 된 프리드리히 3세(Friedrich III)는 "경건자"(der Fromme)라는 별칭에 맞게 선한 종교적 열정으로 성찬과 예정과 같은 여러 신학 논쟁을 정리하여 교인들에게 가르치고자 하였다. 하이델베르크 교수들, 목회자들, 그리고 평신도 일부로 구성된 위원회는 1563년에 교리문답을 작성하였고, 팔츠의 수도 이름을 따 하이델베르크 요리문답이라고 불렸다.
10 프랑스 왕은 대표 파송을 금지시켰는데, 도르트 총회는 내내 그들을 위한 좌석을 비어두었다. 브

왈룬(walloon, 벨기에의 남동부에 위치, 프랑스어 사용) 교회에서 총 35명의 목사와 18명의 장로를 보냈는데, 약 6명씩 파송했습니다. 화란의 5개 대학들은 1명씩 5명의 신학자를, 의회는 18명을 보냈습니다.[11]

회의는 주로 월요일부터 금요일까지 오전 9시에 시작하였고, 오후에는 4시나 6시에 시작하였습니다. 11월 14일에 보헤르만(Johannes Bogerman)이 의장으로 선출되었고, 두 명의 부의장들과 서기들이 임명되었습니다. 보헤르만이 항론파들을 초청하여 같이 토의하자는 제안이 채택되었습니다. 초청이라기보다는 소환을 받은 항론파들은 3주 후에 도착하였고, 총회는 이들을 기다리는 3주 동안에 성경을 화란어로 번역할 것을 결정하였고, 그 결과 1637년에 번역본이 발간되었습니다. 또 하이델베르크 요리문답을 매 주일 오후예배에서 다루어, 1년에 전체를 다루도록 결정하였습니다. 노예의 자녀에게 세례를 주는 문제, 목사의 교육, 논란을 일으키는 책들의 견책에 대한 토론과 결정도 이루어졌습니다.[12]

12월 6일에 13명의 항론파가, 10일에는 2명이 더 도착하였습니다. 지도자인 에피스코피우스(Simon Episcopius)는 12월 7일에 연설했는데, 화란의 신학자들과 의회 대표자들과 모리스 공을 강렬하게 비난했습니다. 항론파들은 다른 대표들과 똑같은 권리와 지위를 요구했지만, 총회

란덴부르크는 루터파의 반대로 파송하지 않았다. 도르트 총회는 이렇게 외국의 대표들까지 참석하여 개혁주의 교회에서 유일하게 준(準) 세계 총회의 성격을 갖게 되었다.

[11] 항론파까지 포함한 참석자들의 이름과 지역과 신분은 다음의 책에 상세히 나오니 참고하라. Peter Y. De Jong eds., *Crisis in the Reformed Churches* (Essays in commemoration of the great Synod of Dort, 1618-1619) (Grand Rapids: Reformed Fellowship, Inc., 1968), 215-21.

[12] 도르트 총회는 모든 회의 내용을 회의록으로 남겨놓았는데, 항론파의 도착 전 회의 내용은 "Pro-Acta", 도르트 신경이 작성된 후의 회의 내용은 "Post-Acta"라는 이름의 회의록에 기록되었다.

는 이들이 견해가 무엇인지 설명하기 위하여 총회에 소환된 것이라고 명확히 하였습니다. 그러자 이들은 11일에 총회는 교회 문제를 다룰 법적 권한이 없고 단지 의견을 나누는 모임이라며, 회의를 최대한 방해하였습니다. 동시에 의제들의 순서를 바꾸어 선택보다 "유기"(遺棄, reprobation)를 먼저 다루자고 제안했는데, 이유는 외국 대표자들이 이에 대하여 의견 차이가 있음을 알아 분리시키기 위해서였습니다. 총회는 이들이 회의 진행에 협조하지 않자, 문서로 그들의 입장을 살피기 위해 이들에게 기존의 항론서에 대한 자세한 견해를 제출할 것을 요구했습니다. 이에 이들은 12월 13일(제31차 회기)에 첫 번째 조항에 대하여, 그리고 17일(제34차 회기)에 다른 세 가지 조항들에 관하여 '항론파들의 견해'(Sententia Remonstrantium)를 제출하였습니다. 총회는 이 문서를 통해 항론파가 어떤 면에서 잘못되었는지 구체적으로 알 수 있었고, 확신할 수 있었습니다. 회의 진행에 계속 협조하지 않은 그들은 1619년 1월 14일에 "해산하시오. 당장 나가시오!"라는 의장의 선포에 의해 공식적으로 쫓겨났습니다.

    10곳의 지역 노회들, 8개국의 외국 대표단들, 1개의 교수 대표단 등 총 19개의 모임(college)들이 있었는데, 이 대표들은 중요한 문제에 대해서는 각자의 지역 총대모임(college)을 열고 결정문(judicia)을 작성하여 총회에 제출했습니다. 그러면 그 다음날 전체가 모여 19개의 결정문을 들었습니다. 말하는 순서는 앉은 좌석 순이었는데, 영국, 팔츠, 헤센, 스위스, 나사우-베터라우, 제네바, 브레멘, 엠덴(외국 총대들은 의장을 중심으로 오른쪽에 좌정), 네덜란드 교수단(왼쪽에 좌정), 네덜란드 각 노회(중앙과 좌측에 좌정)의 순서로 이어졌습니다.[13] 공식 언어는 외국 대표들 때문에 라틴 어였습니다. 19개의 결정문의 취합 후 전체 결정문을 만들었는데, 채택 여부는 개인별이 아닌 단체별로 행한 투표로 결정하였습니다. 이렇게 각 항목에 대한 각 단체들의 결정을 조합하여 최종 결정으로 만든 것이 도르트 신경이고, 그래서 도르트 신경의 공식 명칭도 "…논쟁이 된 다섯 가지 교리 조항들에 대하여 내린 결정(judicia)"입니다.

1월 15일부터 각 단체들은 항론서에 대한 자신들의 결정문을 작성하기 시작했고, 3월 7-21일에 작성된 결정문들이 낭독되었습니다. 3월 25일부터 4월 16일에 9명의 신경 작성 위원회는 초안을 작성했고, 이 기간 동안 회의는 열리지 않았습니다. 각 단체들은 초안을 읽은 후 수정 사항을 제출했고, 이에 따라 개정안이 만들어졌습니다. 이런 과정이 몇 번 반복된 후, 4월 16-18일에 신경이 전체 회의에서 승인되었고, 4월 23일에 모든 회원들은 각 장에 서명했습니다.

4월말에 도르트 총회는 벨직 신앙고백을, 5월 1일에는 하이델베르크 요리문답을 재검토하고 만장일치로 승인하였습니다. 5월 6일에 모든 대표들과 네덜란드와 외국의 많은 손님들까지 전체 회의에 모여 두 명의 서기가 신경을 큰 소리로 읽는 것을 들었습니다. 외국 대표들이 참

---

[13] 이 책 표지에 실린 그림은 도르트 총회 장면으로 조각가 쉴러만스(Francois Schillemans, 1575-1630)가 동판(銅板)에 제작하였다. 미들부르크에서 태어나 거기서 생을 마친 그는 국가 의회로부터 판화 판매권을 부여받고서, 1618년에 도르트로 이동하여 총회를 참관하며 동판을 제작하였다. 판화 한 장의 가격은 214.5 길더였는데, 그 당시 유명한 장인들의 1년 소득이 300 길더였고, 신입 직원의 월급이 10 길더 전후였다. 참석자들의 지역별 좌석 배치도는 표지 안쪽 설명을 참고하라.

가하는 국제 회의는 제154차로 5월 9일 목요일에 공식적으로 끝났습니다. 외국 대표들에게는 풍성한 만찬과 금메달이 수여되었고, 화란 대표들에게는 후에 은메달이 수여되었습니다.

5월 13일에 다시 시작된 회의는 교회 질서(Church Order)와 예전(Liturgy)을 다루었습니다. 1643-47년에 있은 웨스트민스터 총회도 신앙고백만이 아니라 교회 질서에 해당하는 정치와 예배 등을 다루었습니다. 교회가 든든히 서기 위해서는 교리만이 아니라 교회 질서도 필요하기 때문에, 종교 회의들은 교리와 함께 교회 질서를 다루곤 했습니다. 도르트 총회는 외국 대표들이 떠난 후에는 화란어로 진행되었고, 모든 회의는 공개되지 않았습니다. 1586년의 헤이그 총회에서 작성된 교회 질서가 상황에 맞게 일부 수정된 후에 승인되었습니다. 이렇게 형성된 도르트 교회 질서는 수세기 동안 권위를 인정받으며 교회의 질서를 잡았습니다. 도르트 총회는 몇 가지 사항들을 마저 처리한 후, 제180차가 되는 5월 29일에 6개월 반의 긴 여정을 최종적으로 끝냈습니다.

7월 2일에 네덜란드 의회는 도르트 신경을 승인하였습니다. 200여명의 항론파 목사들이 면직되었고, 80명은 자취를 감췄고, 약 70명은 사역을 하지 않겠다고 약속했고, 40명은 도르트 회의 결정을 수용하면서 복직되었습니다. 1625년에 모리스 공이 죽자 항론파는 신앙의 자유를 허락받았고, 1630년에는 교회를 세울 수 있었습니다. 이는 아르미니우스주의 신학이 인정을 받은 것이 아니라 사회적 통합과 관용을 위한 조치였습니다. 도르트 총회 후 400년이 지난 지금, 칼뱅주의와 아르미니우스주의의 신학을 각각 따른 이들과 교단들이 신학과 실천의 면에서 어떤 장점과 단점이 있는지가 자연스럽게 드러나고 있습니다. 400년 전의 도르트 총회와 신경을 살펴보면서 그 당시 중요하게 여겼던 논쟁이 지금도 중요한지, 각자의 차이가 정말로 큰 것인지, 각 진영의 극단파는 어디로 흐르게 되는지 등을 시간의 결과로 자연스럽게 살펴보는 것은 후대에 사는 자들이 갖는 장점입니다.

도르트 총회 연표

- **1522.** 스페인 국왕은 종교재판소를 설치하여 경건한 신자들을 박해
- **1523.** 네덜란드 최초로 루터파 신자 헨리 보스와 존 에션 화형
- **1561.** 귀도 드 브레, 벨직 신앙고백서 작성
- **1563.** 첫 번째 지방 대회가 투코잉에서 열림
- **1568.** 첫 번째 비공식적 전국 대회(총회)가 독일의 베젤에서 열림
- **1571.** 독일의 엠덴에서 총회 열림, 교회 질서 등의 교회 헌법을 최초로 채택, 벨직 신앙고백서에 직분자들 서명하기로 결정
- **1581.** 미델부르크 대회에서 하이델베르크 요리문답에 직분자들 서명하기로 결정
- **1588.** 아르미니우스(1560-1609)가 목사 안수를 받고 큰 개혁 교회의 목사가 됨
- **1603.** 아르미니우스가 고마루스의 지도하에 박사학위 취득, 레이던 대학 교수 부임
- **1610.** 아르미니우스주의자들 5개 조항으로 된 항론서(抗論書, Remonstance) 제출
- **1611.** 반항론파 7개 조항으로 된 반항론서(The Counter-Remonstrance) 제출
- **1617.** 총독 모리스 공(Prince Maurice) 헤이그에서 반항론파 예배 참석
- **1618. 11. 13.** 도르트 총회 개회, 1619년 5월 9일까지
  - **12. 6.** 13명의 항론파 도착, 10일에는 2명이 더 도착
  - **12. 13.** 항론파가 항론파들의 견해(Sententia Remonstrantium) 제출
  - **1. 14.** 항론파가 공식적으로 쫓겨남
  - **1. 15.** 각 지역의 총대모임이 결정문을 작성하기 시작

3. 7-21.	작성된 결정문들의 낭독
3. 25.- 4. 16.	9명의 신경 작성 위원회 초안 작성
4. 16-18.	도르트 신경이 전체 회의에서 승인
4. 23.	총회 참석자들 모두 도르트 신경 각 장에 서명
5. 6.	전체 회의에서 도르트 신경 낭독
5. 9.	제154차로 국제 회의 폐막
5. 13.	네덜란드 국내 총대들로 회의 재개, 교회 질서 다루기 시작
5. 29.	제180차로 폐막
7. 2.	네덜란드 의회 도르트 신경 승인

제2부

도르트 신경

알미니안은 벨직 신앙고백의 제15조와 제16조에[1] 문제가 있다며 수정하기를 원했습니다. 제15조는 아담의 죄가 사람에게 유전되어 모든 사람들은 전적으로 타락하였다는 내용이고, 제16조는 하나님께서 그렇게 전적으로 타락한 사람들을 그들의 행위를 보지 않고 오직 하나님의 선하심으로 택하시어 구원하신다는 내용입니다.

알미니안은 벨직 신앙고백의 일부를 거부하며 수정하고자 항의서를 제출하였습니다. 그렇다면 도르트 총회는 어떻게 이들의 논리가 틀렸음을 나타내야 할까요? 벨직 신앙고백이나 하이델베르크 요리문답이 틀렸다고 이들이 주장했기 때문에, 반항론파는 이 신앙고백들이 성경적으로 옳음을 보여야 했으며, 이것들에 의거하여 자신들의 주장이 옳다고 논리를 펴면 안 되었습니다. 중재자의 위치에 선 네덜란드 국가 의회는 도르트 총회가 다른 인간 저작물이 아니라 오직 하나님의 말씀만을 믿음의 분명하고 의심할 수 없는 규범으로 여겨 심의해야 한다고 지침을 내렸고, 모든 총회 참석자들은 이 지침을 따르겠다는 공식적 서약을 1618년 12월 7일 회의에서 했습니다.[2] 따라서 앞으로 살펴보겠지만

---

1 벨직 신앙고백 제16조 "영원한 선택: 우리는 아담의 모든 후손들이 이렇게 우리의 첫 부모의 죄에 의하여 멸망과 파멸로 떨어졌기 때문에, 하나님께서 자신을 있는 그대로, 즉 자비하시고 공의로우심을 드러내셨음을 믿는다. 자비하시다는 것은, 그분께서 그분의 영원하고 불변하신 계획으로, 순전히 선함에 의거하여, 그리스도 예수 우리의 주 안에서, 사람들의 행위를 전혀 보지 않으시며, 사람들을 선택하셨는데, 그렇게 택하신 자들을 구원하시고 보존하신다는 것이다. 공의로우시다는 것은, 스스로 자신들을 타락과 멸망에 몰아넣은 다른 이들을 그대로 두신다는 것이다."

2 Donald Sinnema, "Calvin and the Canons of Dordt (1619)," *Church History and Religious Culture* 91, no. 1–2 (2011): 87–8. "The synod had a mandate from the States General of the Netherlands to base its deliberations on the Word of God alone as the sure and undoubted rule of faith, and not any human writings." 각주 2번도 참고하라.

도르트 신경은 기존의 신앙고백을 전혀 언급하지 않을 뿐만 아니라, 아우구스티누스나 루터나 칼뱅과 같은 뛰어난 신학자들도 인용하지 않고, 오직 성경에 의거해서 논리를 진술합니다.

도르트 신경은 항론서의 순서에 맞추어 작성되었습니다. 항론서가 잘못되었다는 것을 밝히기 위해 도르트 총회로 모였으므로 자연스러운 결과입니다. 실제로 도르트 신경의 제목은 "도르트에서 1618년과 1619년에 열렸던 화란 개혁 교회의 국가 총회가 영국, 독일, 프랑스의 개혁 교회의 많은 뛰어난 신학자들과 함께 화란 교회에서 논쟁이 된 다섯 가지 교리 조항들에 대하여 내린 결정"입니다.[3] 그런데 도르트 신경은 항론파의 다섯 가지 조항에 대한 반박이었지만, 항론서의 세 번째는 네 번째를 통해서 틀림이 드러나기 때문에 세 번째와 네 번째 조항을 같이 묶어서 반박하였고, 그래서 도르트 신경은 크게 네 개의 장으로 이루어졌습니다.

도르트 신경의 서문은 A4 네 장의 분량으로 도르트 총회가 열리게 된 배경과 열리도록 협조한 이들과 아르미니우스 옹호자들의 비협조와 도르트 신경의 작성 목적과 방법 등에 대하여 기술하고 있습니다. 서문의 맨 마지막 부분은 "이 총회는 … 다섯 교리에 대하여 하나님의 말씀에 부합하는 참된 주장을 나타내고, 하나님의 말씀에 어긋나는 거짓 주

3　Judicium Synodi Nationalis Reformatarum Ecclesiarum Belgicarum, Habitae Dordrechti Anno MDCXVIII et MDCXIX. Cui plurimi insignes Theologi Reformatarum Ecclesiarum Magnae Britanniae, Germaniae, Galliae, interfuerunt, de Quinque Doctrinae Capitibus in Ecclesiis Belgicis Controversis

장을 거부하는 다음의 결정을 공포하기로 결정했다"라고 말합니다. 이 표현에 의거하여 도르트 신경은 먼저 참된 주장이 무엇인지 긍정적으로 서술하고, 그 후 항론파의 잘못된 주장이 무엇인지 서술합니다. 이제부터 도르트 신경의 내용을 살펴봅니다.

제1장

첫째 교리: 신적 선택과 유기
Divine Election and Reprobation

1. 항론파의 신적 선택과 유기

■ 항론파의 제1조항

하나님은 자신의 아들 그리스도 예수 안에서 영원하며 불변한 작정에 의해, 세상의 창립 이전에, 타락한 죄 속에 있는 인류로부터, 그리스도 안에 있는 자들을 그리스도를 인하여 그리고 그리스도를 통하여 구원하시기로 정하셨다. 이들은 성령의 은혜를 통하여, 그분의 아들을 믿을 자들이고, 동일한 은혜를 통하여 바로 그 믿음과 믿음의 순종을 지속적으로 끝까지 견인할 자들이다. 한편, 완악하고 믿지 않는 자들을 죄와 진노 아래에 두시고, 그리스도로부터 떨어진 자들로 정죄하시기로 정하셨다. 이는 요한복음 3장 36절의 복음의 말씀에 따른 것이다. "아들을 믿는 자에게는 영생이 있고 아들에게 순종하지 아니하는 자는 영생을 보지 못하고 도리어 하나님의 진노가 그 위에 머물러 있느니라" 그리고 또한 성경의 다른 구절들에 따른 것이다.

독자 여러분은 제1조항이 어떤 점에서 잘못되었기에 도르트 총회에서 정죄 당했다고 생각합니까? 깊은 주의 없이 제1조항을 보면 틀린 점을 찾을 수 없고, 오히려 하나님의 은혜와 구원을 느끼며 감동을 받습니다. 제1조항의 잘못된 점은 하나님이 구원할 자를 정하실 때에 예수님을 믿을 자와 끝까지 이 믿음에 견딜 자를 정하셨다는 점입니다. 알미니안은 타락한 사람들이 예수님을 믿을 수 있고, 이 믿음을 끝까지 유지할 수 있다고 사람에 대하여 낙관적으로 보는 것입니다.

그래서 그들은 요 3:36의 "아들을 믿는 자에게는 영생이 있고"를 "아들을 믿는 자에게 영생이 있다는 것은 사람이 아들을 믿을 수 있다는 것을 의미한다"로 해석합니다. 그래서 하나님은 창세 전에 구원할 자를 결정하실 때에 예수님을 믿을 자를 구원하시기로 결정하셨다고 말합니다. 그들은 하나님은 미래를 아시기 때문에 어떤 자가 예수님을 믿을 지를 미리 아시고 그런 자를 구원하시기로 결정하셨다고 봅니다.

요한복음 3장 36절 자체로 보면 "믿는 자에게는 영생이 있다"라고 되어 있기 때문에 이런 해석이 맞아 보입니다. 그러나 전후 문맥과[4] 성경 전체를 보면, 그 구절은 절대로 타락한 사람이 예수님을 믿을 수 있다고 말하지 않고 단순히 구원의 방식에 대하여 말합니다. 35절은 아버지께서 아들을 사랑하사 만물을 다 그의 손에 주셨다고 말합니다. 그래서 36절은 "예수님을 믿는 자는 구원을 받는다"라고 구원의 방식에 대하여 말하는 것이지, 사람이 스스로 믿을 수 있다고 말하지 않습니다. 성경은 전체에 걸쳐서 타락한 사람이 예수님을 믿는 것은 사람의 능력이 아니라, 오직 하나님의 은혜에 의한 것이라고 말합니다. 사람이 타락하였다는 것은 무엇이 옳고 그른지 판단할 수 있는 능력도 타락하였다는 것이므로, 타락한 사람은 그리스도의 존재와 사역을 인식하고 믿을 수 없습니다. 사람이 예수님을 믿는 것은 전적으로 하나님이 베푸시는 은혜의 능력에 의한 것입니다.

---

4   요 3:34, 35 하나님이 보내신 이는 하나님의 말씀을 하나니 이는 하나님이 성령을 한량없이 주심이니라 아버지께서 아들을 사랑하사 만물을 다 그의 손에 주셨으니.

그것은 전적으로 성령 하나님을 통해서 이루어집니다. 성령께서 타락하여 전적으로 부패한 사람에게 임하면 마음의 눈이 뜨이며 예수님을 인식할 수 있습니다. 그에게 믿음이 생기는 것입니다. 믿음이 생겨 예수님을 믿습니다. 성경은 예수님을 믿는 믿음까지도 성령의 선물이라고 말합니다. 따라서 하나님은 구원의 조건이 믿음이라는 것을 정하실 뿐만이 아니고, 그런 믿음을 어떤 사람들이 가지게 될 것인가도 정하십니다. 구원의 조건을 정하시고, 그 구원의 조건을 받아들이고 이룰 자도 미리 정하시어, 때가 되면 그 조건을 받아들이고 이루게 하십니다. 도르트 신경은 "신적 선택과 유기(遺棄)"에 관한 이런 내용을 총 18개항으로 이루어진 첫 번째 교리에서 어떻게 표현하는지 지금부터 살펴보고, 주요 성경구절의 의미도 필요시 살펴봅니다.

2. 도르트 신경(반항론파)의 신적 선택과 유기

■ **제1항 죄에 빠진 인류:**
죄로 인해 영원한 저주와 죽음 하에 있게 된 인류[5]

모든 사람들이 아담 안에서 죄를 지어, 영원한 저주와 죽음의 죄책에 처하게 되었기 때문에, 하나님께서 전 인류를 죄와 저주 속에 남겨두시기로 그리고 죄를

---

[5] 각 항에 있는 굵은 글씨체의 제목들은 원래의 도르트 신경에는 없고 필자가 독자들의 이해의 편의를 위하여 임의로 작성한 것이다. "항"이란 표현도 분류의 필요를 위하여 필자가 기입한 것이다.

인하여 정죄하시기로 원하실지라도, 하나님은 누구에게도 불의를 행하시는 것은 아니다. 이것은 사도와 일치한다: "온 세상으로 하나님의 심판 아래에 있게 하려 함이라"(롬 3:19). "모든 사람이 죄를 범하였으매 하나님의 영광에 이르지 못하더니"(롬 3:23). 그리고 "죄의 삯은 사망이요"(롬 6:23).

• 설명

제1장의 제목이 "신적 선택과 유기"이기 때문에, 바로 선택과 유기에 대한 언급이 나올 것 같은데 제6항에서야 나오고, 제1항은 죄로 인해 영원한 저주와 죽음 하에 있게 된 인류에 대하여 언급합니다. 이것은 제1장에만 그치지 않고 다른 장들도 모두 사람의 죄로 인한 영원한 저주와 타락으로 시작합니다. 이것은 사람이 죄로 인하여 전적 부패하여 스스로 구원할 능력이 없기 때문에, 제1장은 하나님께서 아무 조건 없이 오직 은혜와 사랑으로 선택하시어 구원을 한다고(조건 없는 선택) 말하고, 제2장은 사람은 그 전적 부패로 인하여 그리스도께서 획득하신 구원을 스스로 취할 수 없기 때문에, 그리스도는 선택을 받은 자들이 그 구원을 취할 수 있도록 택자들을 위해서만 죽으셨다고(제한 속죄) 말하고, 제3장은 전적 부패한 사람들에게 하나님께서 성령을 통하여 은혜를 주실 때에 그들의 강퍅한 마음은 부드러워지며 은혜를 거부하지 못하고 받아 구원을 받는다고(전적 부패와 불가항력적 은혜) 말하고, 제4장은 전적으로 부패한 자들이 중생할지라도 남아있는 죄와 세상과 사탄의 유혹 때문에 계속해서 서 있을 수 없지만, 하나님께서 은혜 속에서 그들을 끝까

지 강력하게 보존하신다고(성도의 견인) 말합니다.

　이에 반하여 아르미니우스는 죄를 지은 아담의 후예들의 상태를 너무 낙관적으로 보았습니다. 부패하기는 하였지만 스스로 하나님을 믿을 수 있는 능력까지 잃어버린 것은 아니고, 믿음의 순종과 선행을 못할 정도는 아니라고 보았습니다(부분 부패와 부분 무능). 그러니 하나님께서 선택하실 때 사람들의 믿음과 믿음의 순종을 미리 보시고 선택하셨다고(예지 예정의 조건적 선택) 말하고, 예수님은 모든 사람들을 위해서 피 흘려 죽으셨으므로 사람들이 자신의 판단과 노력으로 그 구원을 취하여야 한다고(보편 속죄) 말하고, 하나님께서 중생의 은혜를 주실 때 사람들은 그 은혜를 받을지 말지를 스스로 결정해야 한다고(가항력적 은혜) 말하고, 중생자일지라도 태만으로 인해 자신들의 생명의 첫 원리를 잃어버릴 수 있다고(성도의 조건적 견인) 말합니다.

　이처럼 죄로 인한 전적 부패는 도르트 신경이 다루는 교리들과 전체 내용을 이해하는 데 중요합니다. 그러기에 각 장이 모두 전적 부패와 그 영향으로 시작합니다. 예정에 대한 이해 차이로 아르미니우스와 항론파가 발생하였지만, 거기에는 아담의 죄가 그 후예들을 어떤 부패의 상태로 몰았는가에 대한 이해 차이가 중요한 역할을 하였습니다. 전적 부패이면 무조건적 선택과 제한 속죄와 불가항력적 은혜와 성도의 견인을 말할 수밖에 없고, 부분 부패이면 조건적 선택과 보편 속죄와 가항력적 은혜와 성도의 조건적 견인으로 이어질 수밖에 없습니다. 아담의 죄로 인하여 후예들은 전적 부패와 전적 무능력에 빠졌다는 성경의 가르침을 갖고 도르트 신경을 읽으면 보다 쉽고 간단하게 분석됩니다.

제1항은 아담 안에서 죄를 지은 전 인류는 영원한 저주와 죽음이라는 죗값을 받게 되었고, 이에 대하여 하나님께서 전 인류를 그들이 행한 그대로 죄와 저주 속에 남겨두시고, 그 죄에 대하여 죗값을 요구하실지라도, 하나님은 인류에게 불공정한 일을 행하시는 것이 아니라고 말합니다.[6]

영원한 저주는 사람이 전적으로 타락하여 사람의 전 속성이 부패하였다는 의미입니다. 사람이 지닌 모든 속성이 부패하여서 죄를 안 짓는 것이 불가능하고, 온전한 거룩함은 어디에도 없다는 것입니다. 아담은 하나님의 형상으로 만들어졌는데, 죄를 인하여 하나님의 형상이 부패된 것입니다. 지식과 의와 거룩함이 손상을 입었습니다. 지식과 의와 거룩함이 깨졌다는 것은 지정의(知情意)를 비롯한 육체의 모든 기능이 부패하였다는 것이고, 무능해졌다는 것입니다.

사람은 착한 일을 해도 오염된 상태로 합니다. 칭찬과 보상과 유익 등을 생각하며 선행을 할 뿐, 절대적으로 순수한 의미의 착한 일을 하지 않습니다. 사람은 철저하게 자기중심적이고, 그의 지향성과 관심은 철저히 이기적입니다. 사람은 시끄러운 파티 현장에서도 자기를 부르는 이름을 들을 수 있고, 시끄러운 공사 현장에서도 소음을 뚫고 대화할 수 있습니다. 자기가 지향하는 바를 향해 모든 신경이 집중되는 존재가 사

---

6 도르트 신경은 하나님께서 사람들을 영원한 생명으로 예정하실 때에 "타락할 자"(labilis)가 아니라, "타락한 자"(lapsus)에서 예정하셨다고 말합니다. 이것은 하나님께서 타락 전에 선택하셨는가 아니면 타락 후에 선택하셨는가에 관한 내용인데, 책의 뒤편에 있는 "심화 설명 6"에 설명되어 있다.

람입니다.

　온 인류가 아담의 첫 범죄에 같이 죄를 지었기 때문에, 아담이 지은 죄책과 죄의 부패를 그대로 이어받습니다. 그래서 아담은 죄를 지어서 죄인이지만, 아담의 후손들은 죄인으로 태어나 죄를 짓습니다. 태어날 때 전 속성이 부패한 죄인으로 태어납니다. 죄인이기 때문에 자연스럽게 죄를 짓습니다. 타락 후의 사람은 죄를 안 짓는 것이 불가능합니다.

　맹자(孟子)는 사람의 본성은 근본적으로 선(善)하다고 주장했고, 순자(荀子)는 사람의 타고난 본성은 악(惡)하다고 주장했습니다. 인간의 도덕 수양(修養)을 중요한 일로 여겼던 유교에서는 그 수양이 가능한지 그리고 그 수단은 무엇인지에 대하여 활발히 논의했는데, 맹자와 순자는 서로 상반된 입장이었습니다. 맹자가 도덕성을 사람의 본성으로 보았다면, 순자는 정감과 욕구와 같은 자연성을 본성으로 보았습니다. 맹자는 천인합일(天人合一)의 입장에서 사람의 본성이 하늘에서 선하게 주어졌다고 주장했습니다. 순자는 하늘과 사람은 서로 나뉜다는 천인상분(天人相分)의 입장에서 사람의 본성은 악하다고 주장하며 후천적으로 교육과 경험을 통해 교화되어야 한다고 보았습니다. 기독교는 성선설보다 성악설의 입장입니다. 사람의 전 속성이 부패했다고 보기 때문입니다. 아예 죄인으로 태어났기 때문에 죄를 짓는 것을 피할 수 없다고 봅니다. 사람의 이러한 부패한 속성은 교육이나 감시나 억압을 통해서도 통제되지 않는다고 봅니다. 순자는 낙관적 성악설이었지만, 기독교는 비관적 성악설입니다.

기록된 바 의인은 없나니 하나도 없으며 깨닫는 자도 없고 하나님을 찾는 자도 없고 다 치우쳐 함께 무익하게 되고 선을 행하는 자는 없나니 하나도 없도다 그들의 목구멍은 열린 무덤이요 그 혀로는 속임을 일삼으며 그 입술에는 독사의 독이 있고 그 입에는 저주와 악독이 가득하고 그 발은 피 흘리는 데 빠른지라 파멸과 고생이 그 길에 있어 평강의 길을 알지 못하였고 그들의 눈 앞에 하나님을 두려워함이 없느니라 함과 같으니라. **롬 3:10-18**

육신의 생각은 하나님과 원수가 되나니 이는 하나님의 법에 굴복하지 아니할 뿐 아니라 할 수도 없음이라. **롬 8:7**

육에 속한 사람은 하나님의 성령의 일들을 받지 아니하나니 이는 그것들이 그에게는 어리석게 보임이요, 또 그는 그것들을 알 수도 없나니 그러한 일은 영적으로 분별되기 때문이라. **고전 2:14**

그는 허물과 죄로 죽었던 너희를 살리셨도다. **엡 2:1**

사람들이 자기를 사랑하며 돈을 사랑하며 자랑하며 교만하며 비방하며 부모를 거역하며 감사하지 아니하며 거룩하지 아니하며 무정하며 원통함을 풀지 아니하며 모함하며 절제하지 못하며 사나우며 선한 것을 좋아하지 아니하며 배신하며 조급하며 자만하며 쾌락을 사랑하기를 하나님 사랑하는 것보다 더하며 **딤후 3:2-4**

■ 제2항 구원의 마련:
그런 인류에게 독생자를 보내어 믿으면 영생을 얻게 하신 하나님

그러나 하나님의 사랑이 이렇게 나타난 바 되었으니, 하나님께서 자기의 독생자를 세상에 보내셨으니, 이는 그를 믿는 모든 자들마다 멸망하지 않고 영생을 얻게 하려 하심이다(요일 4:9; 요 3:16).[7]

- 설명

하나님은 전 인류를 죄와 저주 속에 그대로 남겨두시고, 죄를 인하여 정죄하셔도 전혀 불의를 행하시는 것이 아님에도 불구하고, 하나님은 세상을 매우 사랑하셔서 자신의 독생자를 세상에 보내셨습니다. 사람들이 영원한 저주와 죽음의 죄책에 빠져, 스스로 헤쳐 나올 능력이 없기 때문에, 하나님은 이들로 영원한 생명을 얻게 하시려고, 독생자를 보내셨습니다. 그분을 믿는 모든 자들로 멸망 대신에 영생을 얻게 하신 것이고, 독생자를 보내시어 십자가에서 죽으시게 할 정도로 세상을 사랑하신 것입니다.

- 성경구절 해석 - 요 3:16

여러분은 이 성경구절에서 우선적으로 어떤 의미를 생각합니까?

---

[7] 요일 4:9 하나님의 사랑이 우리에게 이렇게 나타난 바 되었으니 하나님이 자기의 독생자를 세상에 보내심은 그로 말미암아 우리를 살리려 하심이라.
요 3:16 하나님이 세상을 이처럼 사랑하사 독생자를 주셨으니 이는 그를 믿는 자마다 멸망하지 않고 영생을 얻게 하려 하심이라.

많은 성도들이 "독생자를 믿는 자는 영생을 얻으니, 사람들은 믿어야 한다."라고 생각합니다. 그래서 이 구절을 인용하며 불신자들에게 예수님을 믿으라고 전도합니다. 이런 해석이 틀리지는 않지만, 우선적 의미는 사람들이 은혜로 영생을 얻게 된다는 것입니다. 은혜로 받는 영생(구원)이 사람들의 믿음을 통해서 실현된다는 것입니다. 하나님께서 죄를 지어 영원한 저주와 죽음 아래 있게 된 사람들에게 은혜로 영생을 주신다는 것이고, 이 영생(구원)의 방식이 믿음이라는 것입니다. 요 3:16의 우선적 의미는 하나님의 은혜로 인한 영생(구원)이지, 우리가 믿겠다는 결단을 하면 구원을 받는다는 것이 아닙니다.

• 전후 논리

제1항은 모든 사람들이 죄를 지어 영원한 저주와 죽음 아래 있게 되었다고 말하고, 제2항은 그러나 하나님께서 세상을 사랑하셔서 영원한 저주와 죽음 아래 있게 된 사람들에게 독생자를 보내시어 그를 믿는 자는 영생을 얻게 하셨다고 말합니다.

■ **제3항 복음 전파자의 파송:**
인류를 믿음으로 이끄시려고 복음의 전파자를 보내시는 하나님

사람들이 믿음으로 이끌어지도록, 하나님은 자비롭게 이 가장 기쁜 소식의 전파자들을 원하시는 사람들에게 원하시는 때에 보내신다. 이 사역에 의하여 사람들은 십자가에 못 박히신 그리스도에 대한 회개와 믿음으로 불려진다. 듣지도 못한 이를 어찌 믿으리요 전파하는 자가 없이 어찌 들으리요 보내심을 받지 아니하였으면 어찌 전파하리요?(롬 10:14, 15)

• 설명

하나님은 영원한 저주와 죽음에 처한 전 인류가 독생자를 믿으면 영생을 얻도록 사랑하셨고, 이 기쁜 소식을 사람들이 듣고 믿을 수 있도록 전파되게 하셨습니다. 즉 영원한 저주와 죽음에 처한 전 인류는 어떻게 해야 자신들이 구원을 받는가에 관한 가장 기쁜 소식을 스스로 알지 못하기 때문에, 하나님은 소식의 전파자들을 보내시어 알게 하십니다. 하나님이 전파자를 보내셔야만, 사람들이 소식을 듣는 것이고, 소식을 들어야만 믿게 되기 때문입니다.[8]

하나님께서 전파자들을 보내실 때 하나님은 원하시는 사람들에게, 원하시는 때에 보내십니다. 첫째로, 가장 지혜롭고 가장 주권적인 하나님은 가장 적합한 때에 복음의 전파자들을 보내십니다. 그래서 성경에는 자주 때가 찼다라는 표현이 나옵니다.[9] 하나님은 구약시대에는

---

[8] 롬 10:14, 15 그런즉 그들이 믿지 아니하는 이를 어찌 부르리요 듣지도 못한 이를 어찌 믿으리요 전파하는 자가 없이 어찌 들으리요 보내심을 받지 아니하였으면 어찌 전파하리요 기록된 바 아름답도다 좋은 소식을 전하는 자들의 발이여 함과 같으니라.
사 52:7 좋은 소식을 전하며 평화를 공포하며 복된 좋은 소식을 가져오며 구원을 공포하며 시온을 향하여 이르기를 네 하나님이 통치하신다 하는 자의 산을 넘는 발이 어찌 그리 아름다운가.
고전 1:23, 24 우리는 십자가에 못 박힌 그리스도를 전하니 유대인에게는 거리끼는 것이요 이방인에게는 미련한 것이로되 오직 부르심을 받은 자들에게는 유대인이나 헬라인이나 그리스도는 하나님의 능력이요 하나님의 지혜니라.

[9] 막 1:15 이르시되 때가 찼고 하나님의 나라가 가까이 왔으니 회개하고 복음을 믿으라 하시더라.
요 2:4 예수께서 이르시되 여자여 나와 무슨 상관이 있나이까 내 때가 아직 이르지 아니하였나이다.

복음의 전파가 유대인에게만 한정되게 하셨지만, 때가 차자 예수 그리스도를 이 땅에 보내시어 전 세상의 전 이방인에게도 전파되게 하셨습니다.

둘째로, 가장 지혜롭고 가장 주권적인 하나님은 원하시는 사람들에게 전파자들을 보내십니다. 영원한 저주와 죽음의 죄책에 처한 전 인류 중에서, 어떤 사람들은 믿음으로 이끌어 지도록 복음을 듣고 어떤 이들은 듣지 못 하는데, 이것은 하나님의 원하심에 의한 것입니다. 즉 모든 사람들이 복음을 듣고 믿음에 이르는 것은 아닌 것입니다. 이것은 앞으로 자주 살펴보게 될 것입니다.

도르트 신경의 각 장은 사람의 전적 부패를 언급한 후에, 하나님이 마련하신 구원과 구원의 보존에 대하여 언급하고(1장 2항, 2장 2항, 3장 6항, 4장 2항), 이어서 하나님께서 이 복음을 전파자를 통하여 전하신다고(1장 3항, 2장 5항, 3장 6항과 8항, 4장 14항) 말합니다. 3장 17항과 4장 14항은 복음과 성례라는 은혜의 수단에 대해서도 언급합니다. 이것은 도르트 신경이 죄와 저주에 빠진 사람들을 하나님께서 구원하시기 위하여 적극적으로 복음을 사람들에게 선포하신 것을 나타내고, 말씀과 성례와 권징이란 은혜의 수단을 통하여 사람들을 부르시고 성장시키심을 나타냅니다. 도르트 신경은 무엇보다 복음 전파를 통한 전도와 은혜의 수단의 열

요 7:8 너희는 명절에 올라가라 내 때가 아직 차지 못하였으니 나는 이 명절에 아직 올라가지 아니하노라.
갈 4:4 때가 차매 하나님이 그 아들을 보내사 여자에게서 나게 하시고 율법 아래에 나게 하신 것은.

심어린 사용을 강조하며, 단지 차갑게 하나님의 선택과 유기를 말하지는 않습니다. 하나님의 예정을 결정론과 운명론으로 말하지 않고, 사람들을 믿음으로 이끄는 하나님의 예정은 복음 전파를 통하여 사람들에게 알려진다고 말하는 것이고, 따라서 하나님의 예정을 알수록 더욱 적극적으로 복음을 전파해야 한다고 말하고 있습니다. 예정하시는 하나님은 복음의 전파자도 준비하시는 것이고, 도르트 신경을 읽고 공부하는 사람들이 바로 이 기쁜 소식의 전파자들이 되어 열심히 전도해야 하는 것입니다.

• 성경구절 해석 – 롬 10:14, 15

테니스나 탁구와 같은 경기에서 선수들이 멀리 떨어진 공을 빨리 쫓아가 상대방 진영으로 힘차게 보내는 장면은 매우 아름답습니다. 그런데 억센 팔로 공을 힘차게 보내지만, 이렇게 하기 위해서는 발이 빠르게 공을 쫓아가야만 합니다. 그래서 공을 빠르게 쫓아가는 발은 아름답다고 할 수 있습니다. 하나님은 예수 그리스도의 고난과 대속의 죽음을 통해 사람들의 죄를 용서하여 주셨습니다. 이 놀라운 소식을 사람들이 믿으면 영원한 생명을 얻습니다. 그래서 하나님은 이 소식을 사람들이 듣고 믿고 주님을 부를 수 있도록, 이 소식을 전파하는 자들을 사람들에게 보내셨습니다. 그러니 좋은 소식을 전하는 자들의 발이 얼마나 귀하고 아름다운지 모릅니다. 그런데 좋은 소식을 전하는 자들의 발이 아름답다는 것은, 발 자체가 아름답다는 것이 아니라 그 전파자를 보내시는 하나님이 아름다우시다는 것이고, 그러한 계획과 실행이 아름답다는 것입니다.

• 전후 논리

제2항은 하나님께서 독생자를 보내시어 그를 믿는 자는 영생을 얻게 하셨다고 말하고, 제3항은 이 복음을 사람들이 듣고 믿도록 하나님은 복음의 전파자를 보내셨는데, 이것은 아름답다고 말합니다.

■ **제4항 구원하는 방식:**
전하여진 복음을 믿지 않으면 진노가, 믿으면 영생이 주어짐

이 복음을 믿지 않는 자들은 하나님의 진노가 그들 위에 머무른다. 그러나 이 복음을 받아들이고, 구주 예수님을 참되고 살아있는 믿음으로 영접하는 자들은 그분을 통하여 하나님의 진노와 파멸로부터 자유롭게 되고, 영생이 선물로 주어진다.

• 설명

하나님이 전파자를 통해 전해주신 복음을 듣고 믿지 않는 자들에게는 하나님의 진노가 머무릅니다. 하나님께서 그들에게 주신 최고의 선물을 그들이 거부하며 하나님을 모독하기 때문입니다. 그러나 이 복음을 받아들이고 구주 예수님을 참되게 믿음으로 영접하는 자들은 자신들의 죄로 인해 받아야만 하는 하나님의 진노와 파멸로부터 자유롭게 되고, 영원한 생명이 선물로 주어집니다. 하나님의 진노와 파멸에서 벗어나 영생을 누릴 수 있는 방법은 이 외에는 없습니다. 오직 믿음으로 복음을 받아들이고 구주 예수님을 영접해야 합니다. 이렇게 하나님은 영원한 저주와 죽음에 처한 자들을 구원하시는 수단을 마련하셨습니다. 즉 독생자 예수 그리스도를 세상에 보내시어 그분을 믿는 자마다 영생을 얻게 하셨고, 이 소식을 듣고 믿도록 복음의 전파자를 보내셨고, 전파된 이 복음을 믿지 않는 자에게는 하나님의 진노가, 받아들이는 자에게는 영생이 선물로 주어지게 하셨습니다.

• 전후 논리

제3항은 복음을 사람들이 듣고 믿도록 하나님께서 복음의 전파자를 보내셨다고 말하고, 제4항은 이렇게 전해진 복음을 듣고 믿지 않는 자는 진노를 받고, 복음을 받아들이는 자는 영생의 선물을 받는다고 말합니다.

■ **제5항 불신과 믿음의 원인:**
   불신의 원인은 사람에게, 믿음의 원인은 하나님에게

이러한 불신의 원인이나 책임은 다른 모든 죄들처럼 하나님에게 있지 않고, 사람에게 있다. 그러나 예수 그리스도에 대한 믿음과 그분을 통한 구원은 하나님의 값없는 선물이다. 다음처럼 쓰인 것과 같다: "너희는 그 은혜에 의하여 믿음으로 말미암아 구원을 받았으니 이것은 너희에게서 난 것이 아니요 하나님의 선물이라"(엡 2:8). 마찬가지로 "너희에게 은혜를 주신 것은 다만 그리스도를 믿을 뿐 아니라"(빌 1:29).

• 설명

전파자를 통해 전해진 복음을 어떤 사람은 받아들이지 않고, 어떤 사람은 받아들입니다. 이것들의 원인과 책임은 어디에 있을까요? 불신의 원인과 책임은 사람들이 짓는 모든 죄들과 마찬가지로 하나님에게 있지 않고, 사람에게 있습니다. 하나님은 사람들로 죄를 짓게 하시는 분이 아닙니다. 사람들은 스스로 죄를 짓는 것이고, 스스로 복음과 하나님을 거부하는 것입니다.

그러나 예수 그리스도를 믿어 그분을 통한 구원을 얻는 것은 사람에게 원인이나 능력이 있지 않고, 하나님의 자유로운 선물입니다. 타락한 사람들이 스스로의 능력으로 절대로 예수 그리스도를 믿지 못합니다.[10] 이것은 하나님께서 아무 이유 없이 그저 사랑하셔서 주시는 선물

---

10 어느 날 tv에서 사자가 초식동물을 잡아먹는 장면을 봤다. 개나 고양이는 사자나 호랑이를 보면 무서워 뒷걸음질 친다는 소리를 들어서, 집에서 기르는 용감한 진돗개는 어떤 반응을 보일지 궁금했다. 저만치 누워있는 진돗개에게 사자를 보라고 tv를 손으로 가리켰다. 진돗개는 예상을 깨고 tv를 가리키는 내 손을 쳐다보았다. 짐승에게는 방향성이 없기 때문이다. 사람과 99%의 DNA가 일치하는 침팬지도 가리키는 방향이 아니라 손을 쳐다본다. 손이 가리키는 방향을 보는 것이 이적이고 신비이고, 배워서 되는 일이 아니다. 불신자들에게 예수님을 믿으라고 전하면 그들은 예수님은 보지 않고 쓸데없는 것들로 시비를 건다. 그들에게는 예수님을 볼 수 있는 방향성이 없다. 그렇다면 신자들은 왜 보이지 않는 예수님을 인식할까? 그것은 믿음이라는 인식 수단이 있기 때문이다. 시력이 나쁜 사람이 안경을 쓰면 잘 볼 수 있는 것처럼, 믿음이 있으면 인식되지 않던 것들이 인식된다. 그래서 "믿음은 바라는 것들의 실상이요 보이지 않는 것들의 증거"이다(히 11:1). 믿음이 있으면 보이지 않는 것들을 분명한 증거가 있는 것처럼 여기게 되고, 바라는 것들을 실상처럼 여기게 된다. 사람은 동물과 구별되는 이성과 감성의 인식수단을 갖고 있고, 신자는 불신자와 구별되는 믿음이란 인식수단을 갖는다. 루이스 벌코프는 믿음을 "외적 증거나 논리적 증명에

입니다. 하나님의 자유로운 선물이라는 것은 하나님께서 어떤 사람에게 구원의 선물을 주실 때에 그 사람이 구원의 선물을 받을 만한 행위를 했거나 그런 인격이 되어서가 아니라, 아무 자격도 없고, 어떤 구비된 것도 없는데, 그저 사랑하셔서 선물을 주셨다는 것입니다. 만약에 사람에게 있는 어떤 선행이나 조건을 보고 선물을 주셨다면 그 선행과 조건을 인해서 준 것이므로 하나님은 자유롭지 않고, 사람의 선행과 조건만큼 얽매입니다. 자유롭다는 것은 아무 이유나 조건이 없다는 뜻이고, 그래서 "자유로운" 선물은 "값없는" 선물이라고도 불립니다.

• 성경구절 해석 – 엡 2:8

이 성경구절에서 사람이 구원을 받을 때 은혜로 받습니까? 아니면 믿음으로 받습니까? 엡 2:8만 보면 명확하지 않고 전후문맥을 통해 알 수 있습니다.

> ¹그는 허물과 죄로 죽었던 너희를 살리셨도다 ²그 때에 너희는 그 가운데서 행하여 이 세상 풍조를 따르고 공중의 권세 잡은 자를 따랐으니 곧 지금 불순종의 아들들 가운데서 역사하는 영이

의존하지 않고, 즉각적이고 직접적인 통찰력에 의존하는 **명확한 지식이다.**"라고 정의했다. 사람들은 일반적으로 외적인 증거나 논리적 사고에 의거하여 옳고 그름을 판단한다. 그런데 사람에게 믿음이 있으면 이것들 말고 즉각적이고 직접적인 통찰력이 생긴다. 이런 믿음은 결코 사람들이 노력하여 얻을 수 없고, 하나님께서 선물로 주시는 것이다. "It[faith] is frequently used to denote the positive knowledge that does not rest on external evidence nor on logical demonstration, but on an immediate and direct insight." Louis Berkhof, *Systematic Theology* (Edinburgh: The Banner of Truth Trust, 1996), 181.

라 ³전에는 우리도 다 그 가운데서 우리 육체의 욕심을 따라 지내
며 육체와 마음의 원하는 것을 하여 다른 이들과 같이 본질상 진
노의 자녀이었더니 ⁴긍휼이 풍성하신 하나님이 우리를 사랑하신
그 큰 사랑을 인하여 ⁵허물로 죽은 우리를 그리스도와 함께 살리
셨고 (너희는 은혜로 구원을 받은 것이라) ⁶또 함께 일으키사 그
리스도 예수 안에서 함께 하늘에 앉히시니 ⁷이는 그리스도 예수
안에서 우리에게 자비하심으로써 그 은혜의 지극히 풍성함을 오
는 여러 세대에 나타내려 하심이라.　　　　　　　　　엡 2:1-7

　　1절은 사람들이 허물과 죄로 죽었다고 말합니다. 그 죽은 상태를
2-3절은 사람들이 세상 풍조와 공중의 권세 잡은 자를 따른 것으로, 그
리고 육체와 마음의 원하는 것을 한 것으로 표현합니다. 4-5절은 긍휼
이 풍성하신 하나님이 큰 사랑을 인하여 허물로 죽은 사람들을 살리셨
다고 말합니다. 1-7절에서 믿음이라는 단어는 나오지 않습니다. 모두
하나님의 큰 사랑과 은혜를 인하여 죽은 사람들이 살아났다고 말합니
다. 전후문맥으로 보면 8절에서 말하는 사람의 구원은 믿음이 아니라
은혜로 인한 것입니다.
　　그리고 제5항이 바로 이러한 해석을 뒷받침해줍니다. 제5항은 예
수님을 믿는 믿음과 그분을 통한 구원은 하나님의 자유로운 선물로 말
미암은 것이라고 말합니다. 믿음은 사람의 결단이나 행위이기 이전에,
하나님이 거저 주시는 선물입니다. 따라서 엡 2:8은 사람이 구원을 받

는 것은 하나님의 은혜로 인한 것이라고 말합니다. 하나님의 은혜가 사람의 믿음을 통하여 나타나 사람이 구원을 받는 것입니다.

• 전후 논리

제4항은 복음을 듣고 믿지 않는 자는 진노를 받고, 복음을 받아들이는 자는 영생의 선물을 받는다고 말하고, 제5항은 복음을 믿지 않는 원인은 사람에게 있고, 예수님을 받아들이는 믿음의 원인은 하나님의 자유로운 선물에 있다고 말합니다.

■ **제6항 선택과 유기의 작정:**
일부에겐 믿음을 주시고, 일부에겐 주시지 않는 하나님의 영원한 작정

시간 속에서 어떤 이들에게는 믿음이 하나님으로부터 선물로 주어지고, 다른 이들에게는 주어지지 않는데, 이것은 하나님의 영원한 작정으로 인한 것이다. 왜냐하면 하나님은 자신의 모든 일을 영원부터 아시기 때문이다(행 15:18, 엡 1:11).[11] 이 작정에 따라, 하나님은 택자들의 마음이 아무리 강퍅할지라도 은혜를 인하여 부드럽게 하시고 믿음으로 기울게 하시지만, 비택자들을 자신의 공정한 심판을 인하여 악함과 강퍅함에 내버려 두신다. 그리고 여기에 똑같이 파멸에 이른 사람들에 대한 그분의 가장 심오하시고, 자비로우시며 동시에 공의로우신 구별이 우리에게 드러난다. 이것이 하나님의 말씀에 계시된 선택과 유기의 작정이다. 비록 이

---

11 행 15:18 즉 예로부터 이것을 알게 하시는 주의 말씀이라 함과 같으니라.
    엡 1:11 모든 일을 그의 뜻의 결정대로 일하시는 이의 계획을 따라 우리가 예정을 입어 그 안에서 기업이 되었으니.

작정을 사악하고 불순하고 변덕스러운 자들은 자신의 파멸로 왜곡하지만, 이 작정은 거룩하고 독실한 영혼들에게는 말할 수 없는 위로를 가져다준다.

• 설명

　분명히 같은 복음을 듣는데 어떤 이들은 그 복음을 받아들이지 않고, 다른 이들은 받아들입니다. 제5항에서 이런 불신의 원인이나 책임은 하나님에게 있지 않고 사람에게 있음을, 그리고 복음을 받아들이는 믿음은 하나님의 자유로운 선물임을 살펴보았습니다. 그렇다면 왜 어떤 이들은 믿지 않고, 다른 이들은 믿을까요? 이에 대하여 제6항은 하나님께서 어떤 이들에게는 믿음을 선물로 주시지 않고, 다른 이들에게는 주시기 때문이고, 이것은 하나님의 영원한 작정으로 인한 것이라고 말합니다.

　영원한 작정으로 인한 것이란 말의 의미는 하나님께서 어떤 이에게 믿음을 주시고, 다른 이에게 주시지 않는 것은 하나님의 영원한 작정으로 인한 것이지, 사람들의 행위나 믿는 여부로 인한 것이 아니라는 뜻입니다. 전능하시고 전지하신 하나님은 자신의 모든 일을 영원부터 아십니다. 영원한 저주와 죽음에 빠진 전 인류는 스스로의 노력과 행위로 진리이신 예수 그리스도를 절대로 알지 못하고, 따라서 영접하지 않고 구원받지 못합니다. 하나님은 이런 모든 것을 영원부터 아실뿐만 아니라, 어떤 이에게 믿음을 주시고 다른 이에게 주시지 않는 것이 가장 자비롭고 가장 공의로우신가도 절대적으로 아십니다. 이것은 너무나 신비하여 우리 사람의 지혜로 헤아릴 수 없고, 성경에 하나님의 뜻으로 계시되었기 때문에 우리는 진리로 받아들입니다.

아무 이유 없이 오직 사랑하시기 때문에 어떤 이들을 택하신 하나님은 시간 속에서 그들에게 가장 적합한 때에 믿음을 주십니다. 그들에게 믿음을 주시는 것은 이들이 믿음을 받을 선행이나 인격을 갖추어서가 아니라 하나님의 일방적인 값없는 선물입니다. 이렇게 믿음을 선물로 받으면 그들의 마음이 아무리 강퍅하여도 살처럼 부드럽게 됩니다. 하나님께서 택자들에게 한 마음을 주시고 그 속에 새 영을 주실 때에 돌 같은 마음은 제거하시고 살처럼 부드러운 마음을 주시는 것이고(겔 11:19), 그 마음은 예수 그리스도를 영접하고 싶은 믿음으로 기우는 것입니다.

하지만 믿음을 선물로 받지 못한 비택자들은 그들의 원래 상태에 그대로 머뭅니다. 즉 악함과 강퍅함에 그대로 머무는 것입니다. 하나님께서 그들에게 믿음을 주시지 않고 그들의 행위에 따라 악함과 강퍅함에 그대로 머물게 하시고 정죄하실지라도, 제1항에서 살펴본 것처럼 하나님은 절대로 누구에게도 불의를 행하시는 것이 아닙니다. 똑같이 파멸에 이른 사람들 중 어떤 이는 택하시고 다른 이는 유기하시는 결정이 우리에게 너무나 높고 깊어 신비일 뿐이고, 그들 중 어떤 이를 택하시는 것은 하나님의 가장 자비로운 구별이고, 다른 이를 유기하시는 것은 가장 공의로우신 구별입니다.

이것은 너무나 신비한 일이기에, 하나님을 경외하는 마음과 사람들의 비참한 상태에 대한 인식이 없는 사악하고 불순하고 변덕스러운 자들은 이 작정을 자신의 파멸로 왜곡합니다. 자신들이 왜 악하고 강퍅한지를 회개하지 않고, 하나님이 자신들을 이렇게 만들었다고 하나님을 죄의 조성자로 비난하거나, 이러한 선택과 유기는 비합리적인 것으로 존재하지 않는다고 반대합니다. 하지만 하나님을 경외하는 마음과 사람들의 비참한 상태에 대한 인식이 있는 거룩하고 독실한 영혼들에게는 이 작정이 말할 수 없는 위로를 가져다줍니다. 오직 하나님의 은혜와 일하심으로 자신들이 악함과 강퍅함에서 벗어나게 됨을 깨닫고 하나님을 찬양하고 감사를 드리는 것이고, 불변하신 하나님께서 자신들을 구원으로 작정하셨기에 이 구원이 흔들리지 않을 것임을 알며 큰 위로를 받습니다.

- 전후 논리

5항은 복음을 믿지 않는 원인은 사람에게 있고, 예수님을 받아들이는 믿음의 원인은 하나님의 자유로운 선물에 있다고 말하고, 제6항은 시간 속에서 어떤 이들에게는 믿음이 하나님으로부터 선물로 주어지고, 다른 이들에게는 주어지지 않는 것은 하나님의 영원한 작정으로 인한 것이라고 말합니다.

■ **제7항** 선택과 구원의 수단:
　　　순전히 은혜로 택자들을 선택하시고, 구원의 수단도 정하시는 하나님

선택은 하나님의 불변의 목적인데, 이에 따라 하나님은 세상의 창립 이전에 처음의 순전한 상태에서 자신의 잘못으로 죄와 멸망으로 빠져 들어간 전 인류 종족으로부터, 그분의 뜻의 자유로운 선한 기쁨에 따라, 순전히 은혜로, 더 옳아서도 아니고 더 가치가 있어서도 아니고 다른 이들처럼 같은 비참함에 빠진 특정한 수의 사람들을, 영원 전에 모든 택자들의 중보자와 머리 그리고 구원의 기초로 세우신 그리스도 안에서 구원으로 선택하셨다. 하나님은 바로 그들이 구원받도록 그리스도에게 주시기를, 그리고 자신의 말씀과 영을 통하여 교통으로 효력 있게 부르시고 이끄시기를, 참된 그 믿음을 주시기를, 칭의하실 것을, 성화하실 것을, 권능 있게 자신의 아들과의 교통 속에서 보존하실 것을, 마침내 영화하실 것을 작정하셨는데, 자신의 자비를 드러내시고 자신의 신적인 영광스러운 은혜를 찬양하기 위해서다. 다음처럼 쓰인 것과 같다. "곧 창세 전에 그리스도 안에서 우리를 택하사 우리로 사랑 안에서 그 앞에 거룩하고 흠이 없게 하시려고 그 기쁘신 뜻대로 우리를 예정하사 예수 그리스도로 말미암아 자기의 아들들이 되게 하셨으니 이는 그가 사랑하시는 자 안에서 우리에게 거저 주시는 바 그의 은혜의 영광을 찬송하게 하려는 것이라"(엡 1:4–6). 그리고 다른 곳에서 "미리 정하신 그들을 또한 부르시고 부르신 그들을 또한 의롭다 하시고 의롭다 하신 그들을 또한 영화롭게 하셨느니라"(롬 8:30).

• 설명

하나님은 영원하시고 불변하시기 때문에, 그 목적도 과거와 현재와 미래를 초월하여 영원히 이루어지기 때문에 변하지 않습니다. 하나님의 선택은 이 세상을 창조하시기 전에 이루어졌습니다. 하나님이 뜻하시고 계획하시는 것은 그대로 실행이 됩니다. 그래서 모든 만물을 창조하시기 전에 무엇을 어떻게 창조하실 것인지를 미리 뜻하시고 계획하시는데, 그대로 이루어집니다. 창조되는 인격체의 경우에는 그 행동까지도 미리 뜻하시고 계획하시는데 역시 그대로 이루어집니다.

선택하는 대상은 처음의 순전한 상태에서 자신의 잘못으로 죄와 멸망으로 빠져 들어간 전 인류 종족입니다. 죄를 지어서 영원한 저주와 죽음에 이른 전 인류 중에서 일부를 택하십니다. 이들 모두를 하나님의 자녀로 택하시지 않고, 특정한 수의 사람들만을 선택하십니다.

선택하시는 기준은 하나님의 뜻에 의한 자유로운 선한 기쁨입니다. 선택을 받은 사람들에게 선택을 받을 어떤 이유나 행위가 없다는 의미입니다. 택함을 받은 자들이 더 옳아서도 아니고, 더 가치가 있어서도 아닙니다.[12] 전 인류가 모두 똑같이 비참함에 빠졌고, 모두 자격이 없는데, 순전히 은혜로 택하신 것입니다.

이때 택함을 받은 자들이 구원받는 근거는 예수 그리스도에게 있

---

[12] 신 7:7 여호와께서 너희를 기뻐하시고 너희를 택하심이 너희가 다른 민족보다 수효가 많기 때문이 아니라 너희는 오히려 모든 민족 중에 가장 적으니라.
신 9:6 그러므로 네가 알 것은 네 하나님 여호와께서 네게 이 아름다운 땅을 기업으로 주신 것이 네 공의로 말미암음이 아니니라 너는 목이 곧은 백성이니라.

습니다. 하나님은 그리스도를 모든 택자들의 중보자와 머리와 구원의 기초로 세우셨습니다. 즉 그리스도가 그들과 연합하여 그들 대신에 그들의 구원을 이루시는 것입니다. 그래서 그리스도는 하나님의 아들로서 사람이 되시어 모든 율법을 지키시고, 고난을 받으, 십자가에 못 박혀 죽으십니다. 그래서 하나님은 구원으로 택하신 자들을 그리스도에게 주시고, 그리스도는 그들과 하나로 연합하시어 그들의 중보자와 머리와 구원의 기초가 되시어 구원 사역에 필요한 모든 것을 다 이루셨습니다.

하나님은 택자들의 구원과 영생을 위하여 이 일만 하신 것이 아닙니다. 그리스도가 죽음으로 획득한 구원의 가치를 택자들이 알고 받아들이도록 하는 일도 하셨습니다. 그래서 죄로 인하여 어두워진 그들의 마음을 자신의 말씀과 영을 통하여 밝히십니다. 하나님은 택자들을 무지와 어둠에서 부르시고 이끄시는데 반드시 효력이 있게 하십니다. 하나님은 자신의 말씀과 영으로 참된 믿음과 칭의와 성화와 보존과 영화까지도 작정하셨습니다. 한 마디로 구원에 필요한 모든 것을 작정하시고 그대로 실행에 옮기십니다. 구원에 필요한 일부만을 선물로 찔끔 주시고, 나머지 필요한 것들을 택자들로 하여금 스스로 취하라고 하시지 않습니다. 영원한 저주와 죽음에 빠진 사람들은 절대로 자신들의 능력으로 구원에 필요한 조그마한 것도 이룰 수 없기 때문입니다. 하나님이 어떤 사람들을 택하셨다는 것은 단순히 그 사람들을 하나님의 자녀로 삼으셨다는 의미만이 아니라, 그들로 하나님의 자녀가 되게 하는 과정까지도 정하셨다는 의미입니다.

하나님은 이 모든 일을 자신의 자비를 드러내시고, 자신의 신적인 영광스러운 은혜를 찬양하기 위해서 하십니다. 이것은 하나님이 자신이 한 일을 드러내어 자랑하신다는 것도 아니고, 스스로 찬양을 받으려 자신을 스스로 높이려 한다는 것도 아닙니다. 영원한 저주와 죽음에 이른 전 인류 중 일부를 선택하시고 일부를 유기하시는 작정은 하나님께서 자비로우시고 전능하시기 때문에 이루어지는 것이고, 작정의 집행에서 이러한 자비로움과 전능하심이 그대로 드러난다는 것입니다. 하나님은 작정을 인간적인 수준과 기량으로 차원 낮게 이루시지 않고, 신적인 영광스러운 수준과 전능으로 매우 차원 높게 이루시는 것입니다. 제7항은 선택 그리고 구원의 수단에 대한 정의(定義)적 진술입니다.

• 성경구절 해석 – 롬 8:30

하나님은 선택으로 정하신 택자들을 때가 되면 효력 있게 부르십니다. 효력 있는 부르심이므로, 부름을 받은 자들은 아무리 그 마음이 강퍅해도 살처럼 부드러워지며 하나님께 나오게 됩니다. 그 후 하나님은 택자들이 알아서 살게 하시지 않고, 그들을 또한 의롭다 하시고, 의롭다 하신 그들을 또한 영화롭게 하십니다. 롬 8:28이 말하는 것처럼 하나님은 그의 뜻대로 부르심을 입은 자들에게는 모든 것이 합력하여 선을 이루게 하십니다. 모든 것이 합력하여 하나님께서 정하신 뜻을 이루게 하시는 것이고, 이 뜻 속에는 효력 있는 부르심과 칭의와 성화와 보존과 영화까지 모두 포함됩니다.

이에 대하여 웨스트민스터 신앙고백은 작정에 대하여 말하는 제3장 제6항에서 "하나님은 택하신 자들을 영광에 이르도록 정하신 것처럼, 자기 뜻의 영원하며 지극히 자유로운 목적을 따라 그들로 거기에 이르는 모든 수단들을 미리 정하셨다."라고 말합니다. 이어서 "그러므로 택하심을 입은 자들은 아담 안에서 타락하였으나, 그리스도에 의해 구속을 받고, 때가 되어 역사하시는 그리스도의 영에 의해 그리스도를 믿도록 효과적으로 부름을 받고, 그의 권능에 의해 믿음을 통해 구원에 이르도록 칭의되고, 양자됨을 얻고, 성화되고, 보호를 받는다."라고 말합니다. 즉 하나님은 어떤 이들을 구원으로 정하실 때에, 그들에게 알아서 구원에 이르라고 하시지 않고, 구원에 이르는 모든 수단들도 미리 정하시어 때를 따라 주십니다. 도르트 신경 제1장 제7항은 웨스트민스터 신앙고백 제3장 제6항의 작성에 영향을 준 것이고, 이것은 그 당시 유럽의 개혁 교회에서 보편적인 내용이었음을 알 수 있습니다.

• 전후 논리

제6항은 하나님은 일부에게는 믿음의 선물을 주시고, 다른 이들에게는 믿음의 선물을 주시지 않는 선택과 유기의 영원한 작정에 대하여 말하고, 제7항은 하나님이 작정을 하실 때에 모든 사람이 아니라 일부를 주권적으로 선한 기쁨에 따라 순전히 은혜로 선택하시고, 동시에 그 택자들이 구원에 이르는 수단들도 미리 정하셨다고 말합니다. 제6항에서 말하는 믿음의 선물이 택자들에게 주어지는 것은 제7항이 말하는 구

원의 수단들 중 하나에 속한다는 논리입니다.

■ **제8항 하나의 같은 선택:**
　　　다양한 종류의 선택이 아니라, 하나의 같은 선택

이 선택에는 다양한 종류가 있지 않고, 구약과 신약 하에서 구원될 모든 이들에 대한 하나의 그리고 동일한 선택이 있을 뿐이다. 왜냐하면 성경은 하나님의 뜻에 관한 선한 기쁨과 목적과 계획이 유일하다고 선포하기 때문이다. 이것에 의하여 하나님은 우리를 영원으로부터 은혜와 영광으로, 그리고 구원과 구원의 길로 선택하셨는데, 그 구원의 길은 우리가 구원으로 걸어가도록 미리 예비하신 것이다.

• 설명

　항론파의 제1장 제2절에 따르면, 그들은 선택에는 "일반적이고 불확정적인 선택"과 "특정적이고 확정적인 선택"이 있다고 주장합니다. 이들은 하나님께서 죄를 지은 사람들이 예수 그리스도를 믿으면 구원하시는 "구원의 방식"에 관한 선택을 하셨는데, 이 선택은 그리스도를 믿기만 하면 모두 구원을 받는 일반적인 선택이고, 어떤 특정의 사람들이 믿기로 결정된 선택이 아니라고 주장합니다. 이것이 "일반적이고 불확정적인 선택"입니다. 구원의 방식에 관한 이 선택에 의하여 자신의 결정으로 믿음을 선택한 이들은 구원받게 됩니다. 미래를 아시는 하나님은 누가 믿음의 결단을 할지 아시기 때문에 이 예지에 근거하여 믿을 사람들을 선택하시는데, 이 선택이 "특정적이고 확정적인 선택"입니다.

그런데 "특정적이고 확정적인 선택"에 의하여 선택된 자들 중에서도 처음 가진 믿음을 끝까지 유지하지 못하고 세상의 유혹과 핍박 등으로 믿음을 저버리는 자들이 있습니다. 이들에 대한 선택을 "불완전하고, 폐지할 수 있고, 비결정적이고, 조건적인 선택"이라고 합니다. 이들의 믿음은 중간에 잃어버려질 수 있으므로 이들에 대한 선택은 불완전한 선택이고, 믿음의 여부에 따라 언제든 폐지될 수 있는 선택이고, 그에 따라 구원이 최종 결정되는 비결정적 선택이고, 이들이 믿음을 끝까지 유지하는 조건에 따라 구원이 결정되는 조건적 선택입니다.

이에 반하여 처음 가진 믿음을 끝까지 유지하는 자들에 대한 선택을 "완전하고, 폐지할 수 없고, 결정적이고, 절대적인 선택"이라고 합니다. 이들의 믿음은 끝까지 유지되므로 이들에 대한 선택은 완전한 선택이고, 따라서 폐지되지 않는 선택이고, 구원이 최종 결정된 결정적 선택이고, 선택에 아무 조건이 붙지 않은 절대적인 선택입니다.

알미니안은 "불완전하고, 폐지할 수 있고, 비결정적이고, 조건적인 선택"을 "믿음에 이르는 선택"이라고도 부르고, "완전하고, 폐지할 수 없고, 결정적이고, 절대적인 선택"을 "구원에 이르는 선택"이라고도 부릅니다. 즉 이들은 "의롭게 하는 믿음에 이르는 선택"을 받은 자일지라도 도중에 이 믿음을 잃으면 구원을 받지 못한다고 봅니다. 그래서 이들에게는 "구원에 이르는 결정적 선택"이 없는 "의롭게 하는 믿음에 이르는 선택"이 있을 수 있습니다.

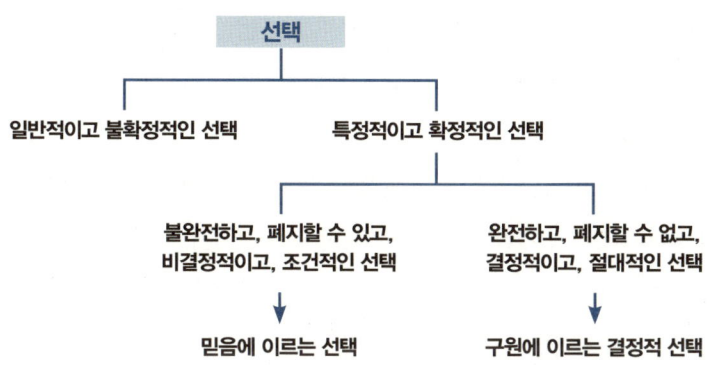

선택에 대한 다양한 종류[13]

위에서 보는 것처럼 알미니안은 하나님께서 죄에 빠진 사람들이 구원을 받을 수 있는 방식은 작정하셨지만, 어떤 특정의 사람들을 조건 없이 선택하여 구원하시는 것은 작정하시지 않았다고 주장합니다. 즉 믿음에 의한 구원의 방식은 작정하셨지만, 특정의 사람들에게 조건 없이 믿음을 주셔서 구원하시는 작정은 안 하셨다고 보는 것입니다.

하지만 하나님은 누구를 구원하실 지를 결정하실 때에 사람들의 믿음 여부에 따라 결정하시지 않습니다. 알미니안에 따르면 하나님은 사람들이 믿는 행동을 하느냐에 따라 선택의 결정을 하십니다. 이것은

---

13 표를 통해서 시각적으로 쉽게 확인할 수 있는 것처럼 알미니안의 선택은 갈수록 문이 좁아진다. 처음에는 구원의 문을 모든 사람들에게 열어 놓기 때문에 알미니안이 너그러워 보인다. 그런데 실상은 전적으로 부패한 사람은 스스로 믿음과 믿음의 순종을 할 수 없기 때문에, 구원에 이르는 결정적 선택을 하는 사람들은 한 명도 없다.

부분적으로 부패한 사람들이 능력과 행위에 따라 자신들의 구원을 결정하는 자력구원에 해당합니다. 하지만 하나님은 사람들을 선택하실 때에 다른 조건을 하나도 보시지 않고 순전히 어떤 사람들을 기뻐하시어 선택하신 것이고, 이 결정은 절대로 사람들의 행위 여부에 따라 변경되거나 취소되지 않습니다. 즉 사람을 구원하시려는 하나님의 뜻에는 오직 하나의 선하신 기쁨과 목적과 계획이 있는 것이지, 사람의 행위 여부에 따른 다양한 선택이 있지 않습니다. 영원한 저주와 죽음에 처한 사람들은 스스로의 힘으로 절대로 믿을 수 없고, 순전한 선행을 할 수 없습니다. 영원하고 무한하고 불변하신 하나님의 뜻을 사람은 헤아릴 수 없고, 그렇게 높은 뜻이 유한하고 변하기 쉬운 사람들의 결정과 행위에 맞추어 결정되지 않습니다. 이렇게 악하고 약한 사람들에 맞추어 결정하면, 하나님의 뜻 또한 악하고 약하고 변덕스럽게 됩니다. 하나님은 오직 하나님의 성정에서 나오는 하나님의 뜻에 대한 선한 기쁨과 목적과 계획으로 사람들을 선택하시고 그대로 집행하십니다. 이 선택은 하나님이 한 분이시듯, 하나일 수밖에 없습니다.

　영원하신 하나님은 사람들의 선택도 영원으로부터 하십니다. 아무 이유 없이 순전한 기쁨으로 우리를 은혜와 영광으로 선택하시고, 구원과 구원의 길로 선택하십니다. 하나님은 택하신 자들이 구원을 받도록 하는 길도 정하시어 우리는 이 길을 걸어가며 우리의 구원을 얻게 됩니다. 하나님께서 구원을 위하여 미리 예비하신 구원의 길을 우리가 걸어가면서 하나님의 은혜와 능력으로 그리스도를 믿는 것인데, 알미니안은 그 믿음을 사람 스스로의 능력으로 하는 것으로 오해합니다. 사람들의 믿음의 행위를 가까운 원인에서만 바라보고, 먼 원인에서 바라보지 않음에서 오는 착각입니다.

도르트 총회는 선택에 다양한 종류가 있다는 주장을 롬 8:30을 통하여 논박합니다. "미리 정하신 그들을 또한 부르시고 부르신 그들을 또한 의롭다 하시고 의롭다 하신 그들을 또한 영화롭게 하셨느니라"는 구절을 통하여 하나님께서 이미 정하신 그들을 부르시고 의롭다 하시고 영화롭게 하시는 것이지, 사람들이 스스로 부름에 응답하였거나 의롭게 하였거나 영화롭게 하였기 때문에 구원하신 것이 아니라고 말합니다.

- 전후 논리

제7항은 하나님이 주권적인 선한 기쁜 뜻에 따라 순전히 은혜로 일부를 택하셨고, 이 때 이들에게 구원이 어떻게 주어지는지 구원의 수단도 선택하셨다고 말하고, 제8항은 이 선택에는 다양한 작정들이 있지 않고, 구약과 신약 하에서 구원받는 모든 자들에 관한 하나의 동일한 작정이 있을 뿐이라고 말합니다.

■ **제9항 선택의 결과물:**
  선택의 원인과 조건이 아니라
  선택의 목적인 믿음과 믿음의 순종과 거룩함

이와 같은 선택은 예지(豫知, foreseen)된 믿음, 믿음의 순종, 거룩함, 또는 어떤 다른 선한 자질(quality)이나 성향(disposition)에 근거하여 이루어지지 않았는데, 이것들은 마치 선택된 사람에게 미리 필요한 원인이나 조건이 아니고, 오히려 선택은 믿음과 믿음의 순종과 거룩함 등을 위해 이루어졌다. 그러므로 선택은 구원의 모든 선한 것의 근원이고, 여기로부터 믿음, 거룩함, 그리고 구원의 다른 선물들, 최종적으로는 영생 자체가 선택의 열매와 효과로서 흘러나온다. 사도에 따르면 이와 같다: "우리를 택하사 (우리가 이러했기 때문이 아니라) 우리로 사랑 안에서 그 앞에 거룩하고 흠이 없게 하시려고"(엡 1:4).

• 설명

우리는 원인과 결과라는 사고에 너무 익숙하여 우리의 구원마저도 이렇게 생각하는 경향이 있습니다. 그런데 하나님이 우리에게 주신 구원은 하나님께서 우리를 너무 사랑하셔서 오직 선한 기쁨으로 세상을 무에서 창조하신 것과 같습니다. 우리가 존재할 이유나 명분이나 조건이 없습니다. 무에 지나지 않는 우리에게 어떤 자격과 능력이 있겠습니까?

우리의 창조가 그러하듯 우리의 구원도 그렇습니다. 특히 우리가 아담과 함께 죄를 지어 사람들은 모두 영원한 저주와 죽음에 **빠졌음을** 알아야 합니다. 전적으로 부패한 사람에게는 스스로 믿을 능력이 존재하지 않습니다. 따라서 믿음에 의한 순종도 없고, 거룩함도 없습니다. 무슨 선한 것을 할 자질이나 성향이 도무지 존재하지 않습니다. 그런데도 우리는 원인과 결과라는 사고에 익숙하여, 어떤 사람들이 구원에 이르는 선택을 받았다면, 이것은 필히 그런 선택을 받기에 합당한 어떤 원인이나 조건이 있을 것이고, 여기에는 예지된 믿음, 믿음의 순종, 거룩함 등이 포함된다고 여깁니다.

하지만 사람에게는 절대로 이러한 능력과 자질과 성향이 없습니다. 전적으로 부패하고 무능합니다. 만약에 하나님이 사람들의 그러한 능력과 자질과 성향을 보고 선택하셨다면, 사람들은 그만큼 구원에 있어서 큰 역할을 한 것이고, 그만큼 영광을 받아야 합니다. 사람들은 그만큼 스스로의 능력으로 구원을 이룬 것이고, 절대로 하나님의 전적인 능력과 영광이 아닙니다. 하나님은 사람들의 능력과 결정과 노력을 미리 보시고, 그에 따라 구원의 과정과 결과를 집행하는 수준입니다.

하나님은 전적으로 부패하고 무능한 사람들을 선택하시어 믿음과 믿음의 순종과 거룩함 등을 주십니다. 이것들을 택자들에게 주시고 택자들이 받아 누리도록 선택하시는 것이지, 절대로 이것 때문에 선택하시지 않습니다. 알미니안과 칼뱅주의자 사이에는 이렇게 큰 차이가 있어, 알미니안에게는 원인과 조건이 되는 것이 칼뱅주의자에게는 목적과 결과가 됩니다.

하나님은 어떤 이들이 선하기 때문에, 믿기 때문에, 거룩하기 때문에, 최종적으로는 영생을 얻을만한 자질과 행동을 했기 때문에 선택하시는 것이 아니라, 이것들을 갖추고 누리도록 선택하십니다. 선택은 구원의 모든 선한 것의 근원이지, 절대로 구원을 받을 만한 선한 것이 사람들에게 있어서 하나님이 그들을 선택하시는 것이 아닙니다.

• 성경구절 해석 – 엡 1:4

하나님은 창세 전에 그리스도 안에서 우리를 택하셨습니다. 우리를 택하신 목적과 결과는 우리로 사랑 안에서 그 앞에 거룩하고 흠이 없게 하시는 것입니다. 절대로 우리가 그 앞에 거룩하고 흠이 없기 때문에 택하신 것이 아닙니다. 엡 1:4이 이렇게 명백히 말하므로 우리는 하나님이 우리를 선택하신 목적과 결과를 사람들이 선택을 받기 위해 미리 갖춘 원인과 조건으로 만들어서는 안 됩니다.

• 전후 논리

제8항은 선택에는 다양한 작정들이 있지 않고, 구약과 신약 하에서 구원받을 모든 자들에 관한 하나의 동일한 작정이 있을 뿐이라고 말하고, 제9항은 이 선택이 사람에게 있는 예지된 믿음에 근거하지 않고, 오히려 믿음을 발생시키는 것이라고 말합니다.

■ **제10항 선택의 유일한 원인:**
선택의 유일한 원인인 하나님의 선한 기쁨

이 값없는 선택의 원인은 오직 하나님의 선한 기쁨인데, 이것은 하나님께서 모든 가능한 것들 중에서 사람의 어떤 자질이나 행위를 구원의 조건들로 선택하시는 것에 있지 않고, 공통으로 죄를 지은 무리 중에서 어떤 특정한 사람들을 자기 자신의 소유물로 삼으셨다는 것에 있다. 다음처럼 쓰인 것과 같다: "그 자식들이 아직 나지도 아니하고 무슨 선이나 악을 행하지 아니한 때에 … 리브가에게 이르시되 큰 자가 어린 자를 섬기리라 하셨나니 기록된 바 내가 야곱은 사랑하고 에서는 미워하였다 하심과 같으니라"(롬 9:11-13). 그리고 "영생을 주시기로 작정된 자는 다 믿더라"(행 13:48).

• 설명

제9항은 우리의 선택이 절대로 예지된 믿음, 믿음의 순종, 거룩함, 또는 어떤 다른 선한 자질이나 성향에 근거하여 이루어진 것이 아니라고 말합니다. 그렇다면 선택의 원인과 조건은 무엇일까요? 이에 대하여 제10항은 오직 하나님의 선한 기쁨이라고 말합니다. 하나님의 선한 기쁨이란, 사람들에게서 어떠한 원인이나 조건을 보시지 않는다는 것입니다. 아무 이유 없이 일부의 사람들을 오직 기뻐하여 선택하신 것입니다. 그들을 인생 전체에 걸쳐서 다른 이들과 견주어 살펴볼 때에 그들이 최종적으로 믿어서도 아니고, 순종이나 선행을 더 잘 해서도 아닙니다. 사람들은 모두가 공통으로 영원한 저주와 죽음에 처하여 이러한 능력이 전혀 없습니다. 하나님은 아무 이유 없이 오직 선한 기쁨으로 어떤 특정한 사람들을 선택하시어 하나님의 백성과 자녀와 소유물로 삼으셨습니다.

• 성경구절 해석 - 롬 9:11-13

이삭의 아내 리브가가 쌍둥이를 임신하였습니다. 그런데 하나님은 이 쌍둥이가 태어나기도 전에 "큰 자가 어린 자를 섬기리라"고 말씀하셨습니다. 이것이 의미하는 것은 하나님은 쌍둥이가 태어나기 전, 즉 무슨 선이나 악을 행하지 아니했을 때에 선택하셨다는 것입니다. 선택에 대한 하나님의 뜻은 사람들의 행위에 있지 않은 것입니다. 그렇다고 하여 우리가 하나님께 불의가 있다고 말할 수 없습니다. 하나님은 하고자 하시는 자를 긍휼히 여기시고 하고자 하시는 자를 완악하게 하실 자격과 능력과 주권을 갖고 계십니다. 사람들에 대한 하나님의 선택은 절대로 원하는 자나 달음박질하는 자로 말미암지 않고, 오직 긍휼히 여기시는 하나님으로 말미암습니다.

- 성경해석-행 13:48

바울 일행이 안디옥에 이르러 안식일에 회당에서 복음을 전했습니다. 그런데 유대인들이 시기하여 비방하자, 바울과 바나바는 이를 꾸짖으며 이방인에게 말씀을 전했습니다. 그러자 이방인들이 듣고 기뻐하여 하나님의 말씀을 찬송하며 믿었습니다. 그런데 성경은 "영생을 주시기로 작정된 자는 다" 믿었다고 말합니다. 여러 이방인이 주의 말씀을 들었지만 일부가 믿었는데 이들은 모두 하나님께서 영생을 주시기로 작정하신 자들입니다.

- 전후 논리

제9항은 이 선택이 사람에게 있는 예지된 믿음에 근거하지 않고, 오히려 믿음을 발생시키는 것이라고 말하고, 제10항은 이 은혜로운 선택의 유일한 이유가 하나님의 선한 기쁨이라고 말합니다.

■ **제11항 실패 없는 선택:**
　　　하나님의 지혜, 불변, 전지, 전능에 따라,
　　　방해, 변경, 폐지, 종결이 없는 선택

그리고 하나님 자신이 가장 지혜로우시고, 불변하시고, 전지(全知)하시고, 전능(全能)하신 것처럼, 바로 그분으로 말미암은 선택도 방해되어질 수 없고, 변경되어질 수 없고, 폐지되어질 수 없고, 종결되어질 수 없고, 택자들은 버림받을 수 없고, 택자들의 숫자도 감소될 수 없다.

• 설명

하나님은 가장 지혜로우시고, 불변하시고, 전지하시고, 전능하십니다. 그러므로 하나님은 모든 것을 가장 정확하게 아실 뿐만 아니라, 모든 것을 만드시고 이것들의 운행과 행동까지도 결정하십니다. 이렇게 작정하시고 이에 따라 창조하시고 섭리하시는 하나님께 실수나 실패가 없고, 따라서 변경과 철회가 없습니다. 그러므로 하나님이 내리신 선택도 절대로 방해될 수 없고, 변경될 수 없고, 폐지될 수 없고, 종결될 수 없습니다. 그 어떤 존재도 하나님께서 택하신 자들을 하나님에게서 빼앗을 수 없으므로 택자들은 버림받을 수 없고, 그 숫자도 감소될 수 없습니다.

사람은 거짓말을 해도 그 존재가 없어지지 않고, 그대로 사람입니다. 하지만 하나님은 거짓말을 하시는 순간에 이미 참된 신이라고 할 수 없습니다. 사람은 존재와 본질과 속성과 일하는 것이 일치하지 않지만, 하나님은 존재와 본질과 속성이 일치하시고, 그것이 그대로 일하시는 것에도 반영이 됩니다. 그래서 하나님의 지혜와 불변과 전지와 전능이란 속성은 그대로 선택이라는 일하심에도 반영되어, 하나님의 선택은 방해되어질 수 없고, 변경되어질 수 없고, 폐지되어질 수 없고, 종결되어질 수 없고, 택자들은 버림받을 수 없고, 택자들의 숫자도 감소될 수 없습니다.[14]

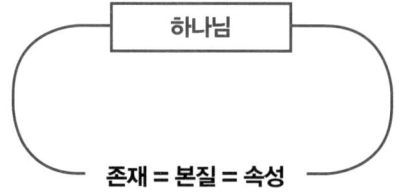

• 전후 논리

제10항은 이 은혜로운 선택의 유일한 이유가 하나님의 선한 기쁨이라고 말하고, 제11항은 이렇게 하신 선택이 하나님의 지혜, 불변, 전지, 그리고 전능 등의 속성에 의하여, 중단, 변함, 철회, 무효가 없고, 택자들은 버림을 받지 않고 그 수도 감소되지 않는다고 말합니다.

---

14 요 6:37 아버지께서 내게 주시는 자는 다 내게로 올 것이요 내게 오는 자는 내가 결코 내쫓지 아니하리라.
    요 10:28 내가 그들에게 영생을 주노니 영원히 멸망하지 아니할 것이요 또 그들을 내 손에서 빼앗을 자가 없느니라.
    롬 8:38, 39 내가 확신하노니 사망이나 생명이나 천사들이나 권세자들이나 현재 일이나 장래 일이나 능력이나 높음이나 깊음이나 다른 어떤 피조물이라도 우리를 우리 주 그리스도 예수 안에 있는 하나님의 사랑에서 끊을 수 없으리라.

■ **제12항 선택의 확신:**
　　호기심의 탐구가 아닌 선택의 열매의 관찰을 통해 주어지는 선택의 확신

구원에 이르는 자신들의 영원하고 불변한 선택에 대하여, 택자들은 그분의 때에 다양한 단계와 여러 방법으로 확신이 주어지는 것이 허락된다. 이것은 하나님의 감춰진 깊은 일들을 호기심으로 캐서 주어지지 않고, 하나님의 말씀에 기술된 선택의 틀림없는 열매들을, 즉 그리스도에 대한 참된 믿음, 하나님의 자녀다운 경외감, 죄에 대한 하나님의 뜻대로의 근심, 의에 주리고 목마른 것 등을 자기 자신 속에서 영적인 기쁨과 거룩한 즐거움으로 관찰함으로써 주어진다.

• 설명

　　하나님께서 자신들을 영원하고 불변하게 선택하셨다는 확신은 택자들에게 하나님의 때에 각자에게 맞는 다양한 단계와 방법으로 주어집니다. 이 확신은 택자들이 하나님의 감춰진 깊은 일들을 호기심으로 캔다고 해서 주어지지 않습니다. 왜냐하면 하나님은 가장 지혜로우시고, 불변하시고, 전지하시고, 전능하시어 그 뜻과 계획과 실행은 사람들이 헤아릴 수 없게 높고 깊기 때문입니다. 하늘이 땅보다 높음 같이 하나님의 길과 생각은 사람들의 길과 생각보다 높기 때문에(사 55:9), 절대로 사람들이 탐구한다고 하여 영원하고 불변한 선택을 캐낼 수 없습니다.

　　그렇다면 어떻게 선택의 확신에 대하여 알 수 있습니까? 그것은 하나님의 말씀에 기술된 선택의 틀림없는 열매들을 살펴봄으로써 얻을

수 있습니다. 제9항은 선택이 모든 구원의 선한 것의 근원이고, 여기로부터 믿음, 거룩함, 그리고 구원의 다른 선한 것, 최종적으로는 영생 자체가 선택의 열매와 효과로 흘러나온다고 말합니다. 바로 그 선택의 열매와 효과를 관찰함으로써 선택에 대한 확신을 가질 수 있습니다. 제12항은 이러한 선택의 열매와 효과를 그리스도에 대한 참된 믿음, 하나님의 자녀다운 경외감, 죄에 대한 하나님의 뜻대로의 근심, 의에 주리고 목마른 것 등이라고 합니다. 택자들은 비록 죄를 짓기도 하지만 기본적으로 이러한 것들을 갖고 있고 누리고 있으므로 불안과 초조함으로가 아니라, 영적인 기쁨과 거룩한 즐거움으로 이것들을 관찰함으로써 선택의 확신이 주어짐을 확인하고 느끼고 즐겨야 합니다.[15]

• 전후 논리

제11항은 하나님의 지혜, 불변, 전지, 전능 등의 속성에 의하여,

---

15 캐나다 개혁 교회는 도르트 신경을 영어로 번역하며 관련된 성경구절을 각 항에 삽입하였다. 제12항에 대해서는 아래처럼 삽입하였다. 이 영역본을 한글로 번역한 책은 다음과 같다. 『도르트 신경 해설』 클라렌스 바우만, 손정원 역, 솔로몬출판사, 2016년. 캐나다 개혁 교회: http://www.canrc.org/?page=37.
  신 29:29 감추어진 일은 우리 하나님 여호와께 속하였거니와 나타난 일은 영원히 우리와 우리 자손에게 속하였나니 이는 우리에게 이 율법의 모든 말씀을 행하게 하심이니라.
  고전 2:10, 11 오직 하나님이 성령으로 이것을 우리에게 보이셨으니 성령은 모든 것 곧 하나님의 깊은 것까지도 통달하시느니라 사람의 일을 사람의 속에 있는 영 외에 누가 알리요 이와 같이 하나님의 일도 하나님의 영 외에는 아무도 알지 못하느니라.
  고후 13:5 너희는 믿음 안에 있는가 너희 자신을 시험하고 너희 자신을 확증하라 예수 그리스도께서 너희 안에 계신 줄을 너희가 스스로 알지 못하느냐 그렇지 않으면 너희는 버림 받은 자니라.
  고후 7:10 하나님의 뜻대로 하는 근심은 후회할 것이 없는 구원에 이르게 하는 회개를 이루는 것이요 세상 근심은 사망을 이루는 것이니라.
  마 5:6 의에 주리고 목마른 자는 복이 있나니 그들이 배부를 것임이요.

그분이 하신 선택도 중단, 변함, 철회, 무효가 없다고 말하고, 제12항은 이런 선택에 대한 확신을 택자들이 다양한 단계와 방식으로 적당한 때에 갖는다고 말합니다.

■ **제13항 선택의 확신의 유익:**
　　　선택의 확신에서 오는 겸손과 찬양과 정화와 사랑

이 선택을 인식하고 확신하는 것으로부터, 하나님의 자녀들은 자신들을 하나님 앞에서 겸손하게 할, 그분의 자비의 깊음을 찬양할, 자신들을 깨끗하게 할, 자신들을 먼저 매우 사랑하신 하나님을 보답하여 열렬하게 사랑할 더 큰 동기를 매일 찾게 된다. 이것은 선택에 대한 교리와 묵상이 하나님의 계명들을 더 게으르게 지키게 하고 육적인 안전감에 있게 한다는 것과 거리가 매우 멀다. 이런 것은 하나님의 공의로운 심판에 의하여, 선택의 은혜를 경솔하게 여기거나, 빈둥거리며 무례하게 잡담하면서, 선택의 길을 걷지 않으려는 자들에게 발생하곤 한다.

• 설명

하나님의 자녀들이 선택을 인식하고 확신하게 되면 첫째로 무엇보다 하나님 앞에서 겸손하게 됩니다. 왜냐하면 신자들은 자신들이 얼마나 더럽고 무능한가를 잘 알기 때문이며, 자신들의 행위로 하나님의 자녀가 되지 않고 오직 하나님의 은혜와 능력으로 된 것임을 잘 알기 때문입니다. 둘째로 하나님의 속성처럼 큰 신비와 자비로 이루어진 선택을 보면서 하나님의 자비가 얼마나 큰 가를 찬양하게 됩니다. 셋째로, 하나님의 거룩하심으로 선택되었으니 이제 자신을 더욱 거룩하게 하려고 매일 노력합니다. 넷째로 아무 이유 없이 자신을 먼저 매우 사랑하시어 자신을 선택하신 하나님에게 보답하고 싶은 마음이 생겨 하나님을 열렬하게 사랑하게 됩니다.

변경되거나 철회되지 않는 선택을 받은 자들은 계명들을 지키지 않아도 어떻게든 구원을 받을 것이므로 게으르게 계명을 지키고, 육적인 안전감에 빠질 수 있다는 주장은 논리 자체로는 가능할지 모르지만 실제로는 발생하지 않습니다. 왜냐하면 실제로 선택을 받은 자는 예전의 자신의 비참한 처지를 알고, 하나님의 은혜가 얼마나 큰지를 알기 때문에 감사한 마음으로 율법을 더 지키며 거룩함을 즐기고 누리기 때문입니다. 선택을 받지 못한 자들이 선택의 은혜를 경솔하게 여기고, 진지함과 감사함과 찬양함이 아니라 빈둥거리며 무례하게 선택의 은혜에 대하여 잡담하고, 믿음의 순종과 거룩함이란 선택의 길을 걷지 않습니다. 선택 교리는 단순히 하나님의 주권만을 강조하지 않고, 사람의 책임도 강조함을 명심해야 합니다.

도르트 신경은 제1장 제12항과 제13항에서 선택의 확신과 그것이 주는 긍정적 양상에 대하여 말하고, 제4장 9항부터 13항에 걸쳐 구원과 견인에 대한 확신, 이것의 발생 방식, 되살아나는 확신 등에 대하여 말합니다. 도르트 신경은 절대로 선택과 견인에 대하여 차갑게 말하지 않고, 복음을 통하여 그리스도 예수가 획득하신 구원을 인지하고 확신을 가져 여러 유익을 누리라고 강조합니다. 선택과 유기 및 성도의 견인의 교리로 인한 부정적 양상은 선택과 견인의 은혜의 가치를 제대로 모르는 자들에게 발생하는 것이고, 실제로 선택을 받아 성도의 견인의 길을 가는 자는 오히려 이 교리들을 인하여 위로받고 격려 받습니다. 그러므로 선택의 확신, 그리고 구원과 견인에 대한 확신을 살핌이 없이 선택과 성도의 견인에 대한 교리를 분리하여 대하는 이들은 머리의 차가운 논리로만 대하는 이들이지, 진정으로 그 교리의 가치를 온 몸으로 알고 누리는 자가 아닙니다. 도르트 신경을 단순히 5대 교리로써 분리시켜 독립적으로 이해하면 안 되고, 그 5대 교리를 긍정적 서술의 논리처럼 다른 내용들과의 긴 연관성 속에서 이해해야 합니다. 제1장이 단순히 선택과 유기 교리를 말한다면 단 2개의 항만 있으면 되지만, 다른 내용들과의 연관 속에서 선택과 유기를 살펴보기 때문에 총 18개항을 필요로 합니다.

• 전후 논리

제12항은 택자들은 영원하고 불변한 선택에 대한 확신을 적당한 때에 갖게 된다고 말하고, 제13항은 이런 선택의 확신을 갖는 자들에게 발생하는 긍정적 양상에 대하여 말합니다.

■ **제14항 선택 교리의 선포:**
　　　신구약과 현대에도 선포되어야하는 선택 교리

하나님의 선택에 대한 이 교리가 하나님의 가장 지혜로운 계획에 의해 선지자들과 그리스도 자신과 사도들을 통하여, 구약과 신약 하에서 동일하게 선포되었고, 이어서 거룩한 성경의 기록에 맡겨진 것처럼, 교회를 위하여 특별히 의도된 선택 교리는 오늘날도 하나님의 교회에서, 분별의 영으로, 독실하고 경건하게, 그의 때와 장소에서, 가장 높으신 이의 길을 호기심으로 탐구하려는 것을 버리고, 하나님의 가장 거룩한 이름의 영광을 위하여 그리고 그의 백성의 살아있는 위로를 위하여 알려져야 한다.

- 설명

사람들은 하나님보다 지혜로울 수 없습니다. 사람들은 가까운 원인밖에 헤아리지 못하지만, 하나님은 먼 원인을 살피시고, 먼 원인 자체이십니다. 그러므로 사람은 소견에 옳은 대로 하는 것이 아니라, 하나님이 하신 방식대로 그리고 성경에 따라 해야 합니다(욥 36:23-26; 롬 11:33-34, 12:3). 선택 교리는 하나님의 가장 지혜로운 계획에 의해 선지자들과 그리스도 자신과, 사도들을 통하여 선포되었습니다. 하나님께서 선택의 교리가 선포되게 하셨으니 우리 또한 선포하여야 합니다.

이 교리는 구약과 신약 하에서 동일하게 선포되었습니다. 구약은 사람들이 모세의 율법을 지키는 행위로 구원받는 것이 절대로 아닙니다. 노아와 아브라함과 이삭이 은혜로 선택되어 구원을 받았고, 야곱은 리브가의 태속에서 에서와 같이 있을 때에 즉 태어나기도 전에, 선과 악을 행하기도 전에 은혜로 택함을 받았습니다. 이스라엘 민족 자체가 선하지도 않았고, 능력이 뛰어나지도 않았고, 공의와 정직이 없음에도 불구하고 하나님은 오직 은혜로 이들을 택하셨습니다(신 9:5, 6). 신약 성경은 말할 필요도 없을 정도로 곳곳에서 은혜의 선택을 말하고 있습니다. 이렇게 선택 교리가 거룩한 성경에 기록되었다는 것은 성경을 읽는 모든 이들이 선택 교리에 대하여 알아야 하고, 널리 알려야 한다는 의미입니다(고전 4:6).

선택 교리는 특별히 교회를 위하여 의도되었으므로, 오늘날도 하나님의 교회에서 그의 때와 장소에 맞추어 알려져야 합니다. 이 때 분별의 영으로, 독실하고 경건하게, 하나님의 가장 거룩한 이름의 영광을 위하여 그리고 그분의 백성의 살아있는 위로를 위하여 알려야지, 가장 높으신 이의 길을 호기심으로 탐구하려고 해서는 안 됩니다. 탐구하려고 한다고 해서 알아지는 것도 아니고 오히려 미궁에 빠져 의심과 미혹이 일어납니다. 우리는 사람의 소견을 접어두고 예수 그리스도의 본을 따라 성경에 기록된 대로 선택 교리를 알아야 하고 알려야 합니다(행 20:27). 하나님보다 더 지혜로워지려고 해서는 안 됩니다.

• 전후 논리

제13항은 선택의 앎과 확신이 주는 가치에 대하여 말하고, 제14항은 그 선택 교리를 구약과 신약의 성경에 분명하게 나타나 있는 것처럼, 하나님의 교회에서 여전히 공포하여야 한다고 말합니다.

■ **제15항 유기의 작정:**
　　　일부는 선택되지 않고 간과되는 유기의 작정

성경이 우리의 이 선택이 영원하고 값없는 은혜임을 가장 크게 밝히고 우리에게 드러내는 것은, 하나님의 영원한 선택에서 모든 사람들이 선택되는 것은 아니고, 일부는 선택되지 않거나 또는 간과된다고 증거할 때이다. 하나님은 가장 자유롭고, 가장 공의롭고, 흠잡을 데 없고, 변하지 않는 선한 기쁨에 의하여, 자신들의 죄로 자신들을 몰아넣었던 공통된 비참함 속에 그들을 두시기로, 그리고 구원하는 믿음과 회개의 은혜를 주시지 않기로, 대신에 불신만이 아니라 다른 모든 죄들 때문에 자신들의 길과 공의로운 심판에 두시어, 자신의 공의의 선포를 위해 영원히 정죄하시고 벌하시기로 작정하셨다. 이것이 유기의 작정인데, 이것은 절대로 하나님을 죄의 조성자로 만들지 않고 (이것은 신성모독으로 생각되고), 대신에 하나님을 두렵고, 흠잡을 데 없고, 공의로운 심판자와 보응자로 만든다.

・ 설명

　성경은 하나님께서 우리를 영원히, 그리고 아무 대가와 조건 없이 전적인 은혜로 선택하셨음을 구약과 신약에 걸쳐 곳곳에서 크게 밝히고 있음을 우리는 앞에서 살펴보았습니다. 성경은 게다가 하나님의 영원한 선택에서 모든 사람들이 선택되는 것은 아니고, 일부는 선택되지 않거나 또는 간과된다고 증거하는데, 이 때 우리의 선택이 영원하고 값없는 은혜임이 가장 크게 밝혀지고 드러납니다.

　사랑의 하나님이 왜 일부는 선택하시지 않고 간과하시어 죽음에 이르게 할까요? 모든 사람들이 아담과 함께 자신들의 죄로 자신들을 비참함 속에 몰아넣어 영원한 저주와 죽음에 빠졌습니다. 모두가 영원한 저주와 죽음에 빠졌는데, 하나님은 그들 중 일부를 선택하여 구원하시기로 작정하셨습니다. 그리고 나머지는 그들 모두가 공통적으로 빠져있는 비참함 속에 그대로 두시기로, 그래서 구원하는 믿음과 회개의 은혜를 주시지 않기로 작정하셨습니다. 대신 이들이 하나님을 믿지 않은 죄와 이들이 범한 다른 모든 죄들 때문에 그들 자신들의 길에 그대로 두시고, 하나님의 공의로운 심판 아래 두시기로 하셨습니다.

하나님은 이런 유기의 작정을 하실 때에 주사위를 던져 임의로 유기자를 결정하시지 않습니다. 선택과 유기는 로또 복권처럼 엿장수 마음대로 이루어지는 것이 아니라, 하나님의 가장 자유롭고, 가장 공의롭고, 흠잡을 데 없고, 변하지 않는 기쁨에 의하여 이루어집니다. 사람의 지혜와 인식이 한정되어 유기의 작정을 이해하지 못하는 것이지, 우리가 하나님의 나라에서 얼굴과 얼굴을 맞대어 보게 될 때에는 작정이 얼마나 자유롭고, 공의롭고, 흠잡을 데 없고, 변하지 않는 선한 기쁨에 의하여 이루어졌는가를 알 것입니다.

그러므로 유기의 작정은 절대로 하나님을 죄의 조성자로 만들지 않습니다. 이렇게 말하는 것은 신성모독에 해당됩니다. 하나님보다 사람을 우선으로 생각하는 것으로, 존재와 출생과 호흡과 죽음과 그 이후의 모든 것의 알파와 오메가이시고, 처음과 마지막이 되시고, 시작과 마침이 되시는 하나님을 모르는 것입니다. 사람을 하나님보다 먼저 생각하고, 사람을 위하여 하나님이 존재한다고 생각하는 인본주의입니다.

정리하면, 선택은 하나님께서 처음의 순전한 상태에서 자신의 잘못으로 죄와 멸망으로 빠져 들어간 전 인류 종족으로부터, 그분의 뜻의 자유로운 선한 기쁨에 따라, 순전히 은혜로, 더 옳아서도 아니고 더 가치가 있어서도 아니고 다른 이들처럼 같은 비참함에 빠진 특정한 수의 사람들을 그리스도 안에서 구원으로 결정하시는 것인데, 이를 통하여 자신의 자비를 드러내시고, 자신의 신적인 영광의 은혜를 찬양하게 하셨습니다. 이때 모든 사람들이 선택되는 것은 아니고, 일부는 선택되지 않거나 또는 간과되는데 이것이 유기입니다. 선택이 하나님의 뜻의 자유로운 선한 기쁨에 따라 순전히 은혜로 이루어진다면, 유기는 하나님의 가장 자유롭고, 가장 공의롭고, 흠잡을 데 없고, 변하지 않는 선한 기쁨으로 이루어집니다. 하나님은 유기에서 이들의 죄에 대한 자신의 공의의 선포를 위해 이들을 영원히 정죄하시고 벌하시기로 작정하셨습니다. 유기는 절대로 하나님을 죄의 조성자로 만들지 않고, 대신에 두렵고, 흠잡을 데 없고, 공의로운 심판자와 보응자로 만드십니다. 선택을 통해 하나님의 대가없는 순전한 은혜가 드러나고, 유기를 통해 하나님의 공의로움이[16] 드러납니다.

---

16   롬 9:22 만일 하나님이 그의 진노를 보이시고 그의 능력을 알게 하고자 하사 멸하기로 준비된 진노의 그릇을 오래 참으심으로 관용하시고.

• 전후 논리

제14항은 선택 교리를 하나님의 교회에서 여전히 공포하여야 한다고 말하고, 제15항은 유기에 대한 정의(定義)적 진술입니다.

■ **제16항** 유기 교리에 대한 자세:
유기 교리에 놀라지 않는 은혜의 수단 사용자와 두려워하는 육신의 정욕자

아직 그리스도에 대한 살아있는 믿음이나 마음의 견고한 확신, 양심의 평화, 자녀로서의 순종의 열심, 그리스도를 통한 하나님 안에서의 영광스러워함을 자신들 안에서 역동적으로 경험하지 못하는 이들일지라도, 하나님은 이러한 일들을 수단들을 통하여 우리 안에서 일으키시겠다고 약속하셨으므로, 이 수단들을 사용하는 이들은 유기의 언급에 놀라서는 안 되고, 자신들을 유기자들로 여겨서도 안 된다. 도리어 수단들을 열심히 계속하여 사용해야 하고, 더 풍성한 은혜의 때를 간절히 원해야 하고, 공손하고 겸손하게 기대해야 한다. 한편 유기에 대한 교리를 더욱 두려워할 필요가 없는 이들이 있는데, 진지하게 하나님께로 회심하기를 원하고, 그분만을 기뻐하기를 원하고, 죽음의 육신으로부터 구조되기를 원하지만, 그들이 원하는 경건과 믿음의 길에 충분히 아직 도착하지 못한 이들이다. 왜냐하면 자비로운 하나님께서 꺼져가는 심지를 끄지 않으시고, 상한 갈대를 꺾지 않으시겠다고 약속하셨기 때문이다. 그러나 하나님과 구원자 예수 그리스도를 무시하며, 세상의 염려와 육신의 정욕에 자신들을 전적으로 내어주는 자들은 하나님께로 진지하게 돌아오지 않는 한 이 교리를 마땅히 두려워하게 된다.

• 설명

유기 교리를 듣게 되면 혹시 자신이 유기자가 아닌가라는 불안감이 엄습합니다. 특히 아직 그리스도에 대한 살아있는 믿음이나 마음의 견고한 확신, 양심의 평화, 자녀로서의 순종의 열심, 그리스도를 통한 하나님 안에서의 영광스러워함을 자신들 안에서 역동적으로 경험하지 못하는 이들은 더욱 그럴 수 있습니다. 선택을 받은 자라면 이런 경험을 당연히 했을 거라고 여기기 때문입니다. 주변에 열심히 신앙생활 하는 이들과 자신을 비교하면서 자신은 유기자라는 불안감이 커질 수 있습니다.

그런데 하나님은 이러한 일들을 앞으로 하나님이 주신 은혜의 수단들을 통하여 우리 안에서 일으키시겠다고 약속하셨습니다. 그래서 위의 일들을 현재 강하게 지속적으로 경험하지 못할지라도, 은혜의 수단들을 사용하고 있다면 자신을 유기자로 여겨서는 안 됩니다. 도리어 말씀과 성례와 권징이란 은혜의 수단들을 열심히 계속하여 사용하고, 더 풍성한 은혜가 주어지기를 공손하고 겸손하게 간절히 바라고 기대한다면, 이것들을 앞으로 역동적으로 경험하게 됩니다. 하나님은 은혜의 수단들을 통하여 우리 안에서 이렇게 하시겠다고 약속하셨기 때문입니다.

유기 교리를 더욱 두려워할 필요가 없는 이들이 있는데, 진지하게 하나님께로 회심하기를 원하고, 그분만을 기뻐하기를 원하고, 죽음의 육신으로부터 구조되기를 원하지만, 그들이 원하는 경건과 믿음의 길에 충분히 아직 도착하지 못한 이들입니다. 이들은 앞의 사람들과 달리 이미 어느 정도 의식적으로 믿음의 성장을 위해 노력을 하고 있는 이들입니다. 믿음의 열매와 결과들이 어느 정도 있는 이들로 이미 은혜의 수단을 사용하는 이들입니다. 우리가 원하는 만큼 우리가 믿음의 성장에 도달하지 못할지라도 우리의 노력을 하나님은 크게 보십니다. 왜냐하면 자비로운 하나님께서 꺼져가는 심지를 끄지 않으시고, 상한 갈대를 꺾지 않으시겠다고 약속하셨기 때문입니다(사 42:3, 마 12:20). 하나님은 자비하심 때문에 우리의 작은 노력을 크게 보십니다. 이런 하나님을 믿고 우리는 우리가 이미 행한 노력을 크게 볼 줄 알아야 하고, 그래서 담대한 자신감으로 힘차게 하나님을 향해 더 나가야 합니다.

그러나 하나님과 구원자 예수 그리스도를 무시하며, 세상의 염려와 육신의 정욕에 자신들을 전적으로 내어주는 자들은 유기 교리를 두려워하게 됩니다. 특히 자신들의 이러한 악행에도 불구하고 이들이 승승장구하여 교만이 하늘을 찌를 때에 이들을 두렵게 하는 것은 유기 교리입니다. 비록 자신들이 이 땅에서는 잘 먹고 잘 살지라도 죽어서 하나님의 공의로운 영벌을 받는다는 생각을 하게 되면 얼마나 흠칫 놀라겠습니까? 이처럼 유기 교리는 악한 자들에게 하나님의 공의로운 심판을 상기시키어 그들의 악행에 대하여 두려움을 갖게 만들고, 믿음이 약한 자들이나 열심을 내는 자들에게는 더욱 은혜의 수단을 열심히 사용하도록 격려와 권면을 하고, 이미 열심을 낸 자들에게는 하나님의 약속으로 인한 확신과 평안을 안겨줍니다.

• 전후 논리

　제15항은 유기의 작정에 대하여 말하고, 제16항은 유기의 교리에 대하여 신실한 자, 믿음의 진보가 더딘 자, 그리고 강퍅한 자들이 각각 어떻게 반응하는지에 대하여 말합니다.

■ 제 17 항 **유아의 선택과 구원:**
자신의 본성이 아니라 은혜 언약의 효력으로 거룩한 유아

우리는 하나님의 뜻을 하나님의 말씀으로부터 판단해야 하는데, 그 말씀은 신자들의 자녀들은 본성 때문이 아니라, 부모들과 함께 포함된 은혜 언약의 효력 때문에 거룩하다고 증거한다. 그러므로 신실한 부모들은 하나님께서 자신들의 자녀들을 유아 때에 이 생애에서 부르셨을 때에 그들의 선택과 구원에 관하여 의심해서는 안 된다.

• 설명

　자신의 자녀가 유아 때에 죽었다면 그 자녀는 선택을 받았을까요? 아니면 유기되었을까요? 신자들이라면 이런 의심을 당연히 갖게 됩니다. 더구나 한두 살의 자녀라면 제16항과 같은 판단을 내릴 외적 행동도 없습니다. 즉 아직 믿음의 수단들을 사용하지 않고, 하나님께로 회심하기를 원하는지 외적으로 알 수 있지 않고, 하나님과 구원자 예수 그리스도를 특별히 무시하지 않고, 세상의 염려와 육신의 정욕에 자신들을 내주지도 않는 것입니다. 유아들의 외적 행동과 태도를 보아서는 도무지 택자인지 유기자인지 판단할 수 없습니다.

이럴 때 우리는 이에 대한 하나님의 뜻을 하나님의 말씀으로부터 판단해야 합니다. 이에 대한 하나님의 말씀은 신자들의 자녀들은 본성 때문이 아니라, 부모들과 함께 포함된 은혜 언약의 효력 때문에 거룩하다고 증거합니다. 자녀들의 본성이 거룩하고 선해서 거룩한 자로 인정되는 것이 아니라, 자녀들의 부모와 함께 속한 은혜 언약의 효력 때문에 거룩한 것입니다. 구약시대에 이스라엘 백성의 자녀는 태어난 지 팔 일만에 할례를 받았습니다. 태어난 지 8일 된 유아가 무슨 신앙고백을 하고 무슨 신앙행위를 하겠습니까? 유아는 부모와 함께 속한 은혜 언약을 인하여 할례를 받는 것이고, 하나님의 자녀라고 선포되는 것입니다. 신약에서 신자들의 자녀들도 이와 마찬가지입니다. 유아들은 신앙고백이나 신앙행위를 외적으로 나타내지 못합니다. 그럼에도 불구하고 신자의 자녀들은 하나님이 성경에서 말씀하신 내용 때문에 은혜 언약의 효력을 인하여 어려서 죽었을지라도 하나님의 자녀가 되는 것입니다. 그러므로 부모는 어려서 부름을 받은 자녀들의 선택과 구원에 관하여 의심해서는 안 됩니다. 유아의 죽음에 관하여 선택 교리처럼 크게 위안과 확신을 주는 교리도 없는 것입니다. 예지 예정에 의한 선택을 말하는 알미니안은 실상은 어려서 죽은 유아들에게 구원이 없다고 말하는 것과 같습니다.

참고 1: 사람과 맺으신 하나님의 언약

웨스트민스터 신앙고백 제7장에 의거하여 하나님의 언약을 살펴보겠습니다. 우리 집은 자녀들이 백점을 맞으면 천원을 줍니다. 할머니, 엄마와 아빠, 고모와 고모부가 천 원씩을 주므로 자녀들이 이 맛에 시험공부를 열심히 합니다. 그런데 엄밀히 말하면 이들은 부모가 그동안 먹여주고, 입혀준 것을 생각하면서 열심히 노력하여 백점을 맞아야지, 백점을 맞았다고 천 원을 요구하면 안 됩니다. 그런데도 부모는 이들을 사랑하여 이들이 격려를 받아 더 잘 하도록 천원을 줍니다.

하나님과 피조물 사이의 격차는 너무나 커서 피조물이 하나님에게 무엇을 했으니 상을 달라고 할 자격이 없습니다. 피조물이 가진 좋은 것들 중 하나님으로부터 오지 않은 것이 없습니다. 그러므로 무익한 종의 비유처럼 (눅 17:7-10) 해야 할 바를 다한 후에 "우리가 하여야 할 일을 한 것뿐이라"고 말해야 합니다. 그런데 하나님은 스스로 낮아지셔서 자녀들의 순종에 대하여 축복과 상급을 주시겠다고 언약을 맺으셨습니다. 이것이 언약을 이해하는 핵심이고 전제입니다. 성경의 언약은 말이 언약이지, 실제로는 하나님께서 자녀들에게 이렇게 해주시겠다는 맹세입니다. 언약은 비슷한 당사자들이 조건과 약속을 주고받아야 하는데, 피조물인 사람이 창조자 하나님에게 무엇을 보답으로 줄 수 있겠습니까? 우주와 만물을 지으신 하나님은 무엇이 부족하여 사람에게 섬김을 받으시는 분이 아니십니다(행 17:24, 25). 그러므로 성경의 언약을 이해할 때에 사람 편에서 축복과 상급을 받기에 합당한 어떤 행위를 해서 그 대가로 하나님이 보답하신다고 생각하면 안 됩니다. 사람이 마땅히 해야 할 바에 대하여 하나님이 낮아지셔서 축복과 상급을 주시는 것이고, 언약의 형태로 사람을 격려하여 구원에 이르게 하시는 것입니다.

사람과 맺어진 최초의 언약은 행위언약으로 하나님은 완전하고 인격적인 순종을 조건으로 하여 아담에게와 그의 모든 후손에게 생명을 약속하였습니다. 죄를 짓기 전의 아담은 완전하고 인격적인 순종을 할 능력이 있었기 때문에 하나님은 이러한 요구를 하셨습니다. 하지만 아담은 하나님의 말씀을 어기고 선악을 알게 하는 나무의 실과를 먹음으로 행위언약을 어겼습니다.

그런데 하나님은 이런 아담과 그의 후손을 포기하시지 않고 두 번째로 은혜언약을 맺으셨습니다. 아담의 죄로 아담과 그 후손이 부패하여 스스로 행위언약에 의해 생명을 얻을 수가 없게 되자, 주께서는 그 기쁘신 뜻대로 은혜언약을 맺으셨습니다. 여기에서 하나님은 죄인들에게 예수 그리스도에 의한 생명과 구원을 값없이 제공하셨고, 그들이 구원 얻도록 그를 믿을 것을 그들에게 요구하셨습니다. 그래서 구속자이신 예수 그리스도는 사람이 되어 모든 율법을 지키시고, 고난을 받고, 십자가에서 대속의 죽음을 죽으셨습니다. 예수 그리스도에게는 은혜언약이 행위언약이 됩니다. 그리스도는 죄를 지은 아담과 그 후손들을 위하여 그들이 지킬 수 없는 행위언약을 대신하여 지키셔서, 여전히 요구되는 행위언약의 조건을 완성하시며, 은혜언약이 성립되게 하셨습니다.

예수님이 이렇게 획득하신 구원을 이제 사람들이 믿고 받아들여야 합니다. 믿음이 은혜언약의 조건입니다. 그런데 죄를 인하여 전 속성이 부패하여 지정의(知情意)가 모두 오염된 이들이 어떻게 그리스도의 신분과 가치를 알겠습니까? 그래서 하나님은 성령님을 통하여 사람들로 그리스도를 알고 믿게 하셨습니다. 그리스도가 획득한 구원을 성령님을 통하여 택자들에게 정확하게 적용하신 것입니다. 하나님은 그리스도를 믿을 것을 요구하실 뿐만 아니라, 영생으로 정해진 모든 사람들에게 성령을 주어 그들로 하여금 믿기를 원할 뿐만 아니라 믿을 수 있게 하기를 약속하셨습니다. 이렇게 성자 하나님과 성령 하나님을 통하여 구원을 획득하고 적용하시겠다고 택자들과 맺은 언약이 은혜언약입니다. 말이 언약이지, 실은 하나님께서 성자와 성령을 통하여 일방적으로 이루시겠다는 맹세에 속합니다. 은혜언약은 삼위 하나님께서 택자들을 위하여 영원 전에 계획하시고, 실제로 시작하시고, 몸소 행하시고, 완성하시는 것입니다. 언약은 이렇게 하나님의 영원한 작정으로 인한 선택이 소선과 상급이라는 형태로 표현된 것입니다.

우리가 앞의 제16항에서 어떤 이들이 은혜의 수단을 사용하거나 회심하기를 원한다면 그들을 유기자가 아니라 택자로 보아야 함을 살펴보았습니다. 그런데 이들이 택자로 분류되는 것은 이들의 이러한 외적 행위 때문이 아니라, 하나님이 이들을 택하시었기 때문에 이런 외적 행위가 나오는 것에 기인합니다. 우리가 제12항과 제13항에서 선택의 확신을 살펴볼 때 확인한 것처럼, 하나님께서 택하신 자들에게는 선택의 틀림없는 열매들이 주어집니다. 우리는 바로 이런 선택의 열매란 차원에서 택자로 여기는 것이지, 사람들이 이런 외적 행위를 했기 때문에 공로 차원에서 택자로 여기는 것이 아닙니다. 이처럼 유아나 성인이나 모두 구원은 하나님께서 이들을 먼저 선택하심에 있지, 절대로 이들의 외적인 선한 행위에 있지 않습니다. 바로 이 은혜언약의 효력 때문에 유아가 어려서 죽어도 구원을 받는 것이고, 이것을 나타내는 상징으로 구약시대에는 태어난 지 팔 일 만에 할례를 받고, 신약시대에는 유아세례를 받습니다. 은혜언약의 효력은 어려서 죽은 유아에게만 적용되지 않고, 지능이 떨어지는 장애인이나, 사고와 치매 등으로 정상적 사고를 못 하고 믿음을 외적으로 고백하지 못 하는 신자들에게도 적용됩니다.

• 전후 논리

제16항은 유기의 교리에 대한 사람들의 다양한 반응에 대하여 말하고, 제17항은 신자들의 자녀들이 어려서 죽었을 때에 그들의 선택과 구원에 관하여 은혜언약의 효력을 인하여 의심해서는 안 된다고 말합니다.

■ **제18항 선택과 유기를 대하는 자세:**
　　　　선택과 유기 교리에 대한 올바른 자세

이 값없는 선택의 은혜와 공의로운 유기의 엄격에 대하여 불평하는 자들에게 우리는 사도와 함께 응답한다: "이 사람아 네가 누구이기에 감히 하나님께 반문하느냐?"(롬 9:20). 그리고 우리의 구주와 함께 응답한다: "내 것을 가지고 내 뜻대로 할 것이 아니냐?"(마 20:15). 그러므로 우리는 이 신비를 경건하게 존중하며 사도

와 함께 외친다: "깊도다 하나님의 지혜와 지식의 풍성함이여 그의 판단은 헤아리지 못할 것이며 그의 길은 찾지 못할 것이로다 누가 주의 마음을 알았느냐 누가 그의 모사가 되었느냐 누가 주께 먼저 드려서 갚으심을 받겠느냐 이는 만물이 주에게서 나오고 주로 말미암고 주에게로 돌아감이라 그에게 영광이 세세에 있을지어다 아멘"(롬 11:33-36).

• 설명

값없는 선택의 은혜와 공의로운 유기의 엄격에 대하여 불평하는 자들은 우리 주변만이 아니라 기독교가 전파되는 곳이라면 어디서나 늘 있어왔습니다. 그들에게 우리는 무어라고 말해야할까요? 사도 바울은 "하나님이 어찌하여 허물하시느냐? 누가 그 뜻을 대적하느냐?"라고 불평하는 자들에게 "이 사람아! 네가 누구이기에 감히 하나님께 반문하느냐? 지음을 받은 물건이 지은 자에게 어찌 나를 이같이 만들었느냐 말하겠느냐? 토기장이가 진흙 한 덩이로 하나는 귀히 쓸 그릇을, 하나는 천히 쓸 그릇을 만들 권한이 없느냐?"(롬 9:19-21)라고 말했습니다. 실로 하나님은 모든 만물과 사람들을 지으셨고, 그러기에 일부는 택자들로, 일부는 유기자들로 선택하실 수 있습니다. 우리는 모든 동물보다 뛰어난 만물의 영장인 사람이지만, 아무리 뛰어날지라도 하나님께 전적으로 지음을 받은 피조물임을 명심하여야 합니다.

포도원에 정시에 일찍 와서 일한 자들이 늦게 와서 일한 자들과 같은 임금을 받자 "나중 온 이 사람들은 한 시간밖에 일하지 아니하였거

늘 그들을 종일 수고하며 더위를 견딘 우리와 같게 하였나이다"라고 주인을 원망하며 불평했습니다. 그러자 주인은 "친구여! 내가 네게 잘못한 것이 없노라 네가 나와 한 데나리온의 약속을 하지 아니하였느냐? 네 것이나 가지고 가라 나중 온 이 사람에게 너와 같이 주는 것이 내 뜻이니라 내 것을 가지고 내 뜻대로 할 것이 아니냐? 내가 선하므로 네가 악하게 보느냐?"(마 20:10-15)라고 답하였습니다. 우리도 값없는 은혜의 선택에 대하여 불평하는 자들에게 주님처럼 "주님께서 주님의 풍성한 은혜를 값없이 주기로 한 자에게 주님의 뜻대로 주시는 것에 관하여 왜 당신이 그렇게 불평합니까?"라고 답하면 됩니다.

그리고 이 선택과 유기의 신비를 경건하게 존중하며 사도 바울이 롬 11:33-36에서 말한 것처럼 외치면 됩니다. 실로 하나님의 지혜와 지식은 깊고 풍성합니다. 그의 판단을 어찌 유한한 사람이 헤아릴 것이며, 그의 길을 찾을 것입니까? 누가 주의 마음을 알고 그의 모사가 되겠습니까? 사람은 그저 믿음으로 받아들이고 이해하여야 합니다. 자신의 유한한 이성으로 헤아리지 못한다고 불합리하다고 여기면 안 됩니다. 하나님의 의지와 계획은 초합리적이고, 초이성적이기 때문입니다. 또 그 어떤 피조물도 주께 먼저 드린 것이 없고, 따라서 갚으심을 받을 것도 없습니다. 만물이 주에게서 나오고 주로 말미암고 주에게로 돌아가기 때문에, 우리는 그분의 말씀과 행하심을 그대로 진리와 진실로 받아들여야 합니다. 하나님에게 우리를 맞추어야지 우리에게 하나님을 감히 맞추려고 하면 안 됩니다.

• 전후 논리

제17항은 신자들의 자녀들이 어려서 죽었을 때에 그들의 선택과 구원에 관하여 은혜언약을 인하여 의심해서는 안 된다고 말하고, 제18항은 선택과 유기에 대하여 불평하는 자들에 대한 우리의 응답이 무엇인지, 그리고 우리가 가져야 할 태도가 무엇인지에 대하여 말합니다.

3. 첫째 교리에 대한 항론파의 구체적 잘못에 대한 반항론파의 구체적 답변

도르트 총회는 이렇게 제1장에서 총 18항에 걸쳐서 신적 선택과 유기가 무엇인지에 대하여 기술했습니다. 그 후에는 신적 선택과 유기에 대한 항론파의 주장을 총 9항목에 걸쳐서 기술한 후 이 주장이 어떤 점에서 틀렸는지 답변했습니다. 도르트 신경은 다른 4가지 교리들에 대해서도 같은 방식으로 기술했습니다. 도르트 신경 원문에는 "잘못"과 "반박"이란 표현이 없는데, 이를 아래에 기입한 것은 독자들이 항론파의 잘못된 주장은 무엇이고, 반항론파의 올바른 반박은 무엇인지 쉽게 구별하도록 하기 위해서입니다. "잘못"에 있는 내용이 항론파의 잘못된 주장이고, "반박"에 있는 내용이 도르트 총회(반항론파)의 옳은 주장입니다.

(네덜란드 교회에 한동안 혼란을 가져온) 잘못들의 거부

선택과 유기에 대하여 참된 교리가 설명되었으므로 총회는 다음과 같은 잘못들을 배격한다.[17]

■ 제1절[18]

잘못: 믿을 자들을 그리고 믿음과 믿음의 순종에 견인할 자들을 구원하시겠다는 하나님의 뜻이 구원에 이르는 온전하고 완전한 선택의 작정이고, 이 작정 이외의 것이 하나님의 말씀에는 전혀 계시되지 않는다.[19]

반박: 이것들은 순진한 자들을 속이는 것이고, 성경에 명백하게 모순되는데, 성경은 하나님께서 믿을 자를 구원하기를 원하실 뿐만 아니라, 어떤 특정한 사람들을 영원 전에 선택하시어, 다른 이들이 아닌 그들에게 시간 속에서 그리스도에 대한 믿음과 견인을 주신다고 증거한다: 다음처럼 쓰인 것과 같다: "세상 중에서 내게 주신 사람들에게 내가 아버지의 이름을 나타내었나이다"(요 17:6). 마찬가지로 "영생을 주시기로 작정된 자는 다 믿더라"(행 13:48). 그리고 "곧 창세 전에 그리스도 안에서 우리를 택하사 우리로 사랑 안에서 그 앞에 거룩하고 흠이 없게 하시려고"(엡 1:4).

---

17 도르트 총회에 참석한 항론파는 항론서의 다섯 가지 조항들에 대한 자세한 견해를 1618년 12월 13일과 17일에 '항론파들의 견해'라는 이름으로 총회에 제출하였는데, 도르트 총대들은 이 문서와 항론파들의 다른 저술들을 참고하여 이들의 틀린 점들이 무엇인지를 여기서 기술하고 있다. 항론파들의 견해는 첫째 교리는 10개항으로, 둘째는 4개항으로, 셋째와 넷째는 12개항으로, 다섯째는 8개항으로 구성되어 있다.

18 "절"이란 표현은 앞의 긍정적 부분과 혼동하지 않도록 필자가 기입한 것이다.

19 원문은 "믿을 자들을 그리고 믿음과 믿음의 순종에 견인할 자들을 구원하시겠다는 하나님의 뜻이 구원에 이르는 온전하고 완전한 선택의 작정이고, 이 작정 이외의 것이 하나님의 말씀에는 전혀 계시되지 않는다고 가르치는 자들"이라고 되어있다. 원문에 이렇게 기술된 것은 제목이 "선택과 유기에 대하여 참된 교리가 설명되었으므로 총회는 다음과 같은 잘못들을 배격한다"라고 되어 있기 때문이다.

• 설명

우리가 이미 앞에서 살펴본 것처럼 항론파는 하나님께서 믿는 자에게 구원을 주시는 '구원의 방식'을 은혜로 작정하셨지만, 어떤 자를 선택하시어 그들에게 믿음을 주시는 작정은 하시지 않았다고 주장합니다. 이들은 하나님께서 어떤 자를 선택하시고, 다른 자를 유기하시는 작정은 하나님을 죄의 조성자로 만드는 것이고, 사람을 로봇과 같이 자유의지가 없는 존재로 만드는 것이라고 봅니다. 이러한 항론파의 주장은 겉으로는 하나님을 죄의 조성자로 만들지 않고, 사람들에게 자유의지를 주어 자신의 결정으로 자신의 구원을 결정하게 하는 것으로 보여, 순간적으로 옳아 보입니다.

아르미니우스는 왜 이런 주장을 할까요? 부르(Boer)에 의하면, 아르미니우스의 신학에서는 하나님의 의가 핵심 기초입니다. 그는 하나님이 어떤 사람들을 선택하실 때 어떤 사람들이 나쁜 사람들보다 "예시된 믿음과 회개와 거룩함과 경건"이란 측면에서 더 의로워야 하나님의 의에 어울린다고 보았습니다. 그래서 그는 하나님이 어떤 사람들의 믿음과 회개와 거룩함과 경건을 미리 보고서 선택하셨다고 주장합니다. 택함을 받은 자는 택함을 받지 못한 자보다 더 의로워서, 의로우신 하나님이 선택하셨다는 것입니다. 이런 관점으로 항론파의 주장을 살피면 왜 이들이 이런 주장들을 하는지 보다 이해할 수 있습니다. 아르미니우스는 하나님의 뜻도 사람에 의하여 이해되는 하나님의 의에 종속되어야 한다고 보아, 하나님의 의를 인간적 차원에서 헤아리는 결정적 실수를

범했습니다.[20]

아르미니우스주의는 처음에는 합리적으로 보이지만, 한 겹만 파고 들어가면 하나님의 뜻을 사람의 뜻으로 헤아린 얄팍한 합리성에 지나지 않습니다. 이것은 겉으로만 순간적으로 옳아 보이는 것으로 순진한 자들을 속이는 것에 지나지 않고, 성경의 가르침과 모순됩니다. 성경은 분명히 하나님께서 '구원의 방식'을 결정하시는 선택의 작정을 하셨을 뿐만 아니라, 특정의 사람들을 선택하시어 그들에게만 믿음과 견인을 주시는 작정도 하셨다고 증거하기 때문입니다. 하나님은 어떤 이들을 구원으로 선택하실 때에 그들의 믿음과 견인을 미리 보시고, 그에 따라 구원 여부를 결정하시지 않습니다. 이런 견해는 하나님을 피조물의 행동과 결정에 따라 영향을 받는 유한한 존재로 만드는 것이고, 아담과 함께 타락하여 전적 부패한 사람들이 스스로 구원받을 믿음과 견인의 행동을 할 수 있다고 여기게 하는 것입니다.

요 17:6은 성부 하나님께서 예수 그리스도에게 세상 중에서 어떤 사람들을 주셨다고 말합니다. 행 13:48은 모든 자들이 믿는 것이 아니라, 영생을 주시기로 작정된 자가 믿는다고 말합니다. 엡 1:4은 하나님

---

20 이에 반하여, 칼뱅은 성경 전체의 내용에 따라 하나님의 의지(voluntas, will)를 중심에 두었고, 유한은 무한을 받지 못하기 때문에 그 의지의 불가해성을 강조하였다. 하나님의 의지로 하신 선택이 의로운가라는 불평에 대하여 칼뱅주의는 제18항이 말하는 것처럼 "이 사람아 네가 누구이기에 감히 하나님께 반문하느냐 지음을 받은 물건이 지은 자에게 어찌 나를 이같이 만들었느냐 말하겠느냐?"(롬 9:20)라는 말씀에 의거하여 교만하고 합당치 않게 여긴다. Willem den Boer, *Duplex amor Dei. Contextuele karakteristiek van de theologie van Jacobus Arminius* (Apeldoorn: Publications of the Institute for Reformation Research, 2008), 285-286. 김재윤, "도르트 총회와 신조에서 신학적 목회적 균형" 〈한국개혁신학회 제44차 심포지엄, 2018. 5. 26. 발표 논문〉에서 재인용.

께서 창세 전에 그리스도 안에서 우리를 택하셨고, 그 결과 우리가 거룩하게 흠이 없게 되는 것이라고 말합니다. 절대로 우리가 거룩하고 흠이 없어서 하나님께서 우리를 택하신 것이 아닙니다. 만약에 우리가 이러해서 하나님께서 우리를 택하셨다면, 우리는 순전한 은혜가 아니라 우리의 행위가 첨가되어 구원을 쟁취하는 것이므로, 신인협력의 구원입니다.

■ 제2절

잘못: 영생에 이르는 하나님의 선택에는 여러 종류가 있다: "일반적이고 불확정적인 선택"과 "특정적이고 확정적인 선택"이 있고, 또한 후자에는 "불완전하고, 폐지할 수 있고, 비결정적이고, 조건적인 선택"과 "완전하고, 폐지할 수 없고, 결정적이고, 절대적인 선택"이 있다. 마찬가지로 "믿음에 이르는 선택"과 "구원에 이르는 선택"이 있어서, "구원에 이르는 결정적 선택"이 없는 "의곱게 하는 믿음에 이르는 선택"이 있을 수 있다.

반박: 이것은 성경과 상관없이 고안된 사람들의 뇌의 발명품이고, 선택에 대한 교리를 왜곡시키는 것이고, 구원의 황금 사슬을 깨뜨리는 것이다: "또 미리 정하신 그들을 또한 부르시고 부르신 그들을 또한 의롭다 하시고 의롭다 하신 그들을 또한 영화롭게 하셨느니라"(롬 8:30).

- **설명**

우리가 제8항에서 이미 살펴본 것처럼 선택에는 여러 종류가 없습니다. 이것은 성경에 없는 내용으로 사람들의 뇌가 발명한 것이고, 선택 교리를 왜곡시키는 것이고, 구원의 황금 사슬을 깨뜨리는 것입니다. 이에 대한 자세한 내용은 제8항을 참고하시고, 여기서는 구원의 황금 사슬에 대하여 살펴보겠습니다.

　　엄마가 태아를 10개월 동안 뱃속에 지니고 있는 것도 힘들지만, 출산 후에 키우는 것은 더 힘듭니다. 유아가 성인으로 자라는 데 수천만 원에서 수억 원의 돈이 듭니다. 이런 외적 비용 말고 많은 시간을 자녀와 같이 보내며 정성스럽게 정서와 생각도 보살펴야 합니다. 지혜로운 부모는 자녀의 성장과 성숙에 필요한 학문과 다양한 경험과 독서 등을 갖추도록 배려합니다. 그런데 하나님은 자녀의 필요한 바가 무엇인지 육신의 부모보다 더 잘 아십니다. 하나님은 그리스도가 획득하신 구원을 우리에게 주실 때에 우리보고 알아서 갖든 말든 하라고 하시지 않습니다. 어떻게든 그 구원이 우리의 것이 되게 하십니다.

　　우리는 제7항에서 하나님은 순전히 은혜로 택자들을 선택하시고, 구원의 수단도 정하신 것을 살펴보았습니다. 즉, 하나님은 구원받을 자들을 택하실 때 자신의 말씀과 영을 통하여 "부르심, 믿음, 칭의, 성화, 견인, 영화" 등을 우리에게 종합선물세트로 주십니다. 부르심이나 믿음만 우리에게 주시고, 나머지는 우리보고 알아서 하라고 하시지 않습니다. 즉, "미리 정하신 그들을 또한 부르시고 부르신 그들을 또한 의롭다 하시고 의롭다 하신 그들을 또한 영화롭게 하셨느니라"(롬 8:30).

　　하나님께서 이런 것들을 정하시지 않고 성도들에게 알아서 영원한 영광에 이르라고 하는 것은 도달할 수 없는 목표를 설정하시고 이 목표를 이루는 자에게만 상을 주시겠다고 하는 것과 같습니다. 이 일들은 하나님이 우리로 하게 하실 때만 가능합니다. 따라서 우리가 예수님을 믿는다고 고백하고, 죄에 대하여 회개하고, 점점 더 거룩한 신자로 자라가지만, 실은 이러한 모든 것들이 하나님의 순전한 자유로운 은혜와 사랑으로 인한 것들이고, 그 결과 우리가 행하는 것처럼 보일 뿐입니다.

이것들은 하나님께서 우리에게 주시려고 미리 정하신 것이므로 이것들 모두는 하나로 묶여있습니다. 일종의 사슬(chain)과 같습니다. 윌리엄 퍼킨스(William Perkins, 1558-1602)는 이것을 '황금사슬'(golden chain)이라고 불렀습니다. 하나님께서 우리의 구원의 획득과 적용을 위해 부르심, 중생, 회개, 양자, 칭의, 믿음, 성화, 영화, 견인 등을 황금과 같이 귀하고 견고한 체인으로 하나가 되게 묶어 주셨다는 것입니다.

성부께 성자께 성령 하나님이 우리의 구원을 위해 하신 일은 산난한 일이 아닙니다. 자전거 체인의 이빨들보다 더 깊고, 많고, 견고하게 연결되어 있고, 신비합니다. 그 구원이 우리에게 한 번에 순간적으로 간단히 펼쳐지지 않고, 전 인생에 걸쳐서 과정과 순서를 거쳐 확실하게 펼쳐지는데, 이것이 바로 황금과 같은 귀한 사슬로 연결되어 확실하게 펼쳐지므로, 반드시 우리에게 실패 없이 주어집니다. 그런데 알미니안은 이 긴 과정이 하나의 황금 사슬로 튼튼히 연결된 것을 모르고, 사람들의 신앙생활에 대한 피상적인 관찰로 영생에 이르는 하나님의 선택에는 여러 종류가 있다고 주장합니다.

▪ 제3절

잘못: 성경이 선택의 교리에서 언급하는 하나님의 선한 기쁨과 뜻은 하나님께서 다른 사람들이 아닌 어떤 이들을 선택하셨다는 것에 있지 않고, 하나님께서 (율법의 행위도 포함하여) 모든 가능한 조건들로부터, 혹은 모든 일들의 질서로부터, 그 자체로는 가치가 없는 믿음의 행위와 믿음의 불완전한 순종을 구원의 조건으로 선택하신 것에 있다. 하나님은 이것을 은혜를 인하여 완전한 순종으로 여기기를 원하셨고, 영생의 상으로 적합하다고 보기를 원하셨다.

반박: 이 해로운 잘못 때문에 하나님의 선한 기쁨과 그리스도의 공로는 무기력하게 되고, 사람들은 쓸모없는 질문들에 의하여 은혜로운 칭의의 진리와 성경의 단순성으로부터 떠나가게 되고, 사도는 틀리게 여겨진다: "하나님이 우리를 구원하사 거룩하신 소명으로 부르심은 우리의 행위대로 하심이 아니요 오직 자기의 뜻과 영원 전부터 그리스도 예수 안에서 우리에게 주신 은혜대로 하심이라"(딤후 1:9).

• 설명

우리는 여기서도 알미니안은 하나님께서 선택하신 것은 구원의 방식이지 절대로 어떤 이를 선택하신 것이 아니라고 주장하는 것임을 다시 확인할 수 있습니다. 이들은 사람들의 믿는 행위를 이적과 신비로 여기지 않고 사람들이 웬만하면 할 수 있는 일로 여깁니다. 그래서 이런 믿음의 행위를 하는 사람들은 타락한 사람들 중에 존재하기 마련이고, 하나님은 이런 믿음의 행위의 사람들을 구원하기로 선택하셨다고 봅니다. 구원의 방식에는 (율법의 행위도 포함하여) 가능한 조건들이 많이 있는

데, 그 방식들 중에서 믿음의 행위의 방식을 하나님께서 선택하셨다고 보는 것입니다. 혹은 여러 일들의 질서들 중에서 믿음의 행위와 믿음의 불완전한 순종을 구원의 조건으로 하나님께서 결정하셨다고 보는 것입니다. 사람들의 부족하고 불완전한 행위는 구원의 완전한 조건으로 되지 않는데, 하나님께서 은혜롭게 구원의 완전한 조건으로 여겨주셨다고 보는 것입니다.

하지만 우리는 전적으로 부패한 사람들은 믿음의 행위를 전혀 할 수 없고, 믿음의 불완전한 순종도 할 수 없다고 봅니다. 만약에 할 수 있다고 할지라도, 하나님께서 그것에 의하여 그들을 선택하셨다면 이것은 전적 은혜가 아니라 부분 은혜입니다. 하나님의 선한 기쁨만이 아니라, 사람들의 결단과 노력과 행위도 큰 역할을 한 것입니다. 그리고 그 사람이 믿음의 순종을 등한시하면 언제든 구원에서 떨어질 수 있고, 그래서 어떤 사람의 구원이 불변하신 하나님에게 달려있지 않고 가변적인 사람에게 달려 있게 됩니다. 따라서 하나님의 선한 기쁨과 그리스도의 공로는 무기력하게 되고, 하나님께서 우리를 구원하신 것은 오직 자기의 뜻과 영원 전부터 그리스도 예수 안에서 우리에게 주신 은혜대로 하심이라는 딤후 1:9의 말씀도 틀린 것이 됩니다.

■ 제4절

잘못: 믿음에 이르는 선택에 있어서, 사람이 본성의 빛(the Light of Nature)을 올바로 사용하는 것과 사람이 경건하고, 겸손하고, 온순하고, 영생에 적합한 것들과

같은 조건들이 미리 요구되는데, 마치 선택이 이것들에게 어느 정도 달려있는 것처럼 요구된다.

반박: 이것들은 펠라기우스의 냄새를 풍기고, 사도의 말을 분명히 잘못되게 비난하는 것이다: "전에는 우리도 다 그 가운데서 우리 육체의 욕심을 따라 지내며 육체와 마음의 원하는 것을 하여 다른 이들과 같이 본질상 진노의 자녀이었더니 긍휼이 풍성하신 하나님이 우리를 사랑하신 그 큰 사랑을 인하여 허물로 죽은 우리를 그리스도와 함께 살리셨고 너희는 은혜로 구원을 받은 것이라 또 함께 일으키사 그리스도 예수 안에서 함께 하늘에 앉히시니 이는 그리스도 예수 안에서 우리에게 자비하심으로써 그 은혜의 지극히 풍성함을 오는 여러 세대에 나타내려 하심이라 너희는 그 은혜에 의하여 믿음으로 말미암아 구원을 받았으니 (이것은 너희에게서 난 것이 아니요 하나님의 선물이라) 행위에서 난 것이 아니니 이는 누구든지 자랑하지 못하게 함이라"(엡 2:3-9).

• 설명

알미니안은 하나님께서 믿음에 이르는 선택을 할 때, 사람들의 조건을 보시고 그에 따라 선택하신다고 주장합니다. 하나님은 사람이 본성의 빛을 올바로 사용하는지, 그리고 경건하고, 겸손하고, 온순한지, 그리고 영생에 적합한지와 같은 조건들의 여부를 미리 보십니다. 이 조건들이 충족되면 선택하시고, 충족되지 않으면 선택하시지 않습니다. 즉 사람은 자신의 행위로 택함을 받아 구원을 받는 것이지, 절대로 은혜로만 택함을 받지 않습니다.

이러한 주장은 펠라기우스의 냄새를 풍깁니다. 영국에서 태어나 380년경에 로마에 간 펠라기우스(Pelagius, 354?-420)는 많은 기독 신자들의 영적 게으름에 실망했습니다. 그는 이것의 원인을 하나님의 은혜 교리 때문이라 착각하고, 사람의 자유의지와 그에 따른 책임을 주장했습니다. 그는 아담의 타락이 후손에게 큰 영향을 주지 않아서, 전적으로 부패하지 않았다고 보았습니다. 사람의 본성을 낙관적으로 보아, 사람이 선과 악을 택할 수 있고, 선행을 할 수 있다고 본 것입니다. 그리스도는 자신의 바른 삶을 통하여 어떻게 사는 것이 올바른지 모범을 보였고, 바로 이런 면에서 우리가 죄를 피하도록 돕는다고 보았습니다.

그는 하나님의 율법을 지키는 사람의 기능에는 가능성과 의지와 행동 세 가지가 있다고 보았습니다. 사람은 가능성에 의해서 의롭게 될 수 있고, 의지에 의해서 의롭게 되려는 마음을 먹고, 행동에 의해서 실제로 의롭게 됩니다. 그는 이 세 가지 중에서 첫 번째 가능성만 하나님께서 사람에게 주셨고, 사람의 힘으로 좌우할 수 없고, 우리가 원하지 않더라도 가지게 된다고 보았습니다. 다른 두 가지, 의지와 행동은 사람 자신의 것이고, 사람에게서 생긴다고 보았습니다. 따라서 하나님의 은혜는 사람의 힘으로 좌우할 수 없는 가능성에만 필요하고, 사람 자신이 것인 의지와 행동에는 필요하지 않습니다. 예를 들면 사람이 눈으로 볼 수 있는 것은 사람에게서 나지 않고 하나님이 주신 가능성입니다. 하지만 그 눈으로 무엇을 보겠다고 마음을 먹고, 실제로 무언가를 보는 것은 사람에게 달려 있습니다. 또 사람이 어떤 선한 일을 생각하고, 말하고,

행하는 것은 이런 가능성을 주신 하나님에게 달려 있습니다. 그러나 실제로 어떤 선한 일을 생각하고, 말하고, 행하는 것은 사람에게 달려 있습니다. 펠라기우스는 이렇게 생각하기 때문에 어떤 선한 일을 사람이 실제로 하였다면, 그 칭찬은 사람에게 돌아가야 한다고 보았고, 하나님도 받아야 한다고 할 때는 인색하게 겨우 돌렸습니다. 그는 418년에 카르타고 공의회에서 이단으로 정죄되었습니다. 알미니안의 주장에서 우리는 펠라기우스의 이런 가르침을 엿볼 수 있습니다.

바로 앞의 제3절에서 본 것처럼 알미니안은 펠라기우스와 달리 하나님의 은혜를 말합니다. 그런데 이들은 사람들의 타락을 전적 부패가 아니라 부분 부패로 보기 때문에, 하나님이 주시는 은혜도 부분 은혜로 봅니다. 알미니안은 펠라기우스보다 사람의 부패 정도를 심각하게 보아 하나님의 은혜도 필요하고, 사람의 자유의지에 의한 행위도 필요하다고 보았습니다. 이런 면에서 알미니안은 반(半)펠라기안(Semi-Pelagian)에 가깝다고 평가됩니다.

이러한 주장은 엡 2:3-9에도 어긋납니다. 구원을 받기 전의 사람들은 모두 육체와 마음의 원하는 것을 하여 본질상 진노의 자녀이었습니다. 허물로 죽은 것입니다. 허물로 죽은 자가 어떻게 본성의 빛을 올바로 사용하며, 영생에 적합한 선행을 할 수 있겠습니까? 우리는 지극히 풍성한 은혜로 구원을 받는 것이지, 절대로 행위로 구원받지 않습니다. 구원은 우리에게서 난 것이 아니라 전적인 하나님의 선물입니다.

도르트 신경은 앞에서 살펴본 것처럼 오직 성경에 의거해서 작성되었지, 기존의 신앙고백들이나 뛰어난 신학자들의 저작을 인용하지 않습니다. 그런데 반박 부문에서는 펠라기우스나 소키누스(제2장 제4절)를 언급하는데, 이것은 아르미니우스주의와 이들의 주장이 같은 맥락이라는 비난의 의미로 인용하고 있습니다. 특히 펠라기우스는 총 8번이나 언급되는데, 이것은 펠라기우스의 잘못된 점이 무엇인지 정확하게 비판한 아우구스티누스를 간접 인용한 측면이 있습니다.

■ 제5절

잘못: 특정한 사람들을 구원으로 이끄는 불완전하고 비결정적인 선택은 막 시작되었거나 한동안 지속된 "예지된 믿음과 회개와 거룩함과 경건"으로부터 이루어진다. 하지만, 완전하고 결정적인 선택은 "예지된 믿음과 회개와 거룩함과 경건"을 끝까지 견디는 것으로부터 이루어진다. 그리고 이것이 은혜롭고 복음적인 가치인데, 이 가치 때문에 택함을 받은 자는 택함을 받지 못한 자보다 더 가치가 있다. 그러므로 믿음, 믿음의 순종, 거룩함, 경건, 그리고 견인은 영광에 이르는 불변의 선택의 열매들이나 결과들이 아니라, 완전하게 선택될 자들에게 미리 요구되는 필수적인 조건들과 원인들이고, 마치 달성된 것처럼 미리 보아진 것들이다.

반박: 이것은 전체 성경에 일치하지 않는데, 성경은 도처에서 우리의 귀와 마음에 이런 저런 말씀들을 심어준다: "택하심을 따라 되는 하나님의 뜻이 행위로 말미암지 않고 오직 부르시는 이로 말미암아"(롬 9:11), "영생을 주시기로 작정된 자는 다 믿더라"(행 13:48), "곧 창세 전에 그리스도 안에서 우리를 택하사 우리로 사랑 안에서 그 앞에 거룩하고 흠이 없게 하시려고"(엡 1:4), "너희가 나를 택한 것이

아니요 내가 너희를 택하여"(요 15:16), "만일 은혜로 된 것이면 행위로 말미암지 않음이니"(롬 11:6), "사랑은 여기 있으니 우리가 하나님을 사랑한 것이 아니요 하나님이 우리를 사랑하사 우리 죄를 속하기 위하여 화목 제물로 그 아들을 보내셨음이라"(요일 4:10).

• 설명

알미니안이 선택에는 여러 종류가 있다고 하는 것을 제2절에서 살펴보았습니다. 이들은 "불완전하고 비결정적인 선택"의 대상자를 "예지된 믿음과 회개와 거룩함과 경건"을 가진 자로 봅니다. 그런데 이들은 이것들이 막 시작된 자이거나 한 동안 지속된 자이지, 이것들이 끝까지 지속된 자가 아닙니다. 이들 중에서 이것들을 끝까지 견딘 자는 "완전하고 결정적인 선택"의 대상자입니다.

알미니안은 이렇게 끝까지 견딘 것이 은혜롭고 복음적인 가치라고 봅니다. 하나님께서 이 가치 때문에 어떤 자를 택한 것입니다. 그래서 이것을 끝까지 견딘 자는 자신이 이룬 은혜롭고 복음적인 가치 때문에 택함을 받은 것입니다. 그러므로 "믿음, 믿음의 순종, 거룩함, 경건, 그리고 견인"은 하나님께서 어떤 이들을 선택하셨기 때문에 이루어진 선택의 열매들이나 결과들이 아니라, "완전하고 결정적인 선택"의 대상자들에게 미리 요구되는 필수적인 조건들과 원인들입니다. 하나님은 "완전하고 결정적인 선택"의 대상자들이 이것들을 마치 달성한 것처럼 미리 보시고 선택하십니다.

하지만 우리는 "믿음, 믿음의 순종, 거룩함, 경건, 그리고 견인"은 영광에 이르는 불변의 선택의 열매들이나 결과들이라고 봅니다. 하나님의 선택의 뜻은 행위로 말미암지 않고, 오직 부르시는 이로 말미암기 때문입니다(롬 9:11). 믿어서 작정하신 것이 아니라, 영생을 주시기로 작정하셨으므로 사람이 믿기 때문입니다(행 13:48). 하나님께서 창세 전에 그리스도 안에서 우리를 택하시어 우리로 거룩하고 흠이 없게 하셨기 때문이지(엡 1:4), 절대로 우리가 거룩하고 흠이 없어서 하나님께서 우리를 택하신 것이 아닙니다. 선택이 은혜로 되었다는 것은 우리의 행위로 말미암지 않았다는 뜻입니다(롬 11:6). 우리가 먼저 그리스도를 택한 것이 아니라, 그리스도가 우리를 택하셨습니다(요 15:16). 우리가 하나님을 사랑해서 하나님이 우리를 선택하신 것이 아니라, 하나님이 우리를 먼저 사랑하셔서 우리를 선택하시고 아들을 보내어 우리를 구원해주셨습니다(요일 4:10).

■ 제6절

잘못: 구원에 이르는 모든 선택이 불변인 것은 아니다. 오히려 어떤 택자들은 하나님의 작정이 가로막지 않기 때문에 멸망할 수 있고, 실제로 영원히 멸망한다.

반박: 이 엄청난 잘못으로 그들은 하나님을 변하시는 분으로 만들고, 신자들의 선택의 확고함으로부터 오는 신자들의 위로를 깨뜨리고, 다음처럼 가르치는 성경과 모순된다. "택자들은 미혹될 수 없다"(마 24:24), "그리스도는 아버지로부터 자신에게 주어진 자들을 잃어버리지 않는다"(요 6:39), "하나님은 미리 정하시고,

부르시고, 의롭다 하신 그들을 또한 영화롭게 하셨다"(롬 8:30).

• 설명

제6절은 제2절과 제5절의 연속선에서 알미니안이 선택의 다양함에 대하여 말하는 것이고, 어떤 선택은 불변이 아니라서 그 선택을 통해 택자들은 멸망할 수 있고, 실제로 영원히 멸망한다고 말하는 것입니다. 이 때 하나님의 작정은 택자들이 멸망하는 것을 가로막지 않는다는 것입니다.

알미니안은 하나님께서 어떤 자를 선택하실 때 그들의 믿음과 믿음의 순종을 미리 보시고 선택하신다고 여기고, 그렇게 선택된 자들일지라도 그들이 끝까지 자신들의 믿음을 견인하지 않으면 멸망한다고 여기기 때문에 충분히 위처럼 말할 수 있습니다. 그들은 하나님의 작정은 사람들의 행위에 달려있기 때문에, 택함을 받은 자일지라도 불순종의 행동을 하면 하나님은 그 행동을 가로막으시지 않고, 그 행동에 따라 선택 여부를 오히려 변경하시는 일을 한다고 봅니다.

이들의 이러한 주장은 하나님을 변덕스러운 분으로 만드는 것이고, 신자들로 자신들이 선택되었다는 확신을 못 갖게 만들어, 그 확신으로부터 신자들이 갖는 위로를 깨뜨리는 것입니다. 신자들은 자신들이 버려질 수 있다는 불안감 속에서 믿음의 순종에 열심을 내게 되는데, 이것은 하나님의 자녀로서의 확신에서 오는 감사의 순종과 다릅니다. 성경은 택자들은 미혹될 수 없고(마 24:24), 그리스도는 아버지로부터 자신에게 주어진 자들을 잃어버리시지 않는다고(요 6:39) 말합니다. 하나님은 미리 정하신 자를 반드시 부르시고 의롭다 하시고 영화롭게 하십니다(롬 8:30). 하나님의 선택은 불변인 것이고, 택함을 받은 자는 멸망할 수 없습니다.

■ **제7절**

잘못: 영광에 이르는 불변의 선택에 대한 열매와 인식과 확신이 이 생애에서는 없고, 있다면 변하고 우연적인 조건으로부터 있다.

반박: 불확실한 확신을 설정하는 것은 어리석을 뿐만 아니라, 성도들의 경험에도 어긋난다. 성도들은 자신들의 선택에 대한 인식으로 말미암아 사도와 함께 기뻐하고, 하나님의 은혜를 찬양하고(엡 1장), "너희 이름이 하늘에 기록된 것으로 기뻐하라"(눅 10:20)는 그리스도의 권고를 따라 제자들과 함께 기뻐하고, 결국 선택의 인식으로 마귀들의 유혹과 불화살을 나름처럼 불으며 저항한다: "누가 능히 하나님께서 택하신 자들을 고발하리요?"(롬 8:33).

• **설명**

알미니안은 신자들이 믿음이나 믿음의 순종과 같은 행위만으로는 부족하고, 그런 행위를 끝까지 지속해야만 선택을 받아 구원을 받는다고 여기기 때문에, 그들에게는 지금 현재 믿고 있는 것과 믿음의 순종의 행위를 하고 있는 것이 선택의 열매가 되지 않습니다. 현재 아무리 믿음이 충만하고 그에 따른 믿음의 순종이 아무리 풍성한 신자일지라도, 내일 그 믿음을 부인하며 변할 수 있으므로, 그들에게는 자신들이 선택받은 자라는 인식도 확신도 없습니다. 오직 죽는 순간에 믿음을 유지했다면, 그때에만 선택의 열매와 인식과 확신이 있을 뿐입니다. 우리가 선택의 열매라고 여기는 것들을 그들은 선택을 받는 우연적인 조건과 원인으로 보는 것이고, 이 조건도 그들의 행위 여부에 따라 변하기 때문에, 끝까지 유지해야만 유효합니다.

하지만 우리는 불변하고 절대적인 선택을 인하여 우리의 구원은 흔들리지 않는다고 믿습니다. 저만 해도 구원의 확신이 있고, 주변에서 구원의 확신을 갖는 신자들을 찾아보기는 전혀 어렵지 않습니다. 신자들이 다윗의 간음과 살인교사와 같은 큰 죄를 짓기도 하는데, 바로 신자들의 그런 큰 죄가 하나님의 불변의 선택이 없고서는 신자들이 스스로 설 수 없음을 명확하게 보여줍니다. 신자들이 자신들의 남아있는 부패를 살피고 확인하면 할수록, 자신들이 선택받음으로써 구원 받음을 더욱 인식하게 되고, 따라서 자신의 구원을 기뻐하고, 하나님의 은혜를 찬양하고, 마귀들의 유혹의 불화살을 하나님의 보호하심에 의거하여 강하게 저항할 수 있습니다.

■ 제8절

잘못: 하나님은 자신의 순수한 공의로운 뜻으로 그 누구를 아담의 타락에 그리고 공통적인 죄와 정죄의 상태에 두기로 작정하시지 않았고, 어떤 누구를 믿음과 회개에 필요한 은혜를 나눔에 있어 간과하기로 작정하시지도 않았다.

반박: 다음과 같은 말씀이 확고하게 서 있다: "하나님께서 하고자 하시는 자를 긍휼히 여기시고 하고자 하시는 자를 완악하게 하시느니라"(롬 9:18). 그리고 "천국의 비밀을 아는 것이 너희에게는 허락되었으나 그들에게는 아니되었나니"(마 13:11). 마찬가지로 "천지의 주재이신 아버지여 이것을 지혜롭고 슬기 있는 자들에게는 숨기시고 어린 아이들에게는 나타내심을 감사하나이다 옳소이다 이렇게 된 것이 아버지의 뜻이니이다"(마 11:25, 26).

• 설명

알미니안은 사람들이 부분적으로 부패하여서 스스로의 능력으로 그리스도를 믿을 수 있다고 여기기 때문에, 자연스럽게 모든 사람들이 아담의 타락에 같이 동참하여 죄에 빠져 있다고 여기지 않고, 아담의 타락이 모든 사람들에게 이어져 모든 사람들이 공통적으로 죄와 정죄의 상태에 있지 않나고 여깁니다. 이렇게 작정하시고 집행하시는 하나님의 사역을 부인합니다. 따라서 하나님께서 자신의 순수한 공의로운 뜻으로 어떤 사람들에게 믿음과 회개에 필요한 은혜를 주시지 않는 간과의 작정도 부인합니다.

하지만 성경은 하나님께서 하고자 하시는 자를 긍휼히 여기시고 하고자 하시는 자를 완악하게 하신다고(롬 9:18) 분명하게 말합니다. 천국의 비밀은 일부에게만 허락되었지 모두에게 허락되지 않았습니다(마 13:11). 하나님께서 천국의 비밀을 지혜롭고 슬기 있는 자들에게는 숨기셔서 이들은 하나님의 권능을 아무리 많이 보아도 깨닫지 못하고, 반면에 어린 아이들일지라도 천국의 비밀을 나타내시면 받아들이는데, 이렇게 되는 것이 모두 아버지의 뜻입니다(마 11:25-26).

■ 제9절

잘못: 하나님께서 복음을 이 족속 대신에 다른 족속에게 전하시는 이유는 순수하게 오직 하나님의 선한 기쁨 때문이 아니고, 복음이 전달되지 않은 이 족속보다 다른 족속이 더 좋고 더 가치가 있기 때문이다.

반박: 모세는 이스라엘 백성에게 이렇게 말하며 반대한다: "하늘과 모든 하늘의 하늘과 땅과 그 위의 만물은 본래 네 하나님 여호와께 속한 것이로되 여호와께서 오직 네 조상들을 기뻐하시고 그들을 사랑하사 그들의 후손인 너희를 만민 중에서 택하셨음이 오늘과 같으니라"(신 10:14, 15). 그리스도도 반대하신다: "화 있을진저 고라신아 화 있을진저 벳새다야 너희에게 행한 모든 권능을 두로와 시돈에서 행하였더라면 그들이 벌써 베옷을 입고 재에 앉아 회개하였으리라"(마 11:21).

• 설명

알미니안은 하나님께서 어떤 사람들이 "믿음과 회개와 거룩함과 경건"을 끝까지 견디며 소유할 것을 미리 보시고 선택하신다고 봅니다. 이들은 이것을 제5절이 말하는 것처럼 "은혜롭고 복음적인 가치"로 봅니다. 그래서 이들은 하나님께서 복음을 어떤 족속에게 전하신다면 그것도 그 족속이 다른 족속보다 더 좋고 더 가치가 있다고 봅니다. 즉 "은혜롭고 복음적인 가치"가 더 있기 때문이지, 절대로 오직 순수한 선한 기쁨 때문이라고 보지 않습니다.

하지만 모세는 하나님께서 이스라엘 백성을 선택하신 이유를 하나님의 기뻐하심과 사랑이라고(신 10:15) 말하지, 절대로 그들의 공의로움과 정직함이라고(신 9:5) 말하지 않습니다. 그리스도께서는 고라신과 벳새다에 행한 모든 권능을 퇴폐로 유명한 두로와 시돈에서 행하였다면 그들이 베옷을 입고 재에 앉아 회개하였을 것이라고 말합니다. 그만큼 고라신과 벳새다 사람들은 목이 곧은 완악한 자들입니다. 그럼에도 불구하고 하나님께서는 이들을 기뻐하시어 복음을 전하십니다.

이해와 나눔을 위한 질문

0. 항론파의 제1조항은 어떤 면에서 잘못되었습니까?

1. ① 여러분은 모든 사람들이 아담 안에서 죄를 지었고, 그 결과 모든 사람들이 영원한 저주와 죽음의 죄책에 처하게 되었다고 봅니까? 알미니안은 사람들의 부패 상태를 어떻게 봅니까?
   ② 전적 부패로 보면, 조건 없는 선택, 제한 속죄, 불가항력적 은혜 그리고 성도의 견인으로 이어집니까? 이에 반하여 부분 부패로 보면, 예지 예정의 조건적 선택, 보편 속죄, 가항력적 은혜, 성도의 조건적 견인으로 이어집니까?
   ③ 롬 3:10-18, 23, 6:23, 8:7, 고전 2:14, 엡 2:1, 딤후 3:2-4을 통해 전적 부패인지 부분 부패인지 살펴봅시다.

2. ① 제2항은 하나님께서 전적으로 부패한 사람들을 사랑하시어 독생자를 세상에 보내셨는데, 이는 그를 믿는 자들마다 영생을 얻게 하려 하심이라고 말하는데, 이것은 전적으로 부패한 사람들이 독생자를 스스로 믿을 수 있다는 것을 의미합니까?
   ② 요일 4:9과 요 3:16은 하나님께서 구원을 마련하신 것을 나타냅니

까? 아니면 단지 타락한 사람이 독생자를 믿고 구원을 받을 수 있음을 나타냅니까?

3. ① 제2항은 하나님께서 독생자를 보내시어 그를 믿는 자는 영생을 얻게 하셨다고 말하는데, 제3항은 이러한 기쁜 소식을 사람들이 듣고 믿도록 하나님께서 무엇을 하셨다고 말합니까?
② 전적으로 부패한 사람들은 듣지도 않고 믿을 수 있습니까? 전파하는 자가 없이 들을 수 있습니까? 보내심을 받지 않았는데 전파할 수 있습니까?
③ 롬 10:14-15를 나누어 봅시다. 좋은 소식을 전하는 자들의 발이 아름답다는 것은 발 자체가 아름답다는 것입니까? 아니면 그 전파자를 보내시는 하나님이 아름다우시다는 것이고, 그러한 계획과 실행이 아름답다는 것입니까?

4. ① 제3항은 복음을 전적으로 부패한 사람들이 듣고 믿도록 하나님께서 복음의 전파자를 보내셨다고 말하는데, 제4항은 이렇게 전해진 복음을 믿지 않는 자와 복음을 받아들이는 자에게 각각 어떤 일이 발생한다고 말합니까?
② 제1항부터 제4항까지의 논리 전개가 다음과 같다고 생각합니까? 아담 안에서 죄를 지은 모든 사람들은 영원한 저주와 죽음에 처하였다(제1항). → 하나님은 이런 자들을 위하여 독생자를 세상에 보

내시어 그분을 믿는 자마다 영생을 얻게 하셨다(제2항). → 이 소식을 듣고 믿도록 복음의 전파자를 보내셨다(제3항). → 전파된 복음을 믿지 않는 자에게는 하나님의 진노가, 받아들이는 자에게는 영생이 주어지게 하셨다(제4항).

5. ① 제4항은 전해진 복음을 믿지 않는 자와 받아들이는 자에게 각각 진노와 영생이 주어진다고 말하는데, 제5항은 불신과 믿음의 원인이 각각 어디에 있다고 말합니까?
② 엡 2:8과 빌 1:29에서 사람들은 은혜로 구원을 받습니까? 아니면 믿음으로 구원을 받습니까? 즉 은혜와 믿음 중 무엇이 먼저입니까?

6. ① 제5항은 불신의 원인은 사람에게, 믿음의 원인은 하나님의 자유로운 선물에 있다고 말하는데, 제6항은 시간 속에서 어떤 이들에게는 믿음이 하나님으로부터 선물로 주어지고, 다른 이들에게는 주어지지 않는 것은 무엇으로 인한 것이라고 말합니까?
② 본인이나 주변에서 매우 강퍅한 사람들이 부드럽게 되며 신앙생활 하는 것을 목격한 적이 있습니까? 이들의 강퍅한 마음이 어떻게 부드럽게 되는 것입니까?
③ 하나님은 택자들의 마음을 무엇을 인하여 부드럽게 하시고, 비택자들을 무엇을 인하여 악함과 강퍅함에 내버려 두십니까?
④ 선택의 작정과 유기의 작정이 각각 무엇인지 나누어 봅시다.

7. ① 하나님은 특정한 수의 사람들을 어떤 기준에 의하여 선택하셨습니까? 그분은 자유로운 선한 기쁨에 따라 선택하셨습니까? 아니면 그분의 선택에 영향을 미친 선행 요소들이 있었습니까?

② 순전히 은혜로 택하셨습니까? 아니면 특정한 수의 사람들이 더 옳고 더 가치가 있어서 택하셨습니까?

③ 제7항의 "하나님은 바로 그들을 구원받도록 주시기를, 그리고 자신의 말씀과 영을 통하여 교통으로 효력 있게 부르시고 이끄시기를, 참된 그 믿음을 주시기를, 칭의하실 것을, 성화하실 것을, 권능 있게 자신의 아들과의 교통 속에서 보존하실 것을, 마침내 영화하실 것을 작정하셨다."라는 내용은 하나님께서 믿음만이 아니라 구원에 필요한 여러 수단들도 같이 주신 것을 나타냅니까? 즉, 하나님이 어떤 사람들을 택하셨다는 것은 단순히 그 사람들을 하나님의 자녀로 삼으셨다는 의미만이 아니라, 그들로 하나님의 사녀가 되게 하는 여러 수단들(과정)까지도 택하셨다는 의미입니까?

④ 롬 8:30을 구원의 수단들이란 관점에서 나누어 봅시다.

⑤ 제1장 제7항을 웨스트민스터 신앙고백 제3장 제6항과 비교하여 봅시다. "하나님은 택하신 자들을 영광으로 정하신 것처럼, 자신의 뜻의 영원하며 지극히 자유로운 목적을 따라 거기에 이르는 모든 수단들을 미리 정하셨다. 그러므로 택하여진 자들은 아담 안에서 타락하였고, 그리스도에 의해 구속되었고, 적절한 때에 역사하시는 그의 영에 의해 그리스도에 대한 믿음으로 효과 있게 부름

을 받고, 그의 권능에 의해 믿음을 통해 구원으로 칭의되고, 양자되고, 성화되고, 보존된다. 택하신 자들 외에는 다른 아무도 그리스도에 의해 구속되고, 효과 있게 부름을 받고, 칭의되고, 양자되고, 성화되고, 구원되지 못한다." (As God hath appointed the elect unto glory, so hath he, by the eternal and most free purpose of his will, foreordained all the means thereunto. Wherefore, they who are elected, being fallen in Adam, are redeemed by Christ, are effectually called unto faith in Christ by his Spirit working in due season, are justified, adopted, sanctified, and kept by his power, through faith, unto salvation. Neither are any other redeemed by Christ, effectually called, justified, adopted, sanctified, and saved, but the elect only.)

8. ① 알미니안은 제1장 제2절에서 다양한 선택이 있다고 말하는데, 제1장 제7항은 몇 개의 선택이 있다고 말합니까?

    ② 선택에 관하여, 알미니안은 선택하는 사람의 관점에서 말하기 때문에 다양한 선택이 있다고 말하고, 도르트 총회는 선택하시는 하나님의 관점에서 말하기 때문에 하나의 동일한 선택이 있다고 말하는 것입니까?

    ③ 영원하신 하나님의 뜻에 의한 목적과 계획이 시간 속에서 진행되는 일들의 상황에 따라 수시로 변할 수 있습니까? 아무 것도 고려하지

않고 선한 기쁨으로 택하신 하나님께서 사람의 반응에 따라 수시로 선택 여부를 결정하십니까?

9. ① 선택은 선택된 사람에게 있는 예지(豫知, foreseen)된 믿음, 믿음의 순종, 거룩함 때문에 이루어집니까? 아니면 선택은 믿음과 믿음의 순종과 거룩함 등을 위해 이루어집니까?

② 선택은 구원의 모든 선한 것의 근원입니까? 선택으로부터 믿음, 거룩함, 구원의 다른 선물들, 영생이 선택의 열매와 효과로서 흘러나옵니까? 우리가 하는 선행도 가까운 원인에서 보면 우리가 하는 것이지만, 먼 원인에서 보면 하나님께서 우리로 하게 하시는 것입니까?

③ 제9항을 엡 1:4에 의거하여 살펴봅시다.

10. ① 선택의 원인은 오직 하나님의 선한 기쁨입니까? 아니면 사람의 어떤 자질이나 행위가 선택의 원인입니까?

② 롬 9:11-13과 행 13:48에 의거하여 제10항을 살펴봅시다. 하나님은 "큰 자가 어린 자를 섬기리라"는 말씀을 에서와 야곱이 태어나기 전에 하셨습니까? 아니면 태어난 후에 하셨습니까?

11. ① 하나님의 선택은 왜 방해와 변경과 폐지와 종결이 없고, 택자들은 버림받을 수 없고, 택자들의 숫자도 감소될 수 없습니까? 하나님의 선택은 하나님이 어떠하신 분인가와 직결되는 것이기 때문에 그런

것입니까?

② 하나님의 지혜와 불변과 전지와 전능이란 속성이 무엇인지 나누어 봅시다.

12. ① 택자들은 영원하고 불변한 선택에 대한 확신을 가질 수 있습니까? 여러분은 이러한 확신이 있는지 나누어 봅시다.

② 이 확신은 어떤 방법을 통해 주어집니까?

13. ① 선택의 확신이 주는 유익은 무엇입니까?

② 선택에 대한 교리와 묵상이 하나님의 계명들을 더 게으르게 지키게 하고, 육적인 안전감에 빠지게 합니까? 이런 일은 누구에게 발생합니까? 여러분의 경험도 나누어 봅시다.

14. ① 선택 교리는 구약시대에도, 그리스도와 사도들을 통해서도 선포되었습니까? 선택 교리의 선포에 있어서 사람은 소견에 옳은 대로 하는 것이 좋습니까? 아니면 하나님이 하신 방식대로 성경에 따라 해야 합니까? 신 9:5-6, 욥 36:23-26, 행 20:27, 롬 11:33-34, 12:3, 고전 4:6을 통해 살펴봅시다.

② 선택 교리가 오늘날도 하나님의 교회에서 선포되어야 하는 이유가 무엇입니까? 선택 교리의 유익에 대하여 나누어 봅시다.

15. ① 유기의 작정이 무엇인지 나누어 봅시다. 하나님은 주사위를 던져

임의로 유기자를 결정하십니까? 아니면 하나님의 가장 자유롭고, 가장 공의롭고, 흠잡을 데 없고, 변하지 않는 기쁨에 의하여 하십니까?

② 유기의 작정 교리는 하나님을 죄의 조성자로 만듭니까? 아니면 하나님을 두렵고, 흠잡을 데 없고, 공의로운 심판자와 보응자로 만듭니까?

16. ① 어떤 이들이 유기의 언급에 놀라서는 안 됩니까? 이들은 도리어 어떤 자세를 취해야 합니까?

② 유기에 대한 교리를 더욱 두려워할 필요가 없는 이들은 누구입니까?

③ 이 교리를 마땅히 두려워해야 할 자들은 누구입니까?

17. ① 신자들의 자녀들은 본성 때문에 거룩합니까? 아니면 부모들과 함께 포함된 은혜 언약의 효력 때문에 거룩합니까? 어린 유아들도 전적으로 부패한 것입니까?

② 신자들의 어린 자녀들이 죽을 때에 그들의 선택과 구원에 관하여 의심해야 합니까? 아니면 은혜 언약의 효력 때문에 의심할 필요가 없습니까?

③ 참고1을 통해 사람과 맺으신 하나님의 언약에 대하여 살펴봅시다.

18. ① 우리는 값없는 선택의 은혜와 공의로운 유기의 엄격에 대하여 불평하는 자들에게 어떻게 응답해야 합니까? 롬 9:20, 마 20:15, 롬 11:33-36을 통해 나누어 봅시다.

② 제1항부터 제18항까지 전개된 논리를 조감도에 의하여 살펴봅시다.

■ 항론파의 잘못된 주장과 반항론파의 그에 대한 반박

- **1.** ① 제1절에서 항론파의 주장은 어떤 점이 잘못되었습니까?

  ② 반항론파는 이에 대하여 어떻게 반박하고 있습니까? 반항론파는 구원의 방법(믿을 자를 구원하심)만이 아니라, 구원받을 자도 미리 정하셨다(어떤 특정한 사람들을 영원 전에 선택)고 반박합니까?

- **2.** ① 항론파는 선택에는 몇 가지 종류가 있다고 말합니까?

  ② 반항론파는 이에 대하여 어떻게 반박하고 있습니까? 반항론파가 언급한 구원의 황금 사슬이 무엇인지 나누어 봅시다. 롬 8:30이 구원의 황금 사슬을 지지하는지 살펴봅시다.

- **3.** ① 항론파는 선택의 교리에서 하나님의 기뻐하심과 목적을 어떻게 해석합니까?

  ② 항론파의 주장이 잘못되었음을 딤후 1:9에 의거하여 논박하여 봅시

다.

-4. ① 항론파는 사람이 본성의 빛을 올바로 사용할 수 있다고 봅니까? 항론파는 선택이 무엇에 달려 있다고 보는 것입니까?

② 항론파의 주장이 잘못되었음을 엡 2:3-9에 의거하여 논박하여 봅시다. 항론파의 주장은 어떤 면에서 펠라기우스의 냄새를 풍깁니까?

-5. ① 항론파는 무엇이 은혜롭고 복음적인 가치라고 봅니까? 또 이들은 믿음, 믿음의 순종, 거룩함, 경건, 그리고 견인을 선택의 열매들이나 결과들로 봅니까? 아니면 선택의 필수적인 조건들과 원인들로 봅니까?

② 항론파의 주장이 잘못되었음을 롬 9:11, 행 13:48, 엡 1:4, 롬 11:6, 요일 4:10에 의거하여 논박하여 봅시다.

-6. ① 제6절에서 항론파의 주장은 어떤 점이 잘못되었습니까?

② 항론파의 주장은 하나님을 어떤 분으로 만드는 것입니까? 이들의 주장이 잘못되었음을 마 24:24, 요 6:39, 롬 8:30에 의거하여 논박하여 봅시다.

-7. ① 항론파는 선택에 대한 열매와 인식과 확신의 유무에 대하여 어떻게 주장합니까?

② 항론파의 주장이 잘못되었음을 엡 1장, 눅 10:20, 롬 8:33에 의거하여 논박하여 봅시다. 그리고 각자의 경험도 나누어 봅시다.

-8. ① 항론파는 유기의 작정을 부인하고 있습니까?
② 하나님께서 유기의 작정을 하셨음을 롬 9:18, 마 13:11, 마 11:25-26에 의거하여 논박하여 봅시다.

-9. ① 항론파는 하나님께서 복음을 어떤 족속에게 전하시는 이유가 무엇이라고 말합니까?
② 항론파의 주장이 잘못되었음을 신 10:14-15, 마 11:21에 의거하여 논박하여 봅시다.

제2장

둘째 교리: 그리스도의 죽음과 이로 인한 사람의 구속

Christ's Death
and Human Redemption Through It

1. 항론파의 그리스도의 죽음과 이로 인한 사람의 구속

■ **항론파의 제2조항**

따라서 세상의 구주이신 예수 그리스도는 모든 사람들과 각 사람을 위하여 죽으셨고, 십자가의 죽음으로 모두를 위해 구속과 죄의 용서를 얻으셨다. 그러나 요 3:16과 요이 2:2의 말씀처럼 믿는 자들을 제외하고는 그 어느 누구도 죄의 용서를 실제로 공유하지 못 한다. "하나님이 세상을 이처럼 사랑하사 독생자를 주셨으니 이는 그를 믿는 자마다 멸망하지 않고 영생을 얻게 하려 하심이라"(요 3:16). "그는 우리 죄를 위한 화목 제물이니 우리만 위할 뿐 아니요 온 세상의 죄를 위하심이라"(요일 2:2).

여러분은 제2항은 어떤 점에서 잘못되었다고 생각하십니까? 제1항처럼 틀린 점을 찾기가 쉽지 않습니다. 오히려 예수 그리스도의 죽음으로 인한 구원을 확인하고 은혜를 받을 것입니다. 제2항의 잘못된 점은 예수 그리스도께서 '모든 사람들과 각 사람'을 위하여 죽으셨다는 점입니다. 알미니안은 하나님께서 믿을 자를 미리 보시고서 선택하셨다고 생각합니다. 사람의 구원이 믿음 여부를 결정하는 사람에게 달려 있습니다. 그래서 예수 그리스도는 모든 사람들을 위하여 죽으셨는데, 사람들 중 일부만 그 죽음으로 인한 구속과 죄의 용서를 믿어서 구원받는다고 여깁니다. 이들은 요 3:16과 요이 2:2에 나오는 '세상'을 모든 사람들로 해석합니다.

그렇다면 도르트 신경은 예수 그리스도는 누구를 위해서 죽으셨다고 여기고, 성경의 여러 곳들에서 나오는 '세상'이나 '모든 사람'이란 단어를 어떻게 해석할까요? 총 9항으로 이루어진 제2장을 통해 흥미진진한 이 내용을 지금부터 살펴보겠습니다.

2. 도르트 신경(반항론파)의 그리스도의 죽음과 이로 인한 사람의 구속

■ **제1항 하나님의 공의:**
죄에 대한 벌을 요구하는 하나님의 공의

하나님은 지극히 자비로우실 뿐만 아니라, 지극히 공의로우시다. 그분의 공의는 (말씀에서 자신을 계시하신 것처럼) 그의 무한한 위엄에 대항하여 지은 우리의 죄들이 현세만이 아니라 영원에 이르도록, 영육에 걸쳐, 벌로 징계될 것을 요구한다. 우리는 하나님의 공의가 만족되지 않는 한 이 벌들로부터 벗어날 수 없다.

• 설명

하나님은 지극히 자비로우실 뿐만 아니라, 지극히 공의로우십니다. 하나님은 공의로우시기 때문에 아담과 그 후손이 지은 죄에 대하여 죗값을 요구하십니다. 하나님은 무한히 위엄하시기 때문에 사람들이 하나님을 대항하여 지은 죄들은 현세만이 아니라 영원에 이르도록 죗값을 지불해야 합니다. 육신에서만이 아니라 영혼에 대해서도 죗값을 지불해야 합니다. 사람들은 이 죗값을 완벽하게 지불하여 하나님의 공의가 만족되지 않는 한 이 벌들로부터 벗어날 수 없습니다.

제2장도 제1장처럼 사람의 죄로 시작을 합니다. 제2장 제1항은 사람이 죄를 지은 것을 이미 전제로 하고서, 사람이 지은 죄를 지극히 자비로우신 하나님이 왜 용서하시지 않는가에 대하여 설명합니다. 하나님은 지극히 공의로우시기도 하기 때문에 사람의 죄들에 대하여 징계하실 수밖에 없다고 말합니다. 하나님께서 현세만이 아니라 영원에 이르도록, 영육에 걸쳐 징계하시는데, 이 징계를 스스로 벗어날 자가 있겠느냐고 제1항은 물으며 그 답이 제2항에 있음을 암시하고 있습니다.

■ **제2항 십자가로 이룬 하나님의 공의:**
하나님의 공의를 위해 십자가에서 죄와 저주가 되신 독생자

그러나 우리는 스스로 만족을 이룰 수 없고, 하나님의 진노로부터 우리를 해방시킬 수 없기 때문에, 하나님은 한량없는 자비로 자신의 독생자를 우리에게 보증인으로 주셨는데, 그분은 우리를 위하여 만족을 이루시려고, 우리를 위하여 그리고 우리를 대신하여 십자가에서 죄와 저주가 되셨다.

• 설명
제1항에서 본 것처럼 우리의 죄들에 대하여 하나님의 공의는 현세

와 영원, 영과 육에 걸쳐 징계될 것을 요구하므로, 우리는 절대로 스스로 그 공의를 만족시킬 수 없고, 하나님의 진노로부터 우리를 해방시킬 수 없습니다. 그래서 무한히 자비하신 하나님은 자신의 독생자를 우리의 보증인으로 주시어 이 공의를 만족시키게 하셨고, 그래서 예수 그리스도는 우리를 위하여, 우리를 대신하여 십자가에서 죄와 저주가 되셨습니다.[21] 이렇게 마련된 구원의 방식은 하나님의 자비와 공의라는 속성에도 일치합니다.

• 전후 논리

제1항은 지극히 공의로우신 하나님은 사람들의 죄에 대하여 벌과 보상을 요구하신다고 말하고, 제2항은 사람들은 이러한 보상을 줄 수 없기 때문에 지극히 자비로우신 하나님은 독생자를 보내시어 십자가의 죽음으로 우리를 위한 보상이 되게 하셨다고 말합니다.

---

21 고후 5:21 하나님이 죄를 알지도 못하신 이를 우리를 대신하여 죄로 삼으신 것은 우리로 하여금 그 안에서 하나님의 의가 되게 하려 하심이라.
갈 3:13 그리스도께서 우리를 위하여 저주를 받은 바 되사 율법의 저주에서 우리를 속량하셨으니 기록된 바 나무에 달린 자마다 저주 아래에 있는 자라 하였음이라.

■ **제3항 유일하고 완전한 희생:**
　　전 세상의 죄를 속죄하기에 무한한 가치가 있는 독생자의 죽음

하나님의 아들의 이 죽음은 죄를 위한 유일하고 가장 완전한 희생과 보상으로, 무한한 가치와 값이 있어, 전 세상의 죄를 속죄하기에 풍성하게 충분하다.

・설명

　하나님의 아들이 죽지 않고서, 전 세상의 죄를 속죄할 방법은 없습니다. 죄를 인하여 이미 부패해진 모든 사람들은 아담의 원죄에 대한 죗값을 지불하지 못할 뿐만 아니라, 자신들이 태어난 후 짓는 죄에 대한 보상도 하지 못합니다. 그래서 하나님의 아들이 사람들을 위하여, 그리고 사람들을 대신하여 십자가에서 죽으시는 것이고, 이것만이 유일하고 가장 완전한 희생과 보상입니다. 하나님의 아들이시기에 무한한 가치와 값이 있어 전 세상의 죄를 속죄하기에 충분합니다.[22] 예수 그리스도가 흘리신 한 방울의 피만으로도 세상의 모든 죄를 속죄하고도 남습니다.

　도르트 신경은 이것을 충분히 인지하고 인정합니다. 그럼에도 제8항에서 제한속죄를 주장하고 있습니다. 따라서 제3항은 도르트 신경이 둘째 교리로 제한속죄를 주장하는 것은 그리스도의 죽음의 무한한 가치를 부인하기 때문이 아니라는 것을 미리 나타냅니다. 제한속죄는 제8항에서 살펴봅니다.

22　히 9:26 그리하면 그가 세상을 창조한 때부터 자주 고난을 받았어야 할 것이로되 이제 자기를 단번에 제물로 드려 죄를 없이 하시려고 세상 끝에 나타나셨느니라.
　히 10:14 그가 거룩하게 된 자들을 한 번의 제사로 영원히 온전하게 하셨느니라.

• 전후 논리

제2항은 자비로우신 하나님은 독생자를 보내시어 십자가의 죽음으로 우리를 위한 보상이 되게 하셨다고 말하고, 제3항은 그 독생자의 죽음은 무한한 가치와 대가가 있어 전 세상의 죄를 속죄하기에 충분하고 남는다고 말합니다.

■ **제4항 신인양성의 일인격:**
　　참된 사람이자, 성부와 성자와 같은 본질의 그리스도

이 죽음에 그렇게 큰 가치와 값이 있는 것은 이것을 겪으신 분이, 참되고 완벽하게 거룩한 사람일 뿐만 아니라, 성부와 성령과 똑같은 영원하고 무한한 본질을 지니신 하나님의 독생자이시기 때문인데, 이것들은 우리의 구원자가 되시는데 요구되는 것들이다. 그리고 그분의 이 죽음은 우리가 우리의 죄로 말미암아 져야 할 하나님의 진노와 저주를 겪으시는 것과 연관되기 때문이다.

• 설명

제4항은 그리스도의 죽음에 무한한 가치와 값이 있는 이유와 그분이 우리의 구원자가 되시는데 요구되는 것으로 두 가지를 말합니다. 첫째는 그분이 참되고 완벽하게 거룩한 사람이신 것이고, 둘째는 그분이 성부와 성령과 똑같은 영원하고 무한한 본질을 지니신 하나님의 독생자이신 것입니다. 그리스도는 인성과 신성을 가지신 한 인격으로서 우리의 죄로 우리가 져야 할 하나님의 진노와 저주를 죽음으로 몸소 지불하

시어 우리의 구원자가 되셨습니다.

첫째로, 왜 그분은 참되고 완벽하게 거룩한 사람인지에 대하여 알아보겠습니다. 이에 대하여 하이델베르크 요리문답[23] 제16문이 "하나님의 공의는 죄를 지은 같은 인성이 죄에 대하여 보상하기를 요구하기 때문이고, 자신이 죄인인 자는 타인들을 보상할 수 없기 때문입니다."라고 잘 대답합니다. 에덴동산에서 하나님의 말씀을 어기고 죄를 지은 존재는 천사나 짐승이 아니라 사람입니다. 죄를 지은 존재가 죄에 대하여 보상해야 하는데, 사람이 죄를 지었으므로 사람이 죄에 대하여 보상해야 합니다. 그러므로 사람들의 죗값을 치르러 오시는 중보자와 구원자는 반드시 사람이어야 합니다. 사람의 형체를 잠시 취하는 존재이어서는 안 되고, 실제로 사람이어야 하고, 사람 자체이어야 합니다.

다음으로 그분은 왜 완벽하게 거룩해야 하는지에 대하여 살펴봅니다. 거룩하지 않은 사람이 죽으면 그는 자신의 죗값 때문에 죽은 것입니다. 거룩하지 않은 자는 절대로 타인의 죗값을 위해 죽을 수 없습니다. 자신의 죗값도 다 지불하지 못하고 죽는 것이기 때문에, 그는 죽은 이후에도 영원한 심판을 받습니다. 그러므로 타인을 위한 중보자와 구원자가 되려면 거룩해야 합니다. 아무 죄도 없는 거룩한 의인이 죽을 때에만

---

23 1563년에 신성로마제국(옛 독일) 지역이었던 팔츠(Pfalz) 교회를 위해 작성된 하이델베르크 요리문답은 개혁주의 교리를 가르치기 위해 129개의 문답으로 구성된 신앙고백서이다. 이 고백서는 팔츠의 수도 이름을 따라 '하이델베르크 요리문답'이라고 불린다. 도르트 총회는 도르트 신경을 작성한 후에 이어진 회의에서 네덜란드 개혁 교회는 주일 오후에 하이델베르크 요리문답을 가르치기로 결정하였다. 도르트 총회에 참여한 팔츠 대표들은 하이델베르크 요리문답을 만든 경험 등으로 도르트 신경을 보다 대중적인 방식으로 작성하는 데 기여하였다.

자신의 죗값 때문에 죽는 것이 아니라 타인의 죗값을 위하여 죽는 것이 됩니다. 그런데 아담의 후손으로 완벽하게 거룩한 자가 없습니다. 그래서 예수 그리스도는 성령으로 잉태되어 아담의 죄의 영향을 받지 않아야 합니다.

    둘째로, 왜 그분은 성부와 성령과 똑같은 영원하고 무한한 본질을 지니신 하나님의 독생자이어야 하는지 살펴봅니다. 죄를 지은 사람들의 중보자와 구원자는 참 사람인 것만으로는 부족합니다. 왜냐하면 죄에 대하여 하나님이 내리시는 형벌이 너무나 무겁기 때문입니다. 죄를 지은 인간들은 살아서는 모든 비참함을 맛보고, 끝내 죽습니다. 이런 인간들의 중보자와 구원자는 이들을 대신하여 고난을 받고 죽어야 하고, 살아서는 모든 율법을 지켜야 합니다. 이러한 하나님의 진노와 저주와 율법에 대한 요구를 인간으로서 짊어질 자가 없습니다. 인성의 능력으로는 결코 감당할 수 없습니다. 신성의 능력이 필요합니다. 그래서 중보자와 구원자는 참 사람이면서 동시에 참 하나님이어야 합니다.

    또 중보자와 구원자는 고난과 죽음만 감당하는 것이 아니라 죽음 자체를 이기고 부활하여 인간들을 위하여 의와 생명을 회복하셔야 합니다. 이런 일 역시 인성의 능력으로는 불가능하고 신성의 능력으로만 가능합니다. 신성의 능력이 없이 인성으로만 모든 율법을 지키고, 하나님의 진노의 잔을 마시고, 부활하여 우리를 위하여 의와 생명을 회복할 자는 없습니다.[24] 반드시 신성의 능력이 있어야 합니다. 그래서 우리를 위

---

[24] 신 4:24 네 하나님 여호와는 소멸하는 불이시요 질투하시는 하나님이시니라.

한 참된 중보자와 구원자는 한 인격에 인성과 신성이 동시에 존재해야 합니다. 이상의 설명을 잘 이해하기 위해서 아래와 같은 제목으로 부록에서 심화 설명을 하였으니 참고하시기 바랍니다.

심화 설명1 – 성부와 성령과 똑같은 영원하고 무한한 본질을 지니신 하나님의 독생자
심화 설명2 – 분리되지 않는 삼위 하나님의 사역
심화 설명3 – 성경에 나오는 하나님에 대한 말씀들의 분류
심화 설명4 – 양성 일인격(兩性 一人格, Two distinct Natures, One Person)

• 전후 논리

제3항은 독생자의 죽음은 무한한 가치와 대가가 있어 전 세상의 죄를 속죄하기에 충분하고도 남는다고 말하고, 제4항은 그 죽음이 그런 가치와 대가를 갖는 것은 그 독생자가 참된 사람과 하나님이시기 때문이고, 하나님의 진노와 저주를 우리 대신 겪으시기 때문이라고 말합니다.

시 130:3 여호와여 주께서 죄악을 지켜보실진대 주여 누가 서리이까.
나 1:6 누가 능히 그의 분노 앞에 서며 누가 능히 그의 진노를 감당하랴 그의 진노가 불처럼 쏟아지니 그로 말미암아 바위들이 깨지는도다.

■ **제5항 복음의 약속의 선포:**
　　모든 사람들에게 선포되는 그리스도를 통한 영생의 복음

더욱이 복음의 약속은 십자가에 못 박히신 그리스도를 믿는 자는 누구든지 멸망하지 않고 영생을 얻는다는 것이다. 이 약속은 하나님께서 자신의 선한 기쁨으로 복음을 보내시는 모든 민족들과 사람들에게 보편적으로 차별 없이 회개와 믿음의 명령과 함께 선포되고 공표되어야 한다.

• 설명

　아담의 원죄와 우리의 죄로 인한 죗값을 우리 스스로 지불할 수 없는 우리를 위해 하나님께서 십자가에 못 박히신 예수 그리스도를 통해 하나님의 공의가 충족되게 하셨습니다. 누구든지 이 그리스도를 믿는 자는 멸망하지 않고 영생을 얻는 것이 복음의 약속입니다. 이 귀한 복음의 약속은 하나님께서 자신의 선한 기쁨으로 구약시대에는 유대인에게, 신약시대에는 모든 민족들과 사람들에게 선포되게 하셨습니다. 그래서 신약시대의 우리는 사정이 허락하는 대로 모든 민족들과 사람들을 차별하지 않고 회개하고 믿으라는 명령과 함께 전파하고 선포해야 합니다.

　제2장도 제1장처럼 하나님께서 예수 그리스도를 통하여 사람들의 구원을 마련하셨다고 말한 후에는 이 기쁜 소식이 선포되어야 한다고 말합니다. 제한속죄를 말하는 제2장도 복음이 널리 선포되어 사람들이 듣고 믿어서 구원받아야 한다고 말합니다. 이것만 보아도 성경이 말하는 선택과 유기는 사람들을 로봇처럼 여기는 운명주의가 아니라, 시간

속에서 사람들의 적극적인 참여가 요구되는 권면과 위로입니다. 우리로 복음을 듣고 그 복음에 반응하고 계속 복음에 머물기를 바라는 것이 하나님의 선택과 제한속죄의 교리입니다. 따라서 선택과 제한속죄의 교리를 아는 자일수록 전도에 열심을 내고, 복음에 따른 순종의 삶에 기쁨으로 참여해야 합니다.

• 전후 논리

제4항은 독생자의 죽음이 그런 가치를 갖는 것은 그 독생자가 참 사람과 참 하나님이시기 때문이라고 말하고, 제5항은 그런 그리스도를 믿는 자는 멸망하지 않고 영생을 얻는다는 것이 복음의 약속인데, 모든 민족들과 사람들에게 선포되어야 한다고 말합니다.

■ **제6항 불신앙의 원인:**
그리스도의 희생의 흠이 아니라 자신의 잘못으로 믿지 않는 이들

그런데 복음을 통해 부름을 받은 많은 이들이 회개하지 않고 그리스도를 믿지 않고 불신앙으로 멸망하는데, 이것은 십자가에서 바쳐진 그리스도의 희생에 어떤 흠이나 부족함이 있어서가 아니라, 바로 그들 자신의 고유한 잘못 때문이다.

• 설명

제5항에서 살펴본 것처럼, 복음의 약속은 모든 민족들과 사람들에게 보편적으로 차별 없이 선포되었습니다. 그런데 복음을 통해 부름을

받은 많은 이들이 그리스도를 믿지 않고 불신앙으로 멸망하였는데, 그 이유가 무엇입니까? 이것은 절대로 십자가에서 바쳐진 그리스도의 희생에 어떤 흠이나 부족함이 있어서가 아닙니다. 제3항에서 살펴본 것처럼 그리스도의 죽음은 가장 완전한 희생으로 무한한 가치와 대가가 있어, 전 세상의 죄를 속죄하기에 풍성하게 충분합니다. 그러므로 그리스도의 희생에 문제가 있는 것이 아니라, 바로 회개하지 않고 믿지 않는 그 사람들에게 문제가 있습니다. 그들 자신의 고유한 잘못으로 믿지 않는 것입니다.[25]

• 전후 논리

제5항은 그리스도를 믿는 자는 멸망하지 않고 영생을 얻는다는 것이 복음의 약속인데, 모든 민족들과 사람들에게 선포되어야 한다고 말하고, 제6항은 그렇게 선포된 그리스도를 믿지 않는 자는 그리스도의 희생에 흠이 있어서가 아니라, 전적으로 그들 자신의 잘못 때문이라고 말합니다.

---

[25] 제1장 제5항은 "이러한 불신의 원인이나 책임은 다른 모든 죄들처럼 하나님에게 있지 않고, 사람에게 있다. 그러나 예수 그리스도에 대한 믿음과 그분을 통한 구원은 하나님의 값없는 선물이다." 라고 말하여, 제2장 제6항과 내용에 있어 상당 부분 겹친다. 도르트 신경은 이외에도 곳곳에서 겹치는 부분들이 있다. 이것은 독자들이 각 장을 읽을 때 다른 장들을 읽지 않아도 논리의 흐름이 이어지게 하기 위함이다. 도르트 신경이 이렇게 일반 성도들이 쉽게 이해할 수 있도록 고려하며 작성되었다는 주장에 대해서는 다음을 보라. W. Robert Godfrey, "Popular and Catholic: The Modus Docendi of the Canons of Dordt," in Aza Goudriaan & Fred van Lieburg eds., *Revisiting the Synod of Dordt (1618-1619)* (Leiden and Boston: Brill, 2011), 243-60.

■ 제7항 믿음의 원인:
　　　오직 하나님의 은혜로 믿고 구원받는 이들

그러나 진실로 믿고, 그리스도의 죽음을 통해 죄와 파멸로부터 건져지고 구원받은 이들에게 있는 이 호의는 영원부터 그리스도 안에서 그들에게 주어진 오직 하나님의 은혜로부터 말미암은 것인데, 하나님은 누구에게도 이 은혜를 빚지지 않으신다.

• 설명

복음을 통해 부름을 받은 이들 중 진실로 믿고 구원을 받는 이들이 있습니다. 이들은 어떻게 믿게 되었을까요? 절대로 그들 자신의 고유한 능력으로 믿은 것이 아닙니다. 죄를 지은 사람들은 영원한 저주와 죽음에 처하여 선행을 행할 수 없고, 무엇이 옳고 그른지 분별할 수 없고, 하나님의 존재와 일하심을 인식할 수 없습니다. 그래서 그리스도는 죽으심으로써 이들의 죗값을 지불하시는 것이고, 성령님은 이들에게 믿음을 주시어 그리스도의 죽음을 받아들이게 하십니다. 이들이 믿는 것은 전적으로 영원부터 그리스도 안에서 자신들에게 주어진 하나님의 은혜 때문입니다. 하나님께서 영원 전에 은혜로 이들을 택하시어 이들에게 시간 속에서 믿음을 주시기 때문에 이들이 믿는 것입니다. 그리고 하나님은 이 은혜를 누군가에게 빚져 그들에게 주셔야 할 이유가 전혀 없고, 오직 하나님의 선한 기쁨으로 은혜를 주십니다.

불신과 믿음의 원인이 무엇인지에 대하여는 제1장 제5항도 말하고, 회심의 원인에 대하여는 제3장 제9항과 제10항도 말하고, 견인의 원인에 대하여는 제4장 제3항도 말합니다. 제1장부터 제3장은 이런 원인을 말하기에 앞서 바로 앞항에서 복음이 선포되었다는 것을 말합니다. 도르트 신경은 이러한 논리 구조를 통하여 불신과 비회심의 원인은 사람에게 있고, 믿음과 회심은 원인은 하나님의 은혜에 있는데, 이러한 것이 운명과 숙명으로 로봇 같은 사람들에게 일방적으로 전개되지 않고, 복음 선포를 통하여 사람들에게 선택하도록 주어진다고 말합니다. 선택과 믿음과 회심 등의 교리를 말할 때 꼭 사람들의 전적 부패와 그리스도의 구원의 획득과 복음의 보편적 선포와 더불어 생동감 있게 입체적으로 이해해야 합니다. 그래야 이 교리들을 이해할수록 하나님의 은혜의 능력을 믿고, 더욱 복음 전파에 열심을 냅니다.

• 전후 논리

제6항은 그리스도를 믿지 않는 자는 전적으로 그들 자신의 잘못 때문이라고 말하고, 제7항은 그리스도를 믿어 구원을 받은 이들은 오직 하나님의 은혜로 인한 것이라고 말합니다.

■ **제8항 제한속죄:**
택자들에게 실패 없이 발휘되는 그리스도의 죽음의 효력

그의 아들의 가장 귀한 죽음으로 말미암은 살리고 구원하는 효력이 모든 택자들 안에서 발휘되어, 오직 그들에게 의롭게 하는 믿음이 주어지고, 구원에 이르는 믿음을 통하여 실패 없이 인도되게 하시는 것이 하나님 아버지의 자유로운 계획과 가장 은혜로운 뜻과 목적이다. 하나님은 그리스도께서 모든 백성, 족속, 나라, 방언으로부터 영원 전에 구원으로 택함을 받고, 아버지에 의해 자신에게 주어진 모든 자들을 그리고 오직 이들만을 (새 언약을 확증한) 십자가의 피를 통해 효력 있게 구속하시고, (성령의 다른 구원하는 선물들과 함께 그들을 위하여 그의 죽음으로 획득하신) 믿음을 주시고, 원죄이든 자범죄이든, 믿은 후나 전에 지은 죄이든, 모든 죄로부터, 그의 피로 깨끗하게 하시고, 끝까지 내내 신실하게 보존하시고, 최종적으로 모든 티와 흠 없이 자신 앞에 영광으로 세우시는 것을 원하신다.

• 설명

제8항은 하나님의 아들의 죽음이 가져오는 효력이 누구에게 발휘되는가에 대한 것으로, 제한 속죄에 대한 정의(定義)적 진술입니다. 알미니안은 모든 사람들에게 발휘된다고 여기고, 우리는 오직 택자들에게 발휘된다고 여깁니다. 알미니안은 그리스도께서 모든 사람들을 위해서 십자가에서 죽으셨고, 각 사람은 그 구원을 믿음과 믿음의 순종 등으로 받아들일 것인지 아닌지를 각자 결정해야 합니다. 즉 구원의 획득은 그리스도께서 모든 사람들을 위해서 하셨고, 구원의 적용은 각 사람이 자신을 위해서 알아서 해야 합니다.

이에 반하여 도르트 신경은 구원의 획득은 그리스도께서 모든 택자를 위해서 하셨고, 구원의 적용도 그리스도께서 성령을 통하여 각 택자를 위해서 하신다고 봅니다. 이렇게 하시는 것은 하나님 아버지의 자유로운 계획인데 이것은 하나님께서 다른 어떤 영적 존재나 피조물의 영향을 받아서 이렇게 계획하셨다는 것도 아니고, 이렇게 결정하셔야 하는 어떤 이유나 조건도 없다는 것이고, 오직 택자들을 사랑하셔서 은 혜로, 주권적으로 계획하셨다는 것입니다. 그리스도의 죽음의 효력이 오직 택자들 안에서만 발휘되게 하시고, 그렇게 택함을 받은 자들에게만 믿음이 주어지게 하시고, 그 믿음을 통하여 구원에 이르기까지 실패 없이 인도되게 하십니다. 즉 하나님은 모든 백성, 족속, 나라, 방언으로 부터 영원 전에 어떤 사람들을 구원으로 택하시고, 이들을 그리스도께 주십니다.[26] 그리스도는 하나님 아버지로부터 받으신 오직 그 사람들을 위해서만 십자가의 피를 흘려 효력 있게 구속하십니다.

하나님은 이렇게 그리스도의 피로 구속하신 택자들을 그 이후에 방치하시고, 알아서 그리스도가 획득하신 구원을 취하라고 하시지 않습니다. 이들은 그리스도께서 자신들을 위하여 죽으신 것도 모르는 눈과 귀가 죽은 자들입니다. 따라서 하나님께서 그리스도를 통하여 성령 안에서 믿음을 주시지 않는 한, 이들은 절대로 그리스도를 수용하거나 받아들이거나 의지하지 않습니다. 하나님께서 믿음을 주셔야만 합니다. 이때 하나님은 믿음만을 주시지 않고, 성령의 다른 구원하는 선물들도 같이 주십니다.[27] 성령의 다른 구원하는 선물들이란 제1장 제7항이 말하

26　계 5:9 그들이 새 노래를 불러 이르되 두루마리를 가지시고 그 인봉을 떼기에 합당하시도다 일찍이 죽임을 당하사 각 족속과 방언과 백성과 나라 가운데에서 사람들을 피로 사서 하나님께 드리시고.

27　요일 1:7 그가 빛 가운데 계신 것 같이 우리도 빛 가운데 행하면 우리가 서로 사귐이 있고 그 아들

는 "자신의 말씀과 영을 통하여 교통으로 효력 있게 부르시고 이끄시기를, 참된 그 믿음을 주시기를, 칭의하실 것을, 성화하실 것을, 권능 있게 자신의 아들과의 교통 속에서 보존하실 것을, 마침내 영화하실 것을 작정하셨다"에 해당합니다. 즉 효력 있는 부르심, 믿음, 칭의, 성화, 견인, 영화 등이 성령을 통하여 이루어집니다.

우리는 심화 설명의 삼위일체에 대한 설명에서 외부를 향한 삼위 하나님의 사역은 분리되지 않음과 모든 은혜가 성부로부터, 성자를 통하여, 성령 안에서(from the Father, through the Son, in the Holy Spirit) 주어짐을 살펴보았습니다. 삼위 하나님이 어떤 일을 하실 때 성부는 기원으로(from), 성자는 말미암아로(through), 그리고 성령은 안에서로(in) 참여하시는 것입니다. 그래서 성부께서 효력 있는 부르심, 믿음, 칭의, 성화, 견인, 영화 등을 택자들에게 적용하실 때에 그리스도를 통하여 성령 안에서 하십니다. 성자께서 효력 있는 부르심, 믿음, 칭의, 성화, 견인, 영화 등을 택자들에게 적용하실 때에 성부로부터 성령 안에서 하십니다. 성령께서 효력 있는 부르심, 믿음, 칭의, 성화, 견인, 영화 등을 택자들에게 적용하실 때에 성부로부터 성자를 통하여 하십니다. 따라서 구원의 적용은 하나님 아버지께로도, 그리스도께로도, 성령께로도 돌릴 수 있는데, 각 위격은 다른 두 위격들을 제외하시지 않고 같이 적용하십니다.

예수의 피가 우리를 모든 죄에서 깨끗하게 하실 것이요.
요 10:28 내가 그들에게 영생을 주노니 영원히 멸망하지 아니할 것이요 또 그들을 내 손에서 빼앗을 자가 없느니라.
엡 5:27 자기 앞에 영광스러운 교회로 세우사 티나 주름 잡힌 것이나 이런 것들이 없이 거룩하고 흠이 없게 하려 하심이라.

이 내용이 제8항에서는 그리스도께서 믿음을 주시고, 모든 죄를 그의 피로 깨끗하게 하시고, 끝까지 내내 신실하게 보존하시고, 최종적으로 모든 티와 흠 없이 영광으로 세우시는 것으로 표현이 됩니다. 그리고 이것은 하나님 아버지의 자유로운 계획이고, 가장 은혜로운 뜻과 목적입니다.

정리하면, 알미니안은 그리스도께서 모든 사람을 위하여 죽으셨다고 말하고, 우리는 택자들을 위하여 죽으셨다고 말합니다. 얼핏 보면 알미니안이 그리스도의 사랑을 우리보다 넓게 인정하는 것 같습니다. 하지만 그들은 그리스도의 죽음의 공로를 개인의 선택 사항으로 돌리는 것입니다. 그리스도께서 위하여 죽으신 자들이 그들의 개인적 능력과 선택으로 구원을 받아들입니다. 모두가 거절하여 한 명도 받아들이지 않을 수도 있는데, 이들은 실제로 이런 논리를 제2장 제1절과 제3절에서 주장하고 있습니다.

이에 비하여 우리가 제1장에서 살펴본 것처럼, 하나님은 어떤 자들을 선택하셨고, 다른 자들을 유기하셨습니다. 그리스도는 하나님 아버지께서 택하여 자신에게 주신 자들을 위하여 죽으셨고,[28] 이렇게 위하여 죽으신 자들에게 자신이 죽음으로 획득한 구원이 틀림없이 적용되게 하십니다. 그래서 효력 있는 부르심, 믿음, 칭의, 성화, 견인, 영화 등과 같은 구원의 수단도 택자들에게 거저, 틀림없이 주십니다. 따라서 그리

---

28 요 17:9 내가 그들을 위하여 비옵나니 내가 비옵는 것은 세상을 위함이 아니요 내게 주신 자들을 위함이니이다 그들은 아버지의 것이로소이다.

스도가 모든 자들이 아니라 택자들을 위해서 죽으시고 구원하신다는 제한 속죄의 교리는 그리스도의 옹졸함이 아니라, 하나님께서 택하여 자신에게 주신 자들을 그리스도는 한 명도 놓치지 않고 완전하게 구원으로 이끄신다는 것을 나타냅니다. 제2장 제3항이 말하는 것처럼 하나님의 아들의 죽음은 무한한 가치와 값이 있어 전 세상의 죄를 속죄하기에 풍성하게 충분하지만, 그리스도는 하나님께서 자신에게 주신 택자들을 위해서 죽으시고 구원하십니다. 예수 그리스도는 세계의 모든 사람들의 죄를 사하시는 데 피 한 방울로도 충분하시지만, 세계의 모든 사람들을 구원하실 의도가 아니라, 오직 택자들만을 구원하실 의도로 십자가에서 피 흘리셨고, 흘리신 그 피의 효력이 한 방울도 헛되지 않게, 택자들 모두에게 성령을 통해 적용하십니다. 제한속죄의 교리는 '제한'에 강조점이 있지 않고, '속죄'에 강조점이 있어서, 하나님이 택하신 자들은 반드시 속죄를 받는다는 의미입니다.

구원의 획득과 적용에 대한 알미니안의 주장		구원의 획득과 적용에 대한 도르트 신경(칼뱅주의자)의 주장	
구원의 획득: 모든 사람들을 위해 그리스도께서 죽음으로 획득	**구원의 적용:** 각 사람이 자신의 믿음과 노력으로 자신에게 적용	**구원의 획득:** 하나님께서 택하신 자들을 위해 그리스도께서 죽음으로 획득	**구원의 적용:** 그리스도께서 성령을 통해 각 사람에게 적용
한 사람도 자신에게 구원을 적용시키지 못할 수 있다. 실제로 한 명도 적용시키지 못 한다. 구원의 획득자들의 숫자≥구원의 적용자들의 숫자		택자들이 그대로 구원의 적용을 받는다. 구원의 획득자들의 숫자=구원의 적용자들의 숫자	

• 전후 논리

제7항은 그리스도를 믿어 구원을 받은 이들은 오직 하나님의 은혜로 인한 것이라고 말하고, 제8항은 택자들에게 그리스도의 죽음의 효력이 실패 없이 발휘되는 것은 하나님의 자유로운 계획과 가장 은혜로운 뜻과 목적이라고 말합니다.

> **참고 2: 성경에 나오는 "세상"과 "모든 사람들"의 의미**
>
> 성경에는 그리스도께서 '세상'과 '모든 사람'을 위해서 죽으셨다는 구절들이 있습니다. 이때 일반적으로 '세상'이나 '모든 사람'의 의미를 '이 땅에 존재했고, 존재하고, 존재할 모든 각 개인들'로 생각하는 경향이 있습니다. 그런데 아래에서 보는 것처럼 이 단어들은 성경에서 다양한 의미를 갖습니다. 그러므로 '세상'이나 '모든 사람'이란 단어가 나왔다고 하여, 그리스도께서 인류에 속한 모든 개인들 각자를 위해서 죽으셨다는 보편속죄로 바로 해석하면 안 되고, 전후문맥을 통하여 정확한 의미를 파악해야 합니다. 이런 경우에도 오히려 제한속죄를 말하고 있음을 알아야 합니다. 이렇게 도르트 신경이나 웨스트민스터 신앙고백을 공부하면 성경을 보다 정확하고 깊게 알 수 있습니다.
>
> **1. 세상 – 어느 특정한 지역이나, 특정 지역의 사람들을 의미**
>
> 그 때에 가이사 아구스도가 영을 내려 천하로 다 호적하라 하였으니
>
> 눅 2:1

스스로 나타나기를 구하면서 묻혀서 일하는 사람이 없나니 이 일을 행하려 하거든 자신을 세상에 나타내소서 하니   **요 7:4**

바리새인들이 서로 말하되 볼지어다 너희 하는 일이 쓸 데 없다 보라 온 세상이 그를 따르는도다 하니라.   **요 12:9**

가룟인 아닌 유다가 이르되 주여 어찌하여 자기를 우리에게는 나타내시고 세상에는 아니하려 하시나이까.   **요 14:22**

그 중에 아가보라 하는 한 사람이 일어나 성령으로 말하되 천하에 큰 흉년이 들리라 하더니 글라우디오 때에 그렇게 되니라.   **행 11:28**

우리가 보니 이 사람은 전염병 같은 자라 천하에 흩어진 유대인을 다 소요하게 하는 자요 나사렛 이단의 우두머리라.   **행 24:5**

먼저 내가 예수 그리스도로 말미암아 너희 모든 사람에 관하여 내 하나님께 감사함은 너희 믿음이 온 세상에 전파됨이로다.   **롬 1:8**

그들의 넘어짐이 세상의 풍성함이 되며 그들의 실패가 이방인의 풍성함이 되거든 하물며 그들의 충만함이리요 … 그들을 버리는 것이 세상의 화목이 되거든 그 받아들이는 것이 죽은 자 가운데서 살아나는 것이 아니면 무엇이리요   **롬 11:12, 15**

2. 세상 – 신약 시대에 확장된 복음을 듣게 된 전 민족을 의미

이 천국 복음이 모든 민족에게 증언되기 위하여 온 세상에 전파되리니 그제야 끝이 오리라.   **마 24:14**

또 이르시되 너희는 온 천하에 다니며 만민에게 복음을 전파하라.

막 16:15

이튿날 요한이 예수께서 자기에게 나아오심을 보고 이르되 보라 세상 죄를 지고 가는 하나님의 어린 양이로다. **요 1:29**

하나님의 떡은 하늘에서 내려 세상에 생명을 주는 것이니라. **요 6:33**

그로 말미암아 우리가 은혜와 사도의 직분을 받아 그의 이름을 위하여 모든 이방인 중에서 믿어 순종하게 하나니[29] **롬 1:5**

곧 하나님께서 그리스도 안에 계시사 세상을 자기와 화목하게 하시며 그들의 죄를 그들에게 돌리지 아니하시고 화목하게 하는 말씀을 우리에게 부탁하셨느니라. **고후 5:19**

그는 우리 죄를 위한 화목 제물이니 우리만 위할 뿐 아니요 온 세상의 죄를 위하심이라. **요일 2:2**

3. 세상 – 하나님의 자녀들로 이루어진 세상이나 교회를 의미

나는 하늘에서 내려온 살아 있는 떡이니 사람이 이 떡을 먹으면 영생하리라 내가 줄 떡은 곧 세상의 생명을 위한 내 살이니라 하시니라. **요 6:51**

아브라함이나 그 후손에게 세상의 상속자가 되리라고 하신 언약은 율법으로 말미암은 것이 아니요 오직 믿음의 의로 말미암은 것이니라. **롬 4:13**

그들의 넘어짐이 세상의 풍성함이 되며 그들의 실패가 이방인의 풍성함

---

[29] "이방인"으로 번역된 헬라어 원어는 "εθνος"로, 개역개정에서 주로 "세상"으로 번역된다. KJV은 나라들(nations), NIV은 이방인(Gentiles)으로 번역하였다.

이 되거든 하물며 그들의 충만함이리요; 15그들을 버리는 것이 세상의 화목이 되거든 그 받아들이는 것이 죽은 자 가운데서 살아나는 것이 아니면 무엇이리요.
롬 11:12, 15

4. 모든 사람 – "그리스도 안에 있는 모든 사람들"이란 의미 ("아담 안에 있는 사람들"이 아닌)

그런즉 한 범죄로 많은 사람이 정죄에 이른 것 같이 한 의로운 행위로 말미암아 많은 사람이 의롭다 하심을 받아 생명에 이르렀느니라.[30] 롬 5:18

아담 안에서 모든 사람이 죽은 것 같이 그리스도 안에서 모든 사람이 삶을 얻으리라. 고전 15:22

그리스도의 사랑이 우리를 강권하시는도다 우리가 생각하건대 한 사람이 모든 사람을 대신하여 죽었은즉 모든 사람이 죽은 것이라. 고후 5:14

오직 우리가 천사들보다 잠시 동안 못하게 하심을 입은 자 곧 죽음의 고난 받으심으로 말미암아 영광과 존귀로 관을 쓰신 예수를 보니 이를 행하심은 하나님의 은혜로 말미암아 모든 사람을 위하여 죽음을 맛보려 하심이라. 히 2:9

---

30 헬라어 원어는 "많은"이 아니라 "모든(πανιας)"으로 되어 있고, 영어 성경 KJV, NIV도 "all"로 번역하고 있다.

5. 모든 사람 – "이방인, 남녀, 빈부의 차이를 넘어선 모든 부류의 사람들"이란 의미

하나님은 모든 사람이 구원을 받으며 진리를 아는 데에 이르기를 원하시느니라.   딤전 2:4

모든 사람에게 구원을 주시는 하나님의 은혜가 나타나   딛 2:11

주의 약속은 어떤 이들이 더디다고 생각하는 것 같이 더딘 것이 아니라 오직 주께서는 너희를 대하여 오래 참으사 아무도 멸망하지 아니하고 다 회개하기에 이르기를 원하시느니라.   벧후 3:9

■ **제9항** 하나님의 계획:
　　　태초부터 힘차게 실행되었고, 계속해서 실행될 계획

택자들에 대한 영원한 사랑으로 세상의 처음부터 현재의 시간까지 줄곧 진행된 이 계획은, 음부의 문들이 헛되이 억압할지라도, 힘차게 실행되어왔고, 계속해서 마찬가지로 실행될 것이다. 그래서 택자들은 그들의 때에 하나로 모아지고, 그리스도의 피로 세워진 신자들의 교회는 영원히 어떻게든지 존재하고, 그 교회는 자신의 구원자를 늘 사랑하고, 꾸준히 경배하고, 이곳에서 영원토록 찬양하는데, 그 구원자는 신랑이 신부를 위하듯 교회를 위하여 십자가에서 자신의 목숨을 내어 놓았다.

• 설명

바로 앞에 있는 제2장 제8항도 하나님의 계획을 말하는데, 이 계획은 그리스도의 죽음의 효력이 모든 택자들 안에서 발휘되어, 그들에게 믿음이 주어지고, 구원에 이르는 믿음을 통하여 실패 없이 인도되도록 하는 것입니다. 그리고 제9항은 이 계획이 택자들에 대한 영원한 사랑으로 세상의 처음부터 현재의 시간까지 줄곧 진행되었지, 피조물에게 있는 어떤 이유나 조건 때문이 아니라고 말합니다. 따라서 하나님의 영원한 사랑으로 이루어진 하나님의 계획은 불변하신 하나님에 의하여 집행되기 때문에, 음부의 문들이 헛되이 억압할지라도,[31] 이 계획은 힘차게 실행되어왔고, 앞으로도 계속해서 마찬가지로 실행됩니다. 그래서 택자들은 때가 되면 하나로 모아지고,[32] 그리스도의 피로 세워진 신자들의 교회는 실패 없이 영원히 어떻게든 존재합니다.[33] 하나님의 영원성에 의하여 영원히 존재하는 교회는 자신의 구원자를 늘 사랑하고, 꾸준히 경배하고, 이곳에서 영원토록 찬양하는데, 그 구원자는 신랑이 신부를 위하듯 교회를 위하여 십자가에서 자신의 목숨을 내어놓으신 분입니다. 계획의 모든 실행이 연약하고 변하는 사람들에게 있는 것이 아니라, 전능하고 영원하신 하나님의 사랑에 있습니다. 제8항이 예수 그리스도는 택자들을 위해서 죽으셨다고 말한다면, 제9항은 이 택자들에 대한 계획은 힘차게 실행되어왔고, 계속해서 마찬가지로 실행된다고 말합니다.

---

31 마 16:18 또 내가 네게 이르노니 너는 베드로라 내가 이 반석 위에 내 교회를 세우리니 음부의 권세가 이기지 못하리라.
32 요 11:52 또 그 민족만 위할 뿐 아니라 흩어진 하나님의 자녀를 모아 하나가 되게 하기 위하여 죽으실 것을 미리 말함이러라.
33 왕상 19:18 그러나 내가 이스라엘 가운데에 칠천 명을 남기리니 다 바알에게 무릎을 꿇지 아니하고 다 바알에게 입맞추지 아니한 자니라.

제9항은 이 모든 일이 하나님에 의하여 반드시 실행되므로, 신자들은 이 일을 진행하시고 이루시는 구원자를 사랑하고 경배하고 찬양하라고 말합니다. 제1장의 마지막 항 제18항은 선택과 유기 교리의 신비를 경건하게 존중하고, 사도 바울과 같이 "이는 만물이 주에게서 나오고 주로 말미암고 주에게로 돌아감이라 그에게 영광이 세세에 있을지어다 아멘"이라고 외치라고 말합니다. 제2장 제9항도 제한하여 택하신 자들을 위하여 죽으시고 그들의 구원을 최종적으로 이루시는 구원자를 사랑하고 경배하고 찬양하라고 말합니다. 제3장과 제4장도 마지막 항에서 감사와 찬양과 영광돌림에 대하여 말합니다. 도르트 신경의 각 장은 각 교리를 말한 후 마지막 항에서 각 교리에서 드러난 하나님의 신비한 뜻과 사역을 신자들이 경건하게 존중하고, 하나님을 온전히 찬양하고 사랑해야 한다고 말합니다. 유한한 자는 무한한 자를 다 받을 수 없음을 깨닫고서, 하나님이 하신 일들에 관한 교리를 경건하게 존중해야지, 인간의 유한한 지식으로 옳고 그름을 함부로 판단하면 안 된다는 의미입니다. 도르트 총회는 각 교리에 대하여 성경에 의거하여 가장 충실하게 온전한 논리로 서술하였지만, 여전히 인간의 겸손함을 잃지 않고 각 교리에 담긴 하나님의 신비함을 크게 인정합니다.

• 전후 논리

제8항은 택자들에게 그리스도의 죽음의 효력이 실패 없이 작용되는 것은 하나님의 자유로운 계획과 가장 은혜로운 뜻과 목적이라고 말

하고, 제9항은 하나님의 계획은 태초부터 강력하게 늘 실행되어서, 하나님은 택자들을 교회로 모아 항상 존재케 하시므로, 교회는 그리스도를 늘 사랑하고 경배하고 찬양해야 한다고 말합니다.

3. 둘째 교리에 대한 항론파의 구체적 잘못에 대한 반항론파의 구체적 답변

잘못들의 거부

참된 교리가 설명되어 총회는 다음과 같은 잘못들을 배격한다.

■ 제1절

잘못: 하나님 아버지는 자신의 아들을 십자가의 죽음으로 작정하셨는데, 어떤 이들을 지명(指名)하여 구원하시는, 확정되고 결정적인 계획 없이 작정하셨다. 그래서 설령 획득된 구속이 개인에게 한 번도 실제로 적용되지 않을지라도, 그리스도의 죽음이 획득한 것은 그 필요성과 유용성과 가치에 있어 손상되지 않을 수 있고, 전적으로 완벽하고 완전하고 온전하게 지속될 수 있다.

반박: 이 주장은 하나님 아버지의 지혜와 예수 그리스도의 공로에 대한 모독이고, 성경에 반대된다. 구주는 이렇게 말씀하신다: "나는 양을 위하여 목숨을 버리노라 나는 그들을 안다"(요 10:15, 27). 그리고 선지자 이사야는 구주에 관하여 이렇게 말한다: "그의 영혼을 속건제물로 드리기에 이르면 그가 씨를 보게 되며 그의

날은 길 것이요 또 그의 손으로 여호와께서 기뻐하시는 뜻을 성취하리로다"(사 53:10). 끝으로 이것은 우리가 고백하는 교회의 신앙고백에 어긋난다.

• 설명

앞에서 이미 살펴본 것처럼, 알미니안은 하나님께서 특정의 사람들을 선택하시고, 특정의 사람들을 유기하셨다고 보지 않습니다. 그래서 그리스도께서 모든 이를 위해서 죽으셨다고 보지, 절대로 택하신 자들을 위해서 죽으셨다고 보지 않습니다. 또 그들은 그리스도께서 모든 이들을 위해서 죽으셨을지라도, 사람들이 그 구원을 자신에게 스스로 적용해야만 구원을 실제로 받는다고 봅니다. 그래서 이론상으로 그리스도에 의해 획득된 구속이 개인에게 한 번도 적용되지 않는 것이 가능합니다. 그들은 이런 상황이 와도 그리스도의 죽음의 획득이 가져오는 필요성과 유용성과 가치는 손상되지 않는다고 봅니다.

이런 주장은 하나님 아버지께서 세우신 계획이 그대로 실행되지 않을 수 있다고 보는 것이고, 그리스도의 죽음이 획득한 공로가 전혀 집행되지 않을 수 있다고 보는 것이므로 하나님 아버지의 지혜와 예수 그리스도의 공로에 대한 모독입니다. 그리고 구주와 선지자 이사야와 신앙고백들에 어긋납니다.

■ 제2절

잘못: 그리스도의 죽음의 목적은 그의 피로 새 은혜언약을 실제로 확정하는 것이 아니라, 단지 아버지를 위해 단순한 권리를 얻는 것으로, 사람들과 은혜이든 행위이든 언약을 다시 체결하는 권리이다.

반박: 이 주장은 다음처럼 가르치는 성경에 모순된다: "그리스도는 더 좋은 언약, 즉 새 언약의 보증이 되셨느니라"(히 7:22, 9:15). 그리고 "유언은 그 사람이 죽은 후에야 유효한즉"(히 9:17).

• 설명

우리는 제1장 제17항의 참고 1에서 하나님과 사람 사이의 언약에 대하여 살펴보았습니다. 여기서는 알미니안의 언약에 대하여 살펴봅니다. 이들도 행위언약을 인정하지만, 행위언약이 아담의 불순종으로 깨진 이후에는 더 이상 유효하지 않다고 봅니다. 사람들이 아담의 타락으로 부패하여서 완전한 순종을 할 수 없으므로, 완전한 순종을 요구하는 행위언약은 더 이상은 유효하지 않다고 봅니다. 합리적인 지혜와 사랑의 하나님이시라면 완전한 순종이 불가능한 사람들에게 완전한 순종을 요구하는 행위언약을 더 이상 요구할 수 없다는 것입니다.[34] 그래서 하

---

[34] 알미니안에 따르면 죄를 지은 사람은 죄를 짓기 전의 사람보다 하나님으로부터 의무를 덜 요구받게 된다. 이런 논리는 사람들이 죄를 더 많이 지으면 지을수록 의무는 점점 작아진다는 결론에 이르게 한다. 하나님은 하나님의 형상으로 지음을 받은 사람들에게 기본적으로 바라시는 내용이 있는데, 이것이 자연적 요구로 언약에서도 당연히 요구된다. 그래서 칼뱅주의는 행위언약 이후에도 하나님께서 전적으로 부패한 사람들에게 전적 순종을 요구하시고, 사람들이 이를 이룰 수 없으므로 은혜로 예수 그리스도를 통하여 성령 안에서 행위언약을 이루시는 것이고, 이것이 사람들에게 은혜언약이 된다고 본다. 이에 반하여 아르미니우스주의는 행위언약 이후에는 하나님께서 부분

나님은 새로운 언약을 세우셨는데, 이 새 언약에서 하나님이 사람들에게 요구하시는 조건은 믿음과 믿음의 순종입니다. 여기서 믿음은 그들을 위해 죽으신 예수 그리스도에 대한 믿음이고, 믿음의 순종은 하나님의 말씀을 믿음으로 순종하는 것입니다. 믿음의 순종은 당연히 불완전한 순종일 수밖에 없는데, 하나님은 타락한 사람들의 불완전한 순종을 완전한 순종으로 받아주신다고 이들은 주장합니다. 행위언약에서는 사람들에게 완전한 순종을 요구하시지만, 그 이후에는 불완전한 순종을 은혜로 요구하신다는 것입니다. 예수 그리스도는 그의 죽음으로 바로 이러한 믿음과 믿음의 순종이라는 조건을 새로이 얻은 것입니다.

이에 비하여 도르트 총회는 아담의 타락 직후에 시작된 은혜언약이 그리스도의 죽음에 의하여 확정되었다고 봅니다. 구약시대의 백성도 은혜언약에 의거하여 구원을 받았지만, 그리스도는 2천 년 전에 십자가에서 흘리신 그의 피로 은혜언약을 더욱 풍성하게 드러내시며 확정하신 것입니다(히 7:22, 9:15, 17). 알미니안은 그리스도의 죽음의 목적은 사람들과 언약을 다시 체결하는 권리를 얻는 것이라고 봅니다. 즉 사람들이 예전에는 완전한 순종을 해야만 구원을 얻었는데, 예수 그리스도의 죽음을 인하여 이제는 사람들이 그를 믿는 믿음과 믿음의 불완전한 순종만 있어도 구원을 얻게 됩니다. 그리고 그리스도는 바로 이런 조건으로 언약을 체결하는 권리를 그의 죽음으로 새롭게 얻은 것입니다. 알미니안에게는

부패한 사람들에게 믿음과 믿음의 부분적인 순종을 요구하시고, 사람들의 그리스도에 대한 믿음과 믿음의 부분적인 순종을 은혜로 완벽한 순종과 의로움으로 보아주신다고 본다.

행위언약과 은혜언약 간에 연속성이 없고, 하나님도 때와 상황에 따라 요구하시는 의의 수준이 다른 변덕스럽고 불안정한 분이 됩니다.

■ 제3절

잘못: 그리스도는 자신의 보상(satisfaction)을 통하여 누군가를 위하여 확실하게 구원 자체를 공로로 얻은 것도 아니고, 구원에 이르는 그리스도의 이 보상이 효력 있게 적용되게 하는 믿음을 확실하게 얻은 것도 아니고, 단지 아버지를 위해 새롭게 사람들과 더불어 행할 권세와 전적인 의지를 획득한 것이고, 그가 원하시는 새로운 조건들을 규정할 권한과 전적인 의지를 획득한 것인데, 이 조건들의 보장은 사람의 자유의지에 달려있어서, 누구도 그 조건들을 수행하지 못 할 수도 있고, 모두가 그 조건들을 수행할 수도 있다.

반박: 그들은 그리스도의 죽음을 너무 낮게 평가하고, 그것이 산출하는 최상의 열매와 은덕을 전혀 인정하지 않고, 지옥으로부터 펠라기우스의 잘못을 불러오고 있다.

• 설명

칼뱅주의는 앞에서 살펴본 것처럼 그리스도께서 십자가에서 죽으시며 택자들의 죗값을 대신 보상하셨다고 봅니다. 택자들은 이 보상의 공로를 통하여 확실하게 구원을 얻은 것입니다. 그리고 이 구원이 택자들에게 효력 있게 적용되도록 하는 믿음도 확실하게 얻었습니다. 그래서 은혜언약에서 하나님께서 조건으로 요구하시는 믿음은 성령님에 의하여 보장된 조건이지, 절대로 부패한 사람의 무능한 자유의지에 달려 있지 않습니다.

그런데 알미니안은 바로 앞 절에서 본 것처럼 행위언약 이후에 하나님은 더 이상 사람들에게 완전한 순종을 요구하시지 않는다고 봅니다. 그래서 그리스도가 죽으신 목적은 아버지를 위해 사람들과 언약을 다시 체결하는 권리를 얻는 것입니다. 즉 예수 그리스도를 믿는 믿음과 이 믿음의 순종을 조건으로 하는 언약을 체결하는 권리입니다. 그리고 이 조건은 사람의 자유의지에 달려 있어서, 각 사람이 스스로 이 조건을 달성해야 합니다. 알미니안에게 믿음은 성령님께서 택자들에게 주시는 것이 아니라, 각 사람이 그리스도를 의지적으로 결단하여 받아들이는 행위입니다. 이 의지적 결단을 아무도 못 할 수도 있고, 모두가 할 수도 있습니다. 알미니안은 아담의 타락으로 인한 전적 부패가 사람들에게 그대로 이어진다고 보지 않고 부분 부패로 보아, 스스로 믿겠다는 의지적 결단을 할 수 있다고 봅니다.

이에 대하여 도르트 신경은 알미니안이 그리스도의 죽음을 너무 낮게 평가하는 것이고, 그 죽음이 산출하는 최상의 열매와 은덕을 전혀 인정하지 않는 것과 같고, 지옥으로부터 펠라기우스의 잘못을 불러오는 것이라고 봅니다. 알미니안은 그리스도의 죽음의 본래의 목적과 의미가 무엇인지 모르고, 인간적 수준으로 생각하는 것이고, 그만큼 인간을 높이는 것입니다.

■ 제4절

잘못: 새 은혜언약은 하나님 아버지께서 그리스도의 죽음의 중보를 통해 사람들과 세우신 것인데, 믿음이 그리스도의 공로를 받아들이는 한 우리가 하나님 앞에서 의로워지고 구원받는다는 것에 있는 것이 아니라, 하나님께서 완전한 순종이란 적합한 요구를 폐지하시며 믿음 자체와 믿음의 불완전한 순종을 율법의 완전한 순종으로 여기시고, 영생의 보상에 적합하다고 은혜로 보신다는 것에 있다.

반박: 그들은 성경과 모순된다: "그리스도 예수 안에 있는 속량으로 말미암아 하나님의 은혜로 값 없이 의롭다 하심을 얻은 자 되었느니라 이 예수를 하나님이 그의 피로써 믿음으로 말미암는 화목제물로 세우셨으니"(롬 3:24, 25). 그리고 그들은 불경건한 소키누스와 함께 하나님 앞에서 사람의 칭의를 새롭고 기이하게 전체 교회의 합의에 역행하게끔 도입하고 있다.

• 설명

알미니안도 새 은혜언약은 하나님 아버지께서 그리스도의 죽음의 중보를 통해 사람들과 세우신 것으로 봅니다. 그런데 그들은 믿음을 사람들의 의지적 결단으로 보지, 성령님께서 택자들에게 주시어 그리스도의 공로를 받아들이게 하는 것으로 보지 않습니다. 이에 반하여 칼뱅주의는 이 믿음으로 그리스도와 연합하여 그리스도의 공로를 받아들여 하나님 앞에서 의로워지고 구원받는다고 봅니다.

이에 반하여 그들은 하나님께서 행위언약에서 적합하게 요구하시던 완전한 순종을 폐지하시고, 대신 믿음 자체와 믿음의 불완전한 순종을 율법의 완전한 순종으로, 그리고 영생의 보상에 적합한 것으로 보신다고 여깁니다. 이들은 하나님께서 이것을 은혜로 하신다고 하여 은혜언약이라고 합니다.

이런 알미니안의 견해에 대하여 도르트 총회는 롬 3:24, 25절을 들어 성경과 모순된다고 보았고, 소키누스의 칭의론에 해당한다고 보았습니다. 소키누스(1539-1604)는 반(反)삼위일체자로서 예수 그리스도는 본질에 있어서 하나님이 아니고, 행한 일과 직분에 있어서 하나님이라고 보았습니다. 참 사람인 그리스도는 생애와 죽음을 통하여 하나님께서 바라시는 삶을 도덕적으로 살아 사람들의 본이 된다고 보았습니다. 죄가 없는데도 고통을 당하고 죽기까지 복종하심으로써 각 사람에게 의와 순종의 본을 보인 것인데, 그에게 있어 칭의는 회개와 도덕적인 삶인 것입니다. 바로 이런 소키누스의 칭의론처럼 알미니안의 칭의론도 새롭고 기이한 것입니다.

■ **제5절**

잘못: 모든 사람들은 화해의 상태와 언약의 은혜로 받아들여져서, 그 누구도 원죄 때문에 정죄에 이르지 않는 것이고, 정죄 되어서도 안 될 것이고, 대신 모든 이들은 이 죄의 죄책으로부터 자유로운 것이다.

반박: 이 주장은 우리가 "본질상 진노의 자녀"(엡 2:3)라고 단언하는 성경에 모순된다.

• 설명

알미니안은 택자들만 화해의 상태와 언약의 은혜로 받아들여진 것이 아니라, 모든 사람들이 받아들여졌다고 봅니다. 또 아담의 후손들이 아담의 원죄의 영향을 받은 것이 아니라고 보고, 따라서 원죄의 죄책도 갖지 않는다고 봅니다. 그래서 원죄와 그 죄책으로부터 자유로운 사람들은 부분적으로 부패하여서 스스로 은혜언약의 조건을 수행할 수 있다고 봅니다. 이에 대하여 도르트 총회는 우리가 본질상 진노의 자녀(엡 2:3)라는 말씀을 들어 성경에 모순된다고 단언합니다. 아담의 원죄를 인정하면 전적 부패를 인정하는 경향이 있고, 아담의 원죄를 인정하지 않으면 부분 부패를 인정하는 경향이 있습니다. 제3장 제2항이 말하는 것처럼, 아담의 원죄를 인정하지 않는 이들은 사람들이 모방을 통해 죄를 지어 부패에 이르는 것이지, 해악한 본성의 전달을 통해 죄인과 전적 부패가 되는 것이 아니라고 말합니다.

■ 제6절

잘못: 획득과 적용의 구분을 사용하는 이들은 경솔하고 미숙한 자들에게 하나님은, 자신이 관계되는 한, 그리스도의 죽음에 의해 획득된 은택을 모든 사람들에게 동등하게 주시기를 원하셨다는 견해를 심고자 하는 것이다. 즉 다른 이들이 아닌 어떤 이들만 죄의 용서와 영생에 참여하게 되는 차이는 차별 없이 제공되는 은혜에 자유의지를 적용하는 그들의 자유의지에 달려있는 것이다. 이 차이는 어떤 이들 안에서 효력 있게 작동하여, 다른 이들이 아닌 어떤 이들만 자신들에게 이 은

혜를 적용하도록 하는 자비라는 유일한 선물에 달려 있지 않다.

반박: 그들이 이러한 구분을 건전한 방식으로 제시하는 것처럼 가장하는 동안, 그들은 펠라기안의 치명적인 독을 사람들에게 권하도록 시도하고 있는 것이다.

• 설명

알미니안은 구원의 획득과 적용을 분리시킵니다. 예수 그리스도께서 모든 사람들을 위하여 동등하게 구원을 자신의 죽음으로 취득하셨지만, 각 사람이 그리스도가 동등하게 주시는 구원을 스스로 자신에게 적용해야 하는 것으로 보았습니다. 이들은 아담의 원죄가 사람들에게 그대로 이어져 전적 부패하였다고 보지 않기 때문에, 각 사람이 구원의 적용을 스스로 알아서 할 수 있다고 봅니다. 각 사람이 자신의 자유의지로 차별 없이 동등하게 제공되는 하나님의 은혜를 취하여 구원에 적용하여 죄의 용서와 영생에 참여하게 됩니다.

칼뱅주의는 어떤 자는 믿고 다른 자는 믿지 않는 차이가 발생하는 것은 하나님께서 택자들에게 효력 있게 작동하는 자비의 선물을 어떤 자에게는 주시고, 다른 자에게는 주시기 않기 때문이라고 봅니다. 이 자비의 선물만이 구원이 적용되게 하는 유일한 수단입니다. 알미니안의 주장은 겉으로는 건전해 보이고, 은혜가 더 커 보이고, 사람들에게 자유를 주는 것 같지만, 실은 펠라기안의 치명적인 독을 사람들에 권하는 것에 지나지 않습니다. 펠라기우스주의는 사람들을 도덕적이고 자유롭게 보면서 사람의 위상을 높이는 것 같지만, 사람의 상태에 대한 잘못된 낙관주의로 사람들에게 잘못된 구원관을 제시하여 비관적 상태로 빠뜨립니다. 불가능한 사람인데 가능한 사람이라고 현혹시켜 불가능한 구원을 시도하게 만드는 것입니다.

도르트 총회도 구원의 획득과 적용을 구분하지만, 그 대상자의 일치를 말하지, 차이를 말하지 않습니다. 구원의 획득을 받는 대상자나 구원의 적용을 하는 대상자가 서로 일치합니다. 알미니안에게는 전자가 후자보다 많거나 같습니다. 전자를 후자보다 더 크게 만드는 것은 사람을 존중하거나 사람에게 자유를 주는 것이 아니라, 구원자 그리스도를 무책임한 희망의 고문자로 만드는 것입니다. 구원의 희망을 제시하지만 실제로는 구원에 이르는 길을 제시하지 않는 잔인한 희망 고문자로 만듭니다. 이것은 보지 못하는 자에게 아름다운 산과 호수를 구경하라는 것이고, 듣지 못하는 자에게 베토벤의 교향곡을 감상하라는 것이고, 냄새를 맡지 못하는 자에게 향수를 음미하라는 것이고, 돈 없는 자에게 집과 차를 소유하여 누리라는 것입니다. 구원의 적용을 사람에게 맡기는 것은 결코 사람을 존중하거나 사람에게 자유를 주는 것이 아니라, 사람을 비참한 상태로 떨어뜨리는 것이고, 사용할 수 없는 자유를 주는 것입니다. 구원의 획득 대상자와 구원의 적용 대상자가 일치하는 제한속죄만이 사람에게 진정한 존중과 자유를 무한히 선사합니다.

■ **제7절**

잘못: 그리스도는 하나님이 가장 크게 사랑하셨고 영생으로 선택하셨던 자들을

위해 죽으실 수 없고, 죽으실 필요도 없고, 죽지 않으셨는데, 그러한 사람들은 그리스도의 죽음을 필요로 하지 않기 때문이다.

반박: 그들은 다음처럼 말하는 사도들과 모순된다: "나를 사랑하사 나를 위하여 자기 자신을 버리신 하나님의 아들"(갈 2:20), "누가 능히 하나님께서 택하신 자들을 고발하리요 의롭다 하신 이는 하나님이시니 누가 정죄하리요 죽으실 뿐 아니라 다시 살아나신 이는 그리스도 예수시니"(롬 8:33, 34). 그들은 다음처럼 주장하시는 구주에게도 모순된다: "나는 양을 위하여 목숨을 버리노라"(요 10:15), "내 계명은 곧 내가 너희를 사랑한 것 같이 너희도 서로 사랑하라 하는 이것이니라 사람이 친구를 위하여 자기 목숨을 버리면 이보다 더 큰 사랑이 없나니"(요 15:12, 13).

• 설명

알미니안은 선택과 유기의 절대 예정을 믿지 않고, 예지 예정을 믿기 때문에, 그리스도는 하나님이 절대적으로 예정하신 자들, 즉 아무 이유 없이 가장 크게 사랑하셨고 영생으로 선택하셨던 자들을 위해 죽으실 수 없고, 죽으실 필요도 없고, 죽지 않으셨다고 말합니다. 그들은 그렇게 사랑을 받아 영생으로 선택된 자라면 그리스도의 죽음도 필요로 하지 않는다고 보는데, 제4절에서 살펴본 소키누스의 주장처럼 그리스도는 단지 모범의 삶을 산 것이라고 보기 때문입니다.

이에 대하여 도르트 총회는 사람들을 매우 사랑하셨기 때문에 죽으셔야만 했던 그리스도에 대하여 갈 2:20; 롬 8:33, 34; 요 10:15, 요 15:12, 13 등을 통해 간단하게 반박하고 있습니다. 우리는 이러한 구절

등에 의하여 사람들의 죗값은 누군가에 의해 지불되어야만 그들의 구원이 가능하고, 이 지불이 그리스도에 의하여 이루어졌음을 알 수 있습니다.

이해와 나눔을 위한 질문

0. 항론파의 제2조항은 어떤 면에서 잘못되었습니까?

1. ① 하나님은 아담 안에서 죄를 지은 모든 사람들의 저주와 죽음의 죄책을 왜 그냥 용서해주지 않습니까? 제1장 제1항은 "하나님께서 전 인류를 죄와 저주 속에 남겨두시기로 그리고 죄를 인하여 정죄하시기로 원하실지라도, 하나님은 누구에게도 불의를 행하시는 것은 아니다."라고 왜 말하는지 제2장 제1항에 의거하여 답해봅시다.
② 하나님의 속성은 나뉩니까? 하나님의 자비로운 속성은 공의로운 속성까지 포함하는 것입니까?

2. ① 우리는 하나님의 공의를 만족시킬 수 있습니까? 스스로 하나님의 진노로부터 우리를 해방시킬 수 있습니까? 이런 면에서 다른 종교들은 모두 자력(自力) 구원을 주장한다고 볼 수 있습니까?
② 기독교는 타력(他力) 구원을 주장하는데, 제2항은 그 타력이 누구에 의하여 어떻게 이루어졌다고 말합니까? 그리스도가 십자가에서 죄와 저주가 되시어 우리는 무엇을 얻었습니까?

3. ① 하나님의 아들이 죽지 않고, 세상의 죄를 속죄할 방법이 있습니까?

② 그리스도는 하나님의 아들이시기에 무한한 가치와 값이 있어, 흘리신 한 방울의 피만으로도 전 세상의 죄를 속죄하실 수 있습니까?

4. ① 우리를 위해 죽으시는 그리스도는 왜 참되고 완벽하게 거룩한 사람이어야 합니까?
② 왜 그분은 성부와 성령과 똑같은 영원하고 무한한 본질을 지니신 하나님의 독생자이어야 합니까?
③ 심화 설명 1-4은 처음에는 어려워도 몇 번 읽으면 이해가 되고, 삼위일체, 그리스도와 사역, 그리고 무엇보다 성경을 이해하는 데 크게 도움이 됩니다. 여러분은 예수 그리스도께서 성부와 성령과 똑같은 영원하고 무한한 본질을 지니신 하나님의 독생자라고 생각합니까?
④ 분리되지 않는 삼위의 사역이란 무슨 뜻입니까?
⑤ 성경에 나오는 하나님에 대한 말씀들을 3가지로 분류하여 봅시다.
⑥ 그리스도는 양성 일인격(兩性 一人格, Two distinct Natures, One person)입니까?

5. ① 제5항은 그리스도를 믿는 자는 영생을 얻는다는 것이 복음의 약속인데, 모든 이들에게 선포되어야 한다고 말합니까?
② 제2장도 제1장처럼 하나님께서 그리스도를 통하여 사람들의 구원을 마련하셨다고 말한 후에는 복음의 선포에 대하여 말합니까? 제

한 속죄를 말하는 제2장도 복음이 널리 선포되어, 사람들이 믿어 구원받아야 한다고 말합니까? 즉, 제한 속죄는 절대로 복음 선포의 제한이나 하나님의 사랑의 제한에 대하여 말하지 않고, 하나님은 택하신 자들을 실패 없이 속죄에 이르게 하신다고 말하는 것입니까?

6. 복음을 통해 부름을 받은 많은 이들이 회개하지 않고 그리스도를 믿지 않는 이유는 무엇입니까? 그리스도의 희생에 어떤 흠이나 부족함이 있어서입니까?

7. 선포된 복음을 듣고 그리스도를 믿어 구원받은 자들은 어떻게 믿게 됩니까? 그들 자신의 결단과 행위로 믿는 것입니까?

8. ① 그리스도의 죽음이 가져오는 효력이 모든 사람들에게 발휘됩니까? 아니면 오직 택자들에게만 발휘됩니까?
② 구원의 획득은 그리스도께서 모든 사람들을 위해서 하셨고, 구원의 적용은 각 사람이 스스로 알아서 하는 것입니까? 아니면 구원의 획득은 그리스도께서 모든 택자를 위해서 하셨고, 구원의 적용도 그리스도께서 성령을 통하여 모든 택자를 위해서 하시는 것입니까?
③ 성령의 다른 구원하는 선물들이란 제1장 제7항이 말하는 "그의 말씀과 영을 통하여 교통으로 효력 있게 부르시고 이끄시기를, 참된 그 믿음을 주시기를, 칭의하실 것을, 성화하실 것을, 권능 있게 그의

아들과의 교통 속에서 보존하실 것을, 마침내 영화하실 것을 작정하셨다"에 해당합니까?

④ 알미니안은 그리스도께서 모든 사람을 위하여 죽으셨다고 말하고, 우리는 택자들을 위하여 죽으셨다고 말하므로, 얼핏 보면 알미니안이 그리스도의 사랑을 우리보다 넓게 인정하는 것 같습니다. 그런데 실제로 이 주장은 그리스도의 죽음의 공로를 개인의 선택 사항으로 돌리는 것이어서 위험한 주장입니까?

⑤ 그리스도가 모든 자들이 아니라 택자들을 위해서 죽으신다는 제한 속죄의 교리는 그리스도의 옹졸함이 아니라, 그리스도는 하나님께서 택하여 자신에게 주신 자들을 한 명도 놓치지 않고 완전하게 구원으로 이끄신다는 것을 나타냅니까?

⑥ 참고2를 통하여 성경에 나오는 "세상"과 "모든 사람들"의 의미가 무엇인지 살펴봅시다.

9. ① 계획의 모든 실행이 연약하고 변하는 사람들에게 있는 것이 아니라, 전능하고 영원하신 하나님의 사랑에 있습니까?

② 신랑이 신부를 위하듯 교회를 위하여 십자가에서 자신의 목숨을 내어놓은 구원자를 여러분은 사랑하고 경배하고 영원토록 찬양합니까? 여러분은 하나님의 큰 사랑과 변함없는 계획으로 부름을 받았고, 예수님을 지금 믿고 있고, 앞으로도 믿게 될 것을 인정합니까?

■ 항론파의 잘못된 주장과 반항론파의 그에 대한 반박

-1. ① 하나님은 그의 아들을 십자가의 죽음으로 작성하실 때에 어떤 이들을 지명(指名)하여 구원하시는, 확정되고 결정적인 계획 없이 작정하셨습니까? 이렇게 주장하면 획득된 구속이 개인에게 한 번도 실제로 적용되지 않는 경우도 발생합니까?

② 이런 주장은 하나님 아버지의 지혜와 예수 그리스도의 공로에 대한 모독입니까? 항론파의 주장이 잘못되었음을 요 10:15, 27, 사 53:10을 통해 살펴봅시다.

③ 이런 주장은 우리가 고백하는 교회의 신앙고백에 어긋나는데, 벨직 신앙고백 제16조를 통해 살펴보시오. "제16조 영원한 선택: 우리는 아담의 모든 후손들이 이렇게 우리의 첫 부모의 죄에 의하여 멸망과 파멸로 떨어졌기 때문에, 하나님께서 자신을 있는 그대로, 즉 자비하시고 공의로우심을 드러내셨음을 믿는다. 자비하시다는 것은, 그분께서 그분의 영원하고 불변하신 계획으로, 순전히 선함에 의거하여, 그리스도 예수 우리의 주 안에서, 사람들의 행위를 전혀 보지 않으시며, 사람들을 선택하셨는데, 그렇게 택하신 자들을 구원하시고 보존하신다는 것이다. 공의로우시다는 것은, 스스로 자신들을 타락과 멸망에 몰아넣은 다른 이들을 그대로 두신다는 것이다."

④ 도르트 신경 이후에 작성된 웨스트민스터 신앙고백 제3장 제3항을 통해 알미니안의 주장이 잘못되었음을 살펴보시오. "하나님의 작정

에 의하여, 그의 영광의 나타냄을 위하여, 어떤 사람들과 천사들은 영원한 삶으로 예정되었고, 다른 자들은 영원한 죽음으로 선정(先定)되었다."

⑤ 웨스트민스터 신앙고백 제3장 제4항도 살펴보시오. "이렇게 예정되고 선정(先定)된 이러한 천사들과 사람들은 개별적으로 그리고 불변적으로 계획되어진 것이고, 그들의 수는 너무나 확실하고 확정적이어서 더해지거나 감해질 수 없다."

-2. ① 제1장 제17항의 참고1을 통해 하나님과 사람 사이의 언약에 대하여 살펴봅시다.

② 알미니안은 왜 행위언약이 폐지되었다고 봅니까? 행위언약 대신에 예수님이 새로 세우신 언약의 조건은 무엇입니까?

③ 항론파의 언약론이 잘못되었음을 히 7:22, 9:15, 9:17에 의거하여 논박하여 봅시다.

-3. ① 알미니안은 그리스도께서 그의 보상을 통하여 단지 무엇을 획득했다고 봅니까?

② 알미니안은 그리스도가 규정한 새로운 조건들의 보장은 무엇에 달려있다고 봅니까? 그 조건들을 사람들은 누구도 수행하지 못 할 수도 있고, 모두가 수행할 수도 있습니까?

-4. ① 알미니안은 새 은혜언약의 조건을 무엇으로 봅니까? 이들은 이 조건을 어떤 면에서 하나님의 은혜라고 보는 것입니까?

② 롬 3:24-25은 어떤 면에서 이들의 주장이 잘못되었음을 보여줍니까? 우리는 믿음을 성령께서 택자들에게 주시어 그리스도의 공로를 받아들이게 하는 것으로 봅니까?

③ 소키누스는 어떤 면에서 알미니안과 비슷합니까?

-5. ① 모든 사람들은 화해의 상태와 언약의 은혜로 받아들여졌습니까? 이 주장은 엡 2:3에 위배됩니까?

② 아담의 원죄를 인정하면 전적 부패를 인정하는 경향이 있고, 아담의 원죄를 인정하지 않으면 부분 부패를 인정하는 경향이 있습니까?

-6. ① 구원의 획득과 적용을 구분하는 알미니안은 결국 자유의지에 구원의 적용을 맡겨 아무도 구원을 적용하지 못하게 하는 것이라고 볼 수 있습니까?

② 구원의 획득과 적용을 분리시키는 것은 택자들에게 하나님의 은혜를 적용하게 하는 자비를 부인하는 것이고, 부패한 사람의 자유의지에 구원을 맡기는 도박입니까?

③ 도르트 총회도 구원의 획득과 적용을 구분했는데, 그 대상자의 일치를 말합니까? 아니면 차이를 말합니까? 이에 반하여 알미니안은

구원의 획득 대상자가 구원의 적용 대상자보다 많거나 같다고 봅니까?

-7. ① 알미니안은 왜 그리스도의 죽음이 택자들에게 필요 없다고 봅니까? 이들도 소키누스처럼 그리스도는 단지 모범의 삶을 산 것이라고 봅니까?

② 그리스도의 죽음이 필요함을 갈 2:20, 롬 8:33-34, 요 10:15, 15:12-13에 의거하여 논박하여 봅시다.

제3장

셋째 · 넷째 교리: 사람의 부패와 하나님께로의 회개와 그 방식

Human Corruption, Conversion to God, and the Way It Occurs

1. 항론파의 사람의 부패, 하나님께로의 회개와 그 방식

■ 항론파의 제3조항

사람은 구원하는 믿음을 자신으로부터, 그리고 자신의 자유의지의 능력으로부터 갖지 못하는데, 사람은 배교와 죄의 상태에서는 자신으로부터, 자신에 의하여 참으로 선한 것을(그것들 중 최고는 구원하는 믿음이다) 생각할 수 없고, 원할 수도 없고, 행할 수도 없기 때문이다. 그래서 사람은 참으로 선한 것을 올바로 이해하고, 생각하고, 의지하고, 도출하기 위해서 하나님으로부터, 그리스도 안에서, 그의 성령을 통하여 다시 태어나는 것이 필요하고, 지성, 감성, 의지 그리고 모든 능력이 새롭게 되는 것이 필요하다. 이것은 요 15:5에 따른 것이다; "나를 떠나서는 너희가 아무 것도 할 수 없음이라"(요 15:5).

■ 항론파의 제4조항

하나님의 이 은혜가 모든 선한 것의 시작이고, 연속이고, 완성이므로 심지어 중생자도 앞선, 돕는, 깨우는, 뒤따르는, 그리고 협력하는 은혜가 없이는 스스로 선을 생각하거나 의지하거나 행할 수 없고, 악으로의 유혹을 견딜 수 없다. 그래서 생각할 수 있는 모든 선한 일이나 행위는 그리스도 안에서 하나님의 은혜로 돌려야 한다. 그러나 이 은혜의 작동의 방식을 살펴보면, 그것은 불가항력적이지 않은데, 사도행전 7장과 많은 다른 부분에서 많은 이들이 성령을 저항한 것으로 기록된 것을 볼 때 그러하다.

여러분은 항론파의 제3조항과 제4조항은 어떤 면에서 잘못되었다고 생각하십니까? 역시 제1조항과 제2조항처럼 틀린 점을 찾기가 쉽지 않습니다. 오히려 사람이 전적으로 부패하여 하나님의 도움과 능력이 전적으로 필요하다고 말하는 듯하여 큰 감동을 받을 것입니다. 제3조항은 자체적으로 잘못된 점이 없고, 제4조항도 거의 맞는데, 결정적으로 단어 하나가 잘 못 되어, 제3조항과 제4조항의 다른 내용들까지도 이 단어에 맞추어 해석하게 되며 틀리게 됩니다. 사람들이 하나님의 은혜를 거부할 수 있다고 표현한 "불가항력적이지 않은데"라는 단어가 잘못되었고, 항론파는 이에 따라 성경의 사도행전 7장과 다른 여러 구절들도 잘못 해석하고 있습니다. 도르트 신경은 항론파의 제3조항은 자체적으로는 문제가 없지만 제4조항의 문제를 인하여 잘못 해석되므로, 제3조항과 제4조항을 "사람의 부패, 하나님께로의 회개와 그 방식"이란 제목으로 같이 다루고 있습니다.

2. 도르트 신경(반항론파)의 사람의 부패, 하나님께로의 회개와 그 방식

■ **제1항 하나님의 형상인 사람의 부패:**
　　하나님의 형상으로 창조된 사람의 지정의에 걸친 부패

사람은 원래 하나님의 형상으로 형성되었고, 자신의 창조자와 영적인 것들에 대한 참되고 영적인 지식이 지성(mind)에, 의로움이 의지와 마음에, 순결이 모든 정서에 갖추어졌다. 정말로 사람은 전체적으로 거룩하였다. 그러나 마귀의 선동과 자신의 자유의지로 하나님을 반항하여서, 바로 이러한 뛰어난 은사들을 빼앗기고, 이것들 대신에 무지, 끔찍한 어두움, 허무, 판단의 왜곡을 지성에, 사악, 반항, 무자비를 의지와 마음에, 그리고 마침내 불순결을 모든 그의 정서에 가져왔다.

• 설명

제1항은 사람이 하나님의 형상으로 지음을 받아 지정의(知情意)에 걸쳐 지식과 순결과 의로움이 옳게 갖추어졌는데, 하나님께 반항하여서, 이런 뛰어난 은사들을 빼앗겼다고 말합니다. 즉 지정의에 걸쳐 전적 부패와 무능이 발생한 것입니다. 엡 4:18, 19은 비신자들의 총명이 어두워지고, 그들의 마음이 굳어짐으로 말미암아 하나님의 생명에서 떠나 있고, 그들이 감각 없는 자가 되어 자신을 방탕에 방임하여 모든 더러운 것을 욕심으로 행한다고 말합니다.[35] 비신자들은 살아있지만 이미 저주

35　엡 4:18, 19 그들의 총명이 어두워지고 그들 가운데 있는 무지함과 그들의 마음이 굳어짐으로

와 죽음의 죄책에 속하여 지정의의 전적 부패와 무능에 빠져, 죽은 자와 같습니다.

제1장 제1항이 "모든 사람들이 아담 안에서 죄를 지어, 영원한 저주와 죽음의 죄책에 처하게 되었다."라고 말하는데, 영원한 저주와 죽음의 죄책에 속하는 것이 구체적으로 무엇인지 제3장은 제1-5항에 걸쳐 설명해주고 있습니다. 즉 제3장은 제목 그대로 사람의 부패가 무엇인지에 대하여, 그 정도와 방식 등에 대하여, 그리고 사람이 본성의 빛과 율법을 통하여 벗어날 수 있는지에 대하여 상세하게 다룹니다.

■ 제2항 부패한 본성의 전달:
모방이 아니라 본성의 전달을 통한 부패한 후손의 출산

사람은 타락 후에 자신과 같은 자녀들을 낳았는데, 참으로 부패하였기 때문에 부패한 자녀들을 낳았다. 부패는 하나님의 공정한 심판에 의하여 아담부터 (오직 그리스도만을 제외하고) 모든 후손들에게, (펠라기안들이 오래전에 주장하였듯) 모방이 아니라, 해악한 본성의 전달을 통해 퍼져나갔다.

• 설명

타락 후에 사람은 자녀들을 낳는데, 부패한 상태에서 낳은 자녀들은 부모를 닮아 부패합니다. 아담은 모든 사람들을 대표하여 죄를 지었

말미암아 하나님의 생명에서 떠나 있도다 그들이 감각 없는 자가 되어 자신을 방탕에 방임하여 모든 더러운 것을 욕심으로 행하되.

기 때문에, 그의 후손들도 아담의 죄를 전가 받아 태어납니다.³⁶ 오직 그리스도만 남자와 여자의 관계를 통해서 태어나지 않고, 성령으로 잉태되었기 때문에 부패한 사람의 본성이 전달되지 않아 죄가 없습니다. 그리스도를 제외하고는 아담의 모든 후손들은 모방이 아니라, 해악한 본성의 전달을 통해 부패하게 됩니다. 아담은 죄를 지어서 죄인이고 부패하지만, 아담의 후손들은 죄인이고 부패하여 죄를 짓습니다.

그런데 펠라기안들은 사람들이 죄를 짓는 것은 부패한 본성의 전달 때문이 아니라, 다른 사람들의 죄를 보고 모방하기 때문이라고 주장하는데, 바로 알미니안도 아담의 원죄가 후손들에게 전달되지 않는다고 여기는 것이고, 따라서 사람들은 부분적으로 부패하여 스스로 믿을 수 있고, 믿음의 순종을 할 수 있다고 봅니다. 사람들의 부패한 정도는 사람들에 따라 천지만별의 차이가 있다는 것이고, 그들 중 일부는 덜 부패하여 하나님의 은혜가 임할 때 스스로 믿어 구원받는다고 봅니다.

• 전후 논리

제1항은 하나님의 형상으로 창조된 사람이 하나님을 반항하여 지성과 의지와 정서가 부패되었다고 말하고, 제2항은 그런 부패는 후손들에게 모방이 아닌, 해악한 본성의 유전을 통해 퍼져나갔다고 말합니다.

---

36 롬 5:12 그러므로 한 사람으로 말미암아 죄가 세상에 들어오고 죄로 말미암아 사망이 들어왔나니 이와 같이 모든 사람이 죄를 지었으므로 사망이 모든 사람에게 이르렀느니라.

■ 제3항 전적 부패:
   죄인으로 태어나 전적 부패한 사람

그러므로 모든 사람들은 죄 속에서 잉태되고, 진노의 자녀들로 태어나고, 구원하는 모든 선에 적합하지 않고, 악에 기울어져 있고, 죄에 있어 죽고, 죄의 노예이다. 그리고 성령의 중생의 은혜 없이는, 그들은 하나님께 돌아가거나, 부패한 본성을 고치려거나, 자신들을 개혁에 내어놓으려는 것을 원하지도 않고 할 수도 없다.

• 설명

제2항은 부패는 아담의 모든 후손들에게 모방이 아니라 본성의 전달을 통해 퍼져나갔다고 말하고, 제3항은 그래서 모든 사람들은 아예 죄 속에서 잉태되고, 진노의 자녀들로 태어나고, 구원하는 모든 선에 적합하지 않고, 악에 기울어져 있고, 죄에 있어 죽고, 죄의 노예라고 말합니다. 제3항은 전적 부패에 대한 정의(定義)적 진술입니다. 아담은 죄를 지어서 죄인이고 부패하지만, 아담의 후손들은 죄인으로 태어나, 죄를 짓고 부패합니다. 이렇게 죄에 있어 죽은 자이기 때문에 스스로의 능력으로 하나님께 돌아가거나, 부패한 본성을 고치려거나, 자신들을 개혁에 내어놓으려는 것을 원하지도 않고 할 수도 없습니다.[37] 죽은 자는 무엇을 원할 수도 없고 할 수도 없는 것입니다. 이것이 가능하려면 성령의

---

[37] 엡 2:1-3 그는 허물과 죄로 죽었던 너희를 살리셨도다 그 때에 너희는 그 가운데서 행하여 이 세상 풍조를 따르고 공중의 권세 잡은 자를 따랐으니 곧 지금 불순종의 아들들 가운데서 역사하는 영이라 전에는 우리도 다 그 가운데서 우리 육체의 욕심을 따라 지내며 육체와 마음의 원하는 것을 하여 다른 이들과 같이 본질상 진노의 자녀이었더니.

중생의 은혜가 있어야만 합니다.

- 전후 논리

제2항은 부패는 모든 후손들에게 모방이 아니라, 해악한 본성의 유전을 통해 퍼져나갔다고 말하고, 제3항은 그런 해악한 본성의 유전을 인해, 모든 사람들은 죄 속에서 잉태되고, 태어나고, 살기 때문에 하나님께로 돌아갈 수 없다고 말합니다.

■ **제4항 희미한 본성의 빛:**
  희미하게 남은 본성의 빛으로 회심할 수 없는 사람

분명히 본성의 빛이 타락 후에도 사람에게 약간 남아 있어, 사람은 이것으로 하나님과 자연적 사물과 선악의 치이에 대하여 어떤 개념를 갖게 되나, 덕과 외석 질서에 대한 열의를 약간 나타낸다. 그러나 사람이 이 본성의 빛으로 하나님에 대한 구원하는 지식을 갖게 되고 회심하기에는 본성의 빛이 너무나 약하여, 심지어 자연과 사회의 일에 관해서도 본성의 빛을 올바로 사용하지 못한다. 그 대신에 사람은 이 빛이 어떤 특성을 갖든지 간에 다양한 방식으로 완벽하게 왜곡하고, 불의로 막는다. 사람은 이렇게 행하기 때문에 하나님 앞에서 핑계할 수 없다.

- 설명

사람은 타락 후에도 짐승과 달리 월등한 인식 능력을 갖고 있습니다. 짐승들이 갖지 못한 문화와 과학과 예술을 발전시키고, 누리고 있습니다. 이것은 타락 후에도 사람에게 남아 있는 본성의 빛 때문입니다. 사람은 이것으로 하나님과 자연적 사물과 선악의 차이에 대하여 흐릿하나마 개념들을 갖게 되고, 덕과 외적 질서에 대한 열의를 약간이나마 나타냅니다. 그러나 사람이 이 본성의 빛으로 하나님에 대한 구원하는 지식을 갖게 되고 회심하기에는 본성의 빛이 너무나 약합니다. 사람은 절대로 본성의 빛으로 하나님을 스스로 정확하게 알 수가 없습니다. 얼마나 그 빛이 약한지 자연과 사회의 일에 관해서도 정확하게 파악하지 못합니다. 그 대신에 사람은 이 빛이 어떤 특성을 갖든지 간에 다양한 방식으로 완벽하게 왜곡하고, 불의로 막습니다. 그래서 문명과 과학을 발전시킨 사람들이 두 번의 세계 전쟁을 20세기에 일으킵니다. 남아 있는 본성의 빛은 양날의 검으로 좋기도 하고 잔인하기도 합니다. 사람은 이 본성의 빛으로 하나님을 알 기회가 많았기 때문에 하나님을 알 기회가 없었다고 핑계할 수 없습니다.[38]

참고 3: 내적 인식 원리와 외적 인식 원리

사람은 무엇을 인식할 때 인식하는 도구와 인식하는 대상이 있어야 합니다. 눈, 코, 입, 귀, 피부 등이 인식 도구에 해당하고, 이것들에게 접촉되는 것들이 인식 대상에 해당합니다. 동물과 사람은 똑같은 눈, 코, 입, 귀, 피부를 갖

---

[38] 롬 1:18-20 하나님의 진노가 불의로 진리를 막는 사람들의 모든 경건하지 않음과 불의에 대하여 하늘로부터 나타나나니 이는 하나님을 알 만한 것이 그들 속에 보임이라 하나님께서 이를 그들에게 보이셨느니라 창세로부터 그의 보이지 아니하는 것들 곧 그의 영원하신 능력과 신성이 그가 만드신 만물에 분명히 보여 알려졌나니 그러므로 그들이 핑계하지 못할지니라.

고, 똑같은 대상들을 대하지만, 사람에게는 동물보다 뛰어난 이성과 감성과 의지가 있어 외부 대상들을 월등하게 해석합니다. 사람과 DNA가 99%로 같다는 침팬지도 손으로 가리키는 대상을 보지 못하고, 가리키는 손을 쳐다봅니다. 가리키는 방향을 보는 게 사람에게는 얼마나 쉬운 일인지 모르는데, 이게 엄청난 인식 능력에 해당하는 것입니다. 이런 식으로 사람은 동물보다 뛰어난 내적 인식 원리를 갖고 있는데, 바로 이성과 감성과 의지라고 할 수 있습니다. 아담이 죄를 짓기 전에는 이런 지정의(知情意)가 제대로 작동되어, 성인으로 만들어져 교육을 받은 적도 없고, 경험할 기회도 없었지만 아담은 에덴 동산을 다스릴 수 있었고, 처음 본 동물들의 본성을 파악하여 적합한 이름도 지을 수 있었습니다. 하지만 지정의의 인식 능력은 죄를 지으며 흐려졌습니다. 이 흐려짐에 대하여 제4항은 지정의와 같은 본성의 빛이 타락 후에도 사람에게 약간 남아 있지만 너무 약하여 하나님에 대한 구원하는 지식을 가질 수 없고, 회심할 수 없다고 믿습니다. 사람이 죄로 말미암아 얼마나 부패했는지를 제4항은 본성의 빛이란 측면에서 살펴보고 있는 것입니다.

흐려진 본성의 빛으로 회심할 수 없게 된 사람들에게 하나님은 믿음을 주십니다. 사람이 성령을 통하여 믿음을 갖게 되면 그간 인식하지 못하던 것을 인식하게 됩니다. 믿음을 갖게 되면 예전에는 인식되지 않던 죄의 심각성, 비참한 세상의 원인, 부활, 영생 등에 대한 확실한 개념이 생깁니다. 바라는 것들을 실상으로 여기게 되고, 보이지 않는 것들에 대한 증거를 갖게 됩니다. 일반 사람은 동물과 구별되는 이성과 감성의 인식수단을 갖고 있고, 기독 신자는 일반 사람과 구별되는 믿음이란 인식수단을 갖습니다. 벌코프의 정의처럼, 믿음은 외적 증거나 논리적 증명에 의존하지 않고,

즉각적이고 직접적인 통찰력에 의존하는 명확한 지식인데, 신자는 믿음의 통찰에 의하여 자신이 죄인이라는 것과 예수 그리스도의 대속의 피로 사함받는다는 것을 인식하고 믿게 됩니다. 신자들에게는 믿음이 내적 인식 원리인 것이고, 이 믿음은 선택의 결과로 주어지는 하나님의 선물입니다.

그렇다면 외적 인식 원리는 무엇일까요? 일반인에게는 경험, 전통, 학문, 법률 등이 해당됩니다. 하지만 이것들은 시간과 장소에 따라 변합니다. 개인과 단체의 경험에는 모두 편견과 오류가 있습니다. 단체의 경험이 반복되면 전통이 되는데, 잘못된 전통이 얼마나 많은지 모릅니다. 학문도 새로운 현상과 원리가 발견되면 이론을 수정하곤 합니다. 법률도 안정적이지 않습니다. 한국에서 간통에 대한 개념은 시간에 따라 변하여 형법 제22장 성풍속에 관한 죄, 조항 241조에 있는 "배우자있는 자가 간통한 때에는 2년 이하의 징역에 처한다."는 간통죄는 2015년 2월 26일에 헌법재판소에 의하여 위헌으로 판결이 났습니다. 오직 성경만이 시간과 장소에 상관없이 하나님의 진리입니다. 따라서 하나님의 말씀이 기록된 성경이 신자들에게는 외적 인식 원리입니다.

참고 4: 신자와 불신자 모두에게 허락된 일반 계시(general revelation)의 유용성과 불충분성

하나님은 자신을 알려주실 때 신자나 불신자 모두에게 알려주신 내용이 있습니다. 첫째는 낮과 밤, 계절의 순환, 웅장한 바다와 산하, 인체의 구조 등을 통한 창조자 하나님입니다. 불신자들도 이것들의 신비함을 경험하며 이것들을 만드신 신이 있겠다고 막연히 느낍니다.

둘째는 시간의 흐름을 통한 섭리자 하나님입니다. 사람들은 인생을 살며 사필귀정(事必歸正)과 인과응보(因果應報)가 이루어지는 경우들을 겪습니다. 이때 시간 속에서 살아 역사하는 신의 존재에 대해 막연히 느낍니다. "지는 자가 이긴다"라는 말이나 "자기 원수는 남이 갚아준다"는 속담이나 모두 섭리자 하나님에 대한 느낌의 표현입니다.

셋째는 양심을 통한 심판자 하나님입니다. 사람은 착한 일에 마음이 편하고, 악한 일에 죄책감을 갖습니다. 이러한 마음의 상태를 경험하며 심판자 하나님에 대해 막연히 느낍니다.

이렇게 신자와 불신자 모두에게 주어지는 일반 계시의 유용성은 아래와 같습니다.

① 사람들로 하여금 하나님을 알 기회가 없었다고 변명하지 못하게 합니다.
② 신자와 비신자 간의 접촉점을 가능케 합니다.
③ 일반 사회의 종교와 학문과 질서가 유지되게 합니다.

그렇다고 하여 일반 계시만으로 불신자가 하나님을 알 수 있는 것은 아닙니다. 일반 계시로는 창조자와 섭리자와 심판자 하나님에 대해 알되 흐릿하게 압니다. 구원자 하나님에 대해서는 막연하게라도 느끼지 못합니다. 하나님의 아들이신 그리스도께서 사람을 위하여 십자가에 못 박혀 죽으셨다는 것은 아무리 자연과 역사와 양심을 살펴도 알 수가 없습니다. 이것은 일반 계시로는 불충분하고 특별 계시가 하나님으로부터 있어야만 가능합니다.

제4항이 사람은 본성의 빛으로 하나님과 자연적 사물과 선악의 차이에 대하여 어떤 개념들을 갖게 되고, 덕과 외적 질서에 대한 열의를 약간 나타낸다고 말하는 것은 일반 계시의 유용성에 대한 표현입니다. 그리고 제4항이 사람은 이 본성의 빛으로 하나님에 대한 구원하는 지식을 갖게 되고 회심하기에는 본성의 빛이 너무나 약하다고 말하는 것은 일반 계시의 불충분성에 대한 표현입니다.

• 전후 논리

제3항은 해악한 본성의 유전을 인해, 모든 사람들은 죄 속에서 잉태되고, 태어나고, 살기 때문에 하나님께로 돌아갈 수도 없다고 말하고, 제4항은 이 본성의 빛이 사람에게 약간 남아 있지만, 회심하기에는 너무 약하고, 심지어 자연과 사회의 일에 관해서도 올바로 사용하지 못한다고 말합니다.

■ **제5항 율법의 역할과 한계:**
　　　십계명(율법)을 통해 구원을 얻지 못하는 사람

본성의 빛에 대한 설명은 하나님에 의해서 모세를 통해 특별히 유대인들에게 전해진 십계명에도 그대로 적용된다. 왜냐하면 비록 그것은 죄가 크다는 것을 드러내고, 사람이 유죄라고 점점 더 정죄하지만, 치료책을 제공하지 않고, 비참함에서 벗어나는 능력을 주지 않고, 참으로 육신을 인하여 약하여진 범죄자를 저주 하에 머물게 하므로, 사람은 그것을 통하여 구원하는 은혜를 얻을 수 없다.

• 설명

　　제4항은 본성의 빛이 타락 후에도 약간 남아 있어 여러 큰 역할을 하지만, 이것으로는 구원의 지식을 얻을 수 없다고 말합니다. 그리고 제5항은 이러한 논리가 하나님이 율법을 대표하는 십계명에게도 그대로 적용된다고 말합니다. 즉, 십계명은 사람의 죄가 크다는 것을 드러내고, 사람이 유죄라고 점점 더 정죄하는 큰 역할을 나름 하지만,[39] 동시에 그 역할에 한계가 있어서, 사람들에게 치료책을 제공하지 못하고, 비참함에서 벗어나는 능력을 주지 못하고, 참으로 부패한 육신을 인하여 약하여질 수밖에 없는 범죄자를 저주 하에서 벗어나게 하지 못하고, 계속 머물게 합니다.

39　롬 3:19, 20 그들의 눈 앞에 하나님을 두려워함이 없느니라 함과 같으니라 우리가 알거니와 무릇 율법이 말하는 바는 율법 아래에 있는 자들에게 말하는 것이니 이는 모든 입을 막고 온 세상으로 하나님의 심판 아래에 있게 하려 함이라.
　　롬 7:10 생명에 이르게 할 그 계명이 내게 대하여 도리어 사망에 이르게 하는 것이 되었도다.

십계명으로 대표되는 율법은 사람이 하나라도 지키지 못하거나, 늘 지키다 한 순간이라도 지키지 못하면 즉시 죄가 크다고 정죄합니다. 율법은 모든 조항을 늘 지키라고 사람들을 정죄하고 압박하지만(갈 3:10), 이 모든 율법을 지켜 구원에 이를 치료책을 주지 못합니다. 율법을 지키지 못해 벌로 처하게 된 비참함과 저주에서 벗어날 능력을 사람에게 주지 못합니다. 그렇다면 본성의 빛으로도, 율법으로도 구원을 받지 못하는 사람에게 치료책은 무엇입니까? 바로 이어지는 제6항이 답을 줍니다.

- 전후 논리

제4항은 본성의 빛은 너무 약하여 사람은 이것으로 회심할 수 없다고 말하고, 제5항은 본성의 빛처럼 십계명도 죄의 치료책을 제공하지 못하여, 사람은 십계명을 통하여 구원하는 은혜를 얻을 수 없다고 말합니다.

■ **제6항 복음을 통한 성령의 권능:**
　성령의 권능으로 복음을 통하여 믿는 자들을 구원하시는 하나님

그러므로 본성의 빛도 율법도 할 수 없는 것을 하나님은 성령의 권능으로 말씀이나 화해의 사역을 통하여 성취하신다. 이것이 메시야에 대한 복음이고, 하나님은 복음을 통하여 옛 언약과 새 언약 모두에서 믿는 사람들을 구원하시는 것을 기뻐하셨다.

• 설명

본성의 빛으로도, 율법으로도 할 수 없는 것을 제6항은 하나님께서 성령의 권능으로 말씀이나 화해의 사역을 통하여 성취하신다고 말합니다.[40] 율법은 무엇이 하나님의 뜻인지를 알려주지만, 모든 율법 조항들을 지켜야만 하나님의 의에 이른다고 사람들을 압박합니다. 하지만 메시야에 대한 복음은 사람의 죄가 크다는 것을 드러낼 뿐만 아니라 동시에 치료책을 제공하고 벗어날 능력을 줍니다. 즉 예수 그리스도에 대한 믿음입니다. 제3장 제1항이 전적 부패로 시작하는 것은 바로 메시야에 대한 복음을 말하기 위해서입니다. 전적으로 부패하여 본성의 빛과 율법으로 구원의 은혜를 받지 못하는 사람에게 유일한 희망은 메시야에 대한 복음인 것입니다. 그리고 제3장만이 아니라 다른 장들도 모두 사람의 부패와 메시야에 대한 복음을 말하며 해당 교리를 다루고 있습니다. 도르트 신경이 중심 주제로 다루는 예정론은 결코 하나님이 예정하셨으니 예정 받은 자는 어떤 삶을 살든 어떤 과정을 통해서든 구원을 받으니, 복음을 전하지 않아도 된다는 논리가 아닙니다. 하나님의 예정은 너무나 신비하여 복음 전파를 통해서만 사람들에게 알려지므로 하나님은 복음 전파자를 항상 준비하셨다는 것이고, 따라서 예정 교리를 아는

---

[40] 고후 5:18-19 모든 것이 하나님께로서 났으며 그가 그리스도로 말미암아 우리를 자기와 화목하게 하시고 또 우리에게 화목하게 하는 직분을 주셨으니 [19]곧 하나님께서 그리스도 안에 계시사 세상을 자기와 화목하게 하시며 그들의 죄를 그들에게 돌리지 아니하시고 화목하게 하는 말씀을 우리에게 부탁하셨느니라.
고전 1:21 하나님의 지혜에 있어서는 이 세상이 자기 지혜로 하나님을 알지 못하므로 하나님께서 전도의 미련한 것으로 믿는 자들을 구원하시기를 기뻐하셨도다.

자일수록 더욱 열심히 복음을 전해야 한다고 말합니다.

　　하나님은 복음을 통하여 옛 언약과 새 언약 모두에서 믿는 사람들을 구원하시기를 기뻐하셨습니다. 아담의 죄로 행위언약이 깨졌을 때 하나님은 아담을 죽이시지 않고, 은혜로 그를 살려주시며 바로 은혜언약을 시작하셨습니다. 즉 하나님은 죄인들에게 예수 그리스도에 의한 생명과 구원을 값없이 제공하셨고, 그들이 구원 얻도록 그리스도를 믿을 것을 그들에게 요구하셨고 영생으로 정해진 모든 사람들에게 성령을 주어 그들로 하여금 믿기를 원할 뿐만 아니라 믿을 수 있게 하기를 약속하셨습니다. 그리스도께서 십자가에 죽으신 것은 아담의 타락 이후에 시작된 이 은혜언약을 확증하시는 것입니다. 따라서 행위언약은 에덴동산에서 아담이 죄를 짓기 전까지 있었던 언약이고, 그 후에는 바로 은혜언약이 시작되었습니다. 구약이 행위언약이고, 신약이 은혜언약인 것이 아닙니다. 창 3장에서 아담이 죄를 지은 이후부터가 은혜언약에 해당합니다.

- 전후 논리

　　제5항은 사람은 본성의 빛과 율법을 통해서 구원하는 은혜를 얻을 수 없다고 말하고, 제6항은 그러하기 때문에 하나님께서 성령의 권능으로 복음을 통하여 구약과 신약 모두에서 믿는 사람들을 구원하시는 것을 기뻐하셨다고 말하는데, 불가항력적 은혜에 대한 정의적 진술입니다.

■ 제7항 복음이 신약에 더 전해지는 이유:
하나님의 자유로운 기쁨으로 신약에 더 다수에게 선포되는 복음

하나님은 자신의 뜻의 신비를 구약에서는 적은 숫자에게 밝히셨고, 신약에서는 민족들 간에 차이 없이 다수에게 나타내셨다. 이런 경륜의 원인은 한 나라가 다른 나라들보다 더 가치가 있거나 본성의 빛을 더 잘 사용해서가 아니라, 하나님의 자유로운 선한 기쁨과 값없는 사랑 때문이다. 그러므로 모든 공로를 넘어서고 역행하여 매우 큰 은혜를 받은 자들은 겸손하고 감사한 마음으로 이것을 인정해야 하고, 한편 은혜를 받지 못한 자들에 대해서는 사도와 함께 하나님의 심판의 엄격함과 공의를 찬양해야지, 결코 호기심으로 탐구해서는 안 된다.

• 설명

제6항은 본성의 빛과 율법이 사람의 구원을 이루지 못하므로, 하나님께서 복음을 통하여 구약과 신약에서 믿는 사람들을 구원하시는 것을 기뻐하셨다고 말하고, 제7항은 이런 뜻의 신비가[41] 구약과 신약에서 어떻게 펼쳐졌는가를 말합니다. 제7항은 하나님께서 그 복음을 구약에서는 적은 숫자에게 밝히셨고, 신약에서는 민족들 간에 차이 없이[42] 다수에게 나타내셨다고 말합니다. 복음은 아담이 죄를 지은 직후부터 시작된 것이지, 절대로 신약시대에 와서야 비로소 시작되지 않았습니다.

---

41   신 29:29 감추어진 일은 우리 하나님 여호와께 속하였거니와 나타난 일은 영원히 우리와 우리 자손에게 속하였나니 이는 우리에게 이 율법의 모든 말씀을 행하게 하심이니라.
42   롬 2:11 이는 하나님께서 외모로 사람을 취하지 아니하심이라.
     골 3:11 거기에는 헬라인이나 유대인이나 할례파나 무할례파나 야만인이나 스구디아인이나 종이나 자유인이 차별이 있을 수 없나니 오직 그리스도는 만유시요 만유 안에 계시니라.

구약의 백성도 율법으로 구원을 받지 않고, 복음을 통하여 구원을 받습니다. 복음이 구약시대에는 유대인들에게만 한정되었지만, 신약시대에는 유대 민족을 넘어서서 모든 민족의 다수에게로 확장되었습니다. 예수님은 승천하시기 전에 제자들에게 "성령이 너희에게 임하시면 너희가 권능을 받고 예루살렘과 온 유대와 사마리아와 땅 끝까지 이르러 내 증인이 되리라"(행 1:8)고 말씀하시어 복음이 유대를 넘어서서 사마리아와 땅 끝까지 퍼질 것을 언급하셨습니다. 사도행전은 복음이 유대와 사마리아와 땅 끝까지 퍼지는 과정을 순차적으로 기록하고 있습니다.

이렇게 경륜에서 차이가 나는 원인은 한 나라가 다른 나라들보다 더 가치가 있거나 본성의 빛을 더 잘 사용해서가 아니라, 하나님의 자유로운 선한 기쁨과 값없는 사랑 때문이라고 말합니다. 이것은 하나님께서 어떤 사람들을 택하실 때에 그들의 믿음이나 믿음의 순종 때문이 아니라, 하나님의 자유로운 선한 기쁨과 값없는 사랑 때문에 선택하신 것과 같습니다. 이스라엘 민족이 구약 시대에 택함을 받은 것은 그들의 선함이나 능력이나 공의와 정직 때문이 아니라, 오직 하나님의 값없는 은혜 때문입니다.

하나님의 선한 기쁨과 값없는 사랑에 원인이 있으므로, 큰 은혜를 받은 자들은 겸손하고 감사한 마음으로 이것을 인정해야지, 자신의 공로에 원인을 돌리며 교만해서는 안 됩니다.[43] 우리 자신을 비롯해 모든

---

43 롬 11:22, 23 그러므로 하나님의 인자하심과 준엄하심을 보라 넘어지는 자들에게는 준엄하심이 있으니 너희가 만일 하나님의 인자하심에 머물러 있으면 그 인자가 너희에게 있으리라 그렇지 않으면 너도 찍히는 바 되리라 그들도 믿지 아니하는 데 머무르지 아니하면 접

사람들에게는 구원을 받을 공로가 없음에도 불구하고, 하나님은 사람들의 공로를 역행하여 구원을 주시는 것입니다. 그리고 그들은 은혜를 받지 못한 자들에 대해서 사도와 함께 하나님의 심판의 엄격함과 공의를 찬양해야지,[44] 왜 이런 일이 발생했는지 인간적 호기심으로 결코 탐구해서는 안 됩니다. 탐구를 한다고 해서 알지도 못하고 오히려 미궁에 빠질 뿐입니다.

• 전후 논리

제6항은 하나님께서 성령의 권능으로 말씀이나 화해의 사역을 통하여 구약과 신약 모두에서 믿는 사람들을 구원하시는 것을 기뻐하셨다고 말하고, 제7항은 하나님께서 그것을 신약에서는 유대인을 넘어서 모든 민족들에게 나타내셨는데, 한 나라가 다른 나라들보다 더 가치가 있어서가 아니라, 하나님의 자유로운 기뻐하심과 값없는 사랑 때문이라고 말합니다.

■ **제8항 부르시는 하나님:**

붙임을 받으리니 이는 그들을 접붙이실 능력이 하나님께 있음이라.
44 계 16:7 또 내가 들으니 제단이 말하기를 그러하다 주 하나님 곧 전능하신 이시여 심판하시는 것이 참되시고 의로우시도다 하더라.

복음을 통해 진지하게 부르시는 하나님

한편, 복음을 통해 부름을 받은 자들은 진지하게 부름을 받은 것이다. 왜냐하면 하나님은 자신의 말씀으로 진지하게 그리고 가장 진실 되게 무엇이 자신을 기쁘게 하는지를 나타내시는데, 부름을 받은 자들이 자신에게 나아오는 것이라고 말씀하시기 때문이다. 또한 하나님은 자신에게 와서 믿는 모든 자들에게 영혼의 안식과 영생을 진지하게 약속하신다.

• 설명

하나님께서 복음을 통해 사람들을 부르실 때에, 이 부르심은 진정한 부르심입니다. 하나님은 진정으로 그리고 가장 진실 되게 무엇이 자신을 기쁘게 하는지를 자신의 말씀을 통해 나타내시는데, 부름을 받은 자들이 자신에게 나아오는 것이라고 말씀하십니다. 하나님은 자신에게 와서 믿는 모든 자들에게 영혼의 안식과 영생을 진정으로 약속하셨습니다. 하나님은 복음을 통해 사람들을 건성으로 부르시지 않습니다. 사람들은 속마음으로는 파티에 오지 않기를 바라며 어떤 사람들을 파티에 초청할 수 있으나, 하나님은 복음을 통해 부름을 받은 자들 모두를 진지하게 부르십니다. 이 부르심에 응답하여 믿는 모든 자들에게 영혼의 안식과 영생을 진지하게 약속하십니다.

하나님께서 "너희 모든 목마른 자들아 물로 나아오라 돈 없는 자도 오라 너희는 와서 사 먹되 돈 없이, 값없이 와서 포도주와 젖을 사라"고 (사 55:1) 말씀하실 때에 이 말씀은 진심입니다. 예수님이 말씀하신 혼인 잔치의 비유에서 임금은 "내가 오찬을 준비하되 나의 소와 살진 짐승을 잡고 모든 것을 갖추었으니 혼인 잔치에 오소서"라고(마 22:4) 말했습니다. 예수님은 영혼의 안식과 영생과 같은 모든 것을 갖추시고서 여러 사람들을 진심으로 부르고 계신 것입니다. 부름을 받은 자들이 예수님께 올 때에 결코 내쫓지 아니하십니다(요 6:37). 예수님은 수고하고 무거운 짐을 진 자들에게 자신에게 오라고 하십니다. 오면 예수님은 그들을 쉬게 하신다고 약속하십니다(마 11:28-29). 오지 않는 자들은 그들의 무지와 고집과 혈기로 진지한 부르심을 거부하는 것이고, 이들에 대하여 하나님은 얼마나 안타까워하시는지 모릅니다. 하나님은 여러 사람들에게 복음을 알리시고 그들이 진정으로 복음을 받기를 바라시지, 차갑고 기계적인 예정에 따라 선택한 자들만 아무 감흥 없이 주워 담으시고, 유기된 자를 아무 안타까움 없이 멀리 차버리시지 않습니다. 도르트 신경은 선택과 유기에 대하여 말하기에 앞서 하나님께서 예수 그리스도에 대한 복음이 선포되게 하셨음을 말하고 있습니다.

• 전후 논리

제7항은 하나님의 자유로운 기뻐하심과 값없는 사랑으로 신약에서 모든 민족들에게 복음이 선포되었다고 말하고, 제8항은 하나님은 부른 자들이 자신에게 나아오는 것을 기쁘게 여기셔서, 복음을 통해 사람들을 부르실 때 그들이 부름에 반응하기를 진정으로 바라시며 부르신다고 말합니다.

■ **제9항 비(非)회심의 원인:**
　　　　복음과 그리스도와 하나님이 아니라, 사람에게 있는 비회심의 원인

복음의 사역을 통해 부름을 받은 많은 자들이 나오지 않고 회심하지 않는 것은 복음이나, 복음을 통해 제시되어진 그리스도나, 복음을 통해 부르시고 게다가 다양한 선물들을 그들에게 주시는 하나님에게 잘못이 있는 것이 아니라, 부름을 받은 그 사람들 자체에 있다. 그들 중 태연자약한 일부는 생명의 말씀을 받아들이지 않고, 일부는 받아들이지만 마음 속 깊이 받아들이지 않아 일시적 믿음의 기쁨이 사라진 후에 퇴락하고, 일부는 염려의 가시와 세상의 즐거움으로 말씀의 씨를 질식시켜 열매가 결실하지 못한다. 우리의 구원자는 마 13장의 씨 뿌리는 비유로 이것을 가르치신다.

• **설명**

　　제8항은 하나님께서 사람들을 복음을 통해 진정으로 부르신다고 말합니다. 그렇다면 진심으로 부름을 받은 많은 자들이 나오지 않고 회심하지 않는 이유는 무엇입니까? 이에 대하여 제9항은 복음이나, 복음을 통해 제시되어진 그리스도나, 복음을 통해 부르시는 하나님에게 잘못이 있는 것이 아니라, 부름을 받은 그 사람들 자체에게 있다고 말합니다. 우리는 이미 제2장 제6항에서 복음을 통해 부름을 받은 많은 이들이 그리스도를 믿지 않고 불신앙으로 멸망하는 이유는 십자가에서 바쳐진 그리스도의 희생에 어떤 흠이나 부족함이 있어서가 아니라, 바로 그들 자신의 고유한 잘못 때문임을 살펴보았는데, 제3장 제8항도 같은 의

미입니다.

그들 중 태연자약한 일부는 생명의 말씀을 아예 받아들이지 않습니다. 아무 관심이 없거나 심한 경우에는 그것을 발로 밟고 돌이켜 복음 전하는 자를 찢어 상하게 합니다(마 7:6). 일부는 받아들이기는 하는데 마음 속 깊이 받아들이지 않아서, 일시적 믿음의 기쁨이 사라진 후에는 퇴락하고 맙니다. 일부는 염려의 가시와 세상의 즐거움으로 말씀의 씨를 질식시켜 열매를 결실하지 못합니다. 이에 대하여 우리의 구원자가 되시는 예수님은 마 13장의 씨 뿌리는 비유를 통해 잘 가르쳐주십니다.

선택과 유기 교리를 잘못 이해하는 이들은 이 교리가 하나님을 죄와 불신의 조성자로 만든다고 비난합니다. 하지만 제9항은 이에 대하여 적극 부인하며 회심하지 않는 원인은 사람들 자체에게 있다고 말합니다. 하나님이 선택과 유기를 시간 속에서 전후 관계로 생각하면 절대 이해할 수 없습니다. 하나님은 영원하신 분임을 명심해야 합니다. 영원이란 단지 먼 과거가 아니라, 시간을 초월하는 것이고, 과거와 현재와 미래를 다 합한 것입니다. 시간을 초월하시어 시간에 구애받지 않으시고 시간을 장악하시는 하나님은 과거와 현재와 미래를 다 정하시고, 다 아시고, 다 이끄십니다. 선택과 유기는 하나님의 영원이란 속성에 따라 그런 높은 차원으로 이루어지는 것이고, 그래서 영원과 현재의 관계를 사람들의 눈으로 볼 때에는 정확한 인과율이 선후도 없고, 모순이 있어 보입니다.

하나님은 유한한 사람들이 영원한 하나님의 보이지 않는 일들을 다 이해할 수 없으므로 성경을 통해서 자신의 뜻을 계시하여 주셨는데, 하나님은 자신의 부르심에 반응하여 오는 자들을 매우 기뻐하시고 회심하지 않는 자들은 그들 자신의 잘못으로 회심하지 않는 것이라고 명백하게 알려주셨습니다. 우리는 우리의 이해의 부족을 기꺼이 인정하며 하나님 자신 그리고 하나님이 영원으로부터 작정하시고 시간 속에서 이루어 가시는 일을 높이 찬양합니다. 도르트 신경의 각 장은 전적 부패와 구원의 마련과 복음의 전파와 불신의 원인에 대하여 매번 언급하고, 마지막 항은 그 예정 교리의 신비함을 경외함으로 찬양해야 한다고 말합니다. 우리도 알미니안처럼 인간적 이성의 인과율로 영원마저도 시간에 맞추어 재단하고 싶은 욕구가 불끈 솟지만, 그러기에는 하나님은 영원하시고 무한하시고 무에서 모든 것을 만드신 전능하신 분이신 것과 우리는 지음을 받은 유한한 존재임을 깨닫기에, 겸손하게 하나님의 말씀이 말하는 만큼 말하고, 멈추는 곳에서 멈추며 하나님을 찬양할 뿐입니다.

- 전후 논리

제8항은 하나님은 복음을 통해 사람들을 부르실 때 그들이 부름에 반응하기를 진정으로 바라시며 부르신다고 말하고, 제9항은 부름을 받은 자들이 나오지 않는 것은 복음과 그리스도와 하나님에게 잘못이 있는 것이 아니라, 부름을 받은 그 사람들 자체에게 있다고 말합니다.

■ 제10항 회심의 원인:
사람이 아니라, 선택하시고 부르시는 하나님에게 있는 회심의 원인

복음의 사역을 통해 부름을 받은 자들이 나아와 회심하게 되는 것의 원인을 사람들에게 돌려서는 안 된다. 마치 (오만한 펠라기우스 이단들이 주장하듯이) 믿음과 회심을 하도록 똑같이 충분히 주어진 은혜를 받은 사람들 중에서 일부가 다른 이들로부터 자유의지를 통하여 자신들을 구별해낸 것처럼 여기면 안 된다. 그 대신 원인을 하나님께 돌려야 하는데, 하나님은 자기 백성을 영원에서 그리스도 안에서 선택하셨고, 그래서 그들을 시간 속에서 효력 있게 부르시고, 믿음과 회개를 주시고, 흑암의 권세에 버려진 자들을 그의 아들의 나라로 옮기신다. 이는 바로 그들을 어두운 데서 그의 기이한 빛으로 불러내신 이의 아름다운 덕을 선포하게 하려 하심이고, 그들 자신이 아니라 주님을 영광스럽게 하기 위함이다. 사도들은 성경의 여러 곳에서 이를 증거한다.

• 설명

제9항은 비회심의 원인이 사람들에게 있다고 말하고, 제10항은 회심의 원인에 대하여, 사람들이 자유의지를 사용하여 회심한 것처럼 사람들에게 원인을 돌리면 안 된다고 말합니다. 그 대신 원인을 하나님께 돌려야 하는데, 하나님은 자기 백성을 영원에서 그리스도 안에서 선택하셨고, 그래서 그들을 시간 속에서 효력 있게 부르시고, 믿음과 회개를 주시고, 흑암의 권세에 버려진 자들을 그의 아들의 나라로 옮기신다고(골 1:13) 말합니다. 그래서 그들이 회심하는 것이지, 절대로 그들 스스

로의 힘으로 자유의지를 사용하여 회심하는 것이 아닙니다.

제3장 제3항에서 살펴본 것처럼 모든 사람들은 죄를 인하여 죽은 자들이라, 성령의 중생의 은혜 없이는 하나님께 돌아가는 것을 원하지도 않고 할 수도 없습니다. 하나님께서 그들을 부르시고 믿음과 회개를 주시기 때문에 회심을 하는 것인데, 그들이 스스로의 판단과 결정으로 회심을 하는 것처럼 보일 뿐입니다. 회심을 하는 가까운 원인은 사람에게 있지만, 회심을 하게 하는 먼 원인과 근본적 원인은 하나님에게 있는 것입니다. 그들을 긍휼히 여기시어 오직 사랑이란 이유 때문에 영원 전에 그리스도 안에서 그들을 선택하신 하나님에게 최종 원인이 있습니다.[45] 그러므로 우리는 우리를 어두운 데서 그의 기이한 빛으로 불러내신 이의 아름다운 덕을 선포해야 하고, 절대로 우리 자신이 아니라 주님을 영광스럽게 해야 합니다.[46] 가까운 원인에 빠져 회심한 자기 자신을 높이면 안 되고, 먼 원인을 인식하여 회심하게 하신 하나님을 찬양해야 합니다. 자랑하는 자는 주 안에서 자랑해야 합니다(고전 1:31). 회심자는 분명 자신의 결정으로 회심하는데, 알미니안은 무엇이 회심자로 그런 결정을 하게 하는지를 더 이상 살피지 않는 것이고, 도르트 신경은 성경

---

45 롬 9:16 그런즉 원하는 자로 말미암음도 아니요 달음박질하는 자로 말미암음도 아니요 오직 긍휼히 여기시는 하나님으로 말미암음이니라.
엡 2:8, 9 너희는 그 은혜에 의하여 믿음으로 말미암아 구원을 받았으니 이것은 너희에게서 난 것이 아니요 하나님의 선물이라 행위에서 난 것이 아니니 이는 누구든지 자랑하지 못하게 함이라.
46 벧전 2:9 그러나 너희는 택하신 족속이요 왕 같은 제사장들이요 거룩한 나라요 그의 소유가 된 백성이니 이는 너희를 어두운 데서 불러 내어 그의 기이한 빛에 들어가게 하신 이의 아름다운 덕을 선포하게 하려 하심이라.

을 통해 하나님에게 더 깊은 원인이 있음을 찾아내고 하나님을 찬양하는 것입니다.

- 전후 논리

제9항은 비회심의 원인은 사람들에게 있다고 말하고, 제10항은 회심의 원인이 사람들에게가 아니라, 그들을 선택하시고, 부르시고, 믿음과 회개를 주시고, 아들의 나라로 옮기신 하나님에게 있다고 말합니다.

■ 제11항 **하나님의 회심의 방법:**
하나님께서 성령을 통해 택자들을 회심하게 하시는 방법

게다가 하나님은 택하신 자들에게 자신의 이 선한 기쁨을 행하실 때마다 참된 회심은 지품자신 때에, 부음에 되시므로 그들에게 선포나게 하시고, 성령을 능히 그들의 마음을 권능 있게 조명하시어, 그들이 바르게 하나님의 영의 일들을 이해하고 분별하도록 하게 하실 뿐만 아니라, 같은 영의 거듭나게 하시는 효력으로 사람의 매우 깊은 곳을 관통하시고, 닫힌 마음을 여시고, 강퍅한 마음을 부드럽게 하시고, 할례하지 않은 마음을 할례하시고, 의지에 새로운 질을 불어넣으시고, 죽은 의지를 살아있게, 악한 의지를 선하게, 원하지 않던 의지를 원하게, 강퍅한 의지를 부드럽게 하시고, 의지를 이끌고 강하게 하시어, 좋은 나무처럼 선행의 열매를 맺는 것이 가능하게 하신다.

• 설명

　제10항은 회심의 원인이 사람들이 아니라 하나님에게 있다고 말하고, 제11항은 이런 회심의 과정이 하나님에 의해서 어떻게 작동되는지 상세하게 설명해줍니다. 얼핏 보면 사람들이 자신의 의지로 하는 것처럼 보이는 회심의 과정이, 실은 하나님께서 하시는 것임을 명백히 합니다. 하나님은 먼저 복음이 외적으로 그들에게 선포되게 하시고, 그 다음엔 성령을 통해 그들의 마음을 권능 있게 조명하시어, 그들이 바르게 하나님의 영의 일들을 이해하고 분별하게 하십니다. 그래야만 외적으로 선포된 복음을 받아들이기 때문입니다.[47] 그 후 하나님은 같은 영의 거듭나게 하시는 효력으로 사람의 매우 깊은 곳을 관통하시고, 닫힌 마음을 여시고, 강퍅한 마음을 부드럽게 하시고,[48] 할례하지 않은 마음을 할례하시고,[49] 의지에 새로운 질을 불어넣으시고, 죽은 의지를 살아있게, 악한 의지를 선하게, 원하지 않던 의지를 원하게, 강퍅한 의지를 부드럽게 하십니다. 의지를 이끌고 강하게 하시어, 좋은 나무처럼 선행의 열매를 맺도록[50] 하십니다.

47　행 16:14 두아디라 시에 있는 자색 옷감 장사로서 하나님을 섬기는 루디아라 하는 한 여자가 말을 듣고 있을 때 주께서 그 마음을 열어 바울의 말을 따르게 하신지라.
　　히 4:12 하나님의 말씀은 살아 있고 활력이 있어 좌우에 날선 어떤 검보다도 예리하여 혼과 영과 및 관절과 골수를 찔러 쪼개기까지 하며 또 마음의 생각과 뜻을 판단하나니.

48　겔 11:19 내가 그들에게 한 마음을 주고 그 속에 새 영을 주며 그 몸에서 돌 같은 마음을 제거하고 살처럼 부드러운 마음을 주어.
　　겔 36:26 또 새 영을 너희 속에 두고 새 마음을 너희에게 주되 너희 육신에서 굳은 마음을 제거하고 부드러운 마음을 줄 것이며.

49　신 30:6 네 하나님 여호와께서 네 마음과 네 자손의 마음에 할례를 베푸사 너로 마음을 다하며 뜻을 다하여 네 하나님 여호와를 사랑하게 하사 너로 생명을 얻게 하실 것이며.

50　마 7:18 좋은 나무가 나쁜 열매를 맺을 수 없고 못된 나무가 아름다운 열매를 맺을 수 없느니라.

이 모든 일을 하나님은 성령을 통하여 하십니다. 예수 그리스도를 통하여 구원의 획득이 이루어지게 하신 하나님은 그 획득된 구원이 성령을 통하여 택자들에게 정확히 적용되게 하십니다. 구원의 획득과 구원의 적용이 전체 세 위격들의 공통되고 일치된 일인 것입니다. 우리는 선행의 열매를 맺을 때에 우리에게 은혜를 주시어 선행을 맺게 하시는 하나님을 읽을 줄 알아야 하고, 느낄 줄 알아야 하고, 믿음을 통하여 분명하게 통찰하여, 오직 삼위일체 하나님에게만 영광을 돌려야 하고, 우리는 더욱 겸손해져야 합니다. 이러한 인식으로 성경을 보게 되면, 예전에는 사람이 하는 일로 보여졌던 구절들을 하나님이 하시는 일로 선명하게 보게 됩니다. 성경을 깊이, 널리 보면 볼수록 사람이 아니라 하나님이 먼 원인으로 일하시는 것을 관찰할 수 있습니다. 도르트 신경은 다섯 가지 교리를 드러내는 것만이 아니라, 그 다섯 가지 교리를 맡하는 성경을 더욱 깊이 이해하도록 하는 데 큰 목적과 동기가 있습니다.

• 전후 논리

제10항은 회심의 원인이 사람들에게가 아니라 하나님께 있다고 말하고, 제11항은 하나님께서 그 회심을 어떻게 작동하시는지에 대하여 구체적으로 말합니다.

참고 5: 루터의 노예의지(the Bondage of the Will)

루터는 사람이 짐승과 구별되는 이성으로 여러 뛰어난 일을 할 수 있지만, 이성의 능력으로 구원을 위해 할 수 있는 일은 아무 것도 없다고 보았습니다. 그는 인간 의지는 전적으로 무능력하고, 사탄에게 종속되어 자유가 없다고 말했습니다. 에라스무스는 루터의 주장을 반박하여 1524년에 "자유 의지론"을 썼고, 루터는 이를 재반박하기 위하여 1525년에 "노예 의지론"을 썼습니다.

루터는 말이나 소를 탄 자는 짐승의 뜻과는 상관없이 자신의 목적과 의지대로 짐승을 몰듯이, 죄를 지은 자는 자유의지가 없고, 그의 의지를 움직이는 자의 결정에 따라 좌우된다고 보았습니다. 하나님이 사람 안에 내주하시며 사람의 의지를 움직이면 그 사람은 하나님의 의지를 행하게 되고, 사탄이 사람의 의지를 움직이면 사탄의 의지를 행하게 됩니다. 이러한 면에서 사람에게는 자유의지가 없고, 하나님의 의지와 사탄의 의지에 포로와 노예가 되는 노예 의지만 있다고 했습니다. 사람이 사탄의 예속 하에 있을 때에 사람의 의지는 스스로 절대로 사탄의 예속을 벗어날 수 없습니다. 그리고 하나님께서 사탄으로부터 우리를 해방시키실 때에, 하나님은 우리의 마음을 성령을 통해 권능 있게 조명하시어, 성령의 일들을 이해하고 분별하도록 하게 하십니다. 하나님은 같은 영의 효력으로 우리의 닫힌 마음을 여시고, 강퍅한 마음을 부드럽게 하시고, 의지에 새로운 질을 불어넣으시고, 죽은 의지를 살아있게, 악한 의지를 선하게, 원하지 않던 의지를 원하게, 강퍅한 의지를 부드럽게 하시고, 의지를 이끌고 강하게 하십니다. 이처럼 루터나 칼뱅이나 도르트 신경이나 모두 사람들의 생각과 행동의 가까운 원인이 아니라, 먼 원인이 무엇인지를 성경 말씀에 의거하여 살피고 드러내었습니다.

참고 6: 웨스트민스터 신앙고백 9장 "자유의지"(Free Will)

1. 하나님께서 사람의 의지에 본성적 자유를 부여하셔서, 그것은 선이나 악으로 강요되지 않으며, 본성의 어떤 절대적인 필요 때문에 선이나 악으로 결정되지도 않는다. – 창조 시 인간의 자유의지의 성격에 대하여 말하고 있습니다.

2. 사람은 자신의 무죄 상태에서는 선한 것과 하나님께서 기뻐하시는 것을 원하거나 행할 자유와 능력을 가졌으나, 변하여 그 상태로부터 타락할 수도 있었다. – 무죄 상태 하에서 인간의 자유 의지는 선을 행할 수도 있고 타락할 수도 있다고 말합니다.

3. 자신의 타락으로 죄의 상태에 빠진 사람은 구원을 동반하는 영적 선을 행할 의지의 모든 능력을 전적으로 잃어버렸다. 그래서 자연인은 그러한 선을 철저히 싫어하고 죄에 있어 죽게 되어서, 자신만의 힘으로는 자신을 회개시키거나 회개로 자신을 준비시킬 수 없다. – 유죄 상태 하에서 인간의 자유의지가 전적으로 타락하였다고 말합니다.

4. 하나님께서 죄인을 회개시켜 은혜의 상태로 옮기실 때에, 죄 아래 있는 그의 본연적인 결박에서 그를 자유롭게 하시고, 오직 자신의 은혜로만 그로 영적 선을 자유롭게 원하고 행할 수 있게 하신다. 그러나 그는 남아있는 부패성 때문에 선한 것만을 완벽하게 원하지 않고, 또한 악한 것을

원한다. – 은혜 상태 하에서 인간의 자유의지는 선을 행할 수도 있지만 남아있는 부패성 때문에 악한 것도 원한다고 말합니다.

5. 사람의 의지는 영광의 상태에서만 완벽하게 그리고 변함없이 자유롭게 선한 것만을 행하도록 만들어진다. – 영광(glory) 상태 하에서만 인간의 자유의지는 선한 것만을 원한다고 말합니다.

■ 제12항 초월적으로 중생된 의지의 자체성:
초월적으로 확실히 중생되어 자체로 행하는 의지

그리고 이것이 성경에서 그렇게 높게 말해진 중생이고, 새 창조이고, 죽은 자들로부터의 부활이고, 살아남인데, 하나님께서 우리 없이, 우리 안에서 행하시는 것이다. 한편 이것은 단지 외적으로 소리 내는 가르침이나, 도덕적 설득이나, 혹은 하나님께서 (자신의 일을) 행하신 후에 사람들이 중생할 것인지 아닌지, 회심할 것인지 아닌지의 여부가 사람들의 능력에 남아있는 방식으로 이루어지지 않는다. 오히려 이것은 전적으로 초월적이고, 가장 강력하고 동시에 가장 즐겁고, 경이롭고, 숨겨지고, 표현할 수 없는 일인데, 그 능력에 있어서 (이 일의 수행자에 의해 영감 되어진) 성경에 따르면 창조나 죽은 자들의 부활보다 더 작거나 열등하지 않다. 그래서 하나님께서 이런 놀라운 방식으로 사람들의 마음에서 역사하시는데, 그런 모든 자들은 확실히, 틀림없이, 효력 있게 중생되고, 실제로 믿는다. 그 결과 이제 새로워진 의지는 하나님에 의해 행해지고 움직일 뿐만 아니라, 하나님에 의하여 인도되어 의지 자체가 행한다. 이런 이유 때문에 또한 사람 자신이 받은 그 은혜를 통하여 믿고 회개하는 것이라고 말하는 것은 옳게 진술된 것이다.

• **설명**

　제11항은 회심의 과정이 어떻게 작동되는지 구체적으로 설명해주고, 제12항은 하나님께서 이 일을 사람과 어떤 관계에서 이루시는지를 말합니다. 하나님께서 우리 없이, 우리 안에서 행하시는데, 단지 외적인 가르침이나, 도덕적 설득으로 되지 않습니다. 죄로 죽은 사람들이 단순히 외적으로 들리는 가르침이나 도덕적 설득으로 깨닫겠습니까?[51] 하나님께서 자신의 일을 행하시면, 그 후에 비로소 사람들이 중생할 것인지 아닌지, 회심할 것인지 아닌지를 자신들의 능력에 따라 결정하는 것도 아닙니다. 죄로 죽은 사람들에게는 이렇게 결정할 능력이 절대로 없습니다.

　항론파는 제4조항에서 하나님의 은혜의 작동 방식이 가항력(可抗力)적이라고 말합니다. 항론파의 제3조항과 제4조항은 거의 다 옳은데, "가항력적"이라는 단어 하나가 결정적으로 틀립니다. 이들은 하나님께서 은혜의 일을 하실지라도 그 후에 사람들이 중생과 회심의 여부를 결정한다고 말합니다. 사람들에게 이런 능력이 있다고 말합니다. 바로 이것 때문에 항론파의 제3조항과 제4조항의 기본 전제는 사람의 전적 부패가 아니라 부분 부패이고, 이런 전제 때문에, 제3조항과 제4조항의 전체 내용은 틀린 것이 됩니다. 예를 들면 항론파는 제4조항에서 "생각

51　고후 4:6 어두운 데에 빛이 비치라 말씀하셨던 그 하나님께서 예수 그리스도의 얼굴에 있는 하나님의 영광을 아는 빛을 우리 마음에 비추셨느니라.
　　엡 5:14 그러므로 이르시기를 잠자는 자여 깨어서 죽은 자들 가운데서 일어나라 그리스도께서 너에게 비추이시리라 하셨느니라.

할 수 있는 모든 선한 일이나 행위는 그리스도 안에서 하나님의 은혜로 돌려야 한다."라고 말하는데, 이들은 여기에서 "전적으로" 하나님의 은혜로 돌려야 한다고 말하는 것이 아니라, "부분적으로 하나님의 은혜로 돌려야 한다."고 말하는 것입니다. "가항력적"이라는 단어 하나가 이런 해석을 하도록 강력하게 요구합니다.

이에 대하여 제12항은 이것은 전적으로 초월적이고, 가장 강력하고 동시에 가장 즐겁고, 경이롭고, 숨겨지고, 표현할 수 없는 일이라고 말합니다. 부분적인 초월이 아니라 전적인 초월입니다. 전적인 초월로 이루어진 일이기에 창조나 죽은 자들의 부활보다 더 작거나 열등하지 않습니다.[52] 하나님께서 전적으로 사람들의 마음에서 역사하시기 때문에 그 사람들은 모두 확실히, 틀림없이, 효력 있게 중생되고, 실제로 믿게 됩니다.

그 결과 이제 새로워진 의지는 하나님에 의해 행해지고 움직이는 것만이 아니라, 하나님에 의하여 매순간 인도되면서 의지 자체가 행하게 됩니다. 이런 이유 때문에 하나님에 의하여 사람이 믿고 회개하지만, 사람 자신이 받은 그 은혜를 통하여 믿는 것이라고, 사람이 회개하는 것이라고 말할 수 있습니다. 하나님이 믿게 하시고, 사람 자신이 직접 믿는 것입니다. 하나님이 회개하게 하시고, 사람 자신이 직접 회개하는 것

---

[52] 요 5:25 진실로 진실로 너희에게 이르노니 죽은 자들이 하나님의 아들의 음성을 들을 때가 오나니 곧 이 때라 듣는 자는 살아나리라.
롬 4:17 기록된 바 내가 너를 많은 민족의 조상으로 세웠다 하심과 같으니 그가 믿은 바 하나님은 죽은 자를 살리시며 없는 것을 있는 것으로 부르시는 이시니라.

입니다. "하나님께서 우리 없이, 우리 안에서 행하신다."라는 것은 하나님께서 우리의 도움 없이 우리 안에서 행하신다는 의미이지, 절대로 하나님께서 우리를 무시하며 우리를 로봇처럼 꼭두각시로 만드시며 우리 안에서 행하신다는 의미가 아닙니다. 하나님도 일하시고 사람도 일하는데, 하나님은 목적과 방법에 있어서 사람보다 매우 높은 차원으로 일하시는 것입니다. 하나님께서 우리 없이, 우리 안에서 일하시므로, 비로소 우리가 주체적으로 옳게 일할 수 있는 것이고, 하나님께서 하시는 일은 우리를 통해 반드시 이루어집니다. 이래서 우리는 확신과 평안을 가질 수 있습니다.

• 전후 논리

제11항은 하나님께서 택자들의 회심을 어떻게 격동하시는지에 대하여 구체적으로 말하고, 제12항은 하나님께서 이 일을 사람과 어떤 관계에서 이루시는지를 말하는데, 하나님께서 우리 없이 우리 안에서 행하시고, 전적으로 초월적이고, 경이롭고, 숨겨진 일이라고 말합니다.

■ **제13항 다 이해할 수 없는 중생의 방식:**
다 이해할 수 없는 중생과 회심의 작동 방식

이런 작동의 방식을 신자들은 이 생애에서 온전히 이해할 수 없다. 한편 그들은 자신들이 하나님의 이 은혜로 그들의 구주를 마음으로 믿고 사랑하고 있다는 것을 이해하고 느낀다는 것에 만족한다.

• 설명

　제12항은 회심의 일을 하나님께서 우리 없이, 우리 안에서 다 행하시지만, 또한 받은 그 은혜를 통하여 사람 자신이 믿는 것이고 회개하는 것이라고 말합니다. 제13항은 이런 작동의 방식을 신자들은 이 생애에서 온전히 이해할 수 없다고 말합니다. 예수님은 밤중에 찾아온 니고데모에게 "바람이 임의로 불매 네가 그 소리는 들어도 어디서 와서 어디로 가는지 알지 못하나니 성령으로 난 사람도 다 그러하니라"(요 3:8)고 말씀하셨습니다. 유한한 사람이 무한하신 하나님의 일하시는 방식을 어찌 다 이해할 수 있겠습니까? 그럼에도 신자들은 자신들이 하나님의 은혜로 그들의 구주를 마음으로 믿고 사랑하고 있다는 것을 이해하고 느낀다는 것에 만족할 수 있습니다. 우리는 태아가 엄마의 태 속에서 어떻게 잉태되고, 뼈와 살이 자라고, 복잡한 뇌가 형성되는지 잘 모릅니다. 이렇게 우리의 일상에도 우리가 정확히 모르는 것들이 태반입니다. 모든 것에는 하나님의 영원하신 능력과 신성이 새겨져 있기 때문에, 모든 것의 근본을 캐면 캘수록 복잡하고 신비합니다. 일상도 이러하므로 우리는 회심의 작동 방식을 믿음으로 풍성하게 받아들입니다. 도르트 신경은 신자들이 각 교리의 신비에 대하여 겸손한 자세로 온전히 이해할 수 없음을 깨닫고 송영의 자세를 가져야 한다고 매 교리에서 말합니다. 사람들의 이해의 폭만큼 세상이 작동된다면, 사람들의 이해를 넘어서는 신비가 이 세상에서 사라지며 세상은 당장 작동을 그만두고 말 것입니다. 작정과 창조와 섭리는 99%가 넘게 신비임을 알아야 합니다. 사람이

란 존재는 겨우 1%도 모르며 마치 모든 것을 아는 냥 구는 교만과 거만함으로 가득 차 있습니다.

• 전후 논리

제12항은 하나님께서 중생의 일을 사람과 어떤 관계에서 이루시는지를 말하는데, 하나님께서 우리 없이 우리 안에서 행하신다고 말하고, 제13항은 사람들은 중생의 작동 방식을 이 땅에서 온전히 이해할 수 없다고 말합니다.

■ 제14항 **하나님의 선물인 믿음:**
하나님의 선물로써 실제로 수여되고 불어넣어지는 믿음

그러므로 믿음은 하나님의 선물인데, 하나님에 의해서 사람이 믿음을 선택하도록 믿음이 주어진다는 것이 아니라, 사람에게 믿음이 실제로 수여되고, 불어넣어지고, 주입된다는 것에서 그렇다. 하나님은 단지 믿을 수 있는 능력만을 수여하시고, 그 후에는 믿겠다는 실제의 동의와 행동을 사람의 선택으로부터 기다리시는 것이 아니라, 원하는 것과 행하는 것을 작동하시고, 실제로 모든 사람에게서 모든 것을 작동하시는 하나님은 사람에게서 믿는 의지와 믿는 것 자체를 생성하시는 것이다.

• 설명

제12항은 하나님께서 우리 없이 우리 안에서 행하신다는 것의 의

미는 하나님께서 자신의 일을 행하신 후에 사람들이 중생할 것인지 아닌지, 회심할 것인지 아닌지의 여부를 사람들의 능력에 남겨두시는 것이 아니라고 말합니다. 제14항은 이것을 믿음이란 측면에서 말하고 있습니다. 믿음은 하나님의 선물인데, 이것의 의미는 하나님께서 사람에게 믿음을 주시고, 그 후에 사람이 믿을 것인지 말 것인지를 결정한다는 것이 아닙니다. 하나님에 의해서 사람에게 실제로 믿음이 수여되고, 불어넣어지고, 주입되는 것입니다.

알미니안은 하나님은 사람에게 단지 믿을 수 있는 능력만을 수여하시고, 그 후에는 사람이 믿겠다는 실제의 동의와 행동을 하는 것이고, 하나님은 이 결정을 사람으로부터 기다리시고 그에 따라 그 사람의 구원 여부를 결정하시는 것이라고 봅니다. 도르트 총회는 하나님은 사람으로 원하게 그리고 행하게 작동하시는 분이고, 실제로 모든 사람에게서 모든 것을 작동하시므로, 하나님은 사람 안에서 믿는 의지와 믿는 것 자체를 생성하신다고 봅니다.[53] 이런 의미로 믿음은 하나님의 선물인 것이고, 하나님이 사람을 선택하시어 그 사람에게 믿음을 주시는 것이지, 절대로 그 사람이 믿기 때문에 그 사람을 선택하시는 것이 아닙니다.

우리는 앞에서 웨스트민스터 신앙고백 제7장의 하나님의 언약을 살펴볼 때, 하나님은 은혜언약에서 죄인들에게 예수 그리스도에 의한 생

---

[53] 엡 2:8 너희는 그 은혜에 의하여 믿음으로 말미암아 구원을 받았으니 이것이 너희에게서 난 것이 아니요 하나님의 선물이라.
빌 2:13 너희 안에서 행하시는 이는 하나님이시니 자기의 기쁘신 뜻을 위하여 너희에게 소원을 두고 행하게 하시나니.

명과 구원을 값없이 제공하셨고, 그들이 구원 얻도록 그분을 믿을 것을 그들에게 요구하셨고, 영생으로 정해진 모든 사람들에게 성령을 주어 그들로 하여금 믿기를 원할 뿐만 아니라 믿을 수 있게 하기를 약속하셨습니다. 하나님은 타락하여 전적으로 부패해진 사람들에게 믿음을 요구하시면서, 이들이 스스로 믿을 수 없기 때문에 동시에 믿음을 주시는 것입니다. 웨스트민스터 신앙고백 제7장의 은혜언약에 나오는 믿음은 도르트 신경 제3장 제14장을 통하여 잘 이해됩니다. 1619년에 완성된 도르트 신경은 1647년에 완성된 웨스트민스터 신앙고백에 큰 영향을 준 것입니다. 유럽의 개혁 신앙인들은 이렇게 서로 선한 영향을 미쳤습니다.

알미니안과 도르트 신경의 가장 큰 차이점들의 하나는 믿음에 대한 이해에 있습니다. 그들은 부분적으로 부패한 사람들이 스스로의 능력으로 예수 그리스도를 믿을 수 있다고 봅니다. 하나님은 이 믿음의 선택을 누가 할 지를 미리 보시고 그에 따라 선택하십니다. 믿음은 새 언약의 조건이고, 이 조건을 수행하는 자만 구원을 받을 수 있습니다. 이에 반하여 도르트 신경은 전적으로 부패한 사람은 스스로의 능력으로 예수 그리스도를 믿을 수 없다고 보고, 그래서 하나님은 은혜로 택하신 자들에게 믿음을 주시어 그리스도를 믿고 은혜언약을 받아들이게 하십니다. 믿음은 은혜언약에서 사람들이 수행해야 하는 조건이자, 하나님이 주시는 선물입니다. 이것을 제12항은 하나님께서 우리 없이, 우리 안에서 행하시고, 그 결과 새로워진 의지는 하나님에 의해 행해지고 움직일 뿐만 아니라, 하나님에 의하여 인도되어 의지 자체가 행한다고 말합니다. 사람 자신이 받은 그 은혜를 통하여 믿고 회개하는 것이라고 표현할 수 있습니다. 알미니안은 사람의 믿음이란 행위에 하나님의 일하심과 사람의 일하심이 동시에 존재한다는 차원을 이성으로 판단하여 받아들이지 않는 교만한 자들입니다.

• 전후 논리

제13항은 사람들은 중생의 작동 방식을 이 땅에서 온전히 이해할 수 없다고 말하고, 제14항은 하나님께서 믿음을 선물로써 실제로 사람에게 수여하시고, 불어넣으시고, 담그신다고 말합니다.

■ **제15항 은혜에 대한 합당한 태도:**
받을 자격이 없음에도 주시는 하나님의 은혜에 대한 합당한 태도

하나님은 이 은혜를 누구에게도 빚지고 있지 않다. 왜냐하면 주께 먼저 드려서 갚으심을 받게 되는 자가 없는데 하나님이 누구에게 무엇을 빚지겠는가? 자신의 것으로는 죄와 거짓 외에는 가진 것이 없는 자에게 하나님이 진정 무엇을 빚지겠는가? 그러므로 이 은혜를 받은 자는 오직 하나님께 감사를 영원히 빚지고 있는 것이고, 영원히 감사드리는 것이다. 이 은혜를 받지 않은 자는 이 영적인 일들에 전혀 관심이 없고 자기 자신의 상황에 만족하고 있거나, 갖고 있지 않음에도 자기 확신으로 갖고 있다고 헛되이 자랑하고 있다. 나아가, 외적으로 믿음을 고백하고 삶을 개선하는 자들에 대해서, 우리는 사도들의 예를 따라, 가장 호의적으로 판단하고 언급해야 하는데, 마음의 깊은 곳이 우리에게 알려지지 않기 때문이다.

아직 부르심을 받지 못한 이들을 위해서 우리는 없는 것을 있는 것으로 부르시는 하나님께 기도해야 한다. 우리가 우리 자신을 구별한 것처럼 결코 그들을 향하여 자랑해서는 안 된다.

• 설명

우리는 앞에서 회심하는 자들의 원인이 사람들이 아닌 하나님에게 있음을 살펴보았습니다. 즉 하나님께서 우리 없이, 우리 안에서 이 일을 행하시는 것이고, 그래서 믿음도 하나님께서 실제로 사람에게 수여하시고 불어넣으시고 주입하신다는 면에서 하나님의 선물입니다. 그런데 하나님은 이런 은혜를 왜 사람들에게 주시는 것입니까? 하나님은 이 은혜를 주셔야만 하는 빚을 사람들에게 지고 있습니까? 결코 그렇지 않습니다. 왜냐하면 하나님은 무에서 모든 것을 만드신 창조자이시기 때문입니다. 누가 주께 먼저 드려서 갚으심을 받겠습니까?(롬 11:35) 모든 존재자들은 모든 것을 하나님에게 빚지고 있습니다.[54] 사람들이 자신의 것이라고 할 수 있는 것은 죄와 거짓 밖에 없습니다. 그러므로 회심의 은혜를 받은 사람들은 아무 대가없이 받은 것이므로 오직 하나님께 영원히 감사를 드려야 합니다.

이 은혜를 받지 않은 자에게 나타나는 현상은 영적인 일들에 전혀 관심이 없고 자기 자신의 상황에 만족하거나, 갖고 있지 않음에도 자기

---

54 고전 4:7 누가 너를 남달리 구별하였느냐 네게 있는 것 중에 받지 아니한 것이 무엇이냐 네가 받았은즉 어찌하여 받지 아니한 것 같이 자랑하느냐.

확신으로 갖고 있다고 헛되이 자랑하는 것입니다. 이런 자들은 일견 행복해 보이고 기뻐해 보입니다. 영적인 일들에 관심이 전혀 없기 때문에 자신의 비참한 상황을 모르고, 그래서 작은 장난감을 가지고 놀면서도 만족해합니다. 자신이 실제로 갖고 있는 것은 하나도 없고, 곧 사라져 없어져버릴 것들인데, 자신들이 엄청 소중한 것들을 많이 갖고 있다고 착각합니다. 그래서 뿌듯해하고, 자랑하고, 영적으로 풍요한 자들을 오히려 재물과 명예와 권력이 없다는 측면에서 불쌍히 여깁니다.

우리는 외적으로 믿음을 고백하고 삶을 개선하는 자들의 영적 상황에 대해서 어떻게 여겨야 합니까? 우리는 사도들의 예를 따라, 가장 호의적으로 판단하고 언급해야 합니다. 즉 그 외적 고백과 개선하는 영적 상황에 따라 그만큼 그대로 좋게 여겨야 합니다. 왜냐하면 우리는 그들의 마음의 깊은 곳을 알 수 없기 때문입니다. 우리는 겸손한 자세로 그들의 외적인 고백을 인정하고, 영적 상황을 개선하는 것을 좋게 판단해야지, 우리의 직관이나 추측으로 나쁘게 보거나 진정성을 의심하여 거짓된 자들이거나 구원받지 못한 자들이라고 단정해서는 안 됩니다.[55]

아직 부르심을 받지 못한 이들에 대해서 우리는 어떻게 대해야 합니까? 우리는 없는 것을 있는 것으로 부르시는 하나님께 그들의 구원을 위해서 기도해야 합니다.[56] 우리에게 은혜를 부어주시듯 이들에게도 하

---

55 롬 14:10 네가 어찌하여 네 형제를 비판하느냐 어찌하여 네 형제를 업신여기느냐 우리가 다 하나님의 심판대 앞에 서리라.
56 롬 4:17 기록된 바 내가 너를 많은 민족의 조상으로 세웠다 하심과 같으니 그가 믿은 바 하나님은 죽은 자를 살리시며 없는 것을 있는 것으로 부르시는 이시니라.

나님의 크신 은혜가 임하도록 기도해야 합니다. 우리가 마치 우리 자신을 스스로 구별하여 하나님의 은혜를 받고 구원을 받은 것처럼 그들을 향하여 교만하게 자랑해서는 안 되고, 하나님을 모르고 죽어가는 영혼들에 대한 안타까움으로 그들을 위해 기도해야 합니다.

• 전후 논리

제14항은 하나님께서 믿음을 선물로써 실제로 사람에게 수여하시고, 불어넣으시고, 담그신다고 말하고, 제15항은 믿음의 은혜를 받은 자의 자세와 은혜를 받지 않은 자의 모습과 외적으로 믿음을 고백하는 자들에 대한 판단에 대하여 말합니다.

■ 제16항 영적으로 살아난 의지와 그 효과: 사람을 인격으로 대하여 의지를 참되게 회복하는 중생의 은혜

사람은 타락을 통해서도 지성과 의지가 주어진 사람임을 멈추지 않는 것처럼, 또 전체 인류에게 퍼진 죄도 인류의 본성을 제거하는 것이 아니라, 부패시키고 영적으로 죽이는 것처럼, 중생의 이런 신적인 은혜도 사람을 나무나 돌처럼 여기며 사람 안에서 행하지 않고, 그 의지와 특성을 제거하거나 억지로 난폭하게 몰아대는 것이 아니라, 영적으로 살리고, 치료하고, 바로잡고, 유쾌하면서도 강력하게 설득하는 것이다. 그래서 전에 육적인 반항과 저항이 전적으로 지배하던 곳에서 지금은 성령의 기껍고 신실한 순종이 지배하기를 시작하고, 여기에서 우리의 의지는 참되게 영적으로 회복되고 자유하게 된다. 그러므로 모든 선의 이 경이로운 조물주께서 우리와 함께 이런 식으로 행하시지 않으면, 사람은 타락으로부터 자유의지를 통하여 일어설 희망이 없는데, 사람은 그 자유의지를 통하여 서 있는 자신을 파멸로 몰아넣었던 것이다.

• 설명

택자들은 하나님이 주시는 신적인 은혜를 통하여 중생하게 됨을 살펴보았는데, 그렇다면 이 은혜는 택자들에게 어떻게 작동이 됩니까? 사람이 타락되었을 때에 사람에게 주어진 지성과 의지가 완전히 없어지지 않고 타락된 상태로 여전히 존재합니다. 그래서 타락한 사람일지라도 동물과 견주어 월등한 지정의(知情意)를 소유합니다. 또 전체 인류에게 퍼진 죄도 인류의 본성을 제거하지 않고, 단지 인류의 본성을 부패시키고 영적으로 죽입니다. 이렇듯, 중생의 신적인 은혜도 사람을 나무나 돌처럼 여겨, 사람 안에서 무엇을 제거하거나 무엇을 보태어, 인간이 아닌 다른 본성을 지닌 존재로 만들지 않고, 또 사람의 의지와 특성을 제거하거나, 억지로 난폭하게 몰아대지 않습니다.

그 대신 택자들을 영적으로 살리고,[57] 치료하고, 바로잡고, 유쾌하면서도 강력하게 설득하는[58] 것입니다. 그래서 전에는 부패한 지성과 의지의 본성을 인하여 육적인 반항과 저항이 택자들을 전적으로 지배하였

---

57 엡 2:1 그는 허물과 죄로 죽었던 너희를 살리셨도다.
　 롬 8:2 이는 그리스도 예수 안에 있는 생명의 성령의 법이 죄와 사망의 법에서 너를 해방하였음이라.
58 시 51:12 주의 구원의 즐거움을 내게 회복시켜 주시고 자원하는 심령을 주사 나를 붙드소서.
　 빌 2:13 너희 안에서 행하시는 이는 하나님이시니 자기의 기쁘신 뜻을 위하여 너희에게 소원을 두고 행하게 하시나니.

다면, 이제는 성령으로 인하여 자발적이고 신실한 순종이 지배하기를 시작하고, 택자들의 의지는 참되게 영적으로 회복되고 자유하게 됩니다. 사람의 지성과 의지는 죄를 지은 후나 구원 받은 후나 모두 똑같이 존재합니다. 죄를 지은 후에는 타락한 상태로, 구원을 받은 후에는 회복된 형태로 존재합니다.

자동차나 컴퓨터가 고장 나면 손상된 부품을 새 것으로 교체합니다. 교체할 때 자동차나 컴퓨터를 마취하지 않습니다. 아무 고통도 느끼지 못하고, 다른 부품들이 기존 부품이 떠나는 것에 대하여 아쉬워하지도 않습니다. 이것들에게는 인격이 없고, 그래서 지성과 의지와 감성이 없습니다. 하지만 사람은 지성과 의지와 감성이 복잡하게 연관되어 있는 인격체입니다. 인격의 변화는 고장 난 지정의의 어느 부분을 갈아 끼우는 데에 있지 않고, 그 지정이의 종합적인 성장에 있습니다. 그래서 사람들의 중생 시 하나님이 주신 은혜는 영적으로 살리고, 치료하고, 바로잡고, 유쾌하면서도 강력하게 설득하는 형태로 작동합니다. 즉 지정의의 변화와 성장을 도모하는 것입니다. 이 일은 오직 모든 선을 창조하시고 보존하시고 통치하시는 하나님께서 우리와 함께 이런 식으로 행하실 때만 가능합니다. 사람은 타락으로부터 자신의 자유의지를 통하여 스스로 일어설 희망이 없습니다. 사람은 그 자유의지를 통하여 서 있는 자신을 파멸로 몰아넣었던 존재에 지나지 않습니다.

선택과 유기 교리를 잘못 이해하는 자들은 하나님께서 사람들을 로봇처럼 여기시어 어떤 로봇은 선하고 우수한 성능이 있게 결정하시고, 다른 로봇들은 악하고 떨어진 성능이 있게 결정하신다고 봅니다. 그래서 타락한 자들 중에 선택된 자는 어느 날 갑자기 그 본성이 다른 새롭게 업데이트 된 부품으로 교체되며 중생된다고 봅니다. 하지만 하나님은 사람들을 항상 인격적으로 대하시고, 그래서 사람의 의지와 특성을 제거하시거나 억지로 난폭하게 몰아대시지 않고, 그 본성을 온전하게 살리시고, 치료하시고, 바로잡으시고, 유쾌하면서도 강력하게 설득하십니다. 설득하시며 깨닫게 하시는 것입니다. 하나님은 이 긴 과정을 사랑으로 오래 참으시며 끝내 이루시고, 상한 갈대를 꺾지 아니하시고, 꺼져가는 등불을 끄지 아니하십니다. 사람들에게 남아있는 조그마한 가능성을 크게 만드시어 끝내 완성하시는 것입니다.

- **전후 논리**

제15항은 믿음의 은혜를 받은 자와 받지 않은 자의 상반된 자세에 대하여 말하고, 제16항은 그런 은혜가 사람을 인격적으로 대하여 사람의 의지와 특성을 제거하지 않고, 영적으로 생명을 주고, 치료하고, 바로잡고, 설득하는 형태로 작동한다고 말합니다.

■ **제17항 중생의 사역의 수단:**
  중생의 사역에 은혜의 수단을 사용하시는 하나님

하나님은 전능하신 사역으로 우리의 자연적 생명을 만드시고 유지하시는데, 이 사역은 수단들의 사용을 배제하지 않고 필요로 한다. 하나님은 이 수단들을 통해 그의 무한한 지혜와 선함에 따라 그의 권능을 사용하기를 원하셨던 것처럼, 또한 앞에서 언급된 우리를 중생하시는 하나님의 초월적인 이 사역도 결코 복음의 사용을 제외하거나 취소하지 않는다. 가장 지혜로우신 하나님은 복음의 사용을 중생의 씨앗과 영혼의 양식이 되게 정하셨다. 그래서 사도들과 그들을 좇았던 교사들은 하나님의 영광과 모든 교만을 낮추기 위해 하나님의 이 은혜를 사람들에게 경건하게 가르쳤고, 그 때 복음의 거룩한 교훈을 따라, 그들을 말씀과 성례와 권징의 시행 하에 두는 것을 등한시 하지 않았다. 그래서 오늘날에도 교회에서 가르치는 자나 배우는 자가 하나님께서 자신의 선한 기쁨으로 가장 밀접하게 결합하고자 원하신 것을 나누어버림으로써 하나님을 감히 시험하려고 해서는 안 된다. 왜냐하면 권면을 통해 은혜가 주어지고, 우리가 우리의 의무를 더욱 기꺼이 행할수록, 우리 안에서 작동하는 하나님의 이 은택은 더욱 빛을 발휘하곤 하고, 그분의 일은 더욱 진행되기 때문이다. 수단들과 수단들의 구원하는 열매와 효과에 대한 모든 영광은 오직 그분에게만 영원히 있어야한다. 아멘.

• 설명

우리의 자연적 생명은 하나님의 전능하신 사역에 의하여 만들어지고 유지됩니다. 이때 하나님의 전능하신 사역은 수단들의 사용을 배제하지 않고 필요로 합니다. 우리의 자연적 생명은 매일 음식을 먹어야 하고, 운동을 필요로 합니다. 하나님은 이러한 수단들을 통하여 자신의 권능을 사용하기를 원하셨는데, 이렇게 하시는 것은 하나님의 무한한 지혜와 선함에 따라 하신 것이지, 절대로 미련한 일이 아닙니다.

미찬가지로 우리를 중생하시는 하나님의 초월적인 이 사역도 결코 복음의 사용을 제외하거나 취소하지 않습니다. 역시 수단들을 필요로 합니다. 가장 지혜로우신 하나님은 복음의 사용을 중생의 씨앗과 영혼의 양식이 되게 정하신 것입니다. 그래서 사도들과 그들을 좇았던 교사들은 하나님의 영광을 위해 그리고 모든 교만을 낮추기 위해 하나님의 이 은혜를 사람들에게 경건하게 가르쳤습니다. 이때 그들은 복음의 거룩한 교훈을 따라, 사람들을 말씀과 성례와 권징의 시행 하에 두는 것을 등한시 하지 않았습니다. 말씀과 성례와 권징의 시행이 하나님께서 우리에게 은혜를 주시는 수단들이 됩니다.[59]

이것은 제16항에 따르면 하나님께서 우리를 나무와 돌이 아니라 인격적으로 대우하시어 이런 수단을 통하여 변화와 성장이 이루어지게 하신다는 것입니다. 어느날 갑자기 우리에게 하나님의 능력이 부어져 성능이 좋은 부품으로 교환이 되어 초인(超人)이 되는 것이 아니라, 은혜의 수단들의 사용을 통하여 인격적인 변화가 이루어집니다. 하나님은 복음의 사용이 우리의 중생의 씨앗이 되게 하시고, 매일 영혼의 양식이 되게 하셨습니다.[60] 복음은 우리가 중생되는 어느 한 시점에만 필요한

---

[59] 행 2:42 그들이 사도의 가르침을 받아 서로 교제하고 떡을 떼며 오로지 기도하기를 힘쓰니라.
　　고후 5:11, 20 우리는 주의 두려우심을 알므로 사람들을 권면하거니와 우리가 하나님 앞에 알리어졌으니 또 너희의 양심에도 알리어지기를 바라노라 … 그러므로 우리가 그리스도를 대신하여 사신이 되어 하나님이 우리를 통하여 너희를 권면하시는 것 같이 그리스도를 대신하여 간청하노니 너희는 하나님과 화목하라.
　　딤후 4:2 너는 말씀을 전파하라 때를 얻든지 못 얻든지 항상 힘쓰라 범사에 오래 참음과 가르침으로 경책하며 경계하며 권하라.
[60] 사 55:10, 11 이는 비와 눈이 하늘로부터 내려서 그리로 되돌아가지 아니하고 땅을 적셔서 소출이 나게 하며 싹이 나게 하여 파종하는 자에게는 종자를 주며 먹는 자에게는 양식을 줌

것이 아니라, 성도로 살아가는 인생 내내 필요한 영혼의 양식입니다.

이래서 사도들과 그들을 좇았던 교사들은 하나님의 영광을 위하여 그리고 사람들의 모든 교만을 낮추기 위해서 하나님의 이 은혜를 사람들에게 경건하게 가르쳤습니다. 이 때 이들은 복음의 거룩한 교훈을 따라, 말씀과 성례와 권징을 택자들에게 은혜를 전하는 수단들로 삼아 열심히 사용하였습니다. 어떤 교회가 참된 교회인지 여부를 판단하는 기준은 그 교회에 말씀과 성례와 권징의 시행이 있느냐는 여부입니다. 은혜의 수단과 교회의 표지(標識, the Marks of the Church)가 일치합니다.

그래서 오늘날에도 교회에서 가르치는 자나 배우는 자가 하나님께서 자신의 선한 기쁨으로 가장 밀접하게 결합하고자 원하신 것을 나누면 안 됩니다. 하나님은 우리를 은혜로 중생하시고 성장시키시는 것과, 은혜의 수단들을 사용하여 중생과 성장의 일을 하시는 것을 하나님의 가장 큰 지혜로 결합하셨습니다. 그런데 적은 지혜의 소유자가 이 결합을 나누어버림으로써 하나님을 시험하려고 감히 주제넘게 굴어서는 안 됩니다.

과 같이 내 입에서 나가는 말도 이와 같이 헛되이 내게로 되돌아오지 아니하고 나의 기뻐하는 뜻을 이루며 내가 보낸 일에 형통함이니라.
고전 1:21 하나님의 지혜에 있어서는 이 세상이 자기 지혜로 하나님을 알지 못하므로 하나님께서 전도의 미련한 것으로 믿는 자들을 구원하시기를 기뻐하셨도다.
약 1:18 그가 그 피조물 중에 우리로 한 첫 열매가 되게 하시려고 자기의 뜻을 따라 진리의 말씀으로 우리를 낳으셨느니라.
벧전 1:23, 25 너희가 거듭난 것은 썩어질 씨로 된 것이 아니요 썩지 아니할 씨로 된 것이니 살아 있고 항상 있는 하나님의 말씀으로 되었느니라 … 오직 주의 말씀은 세세토록 있도다 하였으니 너희에게 전한 복음이 곧 이 말씀이니라.
벧전 2:2 갓난 아기들 같이 순전하고 신령한 젖을 사모하라 이는 그로 말미암아 너희로 구원에 이르도록 자라게 하려 함이라.

하나님은 은혜를 택자들에게 주실 때에 권면을 통해 주시고, 권면을 받은 우리가 우리의 의무를 더욱 기꺼이 행할수록, 우리 안에서 작동하는 하나님의 은택은 더욱 빛을 발휘하고, 하나님의 일은 더욱 진행됩니다. 하나님은 우리를 나무나 돌이 아니라 주체적인 인격자로 대우하시어 은혜의 수단들을 사용하시는데, 몽매한 사람들이 어찌 감히 이 결합을 나눌 수 있겠습니까? 수단들을 정하시는 것과 이 수단들의 구원하는 열매와 효과가 우리 안에 나타나는 것에 대한 모든 영광은 가장 큰 지혜의 하나님에게만 영원히 돌려져야합니다. 도르트 신경의 각 장은 이렇게 찬송과 송영으로 끝을 맺습니다.

참고 7: 은혜의 외적 그리고 통상적 수단(the Outward and Ordinary Means of Grace)

우리는 다양한 통로를 통해 하나님의 은혜를 느낍니다. 가무음곡을 좋아하는 민족의 성향인지 저만이 아니라 많은 성도들이 경배와 찬양을 통해 은혜를 받습니다. 그런데 이러한 경배와 찬양의 은혜는 노래와 춤이 주는 감동과 흥분일 수 있으므로 진정한 은혜인지 신중하게 살펴야 합니다.

하나님의 은혜는 교회 봉사에도 있습니다. 식사와 주차와 청소와 교사 등으로 교회를 섬길 때 은혜를 받습니다. 성도들과 마음속의 여러 이야기를 쏟아내며 기쁨과 슬픔을 나누는 교제에서도 많은 은혜를 받습니다. 웅장한 산, 광활한 바다, 다양한 동물들, 천지를 뒤덮는 하얀 눈도 하나님의 은혜를 더하여 줍니다. 여러 환난과 고난, 그리고 번영과 행운도 은혜가 됩니다. 병, 실패, 배신, 이혼, 실직, 이별 등을 통해 우리는 인생을 깨달으며 하나님의 은혜를 느낍니다. 그렇게 보면 우리가 인생에서 접하는 모든 것들이 은혜의 수단들이라 할 수 있습니다.

그런데 은혜의 수단이라고 할 때는 이것들이 포함되지 않습니다. 이것들은 객관적 의식이 아니라, 하나님의 복을 누리는 주관적 조건이기 때문입니다. 하나님께서 주시는 은혜가 객관적으로 드러나는 의식을 통해 통상적으로 주어질 때 은혜의 수단이라고 합니다. 교제와 봉사와 찬양과 같은 것들은 은혜의 수단이라고 하기보다는 오히려 그 은혜를 받아서 행한 열매에 속합니다.

1. 외적 수단

객관적 의식이 면에서 은혜의 수단은 말씀과 성례입니다. 성령이 직접 불신자의 심령에 역사하여 그가 거듭날 수 있으므로 말씀만이 은혜의 수단이 아닐 수 있습니다. 그런데 성령님은 그런 때도 말씀을 통해 역사하시고, 그런 자도 영혼이 성숙하기 위해서는 하나님의 말씀을 먹고 자라야 합니다. 그러므로 이 경우에도 말씀은 은혜의 수단으로써 필요합니다.

신비주의자들은 은혜의 수단을 거부합니다. 그들은 하나님이 은혜를 직접 다양한 방법으로 주신다고 믿기 때문에, 외적인 은혜 전달 수단이란 표현을 싫어합니다. 외적인 수단은 눈에 보이는 육적인 것으로 영적인 세계와 관련이 없다고 봅니다. 자유의 성령이 그런 틀에 박힌 방법으로 일하신다고 하는 것은 성령을 제한하는 것이라 하여 싫어합니다.

하지만 말씀과 성례가 은혜의 수단이라는 것은 이것들이 은혜를 기계적으로 부어준다는 것이 아니라, 하나님이 영적이고 신비한 은혜를 주실 때 이것들을 외적이고 통상적인 수단으로 사용하신다는 의미입니다. 하나님의 은혜는 그 자체로 신비하고, 초월적이고, 영적인데, 우리가 외적이고 통상적인 수단을 통하여 안정적으로 받을 수 있도록 하나님이 마련하셨다는 의미입니다.

신비주의자들의 견해를 우리가 거부하지 않으면, 성경에 나오지 않는 방식들이어도, 개인적인 체험을 통해 효과가 있으면 은혜의 수단이라고 확정하기 쉽습니다. 감정을 고양시키는 인위적인 방법으로 황홀경을 경험하고서, 그것을 은혜를 받은 것이라고 착각하면서 주관주의와 체험주의에 빠질 수 있습니다. 이런 사람은 더 강한 체험을 위해 더 강한 인위적인 방법을 동원하기 쉽습니다.

이들은 또 성경을 통한 계시 대신에 하나님의 현현이나 꿈을 통한 직통 계시를 선호합니다. 이들은 육은 죽이는 것이고 영은 살리는 것이라고 여겨서, 성경 공부는 이성으로 하나님의 뜻을 제한하는 것이라고 비판합니다. 초월과 엑스터시와 직통 계시와 같은 신비함을 추구합니다. 이들에게는 모두가 검증할 수 있는 객관적인, 외적인, 안정적인 은혜의 수단이 없습니다.

이들은 우리의 이러한 비판에 대하여 "당신들의 삼위일체는 성부, 성자, 성경입니까?"라고 비판합니다. 이들은 우리가 성령의 자유스럽고 신비한 사역을 딱딱한 죽은 문자에 가둔다고 봅니다. 하지만 우리는 성령의 사역은 그 자체로 신비하고 초월적이고 영적임을 철저히 인정합니다. 너무나 신비하고 초월적이고 영적이라서, 우리가 이해하고 받아들이도록 하나님이 우리의 수준에 적응하시어 마련하신 것이 외적이고 통상적인 수단입니다. 말씀과 성례와 권징을 그러한 수단으로 인정하는 것이야말로 성령을 인정하는 것입니다. 성령의 사역이라고 자주 말한다고 해서 성령을 인정하는 것이 아니라, 그 분의 존재와 사역에 맞게 행동하는 것이 진정으로 그분을 인정하는 것입니다. 그들은 "성부, 성자, 초월"의 잘못된 삼위일체를 믿고 있습니다.

2. 통상적 수단

우리가 말씀과 성례와 권징을 은혜의 수단이라고 하는 것은 하나님께서 통상적으로 이것들을 은혜의 수단으로 사용하신다는 것이지, 이것이 필수불가결하다는 뜻은 아닙니다. 하나님은 이것들이 없이도 은혜를 충분히 주십니다. 그런데 하나님은 우리가 언제든 은혜의 수단으로 사용할 수 있도록 말씀과 성례와 권징을 통상적인 수단으로 주셨습니다. 그러므로 우리가 통상적 수단을 무시하면 큰 영적 손실을 보게 되고, 벼락이 우연히 떨어지기를 기다리는 요행주의자가 됩니다.

하나님은 우리에게 밭에 씨앗을 뿌리고 물을 주어 곡물을 자라게 함으로 양식을 먹게 하십니다. 하지만 하나님은 때에 따라서는 만나와 같은 매우 초월적인 방법으로 음식을 주십니다. 하나님은 아람의 침입을 받아 성에 갇히어 굶주린 이스라엘 백성에게 극적인 방법으로 먹을 것을 주셨습니다(왕하 7:6, 7).

하지만 이것들은 통상적인 경우가 아닙니다. 광야라서 곡물을 재배할 수 없어서 하나님은 만나와 메추라기를 주신 것이고, 성에 갇혀 굶주리기 때문에 하나님은 외적을 쫓아내시고 외적의 양식을 주신 것입니다. 이스라엘 백성이 이런 특별한 경우를 경험했다고 해서, 통상적인 농사를 멈추고, 다시 만나가 내리기만을 기다리면 안 됩니다. 이스라엘 백성은 가나안 땅에 들어와 만나가 그친 후에는 열심히 농사를 지어 먹을 것을 해결했습니다. 이스라엘 백성에게 통상적인 식량 조달 수단은 농사와 목축이고, 비범한 수단은 만나입니다.

하나님은 우리에게 은혜를 주실 때 병을 고치시거나, 죽은 자를 살리시거나, 환상을 보여 주시거나, 하나님을 직접 보게 하시는 방법 등을 사용하실 수 있습니다. 실제로 하나님은 이런 이적의 방법을 종종 사용하십니다. 그런데 모든 신자들이 항상 안정적으로 하나님의 은혜를 받을 수 있는 통상적인 수단은 이적이 아니라 말씀과 성례와 권징입니다. 말씀과 성례와 권징을 올바로 이용하는 신자일수록 모든 곳에서 하나님의 영원하신 능력과 신성을 찾아 발견함으로 모든 것을 은혜의 수단으로 사용할 것입니다.

3. 셋째와 넷째 교리에 대한
   항론파의 구체적 잘못에 대한 반항론파의 구체적 답변

잘못들의 거부

참된 교리가 설명되었으므로 총회는 다음과 같은 잘못들을 배격한다.

■ 제1절

잘못: 올바르게 말하자면, 원죄는 그 자체로 전 인류를 정죄하거나 현세와 영원한 벌을 주기에 충분하지 않다.

반박: 이것은 다음처럼 말하는 사도에게 모순이다: "한 사람으로 말미암아 죄가 세상에 들어오고 죄로 말미암아 사망이 들어왔나니 이와 같이 모든 사람이 죄를 지었으므로 사망이 모든 사람에게 이르렀느니라"(롬 5:12). 그리고 "심판은 한 사람으로 말미암아 정죄에 이르렀으나"(롬 5:16). 마찬가지로 "죄의 삯은 사망이요"(롬 6:23).

• 설명

우리는 제3장의 제1절만이 아니라 제5절까지 이어지는 사람의 부패에 대한 암미니안의 주장들을 살펴보면 그들이 전적 부패가 아니라 부분 부패를 주장함을 상세하게 알 수 있습니다. 알미니안과 우리 간의 결정적 차이들 중의 하나는 원죄 여부에 있습니다. 이들은 아담이 선악을 알게 하는 나무의 실과를 따먹은 죄가 전 인류를 전적으로 부패시켰고 사망 속으로 끌어들인 것을 인정하지 않고, 전적으로 부패한 본성이 후손에게 전달되지 않는다고 봅니다. 이들은 사람들이 모방을 통해 죄인이 되는 것이지 부패한 본성의 전달로 죄인이 된다고 보지 않습니다. 이에 비하여 우리는 로마서 5장 12절과 16절 등의 말씀에 의거하여 한 사람으로 말미암아 죄가 세상에 들어오고, 죄로 말미암아 사망이 들어오고, 모든 사람에게 정죄가 이른다고 봅니다. 사람들의 상태를 본성의 전달에 의한 전적 부패로 보면 하나님에 의한 무조건적 선택, 제한 속죄, 불가항력적 은혜, 성도의 견인을 받아들이고, 부분 부패로 보면 조건적 선택, 보편 속죄, 가항력적 은혜, 성도의 조건적 견인을 주장하게 됩니다. 5대 교리는 서로가 밀접하게 연결되기 때문에 어느 한 교리가 무너지면 다른 네 교리들이 다 무너집니다. 그중에서 무조건적 선택과 전적 부패는 다른 교리들의 출발점이 됩니다.

■ **제2절**

잘못: 선함, 거룩함, 공의와 같은 영적 은사들이나 좋은 성향과 덕은 사람이 처음 창조되었을 때에 사람의 의지 안에 자리를 잡을 수 없었고, 따라서 타락 시에 의지로부터 분리될 수 없다.

반박: 이것은 사도가 엡 4:24에서 말한 하나님의 형상에 관한 기술에 반하여 싸우는 것이다: 사도는 거기서 의지에 전적으로 자리를 잡고 있는 의와 거룩함으로 하나님의 형상을 기술한다.

• 설명

엡 4:24은 "하나님을 따라 의와 진리의 거룩함으로 지으심을 받은 새 사람을 입으라"고 말하고, 골 3:10은 "새 사람을 입었으니 이는 자기를 창조하신 이의 형상을 따라 지식에까지 새롭게 하심을 입은 자니라"고 말합니다. 즉 사람은 의와 거룩함과 지식이란 하나님의 형상으로 지음을 받은 존재입니다. 그러므로 사람은 처음 창조되었을 때에 선함, 거룩함, 공의 등이 사람의 의지 안에 자리를 잡고 있습니다. 그런데 아담의 타락으로 인해 이것들이 사람의 의지로부터 분리되어 전적으로 부패되었습니다. 그런데 알미니안은 하나님의 형상에 선함, 거룩함, 공의와 같은 영적 은사들이나 좋은 성향과 덕이 포함되는 것이 아니라, 사람이 인생에서 스스로 획득하는 것으로 봅니다. 그래서 아담의 타락 시에도 선함, 거룩함, 공의 등을 잃은 것은 아니고, 사람이 스스로의 노력으로 언제든 획득할 수 있다고 봅니다. 사람은 이런 노력으로 예수 그리스도도 믿는 것이고, 하나님의 은혜도 받아들이는 것이라고 보기 때문에, 하나님의 은혜를 거부할 수도 있다고 봅니다.

■제3절

잘못: 영적 은사들은 영적 죽음에서 사람의 의지와 분리되지 않는데, 왜냐하면 의지는 그 자체로 결코 부패하지 않았고, 오직 지성의 어두움과 감정의 혼잡에 의하여 방해를 받을 뿐이기 때문이다. 의지는 이러한 방해가 제거된다면 심겨진 자유로운 능력을 발휘할 수 있다. 즉 의지는 자기 앞에 놓인 어떤 선한 것을 스스로 원하고 선택할 수 있고, 또는 원하지 않고 선택하지 않을 수 있다.

반박: 이것은 새로운 것이고, 그릇된 것이고, 자유의지의 능력을 높이려는 것으로, 예레미야 선지자의 말에 반대된다: "만물보다 거짓되고 심히 부패한 것은 마음이라"(렘 17:9). 그리고 사도의 말에도 반대된다: "전에는 우리도 다 그 가운데서 (불순종의 아들들) 우리 육체의 욕심을 따라 지내며 육체와 마음의 원하는 것을 하여 다른 이들과 같이 본질상 진노의 자녀이었더니"(엡 2:3).

• 설명

제2절은 영적 은사들이 타락 시에 의지로부터 분리될 수 없다고 했는데, 제3절은 그 이유를 말해줍니다. 즉 알미니안은 의지는 그 자체로 결코 부패하지 않았고, 오직 지성의 어두움과 감정의 혼잡에 의하여 방해를 받고, 이러한 방해가 제거된다면 심겨진 자유로운 능력을 발휘할 수 있다고 봅니다. 그들은 부분 부패를 주장하는 것입니다. 부분 부패인지라, 하나님의 부분적인 은혜로 그 방해가 제거된다면, 의지는 자기 앞에 놓인 어떤 선한 것을 스스로 원하고 선택할 수 있고, 또는 원하지 않고 선택하지 않을 수 있다고 봅니다. 사람의 부분 타락이기에 하나님의 부분 은혜만 있으면 되고, 그 후에는 사람의 의지가 홀로 결정하고 행합니다.

그들은 사람의 의지에 상당한 능력과 자유를 부여하고 있습니다. 의지에 이런 능력이 있다고 보기 때문에, 자연스럽게 사람들이 스스로 예수 그리스도를 믿는 것을 원하고, 예수님을 선택한다고 봅니다. 그들은 사람들이 예수 그리스도를 원하고 선택하는 것이고, 하나님은 이것을 미리 보시고 이들을 선택하셨다고 봅니다. 이들이 하나님을 선택하고, 하나님은 이에 따라 이들을 선택하는 것으로, 하나님은 이들의 선택에 따라 영향을 받는 종속적인 존재이고, 사람들은 하나님의 선택에 영향을 주는 자유로운 존재입니다.

이런 주장은 정통 교리에 어긋나는 새롭게 등장한 틀린 주장이었고, 부패한 사람의 자유의지를 낙관적으로 높게 보는 것으로 렘 17:9과 엡 2:3에 반대됩니다.

■ 제4절

잘못: 중생되지 않은 사람은 정확하게 전적으로 죄에 있어서 죽은 것도 아니고, 영적 선행을 행할 모든 능력을 잃은 것도 아니라, 의와 생명에 대해 주리고 목말라 할 수 있고, 하나님이 받으시는, 통회하는 상한 심령의 제사를 드릴 수 있다.

반박: 이것은 성경의 명백한 증거들에 반대된다: "너는 허물과 죄로 죽었다"(엡 2:1, 5). 그리고 "사람의 마음으로 생각하는 모든 계획이 항상 악할 뿐이다"(창 6:5, 8:21). 또한 비참에서의 해방과 생명을 주리고 목말라하는 것 그리고 하나님에게 상한 심령의 제사를 드리는 것은 중생자와 복 있는 자라 불리는 자들에게 속한 것이다(시 51:17).[61]

• 설명

제1절부터 제3절까지 확인한 것처럼, 알미니안은 전적 부패가 아니라 부분 부패를 믿습니다. 그래서 비중생자가 정확하게 전적으로 죄에 있어서 죽은 것도 아니고, 영적 선행을 행할 모든 능력도 잃은 것이 아니라고 봅니다. 비중생자도 의와 생명에 대해 주리고 목말라 할 수 있고, 하나님이 받으실만한, 통회하는 상한 심령의 제사를 드릴 수 있다고 봅니다. 그래서 거듭 말하지만 그들은 하나님께서 믿음의 결단을 내리

---

61 시 51:17 하나님께서 구하시는 제사는 상한 심령이라 하나님이여 상하고 통회하는 마음을 주께서 멸시하지 아니하시리이다.

고, 믿음의 순종을 계속하여 끝까지 할 자들을 미리 보시고 선택하셨다고 주장합니다.

이러한 주장은 사람들이 허물과 죄로 죽었고, 사람의 마음으로 생각하는 모든 계획이 항상 악할 뿐이라고 말하는 성경의 명백한 증거들에 반대됩니다. 또한 비참에서 해방되는 것과 생명을 주리고 목말라하는 것과 하나님에게 상한 심령의 제사를 드리는 것은 비중생자가 아니라 중생자와 복 있는 자라 불리는 이들에게 속한 것입니다. 아르미니우스주의는 성경에 의거하여 쉽게 논박됩니다.

■ 제5절

잘못: 부패한 자연인은, 그들에게는 본성의 빛이 되는 일반 은총(common grace)이나 타락 후에 남아 있는 은사들을 매우 잘 사용할 수 있고, 이것을 잘 사용하여 더 큰 은혜를, 즉 복음적이거나 구원적인 은혜를, 그리고 구원 자체를 점진적으로 얻을 수 있다. 이러한 방식으로 하나님은 모든 사람들에게 그리스도를 계시하는 것을 준비하시기 위해 자신의 편에서 자신을 나타내신다. 왜냐하면 하나님은 그리스도의 드러냄과 믿음과 회심에 필요한 수단들을 모든 이들에게 충분하게 효과적으로 경영하시기 때문이다.

반박: 모든 시대의 경험은 말할 것도 없고, 성경이 이것은 틀렸다고 증거한다: "그가 그의 말씀을 야곱에게 보이시며 그의 율례와 규례를 이스라엘에게 보이시는도다 그는 어느 민족에게도 이와 같이 행하지 아니하셨나니 그들은 그의 법도를 알지 못하였도다"(시 147:19, 20). "하나님이 지나간 세대에는 모든 민족으로 자

기들의 길들을 가게 방임하셨으나"(행 14:16). "성령이 아시아에서 말씀을 전하지 못하게 하시거늘 그들(바울과 그의 동료들)이 브루기아와 갈라디아 땅으로 다녀가 무시아 앞에 이르러 비두니아로 가고자 애쓰되 예수의 영이 허락하지 아니하시는지라"(행 16:6, 7).

• 설명

알미니안은 부패한 사람일지라도 특별하게 지정의의 문제가 없는 일반적 사람이라면 일반 은총이나 타락 후에 남아 있는 은사들을 매우 잘 사용할 수 있다고 봅니다. 그들이 본성의 빛이라고 보는 일반 은총은 전적으로 죄에 있어서 죽지 않아, 그들은 이를 사용하여 의와 생명에 대해 주리고 목말라 할 수 있다고 여깁니다.

우리는 제3장 제4항에서 참고4를 통하여 일반 계시(General Revelation)의 유용성과 불충분성에 대하여 살펴보았는데, 이때 일반 계시는 하나님께서 자신을 알려주실 때 신자나 불신자 모두에게 알려주신 계시입니다. 일반 은총(Common Grace)도 신자나 불신자 모두에게 하나님께서 주신 은혜를 의미합니다. 일반 계시가 일반 은총에 속합니다. 하나님은 일반 계시를 통하여 사회의 질서와 공의가 유지되고, 사람들의 악한 죄가 억제되게 하십니다. 이것 때문에 사람들은 양심의 가책을 느끼고 여론을 의식하여 악한 죄를 절제하게 됩니다. 하나님은 악한 죄를 벌하시고 선한 행위에 보상하시어 일반 사람들의 양심을 깨우며 선을 권장하십니다. 하나님은 또 생육과 번성, 햇빛과 비, 음료[62] 등과 같은 일반적 복을 불신자에게도 주십니다. 신자는 이런 양심의 가책과 일반적 복이 하나님으로부터 온 줄 알고 감사하고 찬양하지만, 불신자는 스스로의 능력과 운으로 얻었다고 교만하게 생각합니다.

알미니안은 사람들이 죄를 지은 이후에도 일반 은총(본성의 빛)이나 남아 있는 은사들의 상태와 질에 대하여 낙관적으로 생각합니다. 이것들을 잘 사용하여, 그에 대한 대가로 더 큰 은혜를 점진적으로 받을 수 있다고 봅니다. 이 은혜는 바로 복음적이거나 구원적인 은혜를, 그리고 구원 자체를 뜻합니다. 이런 큰 은혜는 단번에 사람들에게 주어지지 않고, 사람들이 얼마나 일반 은총과 은사들을 잘 사용하느냐에 따라 주어집니다.

그들은 하나님께서 이러한 방식으로 자신의 편에서 자신을 나타내시는데, 이것은 모든 사람들에게 그리스도를 계시하는 것을 준비하시기 위함이라고 봅니다. 하나님은 이렇게 그리스도의 드러냄과 믿음과 회심에 필요한 수단들을 모든 이들에게 충분하게 효과적으로 경영하십니다. 그들은 하나님께서 그 수단들을 절대로 택자들에게만 주시지 않고, 모

---

62 창 17:20 이스마엘에 대하여는 내가 네 말을 들었나니 내가 그에게 복을 주어 그를 매우 크게 생육하고 번성하게 할지라 그가 열두 두령을 낳으리니 내가 그를 큰 나라가 되게 하려니와.
마 5:45 이같이 한즉 하늘에 계신 너희 아버지의 아들이 되리니 이는 하나님이 그 해를 악인과 선인에게 비추시며 비를 의로운 자와 불의한 자에게 내려주심이라.
행 14:17 그러나 자기를 증언하지 아니하신 것이 아니니 곧 여러분에게 하늘로부터 비를 내리시며 결실기를 주시는 선한 일을 하사 음식과 기쁨으로 여러분의 마음에 만족하게 하셨느니라 하고.

든 사람들에게 공평하게 주신다고 봅니다. 그래서 모든 사람들은 본성의 빛과 남아 있는 은사를 잘 활용하여 그리스도를 믿을지 말지를 결정해야 합니다.

  이런 잘못된 주장에 대하여 도르트 총회는 이 주장이 모든 시대의 경험에도 맞지 않고, 무엇보다 성경에 맞지 않다고 봅니다. 시 147:19, 20은 하나님께서 오직 이스라엘 민족에게만 하나님의 말씀과 유례와 규례를 보이셨다고 말합니다. 즉 택자들에게만 회심에 필요한 수단들을 주시고 적용하시는 것이지, 모든 이들이 아닙니다. 행 14:16은 하나님이 지나간 세대에는 모든 민족으로 자기들의 길들을 가게 방임하셨다고 말합니다. 즉 모든 사람들이 전적으로 부패하여 자기들의 길들을 가지, 절대로 의와 생명에 대해 주리고 목말라 하는 길로 가지 않습니다. 행 16:6, 7은 성령이 아시아에서 말씀을 전하지 못하게 하셨고, 비두니아로 가고자 애쓰는 바울과 그의 동료들을 예수의 영이 허락하지 아니하셨다고 말합니다. 바울 당시에 아시아 사람들은 하나님의 말씀을 듣지 못한 것입니다. 알미니안은 성경의 이러한 구절들마저도 부분 부패라는 자신들의 교리에 맞추어 그릇되게 해석하고 있습니다.

■ 제6절

잘못: 사람의 참된 회심에 있어 새로운 자질, 성향 또는 은사가 하나님에 의해 그의 의지에 주입될 수 없다. 따라서 우리는 믿음에 의해 처음 회심되고, 믿음으로부터 신자들이라고 불리는데, 이 믿음은 하나님에 의해 주입되는 자질이나 은사

가 아니라, 오직 사람의 행위인 것이고, 믿음은 믿음에 도달하는 능력이란 관점에서 은사라고 말해질 수 없다.

반박: 이것은 거룩한 성경에 위배되는데, 성경은 하나님께서 믿음과 순종과 그분의 사랑에 대한 지각이라는 새로운 자질을 우리의 마음에 주입하신다는 것을 증거한다: "내가 나의 법을 그들의 속에 두며 그들의 마음에 기록하여"(렘 31:33). "나는 목마른 자에게 물을 주며 마른 땅에 시내가 흐르게 하며 나의 영을 네 자손에게 부어 주리니"(사 44:3). "우리에게 주신 성령으로 말미암아 하나님의 사랑이 우리 마음에 부은 바 됨이니"(롬 5:5). 이것은 또한 선지자와 함께 기도하는 교회가 지속적으로 행해온 것에도 어긋나는 것이다: "나를 이끌어 돌이키소서 그리하시면 내가 돌아오겠나이다"(렘 31:18).

• 설명

알미니안은 각 개인이 자신의 의지로 회심에 필요한 새로운 자질, 성향 또는 은사를 직접 획득한다고 봅니다. 그들은 사람들을 처음 회심시키고, 신자들이라고 부르게 하는 믿음도 하나님에 의해서 주어지는 선물이 아니라, 사람들이 스스로 하는 행위로 봅니다. 그래서 어떤 사람이 믿음에 도달하는가 마는가는 각 사람의 의지의 능력에 달려 있습니다. 이런 관점에서 믿음은 절대로 하나님이 주시는 은사가 될 수 없고, 사람이 스스로 쟁취하는 획득물이 됩니다.

도르트 신경은 이런 주장을 성경에 위배되는 것으로 보면서, 하나님께서 택자들에게 믿음과 순종과 그분의 사랑에 대한 지각이라는 새로운 자질을 택자들의 마음에 주입하신다고 봅니다. 하나님께서 하나님의 법을 사람들의 속에 두시고 그 마음에 기록하시어, 그들이 하나님을 인식하고 고백하는 것입니다(렘 31:33). 하나님께서 영을 사람들에게 부어 주시어, 그들이 믿음이 생겨 주님을 고백하고 주님의 길을 좇습니다(사 44:3). 하나님은 성령을 사람들에게 주시어 그들의 마음에 하나님의 사랑을 부으십니다(롬 5:5). 하나님께서 사람들을 이끄시어 돌이키시지 않으면 돌아갈 자가 없습니다(렘 31:18).

    얼마나 많은 사람들이 성경에 나오는 믿음을 사람이 자신의 능력으로 결단하는 행위로 여기는지 모릅니다. 이런 선(先)이해를 갖고 성경에 나오는 믿음이라 단어를 바라보는데, 이것은 성경 전체에 대한 오해로 이어집니다. 독자들께서는 믿음이 하나님의 선물이란 올바른 이해를 갖고 성경을 보시기 바랍니다. 그러면 예전과 다르게 성경을 더 깊고 올바르게 보게 되고, 그간 우리가 얼마나 하나님의 일하심을 우리가 하는 것으로 오해했는지, 그리고 하나님은 우리가 생각하는 것보다 더 큰 선물을 우리에게 주셨음을 느낄 것입니다.

■ 제7절

잘못: 우리를 하나님께로 회심케 하는 은혜는 부드러운 권고 이외에 다른 것이 아니다. 또는 (다른 이들이 설명하는 것처럼) 권고로 이루어지는 것이 사람의 회심에 있어서 가장 고상한 작동 방식이고, 사람의 본성에 가장 적합하다. 그리고 그 어떠한 것도 오직 도덕적 은혜가 자연인을 영적으로 만드는 것을 방해하지 않는다.

참으로 하나님은 도덕적 방식 이외에 다른 것으로 의지의 동의를 만드시지 않는다. 그리고 신적인 사역의 효력이 사탄의 사역보다 뛰어난 것은 하나님은 영원한 선을 약속하시고, 사탄은 현세적 선을 약속한다는 점에 있다.

반박: 이것은 전적으로 펠라기우스주의이고, 성경 전체에 반대되는데, 성경은 사람의 회심에 있어서 이것 이외에 또한 다른 것을 더욱 효력적이라고, 그리고 성령이 행하시는 신적인 방식이라고 인정한다: "또 새 영을 너희 속에 두고 새 마음을 너희에게 주되 너희 육신에서 굳은 마음을 제거하고 부드러운 마음을 줄 것이며"(겔 36:26).

- 설명

알미니안은 사람의 부분 부패를 믿기에, 하나님의 은혜가 사람이 저항할 수 없는 방식이 아니라, 단지 부드럽게 권고하는 방식으로 작동되어도 사람이 회심할 수 있다고 여깁니다. 그들은 권고의 방식이 가장 고상한 작동 방식이고, 사람의 본성에 가장 적합하다고 봅니다. 즉 사람의 본성이 부분 부패하였으므로 부드러운 권고가 적합하지, 다른 강제적 요인이 필요하지 않다고 보는 것입니다. 그리고 그 어떠한 것도 도덕적 은혜가 자연인을 영적으로 만드는 것을 방해하지 않는다고 봅니다. 오직 도덕적 은혜만으로 충분한 것이고, 참으로 하나님은 도덕적 방식 이외에 다른 것으로써 의지로 동의하게 만드시지 않는 것입니다. 그들은 사람의 부패를 얼마나 낙관적으로 보는지 모르고, 사탄의 권세와 방해를 얼마나 작게 보는지 모릅니다.

알미니안은 신적인 사역의 효력이 사탄의 사역보다 뛰어난 것은 하나님은 영원한 선을 사람들에게 약속하시고, 사탄은 현세적 선을 약속한다는 점에 있다고 봅니다. 하지만 하나님이 사탄보다 좋은 것을 약속하실지라도 사람들에게 최종적으로 주시는 것은 아니므로, 이런 약속의 가치를 사람들이 깨닫고서 자신의 의지로 노력하여 성취해야 합니다. 그런데 사람들이 그것을 성취할 방법이 없다면 이것은 잔인한 희망 고문에 지나지 않습니다.

도르트 총회는 이들의 잘못된 주장에 대하여 전적으로 펠라기우스주의이고, 성경 전체에 반대된다고 비판했습니다. 성경은 사람의 회심에 있어서 도덕적 권고 이외에 다른 것이 더욱 효력적이고, 성령이 행하시는 신적인 방식이라고 말합니다. 하나님은 새 영을 사람들 속에 두고, 새 마음을 사람들에게 주어 그들의 육신에서 굳은 마음을 제거하고 부드러운 마음을 주시는 것입니다(겔 36:26). 이 방식 이외에 다른 방식으로 사람의 죽은 마음을 변화시킬 방법이 없습니다. 부드러운 권고나 도덕적 은혜로는 불가능하고, 하나님께서 새 영을 사람들 속에 둘 때만 가능합니다. 하나님은 뛰어난 영원한 선을 약속하시며, 동시에 거기에 이르는 길도 우리로 걷게 하시는데, 우리는 그 길을 통하여 영원한 선을 믿음으로 얻은 후에야, 그 길마저도 하나님이 우리에게 주신 것임을 깨닫습니다. 하나님은 오른손이 하는 크신 일을 왼손이 모르게 얼마나 많이 우회하시며 이루시는지 모릅니다. 우리가 찬양해야 할 분은 오직 이 분밖에 없습니다.

■ 제8절

잘못: 하나님은 사람의 중생에서 사람의 의지를 믿음과 회심으로 강력하고 틀림없이 굽히게 하시는 자신의 전능하신 능력을 사용하시지 않는다. 하나님께서 사람을 회심시키기 위하여 사용하시는 은혜의 모든 사역은 이루어졌기 때문에, 사람은 사람의 중생을 의도하시고 사람을 중생시키기를 원하시는 하나님과 성령을 저항할 수 있다. 그리고 실제로 사람은 종종 저항하여, 자신의 중생을 전적으로 거부한다. 그래서 중생될 것인지 말 것인지는 정말로 사람 자신의 능력에 달려있다.

반박: 이것은 우리의 회심에서 하나님의 은혜의 모든 효력을 빼앗는 것에 지나지 않고, 전능하신 하나님의 일하심을 사람의 의지에 종속시키는 것에 지나지 않는 것으로, 다음처럼 가르치는 사도에게 반대된다: "그의 힘의 위력으로 역사하심을 따라 믿는 우리에게"(엡 1:19). 그리고 "하나님이 모든 선을 기뻐함과 믿음의 역사를 능력으로 이루게 하시고"(살후 1:11). 마찬가지로 "그의 신기한 능력으로 생명과 경건에 속한 모든 것을 우리에게 주셨으니"(벧후 1:3).

• 설명

알미니안은 하나님께서 전능하신 능력으로 사람의 의지를 강력하고 틀림없이 굽히게 하시어 믿음과 회심으로 이끄시어 중생을 이루신다고 보지 않습니다. 하나님은 사람의 회심을 위하여 하나님이 하시는 은혜의 모든 사역을 이미 마치셨고, 이것의 획득 여부는 사람에게 달려 있습니다. 하나님은 사람의 중생을 의도하시고 원하셔서 은혜의 모든 사역을 이미 마치셨기 때문에, 더 이상 사람의 의지에 강력하고 틀림없게 개입하지 않으십니다. 따라서 사람은 이미 사역을 마치신 하나님과 성령을 저항할 수 있고, 실제로 종종 저항하였습니다. 사람이 중생될 것인지 말 것인지는 사람 자신의 능력에 달려있는 것입니다.

    이것은 우리의 회심에서 하나님의 은혜의 모든 효력을 빼앗는 것에 지나지 않고, 전능하신 하나님의 일하심을 사람의 의지에 종속시키는 것에 지나지 않습니다. 알미니안을 따르면 하나님의 은혜는 사람의 결정에 따라 은혜가 되기도 하고, 안 되기도 하는 형국입니다. 가변적이고 몽매한 사람의 결정에 회심이 달려있게 하는 방식은 너무나 큰 도박에 지나지 않습니다. 하나님의 진정한 전능하심과 참된 은혜는 가변적이고 몽매한 사람의 의지를 굽히시어 그들로 깨닫게 하시는 것이어야 하고, 그들로 예수 그리스도를 받아들이게 하셔야 합니다. 이것의 여부를 사람의 의지에 맡기는 것은 사람을 존중하는 것이 아니라, 사람을 불가능 속으로 던지는 것입니다.

    그들은 사람의 부패한 상태를 이렇게 부분 부패로 낙관적으로 보기 때문에, "구원의 획득"과 "구원의 적용"을 분리시켰습니다. 예수님이 모든 사람들을 위하여 죽으시며 이루신 구원의 획득을 받을 것인지 말 것인지가 사람의 깨달음과 결단에 달려 있습니다. 사람이 스스로 구원을 자신에게 적용하는 것이지, 절대로 하나님과 성령이 하시지 않고, 사람은 중생시키시는 하나님과 성령을 거부할 수 있습니다. 구원의 획득과 구원의 적용을 분리하는 알미니안의 보편 속죄는 실상은 사람들이 전적 부패하였기 때문에 보편 구원으로 이어지지 않고, 불가능한 구원으로 이어질 뿐입니다.

■ **제9절**

잘못: 은혜와 자유의지는 회심의 시작에 있어서 동시에 작동하는 부분적인 원인들이다. 은혜는 인과관계의 순서에서 의지의 작용을 앞서지 않는다. 즉 하나님은 사람의 의지 자체가 의지를 움직이고 결정하기까지 사람의 의지를 회개에 이르도록 먼저 효력 있게 도우시지 않는다.

반박: 고대 교회는 오래 전에 펠라기안의 이 교리를 사도의 말씀에 따라 정죄하였다: "그런즉 원하는 자로 말미암음도 아니요 달음박질하는 자로 말미암음도 아니요 오직 긍휼히 여기시는 하나님으로 말미암음이니라"(롬 9:16). 그리고 "누가 너를 남달리 구별하였느냐? 네게 있는 것 중에 받지 아니한 것이 무엇이냐?"(고전 4:7). 마찬가지로 "너희 안에서 행하시는 이는 하나님이시니 자기의 기쁘신 뜻을 위하여 너희에게 소원을 두고 행하게 하시나니"(빌 2:13).

• 설명

알미니안은 하나님의 은혜가 사람의 자유의지에 앞서서 작동하는 근본 원인이라고 생각하지 않습니다. 이 두 개는 동시에 작동하는 부분적인 원인들이지, 은혜가 먼저 작동하여 의지로 작용하게 한다고 보지 않습니다. 하나님은 사람의 의지가 움직이고 결정하도록 하시지, 하나님이 사람의 의지를 먼저 효력 있게 도우셔서 그 의지로 회개에 이르게 하시지 않는다고 봅니다. 알미니안에 따르면 하나님과 사람의 의지가 협력하여 사람의 구원을 이룹니다. 신인협력설로, 하나님의 은혜는 절대로 사람의 자유의지의 동의 없이 일하지 않는 것입니다.

고대 교회는 오래 전에 이런 주장을 펠라기안의 주장으로 보고 사도의 말씀에 따라 정죄하였습니다. 구원은 절대로 원하는 자로 말미암음도 아니고, 달음박질하는 자로 말미암음도 아니고, 오직 긍휼히 여기시는 하나님으로 말미암습니다(롬 9:16). 즉 긍휼히 여기시는 하나님의 은혜가 없으면 사람은 구원받지 못합니다. 우리를 남달리 구별하신 분은 하나님이시고, 사람에게 있는 것 중에 하나님으로부터 받지 아니한 것이 없습니다(고전 4:7). 우리의 선한 생각과 의지, 그리고 믿음까지도 모두 하나님에게서 난 것들입니다. 하나님은 우리 안에서 행하시어 자신의 기쁘신 뜻을 위하여 우리에게 소원을 두고 행하게 하십니다(빌 2:13). 우리가 예전에는 우리의 의지의 작용으로 이런 생각과 노력을 하여 이런 성과를 낸다고 여겼는데, 인생을 살수록 우리의 생각과 노력과 믿음이 우리 의지의 산물이 아니라 하나님의 선물임을 느끼게 됩니다. 어떤 생각과 소원을 갖고 어떤 행함을 하느냐는 하나님의 귀한 선물입니다.

이해와 나눔을 위한 질문

0. ① 항론파의 제3조항은 어떤 면에서 잘못되었습니까?
   ② 항론파의 제4조항은 어떤 면에서 잘못되었습니까?
   ③ 항론파의 제3조항이 그 자체로 잘못된 구절이 없지만, 제4조항의 전제에 의거하여 쓰여진 것이므로, 알미니안은 제3조항을 도르트 총회의 입장과 다르게 해석합니까?

1. ① 하나님의 형상으로 창조된 사람은 지성, 의지와 마음, 그리고 정서에 무엇이 갖추어졌습니까?
   ② 하나님을 반항한 사람은 이것들 대신에 무엇을 지성, 의지와 마음, 그리고 정서에 가져왔습니까? 엡 4:18-19을 살펴봅시다.

2. ① 부패는 모방에 의한 것입니까? 아니면 본성의 전달을 통한 것입니까? 롬 5:12절을 통해 살펴봅시다.
   ② 부패가 본성의 전달을 통해 퍼져나갔다면 예수 그리스도도 포함됩니까? 그리스도는 이것에서 제외되기 위하여 어떻게 잉태되었습니까?

3. ① 모든 사람들은 죄 속에서 잉태되고, 진노의 자녀들로 태어나, 전적

부패하였습니까? 아니면 중립적으로 태어난 후에 죄를 지어서 죄인입니까?

② 부패한 사람들은 성령의 중생의 은혜 없이는 부패에서 벗어날 수 없습니까? 성령의 중생의 은혜 없이도 부패에서 벗어날 수 있습니까?

4. ① 사람이 타락 후에도 짐승과 달리 월등한 인식 능력을 갖는 것은 본성의 빛 때문입니까? 그런데 사람이 이 본성의 빛으로 하나님에 대한 구원하는 지식을 갖고 회심할 수 있습니까?

② 참고3에서 그리스도인에게 있어서 내적 인식 원리와 외적 인식 원리는 각각 무엇입니까?

③ 참고4에서 신자와 불신자 모두에게 허락된 일반 계시(general revelation)의 유용성과 불충분성은 각각 무엇입니까?

5. ① 십계명(율법)은 어떤 역할을 합니까?

② 십계명(율법)은 사람에게 치료책을 제공하고, 비참함에서 벗어나는 능력을 주고, 사람은 그것을 통하여 구원하는 은혜를 얻을 수 있습니까?

6. ① 본성의 빛도 율법도 할 수 없는 것을 하나님은 어떻게 성취하십니까?

② 하나님은 복음을 통하여 옛 언약과 새 언약 모두에서 믿는 사람들을 구원하시는 것을 기뻐하셨는데, 그렇다면 구약의 백성도 신약의 백성처럼 복음을 통하여 구원받은 것입니까?

7. ① 하나님은 자신의 뜻의 신비를 신약에서는 민족들 간에 차이 없이 다수에게 나타내셨는데, 이런 경륜의 원인은 무엇입니까?
② 모든 공로를 넘어서고 역행하여 매우 큰 은혜를 받은 자들은 어떤 자세를 취해야 합니까?

8. ① 복음을 통해 부름을 받은 자들은 왜 진지하게 부름을 받은 것입니까? 사 55:1, 마 22:4, 요 6:37, 마 11:28-29을 통해 살펴봅시다.
② 하나님은 자신에게 와서 믿는 모든 자들에게 영혼의 안식과 영생을 진지하게 약속하십니까?

9. ① 하나님께서 사람들을 복음을 통해 진정으로 부르시는데, 그들 중 많은 자들이 회심하지 않는 이유는 무엇입니까? 복음이나 그리스도나 하나님에게 잘못이 있습니까?
② 부름을 받은 자들이 회심하지 않는 이유를 마 7:6, 13:18-23을 통해 살펴봅시다.
③ 선택과 유기 교리는 하나님을 죄와 불신의 조성자로 만듭니까? 아니면 하나님은 사람들을 복음을 통해 진정으로 부르시는데, 많은

자들이 스스로의 무지와 고집과 정욕으로 나오지 않는 것이라고 올바로 가르칩니까?

10. ① 복음의 사역을 통해 부름을 받은 자들이 나아와 회심하게 되는 것의 원인은 무엇입니까? 그들은 다른 이들로부터 자유의지를 통하여 자신들을 구별하여 회심한 것입니까?

② 하나님은 자기 백성을 영원에서 그리스도 안에서 선택하셨고, 그래서 그들을 시간 속에서 효력 있게 부르시고, 믿음과 회개를 주시고, 흑암의 권세에 버려진 자들을 그의 아들의 나라로 옮기시기 때문에, 사람은 회심하는 것입니까? 즉 하나님께서 회개를 주시기 때문에 회심하는 것이고, 회심은 구원의 수단들 중 하나에 속하는 것입니까? 제1장 제7항을 참고하시오.

③ 골 1:13, 롬 9:16, 엡 2:8-9, 벧전 2:9, 고전 1:31을 통해 살펴봅시다.

④ 가까운 원인에 빠지면 회심한 우리를 높이게 되고, 먼 원인을 살피면 회심하게 하신 하나님께 영광을 돌리고 찬양하게 됩니까?

11. ① 제10항은 회심의 원인이 하나님에게 있다고 말하고, 제11항은 이런 회심의 과정을 설명해주는데, 그 상세한 과정에 대하여 서로 나누어 봅시다.

② 성령을 통한 조명과 부드러움과 할례와 선행의 열매를 고전 2:10-14, 행 16:14, 히 4:12; 겔 11:19, 36:26; 신 30:6; 마 7:18에 의거하여 살

펴봅시다.

③ 예전에는 사람이 하는 일로 여겨졌던 일들이나 성경구절들이 신앙생활을 할수록 하나님이 하시는 일들과 성경구절들로 여겨집니까? 깊이, 널리 볼수록 사람이 아니라 하나님이 먼 원인으로 일하심을 느끼는 일들이나 성경구절들이 있으면 나누어 봅시다.

④ 참고5에서 루터의 노예의지가 무엇인지 나누어 봅시다.

⑤ 참고6에서 자유의지가 무엇인지 웨스트민스터 신앙고백 9장을 통해 살펴봅시다.

12. ① 제11항은 회심의 과정이 어떻게 작동되는지 설명해주고, 제12항은 하나님께서 이 일을 사람과 어떤 관계에서 이루시는지를 말하는데, 이에 대하여 나누어봅시다.

② 죄로 죽은 사람들이 단지 외적으로 소리 내는 가르침이나 도덕적 설득으로 깨닫지 못함을 고후 4:6, 엡 5:14에 의거하여 살펴봅시다.

③ 회심이 창조나 죽은 자들의 부활보다 더 작거나 열등하지 않음을 요 5:25, 롬 4:17에 의거하여 살펴봅시다.

④ 새로워진 의지는 하나님에 의해 행해지고 움직일 뿐만 아니라, 하나님에 의하여 인도되어 의지 자체가 행합니까? 하나님이 믿게 하시고, 사람 자신이 직접 믿는 것이고, 하나님이 회개하게 하시고, 사람 자신이 직접 회개하는 것이라고 말할 수 있습니까? "하나님께서 우리 없이, 우리 안에서 행하신다."는 것의 의미를 나누어 봅시다.

13. ① 제12항은 회심의 일을 하나님께서 우리 없이, 우리 안에서 행하시지만, 또한 사람 자신이 받은 그 은혜를 통하여 믿는 것이고 회개하는 것이라고 말하는데, 이런 작동의 방식을 신자들이 이 생애에서 온전히 이해할 수 있습니까? 요 3:8을 통해 살펴봅시다.

② "바람의 길이 어떠함과 아이 밴 자의 태에서 뼈가 어떻게 자라는지를 네가 알지 못함 같이 만사를 성취하시는 하나님의 일을 네가 알지 못하느니라"(욥 11:5)는 말씀을 나누어 봅시다. 주변에 이용 방법은 알지만, 그 작동 방식은 잘 모르는 자연 현상들에 대해 나누어 봅시다.

14. ① 믿음은 하나님의 선물인데, 하나님께서 사람에게 믿음을 주시고, 그 후에 사람이 믿을 것인지 말 것인지를 결정한다는 의미입니까? 아니면 하나님에 의해서 사람에게 실제로 믿음이 수여되고, 불어넣어지고, 주입된다는 의미입니까?

② 하나님께서 믿음을 원하는 것과 행하는 것을 작동하시고, 실제로 모든 사람에게서 모든 것을 작동하시는 하나님은 사람에게서 믿는 의지와 믿는 것 자체를 생성하십니까? 엡 2:8과 빌 2:13을 통해 살펴봅시다.

15. ① 하나님은 회심하는 은혜를 사람들에게 주시는데, 이 은혜를 누구에게 빚지고 계십니까? 롬 11:35, 고전 4:7을 통해 살펴봅시다.

② 따라서 회심의 은혜를 받은 자가 하나님께 가져야 할 태도는 무엇입니까? 이에 반해 이 은혜를 받지 않은 자는 어떤 태도를 취합니까?

③ 외적으로 믿음을 고백하고 삶을 개선하는 자들에 대해서 우리는 어떤 태도를 취해야 하는지 롬 14:10에 의거하여 살펴봅시다.

④ 아직 부르심을 받지 못한 이들에 대해서 우리는 어떤 태도를 취해야 하는지 롬 4:17에 의거하여 살펴봅시다.

16. ① 전체 인류에게 퍼진 죄가 인류의 본성을 제거하는 것이 아니라, 부패시키고 영적으로 죽이는 것처럼, 중생의 신적인 은혜도 사람을 나무나 돌처럼 여기며 사람 안에서 행하지 않고, 영적으로 살리고(엡 2:1, 롬 8:2), 치료하고, 바로잡고, 유쾌하면서도 강력하게 설득하는(시 51:12, 빌 2:13) 것입니까?

② 하나님은 사람들을 항상 인격적으로 대하시어 사람의 의지와 특성을 제거하시거나 억지로 난폭하게 몰아대시지 않고, 사랑으로 오래 참으시며 중생의 긴 과정을 끝내 이루십니까? 상한 갈대를 꺾지 아니하시고, 꺼져가는 등불을 끄지 아니하시고, 사람들의 작은 가능성을 크게 만드시어 끝내 완성하십니까?

17. ① 사람의 자연적 생명은 음식과 운동을 필요로 하는데, 중생의 초월적인 사역도 말씀과 성례와 권징을 필요로 합니까? 행 2:42, 고후

5:11, 20, 딤후 4:2을 통해 살펴봅시다. 이것은 사람을 나무나 돌처럼 여기지 않는다는 제16항과 일치합니까?

② 복음은 중생의 어느 한 시점만이 아니라, 성도로 살아가는 인생 내내 필요한 영혼의 양식임을 사 55:10-11, 고전 1:21, 약 1:18, 벧전 1:23, 25, 벧전 2:2을 통해 살펴봅시다.

③ 은혜의 수단과 교회의 표지(標識, the Marks of the Church)가 일치합니까? 즉, 어떤 교회가 참된 교회인지 여부는 그 교회에 은혜의 수단이 있는지 여부와 같습니까?

④ 참고7을 통해 "은혜의 외적 그리고 통상적 수단"(the outward and ordinary means)에 대하여 살펴봅시다.

■ 항론파의 잘못된 주장과 반항론파의 그에 대한 반박

–1. ① 원죄는 그 자체로 전 인류를 정죄하거나 현세와 영원한 벌을 주기에 충분하지 않습니까?

② 항론파는 이렇게 원죄의 존재와 전가를 인정하지 않고, 모방을 통한 죄의 확산을 주장합니다. 롬 5:12, 16, 6:23을 통해 논박하여 봅시다.

③ 사람들의 상태를 본성의 전달에 의한 전적 부패로 보면 하나님에 의한 무조건적 선택, 제한 속죄, 불가항력적 은혜, 성도의 견인으로

이어집니까? 반대로 부분 부패로 보면 조건적 선택, 보편 속죄, 가항력적 은혜, 성도의 조건적 견인으로 이어집니까? 5대 교리는 서로가 밀접하게 연결되어 어느 한 교리가 무너지면 다른 네 교리들도 무너집니까?

-2. ① 선함, 거룩함, 공의와 같은 영적 은사들이나 좋은 성향과 덕이 사람이 처음 창조되었을 때에 사람의 의지 안에 자리를 잡은 것을 엡 4:24, 골 3:10을 통해 살펴봅시다.
② 알미니안은 하나님의 형상에 이것들이 포함되지 않고, 사람이 인생에서 스스로 획득하는 것으로 봅니까?

-3. ① 알미니안은 제2절에서 영적 은사들이 타락 시에 의지로부터 분리될 수 없다고 했는데, 제3절에서 의지는 그 자체로 결코 부패하지 않았고, 오직 지성의 어두움과 감정의 혼잡에 의하여 방해를 받고, 이러한 방해가 제거된다면 심겨진 자유로운 능력을 발휘할 수 있는 것이라며 그 이유를 설명해줍니까?
② 이런 주장은 정통 교리에 어긋나는 새로운 틀린 주장이고, 부패한 사람의 자유의지를 낙관적으로 높게 보는 것임을 렘 17:9과 엡 2:3을 통해 살펴봅시다.

-4. ① 비중생자가 전적으로 죄에 있어서 죽은 것도 아니고, 영적 선행을

행할 모든 능력을 잃은 것도 아닙니까? 의와 생명에 대해 주리고 목말라할 수 있고, 하나님이 받으시는, 통회하는 상한 심령의 제사를 드릴 수 있습니까? 알미니안의 이런 주장들을 통해 이들은 일관되게 부분 부패를 주장함이 확인됩니까?

② 이들의 주장이 틀림을 엡 2:1, 5, 창 6:5, 8:21, 시 55:17, 마 5:6을 통해 살펴봅시다.

-5. ① 알미니안은 부패한 자연인도 일반 은총(본성의 빛)이나 남아 있는 은사들의 활용을 통하여 구원 자체를 점진적으로 얻을 수 있다고 낙관적으로 생각합니까?

② 알미니안의 이러한 주장은 만인구원론과 종교 다원주의로 연결되기 쉽습니까?

③ 이런 주장이 잘못됨을 시 147:19-20, 행 14:16, 16:6 7을 통해 살펴봅시다.

-6. ① 알미니안은 믿음을 하나님에 의해 주입되는 자질이나 은사가 아니라, 사람들이 스스로 하는 행위로 봅니까? 그리고 이 믿는 행위를 스스로 할 능력이 사람에게 있다고 봅니까?

② 여러분은 여러분의 능력으로 스스로의 결단에 의해 믿었습니까? 아니면 그런 결단마저도 하나님의 은혜에 의거하여 우리의 행동으로 표현된 것에 지나지 않습니까? 렘 31:18, 33, 사 44:3, 롬 5:5을 통해 살펴보고, 여러분의 경험도 나누어 봅시다.

-7. ① 알미니안은 사람의 부분 부패를 믿어, 하나님의 은혜가 사람이 저항할 수 없는 방식이 아니라, 단지 부드럽게 권고하는 방식으로 작동되어도 사람이 회심할 수 있다고 여깁니까?

② 하나님은 영원한 선을 사람들에게 약속하시고, 사탄은 현세적 선을 약속하여, 신적인 사역의 효력이 사탄의 사역보다 뛰어나지만, 사람들이 영원한 선을 성취할 방법이 없다면 이것은 잔인한 희망 고문에 지나지 않지 않습니까?

③ 성경은 사람의 회심에 있어서 도덕적 권고 이외에 다른 것이 더욱 효력적이고, 성령이 행하시는 신적인 방식이라고 말합니까? 하나님은 새 영을 사람들 속에 두고, 새 마음을 사람들에게 주어, 그들의 육신에서 굳은 마음을 제거하고 부드러운 마음을 주십니까(겔 36:26)? 이 방식 이외에 다른 방식으로 사람의 죽은 마음을 변화시킬 방법이 있습니까?

-8. ① 알미니안은 하나님께서 사람의 의지를 믿음과 회심으로 강력하고 틀림없이 굽히게 하시지 않고, 사람은 사람을 중생시키기를 원하시는 하나님과 성령을 저항할 수 있다고 봅니까?

② 이러한 알미니안의 주장은 사람의 상태를 부분 부패로 낙관적으로 보아서, 하나님의 저항할 수 없는 은혜가 없어도 사람이 스스로 믿을 수 있다고 보는 것입니까?

③ 이것은 사람의 회심에서 하나님의 은혜의 모든 효력을 빼앗는 것이고, 전능하신 하나님의 일하심을 사람의 의지에 종속시키는 것입니까? 알미니안은 의도하지는 않았지만 결국 몇 측면에서는 사람을 하나님보다 높게 두는 것입니까?

④ 이들의 주장이 잘못됨을 엡 1:19, 살후 1:11, 벧후 1:3을 통해 살펴봅시다.

-9. ① 알미니안은 하나님의 은혜가 사람의 자유의지에 앞서서 작동하는 근본 원인으로 봅니까? 아니면 이 두 개는 동시에 작동하는 부분적인 원인들입니까?

② 알미니안의 이런 주장은 펠라기안처럼 하나님과 사람의 의지가 협력하여 사람의 구원을 이루는 것으로 신인협력설에 해당합니까?

③ 이들의 주장이 잘못됨을 롬 9:16, 고전 4:7, 빌 2:13을 통해 살펴봅시다.

제4장

다섯째 교리: 성도의 견인
The Perseverance of the Saints

1. 항론파의 성도의 견인

■ **항론파의 제5조항**

참된 믿음으로 그리스도에게 하나가 되고, 생명을 주시는 성령의 소유자가 된 이들은 사탄과 죄와 세상과 자신의 정욕에 맞서 싸우고 승리를 가져올 수 있는 권세에 있어서 풍성하게 준비되어 있다. (우리는 신중하기를 바라는데) 이것은 늘 성령의 돕는 은혜로 인한 것이다. 그리고 예수 그리스도는 자신의 영을 통해 모든 유혹에서 그들을 돕고, 손을 펴시고, (오직 그들이 싸움을 준비하고, 그의 도움을 갈망하고, 게으르지 않을 때), 같은 이들을 지탱하시고 확증하시어, 사탄의 어떠한 책략이나 권세로 인해 타락하지 않게 하시고, 그리스도의 말씀 요 10:28에 따라 그리스도의 손에서 뽑아내어지지 않게 하신다: "그들을 내 손에서 빼앗을 자가 없느니라" 그러나 그들이 태만으로 인해 그리스도 안에 있는 자신들의 생명의 첫 원리를 다시 잃어버릴 수 있는지, 다시 현재의 세상을 포용할 수 있는지, 그들에게 한번 전달된 거룩한 교리로부터 돌아설 수 있는지, 선한 양심을 잃을 수 있는지, 은혜를 무시할 수 있는지 여부는 성경에 의거하여 매우 면밀하게 결정되어야 하고, 그 이후에야 우리는 이것을 우리 마음으로 충분히 설득력 있게 가르칠 수 있다.

여러분은 항론파의 제5조항이 어떤 면에서 잘못되었다고 생각하십니까? 지금까지 잘 따라오신 분이라면 찾을 수 있습니다. 즉 그들은 택자들이 끝까지 견디지 못하고 하나님의 구원에서 떨어질 수 있다고 여깁니다. 성도의 견인으로 알려진 교리가 성경을 통해 확정된 것이 아니므로 매우 면밀하게 결정되어야 한다고 주장합니다. 구원을 받은 자들이 사탄과 죄와 세상과 자신의 정욕에 맞서서 싸움을 준비하고, 그리스도의 도움을 갈망하고, 게으르지 않을 때만 그리스도는 이들을 지탱하시고 확증하신다고 봅니다. 이들이 이렇게 하지 않으면 이들은 그리스도의 도움을 받지 못하고 하나님에게서 떨어지는 것입니다. 이것이 항론파의 잘못된 점입니다.

2. 도르트 신경(반항론파)의 성도의 견인

■ **제1항 죄와 싸우는 중생자:**
　　　죄로부터 전적으로 구원되지 않는 중생자

하나님은 자신의 목적에 따라 자신의 아들, 우리 주 예수 그리스도의 교통으로 부르시고 그리고 성령을 통하여 중생하신 자들을 또한 죄의 지배와 종됨에서 구원하시지만, 이 생애에서는 죄의 몸과 육신에서 전적으로 구원하시지는 않는다.

• 설명

　　하나님은 우리를 죄의 지배와 종됨에서 구원하시지만, 우리가 이 땅에서 살아있는 동안에는 죄의 몸과 육신에서 전적으로 구원하시지는 않습니다. 그리스도와 교통을 하고, 성령을 통하여 중생된 자들일지라도 여전히 죄의 부패의 잔재 속에 남아 있어 그 영향을 받습니다. 그 대표적인 경우가 다윗입니다. 이스라엘 왕들 중에서 가장 정직한 자로 하나님께 평가되는 다윗이지만 전쟁에 나간 부하의 아내와 간음을 하였고, 이를 속이려고 부하를 맹렬한 전쟁터에 보내어 죽이기까지 하였습니다. 이런 신자의 상태에 대하여 바울은 "그러므로 내가 한 법을 깨달았노니 곧 선을 행하기 원하는 나에게 악이 함께 있는 것이로다 내 속사람으로는 하나님의 법을 즐거워하되 내 지체 속에서 한 다른 법이 내 마음의 법과 싸워 내 지체 속에 있는 죄의 법으로 나를 사로잡는 것을 보는도다 오호라 나는 곤고한 사람이로다 이 사망의 몸에서 누가 나를 건져내랴"(롬 7:21-24)고 말했습니다.

제4장도 아담의 타락으로 인한 사람의 부패로 시작합니다. 사람의 부패는 중생자에게도 남아 있습니다. 완전히 제거되지 않는 것입니다. 예수 그리스도의 재림 때에야 우리의 성화는 완성됩니다. 이 땅에서 사는 동안에는 끊임없이 세상과 사탄의 유혹에 시달리고, 매일 연약함의 죄가 발생합니다. 이러한 상황을 신자들이 혼자의 힘으로 헤쳐 나갈 수 있습니까? 이러한 질문을 제4장 제1항은 하는 것이고, 이후의 항들은 이에 대한 답을 주고 있습니다.

■ **제2항 중생자의 죄와 겸손:**
　　연약함을 인해 겸손해지고 그리스도에게 피신하는 성도들

이런 이유로 매일 연약함의 죄가 발생하고, 심지어 성도들의 최선의 행위에도 흠이 붙어있다. 이것은 그들로 하나님 앞에서 겸손하고, 십자가에 못 박히신 그리스도에게 피신하고, 탄원의 성령과 경건의 거룩한 실천을 통하여 육신을 점점 더 죽이고, 완벽이란 목표를 향하여 탄식해야 할 계속적인 이유를 제공한다. 그들은 이 죽음의 육신에서 해방되어 하나님의 양과 함께 하늘에서 다스리게 된다.

・ **설명**

하나님께서 중생자들을 죄의 지배와 종됨에서 구원하시지만, 이 생애에서는 죄의 몸과 육신에서 전적으로 구원하시지는 않기 때문에, 중생자들에게 매일 연약함의 죄가 발생하고, 성도들의 최선의 행위에도 흠이 붙어있습니다. 이런 연약함과 흠을 인하여 중생자들은 하나님 앞에서 겸손하고, 십자가에 못 박히신 그리스도에게 피신하고, 탄원의 성령과 경건의 거룩한 실천을 통하여 육신을 점점 더 죽이고, 완벽이란 목표를 향하여 탄식해야[63] 할 계속적인 이유를 갖게 됩니다. 그들은 죽음의 육신에서 해방될 때에야 이런 연약함과 흠에서 자유롭게 되어, 하나님의 양과 함께 하늘에서 다스리게 됩니다.[64]

63　빌 3:12, 14 내가 이미 얻었다 함도 아니요 온전히 이루었다 함도 아니라 오직 내가 그리스도 예수께 잡힌 바 된 그것을 잡으려고 달려가노라 … 푯대를 향하여 그리스도 예수 안에서 하나님이 위에서 부르신 부름의 상을 위하여 달려가노라.

64　계 5:6, 10 내가 또 보니 보좌와 네 생물과 장로들 사이에 한 어린 양이 서 있는데 일찍이 죽임을 당한 것 같더라 그에게 일곱 뿔과 일곱 눈이 있으니 이 눈들은 온 땅에 보내심을 받은 하

그러므로 신자들은 이 땅에서 사는 동안, 구원을 받았음에도 자신들에게 발생하는 죄와 흠에 너무 크게 놀라서는 안 됩니다. 죄와 흠을 한탄하며 완벽을 향하여 매일 전진해야겠지만, 이 싸움은 실패하기 마련임을 인정하며, 더욱 겸손하게 그리스도에게 피신해야 합니다. 우리의 머리 위로 날아가는 새는 어떻게 할 수 없지만, 그 새가 우리의 머리 위에 둥지를 틀게 해서는 안 됩니다. 제2항은 죄의 몸과 육신에서 전적으로 구원되지 않은 중생자가 갖는 긍정적 영향과 자세에 대하여 말하고 있습니다.

• 전후 논리

제1항은 하나님은 중생자들을 이 생애에서 죄의 몸과 육신에서 전적으로 구원하시지 않는다고 말하고, 제2항은 성도들이 그로 인해 갖게 되는 긍정적 영향과 가져야 할 자세에 대하여 말합니다.

■ 제3항 **성도의 견인:**
　　세상과 사탄의 유혹에 넘어지는 성도들을 격려하시고
　　보존하시는 하나님

이 남아있는 내재하는 죄 때문에, 그리고 또한 세상과 사탄의 유혹 때문에 회심되어진 자들은 그들 자신의 힘에 맡겨진다면 이 은혜에 계속해서 서 있을 수 없

　　나님의 일곱 영이더라 … 그들로 우리 하나님 앞에서 나라와 제사장들을 삼으셨으니 그들이 땅에서 왕 노릇 하리로다 하더라.

다. 그러나 하나님은 신실하시어, 한 번 주어진 은혜 속에서 그들을 자비롭게 확증하시고, 내내 끝까지 강력하게 보존하신다.

• 설명

성도들에게 남아있는 죄는[65] 얼마나 큰 영향력을 미칠까요? 이 영향력은 너무나 커서 세상과 사탄의 유혹이 밀려올 때에 성도들은 그들 자신만의 힘으로는 이 은혜에 계속해서 서 있을 수 없습니다. 그러나 신실하신 하나님은 그들에게 한 번 주신 은혜를 취소하거나 깎지 않으시고, 그 은혜 속에서 그들을 자비롭게 확증하시고, 내내 끝까지 강력하게 보존하십니다.[66] 하나님은 죄인들을 중생하신 후에 그들로 알아서 견디고 버티라 하시지 않고, 하나님께서 그들을 끝까지 보존하십니다. 우리 구원의 시작과 끝이 모두 삼위 하나님에게 있습니다. 제3항은 성도의 견인에 대한 정의적 진술인데, 성도의 견인은 전적으로 하나님에 의하여 가능함을 말하고 있습니다.

• 전후 논리

제2항은 성도들의 죄와 흠이 성도에게 미치는 긍정적 영향을 말하

65　롬 7:20 만일 내가 원하지 아니하는 그것을 하면 이를 행하는 자는 내가 아니요 내 속에 거하는 죄니라.
66　고전 10:13 사람이 감당할 시험 밖에는 너희가 당한 것이 없나니 오직 하나님은 미쁘사 너희가 감당하지 못할 시험 당함을 허락하지 아니하시고 시험 당할 즈음에 또한 피할 길을 내사 너희로 능히 감당하게 하시느니라.
　　벧전 1:5 너희는 말세에 나타내기로 예비하신 구원을 얻기 위하여 믿음으로 말미암아 하나님의 능력으로 보호하심을 받았느니라.

고, 제3항은 회심자들은 내재하는 죄와 세상과 사탄의 유혹 때문에 은혜에 계속해서 서 있을 수 없으나 신실하신 하나님께서 그들을 끝까지 강력하게 보존하신다고 말합니다.

■ **제4항 유혹되는 신자들:**
　　　시험에 유혹되지 않도록 깨어 기도해야 하는 신자

참된 신자들을 은혜 속에서 확증하시고 보존하시는 하나님의 이러한 권능이 비록 육신이 쟁취해내는 것보다 더 클지라도, 회심자가 항상 하나님에 의해 움직이고 감동되어, 어떤 특정한 행위에 있어서 인도하는 은혜로부터 그의 잘못으로 떠나지 않고, 육신의 정욕에 미혹되고 굴복되지 않을 수 있는 것은 아니다. 이래서 그들은 시험에 유혹되지 않도록 늘 깨어있고 기도하여야 한다. 그들이 이것을 행하지 않으면, 육신과 세상과 사탄에 의해 크고 끔찍한 죄에 빠져 들어갈 수 있을 뿐만 아니라, 때때로 하나님의 공의로운 허락에 의해 실제로 죄에 빠져 들어간다. 성경에 기록된 다윗과 베드로와 다른 성도들의 비통한 타락이 이것을 보여준다.

• **설명**

참된 신자들을 은혜 속에서 확증하시고 보존하시는 하나님의 권능은 육신의 소욕이 쟁취해내는 능력보다 더 큽니다.[67] 그럼에도 불구하고 회심자가 항상 하나님에 의해 동기가 부여되고 감동되어, 어떤 특정한

67　엡 1:19 그의 힘의 위력으로 역사하심을 따라 믿는 우리에게 베푸신 능력의 지극히 크심이 어떠한 것을 너희로 알게 하시기를 구하노라.

행위를 할 때 하나님의 인도하시는 은혜로부터 떠나지 않는 것은 아닙니다. 육신의 정욕으로 미혹되고 굴복될 수 있습니다. 이래서 신자들은 시험에 유혹되지 않도록 늘 깨어있고 기도하여야 합니다.[68] 그들이 이렇게 하지 않으면, 육신과 세상과 사탄에 의해 크고 끔찍한 죄에 빠져 들어갈 수 있을 뿐만 아니라, 때때로 하나님의 공의로운 허락에 의해 실제로 죄에 빠져 들어갑니다. 참된 신자들일지라도 깨어서 기도하지 않으면 어떤 특정한 행위에 있어 끔찍한 죄에 빠질 수 있는데, 유다가 며느리를 창녀로 알고 간음한 것, 다윗의 간음과 살인 교사, 예수님의 제자들이 서로 큰 자가 되려고 한 것, 베드로의 예수님 배신 등은 그 좋은 예입니다.

제4항은 하나님은 신실하시어, 한 번 주신 은혜 속에서 중생자를 끝까지 강력하게 보존하시지만, 그럼에도 불구하고 중생자는 육신의 정욕에 미혹되고 굴복될 수 있다고 말합니다. 그러므로 시험에 유혹되지 않도록 늘 깨어있고 기도하여야 한다고 말합니다. 알미니안은 성도의 견인 교리가 중생자를 로봇처럼 대하여 그의 노력 여하에 상관없이 기계적으로 최종 구원을 주는 것이라고 비난합니다. 제4항은 이런 비난에 대하여 중생자가 육신의 정욕에 미혹되니 늘 깨어있어야 한다고 답변합니다. 성도의 견인 교리는 중생자를 인격적으로 대우하는 것입니다. 중생자는 이 교리로 세상과 사탄의 유혹에도 낙심하지 않고 하나님을 의

---

68 마 26:41 시험에 들지 않게 깨어 기도하라 마음에는 원이로되 육신이 약하도다 하시고.
살전 5:6, 17 그러므로 우리는 다른 이들과 같이 자지 말고 오직 깨어 정신을 차릴지라 … 쉬지 말고 기도하라.

지하며 깨어있는 신자의 삶을 더욱 살게 됩니다.

• 전후 논리

제3항은 신실하신 하나님께서 내재하는 죄와 세상과 사탄의 유혹에 흔들리는 신자들을 끝까지 보존하신다고 말하고, 제4항은 비록 하나님께서 신자들을 권능으로 은혜 속에서 보존하시지만, 그들이 항상 육신의 정욕에 미혹되고 굴복되지 않는 것은 아니라고 말합니다.

■ **제5항 중생자의 심각한 죄:**
  중생자의 심각한 죄가 가져오는 결과

그들은 그런 심각한 죄에 의하여 하나님을 몹시 해치고, 죽음의 죄를 초래하고, 성령을 근심하게 하고, 믿음의 실행을 가로막고, 심하게 양심을 상처주고, 때때로 은혜의 감각을 한동안 잃어버린다. 간절한 회개로 생명으로 돌아설 때에야 하나님의 아버지 같은 표정이 다시 비친다.

• 설명

참된 신자들일지라도 매우 심각한 죄를 지을 수 있습니다. 그리고 실제로 그 심각한 죄의 결과는 작지 않아, 하나님을 몹시 해치고, 죽음의 죄를 초래하고, 성령을 근심하게 하고, 믿음의 실행을 가로막고, 심하게 양심을 상처주고, 때때로 은혜의 감각을 한동안 잃어버릴 수 있습니다. 이러한 상태는 신자들이 간절한 회개로 생명으로 돌아설 때에 끝나지, 적당한 회개로는 하나님의 아버지 같은 표정이 다시 비치지 않습니다. 다윗은 밧세바와의 간음으로 얻은 아들을 잃었고, 그 죄를 인하여 압살롬의 반역을 당했고, 압살롬의 죽음을 맞이했습니다.

시편 51편은 다윗이 밧세바와의 간음을 선지자 나단이 지적하였을 때에 쓴 시입니다. 그는 "우슬초로 나를 정결하게 하소서 내가 정하리이다 나의 죄를 씻어 주소서 내가 눈보다 희리이다 내게 즐겁고 기쁜 소리를 들려 주시사 주께서 꺾으신 뼈들도 즐거워하게 하소서 주의 얼굴을 내 죄에서 돌이키시고 내 모든 죄악을 지워 주소서"(시 51:7–9)라고 말했습니다. 자신의 큰 죄악으로 인하여 자신이 즐겁고 기쁜 소리에서 멀리 떨어져 있고, 자신의 뼈가 꺾인 듯하다고 한탄하고 있습니다. 다윗은 자신의 죄를 응시하시는 주의 얼굴에서 두려움을 느끼며, 아버지 같은 표정을 비춰주시기를[69] 간절히 바라고 있습니다. 우리는 중생자가 짓는 죄가 얼마나 심각할 수 있는지, 그리고 그 결과가 얼마나 처참할 수 있는지[70] 명심해야 합니다.

• 전후 논리

제4항은 하나님의 보존에도 불구하고 신자들이 육신의 정욕에 미혹될 수 있으니 늘 깨어 있어야 한다고 말하고, 제5항은 그런 심각한 죄로 그들에게 임하는 심각한 결과를 구체적으로 말합니다.

---

69 민 6:25 여호와는 그의 얼굴을 네게 비추사 은혜 베푸시기를 원하며.
70 시 32:3, 4 내가 입을 열지 아니할 때에 종일 신음하므로 내 뼈가 쇠하였도다 주의 손이 주야로 나를 누르시오니 내 진액이 빠져서 여름 가뭄에 마름 같이 되었나이다.

■ **제6항 사망의 죄를 짓지 않는 신자:**
　　　　신자의 심각한 타락에도 성령을 거두시지 않는 하나님

긍휼이 풍성하신 하나님은 선택의 변하지 않는 목적에 따라 심각한 타락에도 불구하고 성령을 완전히 자신의 사람들로부터 거두시지 않고, 그들로 그 정도로까지 떨어지는 것을 허락하시지 않으셔서, 그들이 양자의 은혜와 칭의의 상태를 잃어버리지 않게 하시고, 사망에 이르는 죄나 성령을 대항하는 죄를 짓지 않게 하시고, 자신들을 영원한 파멸로 집어던져 그분에 의해 완전히 버림받게 하시지 않는다.

• 설명

　　하나님은 긍휼이 매우 풍성하시고, 변하시지 않습니다. 그래서 택자들이 심각하게 타락하여도 그들에게서 성령을 완전히 거두시지 않습니다. 하나님은 한 번 택하실 때 사사로이 가볍게 충동적으로 선택하시지 않고, 하나님의 불변함과 지혜로움으로 선택하시기 때문에 한 번 내리신 결정을 무르시지 않습니다. 그래서 택자들이 양자의 은혜와 칭의의 상태를 잃어버릴 정도로, 또 사망에 이르는 죄나 성령을 대항하는 죄를 지을 정도로,[71] 또 자신들을 영원한 파멸로 집어던져 하나님에게 완

---

[71] 요일 5:16-18 누구든지 형제가 사망에 이르지 아니하는 죄 범하는 것을 보거든 구하라 그리하면 사망에 이르지 아니하는 범죄자들을 위하여 그에게 생명을 주시리라 사망에 이르는 죄가 있으니 이에 관하여 나는 구하라 하지 않노라 모든 불의가 죄로되 사망에 이르지 아니하는 죄도 있도다 하나님께로부터 난 자는 다 범죄하지 아니하는 줄을 우리가 아노라 하나님께로부터 나신 자가 그를 지키시매 악한 자가 그를 만지지도 못하느니라.
마 12:31, 32 그러므로 내가 너희에게 이르노니 사람에 대한 모든 죄와 모독은 사하심을 얻되 성령을 모독하는 것은 사하심을 얻지 못하겠고 또 누구든지 말로 인자를 거역하면 사하심

전히 버림받을 정도로 타락하게 하시지 않습니다. 하나님께서 택자들을 이렇게 붙들고 있기 때문에 택자들이 남아있는 부패성으로 죄를 짓지만 하나님에게서 영원히 떨어질 정도로 죄를 짓지 않습니다. 신자들도 비신자들처럼 죄를 짓지만 구원에서 떨어질 큰 죄는 짓지 않는 것입니다.

다윗은 간음과 가정 파괴와 살인 교사라는 큰 죄를 지었습니다. 하지만 이후 회개하고 하나님의 말씀에 따라 왕의 임무를 충실히 행했습니다. 가룟 유다는 예수님 판 것을 후회하며 자살했지만, 예수님을 세 번 부인한 베드로는 회개하고 하나님의 사도로 복음 전파에 충성을 다했습니다. 사도 바울도 스데반을 돌로 쳐 죽일 때 증인이었지만, 회심한 후에 이방인의 사도로 훌륭하게 사역을 행했습니다. 택자들이 이렇게 할 수 있는 것은 그들 자신의 신실함이나 결단이 아니라, 그들을 자녀 삼으신 하나님의 뜻에 있고, 그 뜻을 끝까지 신실하게 완수하시는 하나님에게 있습니다. 베드로는 하나님의 신실하신 보호가 없었다면 가룟 유다처럼 극단적 행동을 할 수 있었습니다. 알미니안은 결단하고 회심하는 사람에게 성도의 견인의 원인을 돌리고, 도르트 신경은 그렇게 결단하고 회심하게 하는 먼 원인이 누구에게 있는지를 관찰합니다. 알미니안은 대중적 요법에 관심이 있고, 칼뱅주의자는 근본적 원인과 치료에 관심이 있습니다.

을 얻되 누구든지 말로 성령을 거역하면 이 세상과 오는 세상에서도 사하심을 얻지 못하리라.

• 전후 논리

제5항은 심각한 죄로 신자들에게 임하는 심각한 결과에 대하여 구체적으로 말하고, 제6항은 긍휼의 하나님은 불변의 선택의 목적에 따라 택자들의 심각한 타락에도 성령을 그들로부터 거두시지 않는다고 말합니다.

■ **제7항** **사망의 죄를 짓지 않는 신자의 회복:**
심각한 타락의 신자를 씨와 말씀과 성령을 통해 회복하시는 하나님

왜냐하면 먼저 이러한 타락에서도 하나님은 죽지 않는 자신의 씨를 —이 씨에서 중생이 이루어지는데— 그들 안에서 보존하시어, 그 씨가 사라지지 않고 잃어버리지 않게 하시기 때문이다. 그 다음에 그분의 말씀과 성령을 통하여 확실하고 효력 있게 그들을 회개에 이르도록 회복하시어서, 그들이 지은 죄에 대하여 마음으로 하나님을 따라 슬퍼하고, 중보자의 피 안에서 믿음을 통하여 통회하는 마음으로 용서를 구하여 얻고, 회복하시는 하나님의 은혜를 다시 느끼고, 믿음을 통하여 그분의 자비를 찬양하고, 그 이후로 계속하여 그들의 구원이 두려움과 떨림으로 더욱 열심히 이루어지게 하신다.

• 설명

제7항은 제6항에 대한 계속적인 설명이므로, "왜냐하면"이라는 단어로 시작합니다. 하나님은 택자들이 심각하게 타락을 해도, 죽지 않는 자신의 씨를 그들 안에서 보존하시어, 그 씨가 사라지지 않고 잃어버리

지 않게 하시기 때문에, 그들이 양자의 은혜와 칭의의 상태를 잃어버리지 않고, 죽음에 이르는 죄나 성령을 대항하는 죄를 짓지 않고, 자신들을 영원한 파멸로 집어던지지 않는 것입니다. 택자들은 이 씨를 통하여 중생이 이루어집니다. 택자들은 자신들의 능력으로 중생되지 않고, 하나님께서 은혜와 능력으로 주시는 씨를 통하여 중생됩니다. 이 씨는 죽지 않고, 또 하나님은 한 번 택자들에게 그 씨를 주시면 취소하시지 않고 그들 안에서 끝까지 보존하시고 지키십니다.[72]

하나님은 그 다음에는 그분의 말씀과 성령을 통하여 확실하고 효력 있게 그들을 회개에 이르도록 회복하십니다. 자신이 지은 죄의 잘못을 깨닫고 회개하여 회복되는 것도 사람 자신의 힘으로 되지 않습니다. 하나님께서 말씀과 성령을 통하여 은혜를 주실 때에 가능합니다. 가룟 유다는 예수님이 정죄되는 것을 보고 스스로 뉘우쳐 그 은 삼십을 대제사장들과 장로들에게 도로 갖다 주며 "내가 무죄한 피를 팔고 죄를 범하였도다"라고 말했지만, 진정한 회개에 이르지 못했습니다. 그는 은을 성소에 던져 넣고 스스로 목매어 죽었습니다(마 27:3-5). 그는 구원에 이르는 회개가 아니라 인간적 뉘우침이란 감상적 수준에만 머물렀습니다. 하나님의 영 대신에 사탄이 그에게 들어갔기 때문입니다(눅 22:3). 이에 반하여 베드로는 예수님을 세 번 부인했지만, 심히 통곡하며 참된 회개

---

72 벧전 1:23 너희가 거듭난 것은 썩어질 씨로 된 것이 아니요 썩지 아니할 씨로 된 것이니 살아 있고 항상 있는 하나님의 말씀으로 되었느니라.
요일 3:9 하나님께로부터 난 자마다 죄를 짓지 아니하나니 이는 하나님의 씨가 그의 속에 거함이요 그도 범죄하지 못하는 것은 하나님께로부터 났음이라.

에 이르렀습니다. 이것은 예수 그리스도께서 "시몬아, 시몬아, 보라 사탄이 너희를 밀 까부르듯 하려고 요구하였으나 그러나 내가 너를 위하여 네 믿음이 떨어지지 않기를 기도하였노니 너는 돌이킨 후에 네 형제를 굳게 하라"(눅 22:31, 32)고 베드로에게 말씀하시며 기도하셨기 때문입니다. 우리는 중생하였을지라도 남아있는 내재하는 죄 때문에 하나님의 말씀과 성령 없이는 큰 죄에서 참된 회개에 이르지 못합니다.

회개에 이르러 회복된 자들은 그들이 지은 죄에 대하여 마음으로 하나님을 따라 슬퍼하고,[73] 중보자의 피 안에서 믿음을 통하여 통회하는 마음으로 용서를 구하여 얻고,[74] 회복하시는 하나님의 은혜를 다시 느끼고, 믿음을 통하여 그분의 자비를 찬양하고, 그 이후로 계속하여 그들의 구원을 두려움과 떨림으로 더욱 열심히 이루게[75] 됩니다.

우리는 제7항을 통하여 성경에 나오는 아브라함, 이삭, 야곱, 열두 아들, 모세, 다윗, 베드로 등과 같은 인물들이 여러 훌륭한 사역을 하게 되는 근본적 이유가 하나님께서 그들을 끝까지 보존하시어 제7항에 서술된 과정을 밟게 하시기 때문임을 알게 됩니다. 이렇게 되면 예전에는 그들이 주체적으로 하는 것처럼 보이던 일들에서 먼 원인으로 일하시는 하나님을 분명하게 찾을 수 있습니다. 성경 해석이 달라지는 것입

---

73 고후 7:10 하나님의 뜻대로 하는 근심은 후회할 것이 없는 구원에 이르게 하는 회개를 이루는 것이요 세상 근심은 사망을 이루는 것이니라.
74 시 32:5 내가 이르기를 내 허물을 여호와께 자복하리라 하고 주께 내 죄를 아뢰고 내 죄악을 숨기지 아니하였더니 곧 주께서 내 죄악을 사하셨나이다.
75 빌 2:12 그러므로 나의 사랑하는 자들아 너희가 나 있을 때뿐 아니라 더욱 지금 나 없을 때에도 항상 복종하여 두렵고 떨림으로 너희 구원을 이루라.

니다. 도르트 신경은 이처럼 성경을 전체적으로 더욱 옳게 이해하게 합니다.

또 제7항은 성도의 견인 교리가 성도의 인생 동안에 방전되지 않는 건전지가 신자에게 주입되어 각종 어려움에도 넘어지지 않고 일어서는 로봇의 개념이 아님을 분명하게 말합니다. 성도의 견인 교리는 성도를 철저히 인격적으로 대합니다. 성도의 넘어짐을 안타깝게 여기시는 하나님께서 그분의 말씀과 성령을 통하여 그들로 지은 죄에 대하여 슬퍼하게 하시고 통회하는 마음을 갖게 하십니다. 그들로 구원을 두려움과 떨림으로 이루게 하십니다. 성도는 하나님의 돌보심과 보존을 인하여 성도의 견인을 할 수 있는 자로 성장해 가는 것입니다. 단번에 기계처럼 성장하는 것이 아니라, 이런 과정들을 통하여 인격적으로 성장해 갑니다. 육신의 부모가 자녀의 약함과 방황과 반항에도 사랑과 지혜로 훈계하고 격려하여 성장케 하듯, 하늘의 하나님은 더 크신 사랑과 지혜와 능력으로 택하신 자를 끝까지 성숙하게 키우시는 것입니다. 신자들은 이런 하나님을 알수록 육신의 부모보다 더 큰 사랑과 지혜를 가지신 하나님의 품 안에 자신을 풍덩 던져 안기게 됩니다.

• 전후 논리

제6항은 긍휼의 하나님은 불변의 선택의 목적에 따라 택자들의 심각한 타락에도 성령을 그들로부터 거두시지 않는다고 말하고, 제7항은 제6항처럼 되는 것은 하나님께서 자신의 씨를 그들 안에서 보존하시고,

말씀과 성령을 통하여 그들을 회개에 이르도록 새롭게 하시기 때문이라며 구체적인 과정에 대하여 말합니다.

■ **제8항** **삼위 하나님의 신자 보존:**
삼위 하나님을 인해 믿음과 은혜에서 떨어지지 않는 신자

그래서 그들 자신의 공로나 능력이 아니라 하나님의 값없는 자비를 인하여 그들은 믿음과 은혜에서 완전히 떨어지지 않고, 타락에 최종적으로 머물거나 사라지지 않는 것이다. 그들 자신에 대해서는 이런 것이 쉽게 발생할 수 있을 뿐만 아니라, 확실히 발생한다. 그러나 하나님에 대해서는 전적으로 발생할 수 없다. 왜냐하면 그분의 계획은 변할 수 없고, 약속은 실패할 수 없고, 목적에 따른 부르심은 철회될 수 없고, 그리스도의 공로와 중보와 보존은 무효로 포기될 수 없고, 성령의 인침은 무효화되거나 파기될 수 없기 때문이다.

• 설명

신자들이 심각하게 타락을 해도, 그들이 믿음과 은혜에서 완전히 떨어지지 않고, 타락에 최종적으로 머물거나 사라지지 않는 이유는 무엇일까요? 제8항은 이 질문에 대하여 그들 자신의 공로나 능력이 아니라 하나님의 값없는 자비를 인해서라고 답합니다. 사람들의 공로나 능력이란 관점에서 보면 사람들은 믿음과 은혜에서 완전히 떨어지고, 타락의 상태에 계속 그리고 최종적으로 머물다 사라지게 됩니다. 그만큼 사람의 공로나 능력이란 것은 보잘 것이 없습니다.

하지만 하나님의 관점에서 보게 되면 구원에서 최종적으로 떨어지는 일이 발생하지 않습니다. 왜냐하면 하나님은 불변하시고 신실하시고 전능하시고 영원하셔서 그 하시는 일에도 이런 속성이 그대로 반영이 되어,[76] 그 계획은 변할 수 없고, 약속은 실패할 수 없고, 목적에 따른 부르심은 철회될 수 없고, 그리스도의 공로와 중보와 보존은 무효로 포기될 수 없고,[77] 성령의 인침은 무효화되거나 파기될 수 없기[78] 때문입니다. 우리의 구원이 우리 자신의 공로나 능력에 달려있는 것이 아니라, 삼위 하나님에게 달려있는 것입니다.

제8항은 성부 하나님의 계획은 변할 수 없고, 약속은 실패할 수 없고, 목적에 따른 부르심은 철회될 수 없다고 말하고, 성자 하나님이신 예수 그리스도의 공로와 중보와 보존은 무효로 포기될 수 없다고 말하고, 성령 하나님의 인침은 무효화되거나 파기될 수 없다고 삼위의 사역을 구별하여 말합니다. 이 사역은 구별되지만 분리되지 않습니다. 성부와 성자와 성령은 영원·무한·불변하시기 때문에 구약과 신약에 같이 계셨고, 어디에서나 같이 계셨고, 그래서 불변하게 모든 일에 참여하십니다. 영원·무한·불변하신 성부와 성자와 성령은 한 뜻과 한 계획과 한 구원과 한 사역을 갖고 계시는데, 특히 신자들의 택함과 보존과 영화

---

76 시 33:11 여호와의 계획은 영원히 서고 그의 생각은 대대에 이르리로다.
    히 6:17 하나님은 약속을 기업으로 받는 자들에게 그 뜻이 변하지 아니함을 충분히 나타내시려고 그 일을 맹세로 보증하셨나니.
77 눅 22:32 그러나 내가 너를 위하여 네 믿음이 떨어지지 않기를 기도하였노니 너는 돌이킨 후에 네 형제를 굳게 하라.
78 엡 1:13 그 안에서 너희도 진리의 말씀 곧 너희의 구원의 복음을 듣고 그 안에서 또한 믿어 약속의 성령으로 인치심을 받았으니.

에 있어 그렇습니다. 제8항은 신자의 보존이 세 위격의 사역을 통하여 이루어짐을 잘 말해주고 있습니다.

- 전후 논리

제7항은 택자들의 심각한 타락에도 하나님께서 자신의 씨를 그들 안에서 보존하시고, 말씀과 성령을 통하여 그들을 회복하시는 구체적인 과정에 대하여 말하고, 제8항은 성도의 견인은 신자들의 공로나 능력이 아니라 긍휼하신 세 위격의 사역을 인해서 가능하다고 말합니다.

■ **제9항** **구원과 견인의 확신:**
구원과 견인에 대한 확신을 갖는 택자들

이렇게 택자들을 구원으로 보전하시는 것과 참된 신자들을 믿음 속에서 견인하시는 것에 대하여 신자들 자신들이 믿음의 정도에 따라 확신할 수 있고, 확신한다. 이에 따라 그들은 자신들이 교회의 참되고 살아있는 지체들이고, 끊임없이 지체들로 유지될 것을, 그리고 죄의 용서와 영원한 생명을 갖고 있음을 굳건하게 믿는다.

- 설명

택자들은 하나님께서 하나님의 값없는 자비로 자신들을 믿음과 은혜에서 완전히 떨어지지 않게 하시고, 타락에 최종적으로 머물거나 사라지지 않게 하신다는 것을 알고 있을까요? 이 질문에 대하여 제9항은 하나님께서 택자들을 구원으로 보전하시는 것과 참된 신자들을 믿음 속에서 견인하시는 것에 대하여 신자들은 확신할 수 있고, 실제로 확신한다고 말합니다(롬 8:31-39). 이 확신의 정도는 신자들의 믿음의 정도에 따라 달라지지만, 확신한다는 점은 확실합니다. 이 확신에 따라 그들은 자신들이 교회의 참되고 살아있는 지체들이란 것을, 그리고 끊임없이 지체들로 유지될 것을, 그리고 죄의 용서와 영원한 생명을 갖고 있음을 굳건하게 믿습니다.[79] 이어지는 제10항은 신자들은 어떻게 이런 확신을 갖는지에 대하여 구체적으로 말해줍니다.

육신의 자녀도 자신의 잘못들을 인하여 부모가 자신을 버릴 것이라는 불안감을 갖지 않습니다. 부모가 자신을 매우 사랑하시는 것을 알아 웬만한 잘못은 작은 징계로 끝내시고 여전히 자신을 사랑하실 것을 압니다. 안정된 부모를 가진 자녀들은 자신이 부모의 사랑받는 자녀라는 확신이 있어 얼마나 당당하게 행동하는지 모릅니다. 육신의 부모와 자녀도 이럴 진데, 하늘의 부모를 둔 신자들은 성령 하나님의 인침을 통하여 하나님의 자녀라는 확신을 더욱 갖는 것입니다. 신자가 구원과 견인에 대한 확신을 갖는 것은 신자가 이 땅에서 짓는 죄와 상관없이 갖는 것입니다.

선택과 유기에 대하여 말하는 제1장의 서술 방식은 제4장과 비슷

---

79   딤후 4:8, 18 이제 후로는 나를 위하여 의의 면류관이 예비되었으므로 주 곧 의로우신 재판장이 그 날에 내게 주실 것이며 내게만 아니라 주의 나타나심을 사모하는 모든 자에게도니라 … 주께서 나를 모든 악한 일에서 건져내시고 또 그의 천국에 들어가도록 구원하시리니 그에게 영광이 세세무궁토록 있을지어다 아멘.

합니다. 제1장의 제11항은 선택이 사람에게 원인이 있지 않고 하나님에게 있다고 말하고, 제12항은 선택의 확신을 말하고, 제13항은 선택의 확신이 주어지는 방식에 대하여 말합니다. 성도의 견인을 말하는 제4장의 제8항은 성도의 견인이 사람에게 원인이 있지 않고 삼위 하나님에게 있다고 말하고, 제9항은 구원과 견인에 대한 확신을 말하고, 제10항은 그 확신이 어떻게 생기는지 말합니다. 선택과 견인의 교리의 목적은 성도에게 선택을 받아 끝내 견인된다는 확신을 주어 여러 유익을 누리게 함에 있는 것이고, 선택과 견인의 교리는 필연적으로 이에 대한 확신으로 연결될 수밖에 없는 것입니다.

• 전후 논리

제8항은 성도의 견인은 신자들의 공로나 능력이 아니라 긍휼하신 세 위격의 사역을 인해서 가능하다고 말하고, 제9항은 신자들은 그러한 사실을 스스로 확신할 수 있고, 확신한다고 말합니다.

■ **제10항 확신의 발생 방식:**
하나님의 약속에 대한 믿음과 성령의 증거와
선한 행위의 추구로 생기는 확신

따라서 이 확신은 어떤 은밀한 계시로부터 말씀을 넘어서, 말씀 밖에서 만들어지는 것이 아니라, 하나님이 우리의 위로를 위해 그분의 말씀에서 가장 풍성하게 계시하신 하나님의 약속들에 대한 믿음으로부터 만들어지고, 우리의 영과 함께 우리가 하나님의 자녀이고 상속자라고 증언하시는 성령의 증거(롬 8:16)로부터 만들어진다. 마지막으로 선한 양심과 선한 행위를 향한 진지하고 거룩한 추구로부터 만들어진다. 그리고 만약에 승리의 획득에 대한 이러한 확실한 안도감과 영원한 영광에 대한 틀림없는 보증을 하나님의 택자들이 이 세상에서 결여한다면, 모든 사람들 중에서 가장 불쌍한 자일 것이다.

• 설명

제10항은 제9항이 말한 확신이 어떤 은밀한 계시로부터 말씀을 넘어서, 말씀 밖에서 만들어지지 않는다며, 구체적인 발생 방식에 대하여 말해줍니다. 확신은 무엇보다 말씀을 통해 만들어지는데, 하나님은 우리의 위로를 위해 하나님의 약속들을 그분의 말씀에서 가장 풍성하게 계시하셨습니다. 신자들은 말씀에 계시된 하나님의 약속들에 대한 믿음으로부터 확신을 갖게 됩니다.

두 번째로 우리의 영과 함께 우리가 하나님의 자녀이고 상속자라고 증언하시는 성령의 증거로부터 확신이 만들어집니다.[80] 우리에게 믿음을 주시는 성령께서 우리가 하나님의 자녀와 상속자라 증언하시지 않으면 우리는 절대로 확신을 가질 수 없습니다. 마지막으로 선한 양심과 선한 행위를 하려고 하는 진지하고 거룩한 추구로부터 확신이 만들어집니다. 자신에게 선한 양심과 선한 행위를 사모하는 마음이 있고, 진지하

80　롬 8:16, 17 성령이 친히 우리의 영과 더불어 우리가 하나님의 자녀인 것을 증언하시나니 자녀이면 또한 상속자 곧 하나님의 상속자요 그리스도와 함께 한 상속자니 우리가 그와 함께 영광을 받기 위하여 고난도 함께 받아야 할 것이니라.

고 거룩하게 추구하는 행동이 있다면 그것을 통해 자신이 하나님의 사랑과 보호를 받는 자녀라는 확신이 생깁니다. 이렇게 말씀과 성령과 거룩한 신앙생활을 통해 확신을 갖는 것이지 절대로 은밀한 계시를 통해 신비주의로 확신을 갖지 않습니다.

신자들이 승리의 획득에 대한 이러한 확실한 안도감과 영원한 영광에 대한 틀림없는 보증을 이 세상에서 사는 동안 갖지 못한다면, 그런 신자들은 모든 사람들 중에서 가장 불쌍한 자입니다.[81] 승리의 획득과 영원한 영광이 존재한다는 사실을 믿는 자들이 이러한 믿음을 최종적으로 유지할 것이란 확신과 보증을 갖지 못한다면 얼마나 불안하겠습니까? 알미니안은 신자들의 최종적 구원이 불변의 하나님에게 달려 있지 않고, 가변적인 사람들에게 달려 있으므로 매순간 최선을 다해야 한다는 불안감을 갖고 있습니다. 지금 현재 최선의 행위를 할지라도 내일 심각한 죄를 짓거나, 내일 갑자기 예수님을 부인하게 된다면 구원에서 떨어지는 것이기 때문입니다. 따라서 이들은 진정한 의미에서 구원의 확신을 가질 수 없는 얼마나 안타까운 존재인지 모릅니다.

이들은 이러한 확신을 갖기 위해 자신을 과도하게 경건의 실천으로 몰아 율법주의에 빠지는 경향이 있습니다. 필자는 아르미니우스주의를 강하게 가르치는 교회를 다니는 성도들을 상담한 적이 있는데, 이분들은 구원에서 떨어진다는 가르침에 짓눌려 조그마한 죄에도 얼마나 불

---

[81] 고전 15:19 만일 그리스도 안에서 우리가 바라는 것이 다만 이 세상의 삶뿐이면 모든 사람 가운데 우리가 더욱 불쌍한 자이리라.

안해하는지 모릅니다. 이들은 며칠간은 모든 율법을 지킬 듯하지만, 곧 무너지고 마는 자신들을 보면서 불안과 회의에 빠지곤 했습니다. 그러면 다시 교회로 돌아가 기도와 찬양과 성경공부와 봉사에 자신들을 몰두하며, 이런 행위의 몰입을 통해 자신들이 구원받았다는 확신을 느끼고 싶어했습니다. 자녀가 부모로부터 갖는 사랑이 듬뿍 담긴 교제의 확신이 아니라, 언제 부모에게서 떨어질지 몰라 부모의 눈치를 살피며 어떻게든 잘 보이려는 불안의 확신인 것입니다. 이런 이들은 또 신비주의에 빠져 자신들이 하나님의 자녀라는 음성과 보증을 하나님으로부터 직접 받고 싶어하는 경향이 있습니다. 어떻게든 구원과 견인의 확신을 갖고 싶다보니 직통 계시와 같은 신비주의로 흐르는 것입니다. 율법주의와 신비주의는 이런 면에서 서로 만나는 경향이 있습니다.

• 전후 논리

제9항은 신자들은 구원과 견인의 확실성에 대하여 스스로 확신할 수 있고, 확신한다고 말하고, 제10항은 이러한 확신이 어떻게 생기는지 자세하게 말해줍니다.

■ **제11항 가끔 흔들리는 확신:**
육신의 의심과 유혹으로 믿음의 확신을 늘 느끼는 것은 아닌 성도

한편 성경은 신자들이 이 생애에서 다양한 육신의 의심들과 싸워야 하고, 심각한 유혹으로 인해 믿음의 충만한 확신과 견인의 확신을 항상 느끼는 것은 아니라고 증언한다. 그러나 모든 위로의 아버지이신 하나님은 감당하지 못할 시험 당함을 허락하시지 않고, 시험과 함께 피할 길을 내신다(고전 10:13). 그리고 성령을 통하여 견인의 확신을 그들 안에 다시 일으키신다.

• **설명**

신자들은 믿음과 견인의 확신을 항상 느낄까요? 이에 대하여 제11항은 성경에 의거하여 신자들이 이 생애에서 다양한 육신의 의심들과 싸우는 것이고, 심각한 유혹으로 인해 믿음의 확신과 견인의 확실성을 항상 느끼는 것은 아니라고 말합니다. 신실한 신자들일지라도 확신에 대한 다양한 육신의 의심들이 생기는 것이고, 심각한 유혹을 받으면 믿음과 견인에 대한 확신을 온전하게 느끼지 못하는 것입니다. 그러므로 신자들은 육신의 의심들이 생길 때에 자신이 비신자라고 생각하면 안 됩니다. 육신의 의심이 생기는 자체를 불신의 증거로 여기면 안 됩니다.

모든 위로의 아버지이신 하나님은 성도들이 감당하지 못할 시험 당함을 허락하시지 않고, 시험과 함께 피할 길을 내십니다. 즉 우리를 사랑하시어 위로하시기를 기뻐하시는 하나님은 성도들이 감당할 시험만을 허락하시어, 그 시험을 피할 길을 늘 주십니다. 성도들은 피할 길을 통하여 주어진 시험을 이겨내며 하나님의 존재와 일하심에 대한 확신을 불일 듯 갖게 됩니다. 즉 하나님은 이러한 시험을 이용하여 성령을 통하여 견인의 확신을 신자들 안에 다시 일으키십니다. 그러므로 신자들은 육신의 의심과 유혹과 더불어 사는 것임을 알아야 하고, 그럴 때마다 피할 길을 주시는 하나님께 의탁하면서 싸워 이겨내야 합니다. 성도는 무균의 진공관에서 살지 않고, 육신의 의심들과 심각한 유혹이 현존하는 삶의 현장을 사는 존재입니다. 신자는 하나님의 도우심으로 이것들을 끝내 이겨내지만, 늘 이겨내는 것은 아니고 때로는 흔들립니다. 흔들릴 때마다 하나님은 피할 길로 도우시며 신자를 성장시켜 가십니다.

- 전후 논리

제10항은 구원의 확신이 어떻게 생기는지 자세하게 말하고, 제11항은 신자들이 육신의 의심과 심각한 유혹으로 이러한 확신을 항상 느끼는 것은 아니라고 말합니다.

■ **제12항 견인의 확신의 유익:**
　　　거만과 안일이 아니라 겸손, 공경, 경건, 인내 등을
　　　가져오는 견인의 확신

그러나 이 견인의 확신은 참된 신자들을 거만하고 육신적으로 안일하게 하는 것이 결코 아니고, 반대로 겸손, 아이 같은 공경, 참된 경건, 모든 싸움에서의 인내, 열정어린 기도, 십자가를 견실하게 지고 진실을 견실하게 고백함, 하나님 안에서의 견고한 기쁨의 참된 원천이 된다. 그리고 이런 유익을 생각해보는 것은 진지하고 꾸준하게 감사하는 데, 그리고 선한 일들을 실천하는 데 자극이 된다. 이것은 성경의 증거들과 성도들의 예들로부터 명백하다.

• 설명

제8항에서 살펴본 것처럼, 견인의 확신은 신자들의 공로나 능력이 아니라 하나님의 값없는 자비에 있습니다. 하나님의 값없는 자비에 있으므로 신자들은 대강 신앙생활을 하여도 하나님의 자비에 의하여 최종적인 구원을 얻을 수 있겠다는 논리가 생깁니다. 이런 형식 논리에 대하여 제12항은 견인의 확실성이 참된 신자들을 거만하고 육신적으로 안일하게 하는 것은 결코 아니라고 말합니다. 이런 형식 논리는 참된 신자들에게는 해당되지 않고, 거짓 신자들에게 해당됩니다.

참된 신자들에게는 반대로 견인의 확실성이 겸손, 아이 같은 공경, 참된 경건, 모든 싸움에서의 인내, 열정어린 기도, 십자가를 고통 중에서도 견실하게 지는 것, 진실을 견실하게 고백하는 것, 하나님 안에서의 견고한 기쁨 등의 참된 원천이 됩니다.[82] 참된 신자들은 자신의 약함과 악함을 누구보다 잘 압니다. 절대로 자신의 노력이나 공로가 아니라 하나님의 값없는 자비로 구원을 받고 견인됨을 잘 압니다. 그러므로 하나님께 감사와 찬양을 드릴 수밖에 없고, 소중하게 얻은 구원에 맞는 삶을 살기 위하여 노력할 수밖에 없습니다. 하나님이 주신 구원의 이유가 되는 값없는 자비를 모욕하거나 능멸하지 않고, 존중하며 그 안에 계속 머물기를 원합니다. 견인의 확신이 주는 유익을 체험하고 생각할수록, 감사는 커지고 실천은 더욱 자극을 받습니다.[83] 이것은 성경의 증거들과

---

82 롬 12:1 그러므로 형제들아 내가 하나님의 모든 자비하심으로 너희를 권하노니 너희 몸을 하나님이 기뻐하시는 거룩한 산 제물로 드리라 이는 너희가 드릴 영적 예배니라.
83 시 56:12, 13 하나님이여 내가 주께 서원함이 있사온즉 내가 감사제를 주께 드리리니 주께서 내

성도들의 예들로부터 명백합니다.[84]

• 전후 논리

제11항은 신자들이 육신의 의심과 심각한 유혹으로 이러한 확신을 항상 느끼는 것은 아니라고 말하고, 제12항은 견인의 확신은 결코 신자들을 부정적으로 거만과 안일 등으로 만들지 않고, 반대로 긍정적으로 겸손, 공경, 경건, 인내 등으로 만든다고 말합니다.

■ **제13항** 되살아난 견인의 신뢰의 효과:
방종이 아니라 주님의 길의 관심으로 이끄는
견인에 대한 되살아난 신뢰

견인에 대하여 되살아난 신뢰는 실족에서 회복된 자들로 하여금 방종과 경건의 무시를 갖게 하지 않고, 주님의 길을 주의 깊게 지킴에 있어 더 많은 관심을 갖게 한다. 주님은 이를 미리 예비하시어, 그들로 그 길을 걸으며 그들의 견인의 확신을 붙들게 하시고, 그들이 아버지 같은 친절을 남용하여 자애로운 하나님의 얼굴이 한 번 더 그들로부터 돌아서지 않게 하시고 (경건한 자들에게 이것의 바라

생명을 사망에서 건지셨음이라 주께서 나로 하나님 앞, 생명의 빛에 다니게 하시려고 실족하지 아니하게 하지 아니하셨나이까.
시 116:12 내게 주신 모든 은혜를 내가 여호와께 무엇으로 보답할까.

84 딛 2:11-14 모든 사람에게 구원을 주시는 하나님의 은혜가 나타나 우리를 양육하시되 경건하지 않은 것과 이 세상 정욕을 다 버리고 신중함과 의로움과 경건함으로 이 세상에 살고 복스러운 소망과 우리의 크신 하나님 구주 예수 그리스도의 영광이 나타나심을 기다리게 하셨으니 그가 우리를 대신하여 자신을 주심은 모든 불법에서 우리를 속량하시고 우리를 깨끗하게 하사 선한 일을 열심히 하는 자기 백성이 되게 하려 하심이라.
요일 3:3 주를 향하여 이 소망을 가진 자마다 그의 깨끗하심과 같이 자기를 깨끗하게 하느니라.

봄이 생명보다 더 달고, 이것의 숨김이 죽음보다 더 쓰다), 그들로 영혼의 더 큰 고통에 떨어지지 않게 하신다.

• 설명

참된 신자들일지라도 때로 실족하고, 하나님은 그때에도 피할 길을 주시어 회복하게 하십니다. 이렇게 실족에서 회복된 자들은 견인에 대하여 다시 신뢰하게 되는데, 이런 신뢰는 그들로 방종하게 하거나 경건을 무시하게 하지 않습니다. 우리는 제12항을 통하여 견인의 확신은 참된 신자들을 거만하고 육신적으로 안일하게 하지 않음을 살펴보았습니다. 되살아난 견인의 신뢰 또한 실족했던 자들로 방종하게 하거나 경건을 무시하게 하지 않습니다. 그들은 한 번 실족하였기 때문에 주님의 길을 더욱 주의 깊게 지킵니다.

그들은 아버지 같은 친절을 이미 한 번 오용하여, 자애로운 하나님의 얼굴이 그들로부터 돌아서는 경험을 하였는데, 이것은 그들에게 죽음보다 더 쓴 것이었습니다. 그들이 실족에서 회복되었을 때에 하나님의 얼굴을 바라보는 것이 생명보다 더 달음을 경험했습니다.[85] 그래서 그들은 실족에서 회복된 후에 주님의 길을 걸으며 견인의 확신을 붙들

---

85 사 64:7 주의 이름을 부르는 자가 없으며 스스로 분발하여 주를 붙잡는 자가 없사오니 이는 주께서 우리에게 얼굴을 숨기시며 우리의 죄악으로 말미암아 우리가 소멸되게 하셨음이니이다.
렘 33:5 싸우려 하였으나 내가 나의 노여움과 분함으로 그들을 죽이고 그들의 시체로 이 성을 채우게 하였나니 이는 그들의 모든 악행으로 말미암아 나의 얼굴을 가리어 이 성을 돌아보지 아니하였음이라.

고, 주님의 얼굴을 계속하여 바라보고, 더 이상 영혼의 더 큰 고통에 떨어지지 않기 위해 경건에 힘씁니다. 하나님은 이 모든 것을 미리 예비하시어 택자들의 실족까지도 그들의 거룩한 성장에 사용하십니다. 하나님은 참된 신자들에게 실족을 허락하시어 이런 것을 경험하고 깨닫게 하시어, 그들로 주님의 길을 보다 더 주의 깊게 지키어 선한 일을 하게 하십니다. 예수님을 세 번 부인한 베드로가 그 후에 주님의 사역에 더욱 충성한 것이 좋은 예입니다.

• 전후 논리

제12항은 견인의 확실성은 신자들을 부정적으로 만들지 않고, 긍정적으로 만든다고 말하고, 제13항은 되살아난 견인의 신뢰도 긍정적인 역할을 하고, 주님은 이를 미리 예비하시어 그들로 견인의 확신을 붙들게 하신다고 말합니다.

■ **제14항 복음과 성례의 사용:**
   복음과 성례의 사용을 통해 이뤄지는 하나님의 은혜의 일

하나님은 자신의 은혜의 일을 복음의 선포를 통하여 우리 안에서 시작하시기를 기뻐하셨던 것처럼, 복음의 들음, 읽음, 묵상, 권고, 위협, 약속을 통하여 그리고 또한 성례의 사용을 통하여 그 일을 보존하시고, 지속하시고, 완성하신다.

• 설명

　제3장 제17항은 하나님께서 중생의 사역을 하실 때에 말씀과 성례와 권징이란 수단을 사용하신다고 말합니다. 제4장 제14항도 하나님께서 자신의 은혜의 일을 복음의 선포를 통하여 시작하신 것처럼, 복음과 성례를 통하여 그 은혜의 일을 보존하시고, 지속하시고, 완성하신다고 말합니다(신 6:20-25; 딤후 3:16-17; 행 2:42). 하나님께서 은혜의 일을 처음 시작하실 때는 복음의 선포를 통해서, 그리고 그 일을 보존·지속·완성을 하시는 데는 복음과 성례를 통해서 하십니다. 복음은 신자와 불신자 양쪽 모두에게 사용되지만, 성례는 신자들에게만 사용됩니다. 불신자는 성례의 의미를 모르기 때문입니다.

　말씀(복음)이 어떻게 사용되느냐 하면 듣고, 읽고, 묵상하고, 권고하고, 위협하고, 약속하는 형태로 사용됩니다. 우리가 지금 도르트 신경의 각 항을 읽고, 묵상하며, 하나님의 권고에 순종하고, 하나님의 위협에 떨고, 하나님의 약속에 기뻐하는데, 이것이 바로 하나님께서 그의 은혜의 일을 보존하시고, 지속하시고, 완성하시는 것입니다.

　제4장 제9항은 구원과 견인의 확신은 어떤 은밀한 계시로부터 말씀을 넘어서, 말씀 밖에서 만들어지지 않고, 말씀에 있는 하나님의 약속들에 대한 믿음으로부터 만들어진다고 말합니다. 이때 성령은 우리의 영과 함께 우리가 하나님의 자녀라고 증언하시는데, 결코 하나님의 말씀을 벗어나 일하시지 않습니다. 따라서 우리는 구원과 견인의 확신을 강하게 갖기 위하여 그리고 하나님의 은혜의 일이 보존되고 지속되고

완성되는 것을 강하게 느끼기 위하여 성경을 더욱 듣고, 읽고, 묵상해야 합니다. 복음에 나오는 권고와 위협과 약속에 더욱 집중해야 합니다.

그리고 하나님의 말씀을 눈에 보이는 형태로 우리에게 제시하는 성례를 올바로 사용해야 합니다. 성례에서 하나님의 복음을 확증해야지, 성례 자체에서 신비주의 형태로 어떤 능력과 효과를 받으려고 해서는 안 됩니다. 하나님은 성례를 통하여 우리에게 큰 은혜를 신비하게 주시지만, 늘 말씀을 넘지 않고, 말씀 안에서 주십니다. 성도의 견인의 교리는 은혜의 수단 사용과 꼭 결부되어야 합니다.

• 전후 논리

제13항은 되살아난 견인의 신뢰는 긍정적인 역할을 하고, 주님은 이를 미리 예비하시어 그들로 견인의 확신을 붙들게 하신다고 말하고, 제14항은 하나님은 자신의 은혜의 일을 복음과 성례를 통하여 시작하시고, 보존하시고, 지속하시고, 완성하신다고 말합니다.

■ 제15항 견인에 대한 시각들: 신자와 비신자의 견인에 대한 다른 태도

하나님은 참된 신자들과 성도들의 견인, 그리고 견인의 확신에 관한 교리를 자신의 이름의 영광과 경건한 영혼들의 위로를 위하여, 자신의 말씀에서 가장 풍성하게 계시하셨고, 신자들의 마음에 새기셨는데, 그것을 육적인 자는 이해하지 못하고, 사탄은 혐오하고, 세상은 비웃고, 무지한 자와 위선자는 남용하고, 그릇된 영혼들은 공격한다. 그러나 그리스도의 신부는 그것을 측량할 수 없는 가치의 보물로 가장 섬세하게 항상 사랑하고, 변함없이 변호한다. 어떠한 계획도 어떠한 권세도 이길 수 없는 하나님은 신부가 이를 계속 행하도록 통치하실 것이다. 오직 유일하신 하나님, 성부와 성자와 성령에게 존귀와 영광이 영원히 있을지어다. 아멘.

• 설명

하나님은 참된 신자들의 견인, 그리고 견인의 확신에 관한 가르침을 자신의 말씀에서 가장 풍성하게 계시하셨고, 신자들의 마음에 새기셨습니다. 그러므로 우리는 성경을 읽을 때에 가장 풍성하게 계시된 이것들을 성경 본문에서 찾을 수 있어야 합니다. 성도의 견인이 계시된 구절에서 신자들의 공로나 능력을 찾아서는 안 됩니다. 성도의 견인 교리는 성경에 풍성하게 나오기 때문에 도르트 신경이 말하는 것이지, 절대로 사람의 머리로 꾸며낸 논리의 결과물이 아닙니다.

그런데 이렇게 풍성하게 계시된 교리를 육적인 자는 이해하지 못하고, 사탄은 혐오하고, 세상은 비웃고, 무지한 자와 위선자는 남용하고, 잘못된 영혼들은 공격합니다. 육적인 자가 이해하기에는 이 교리가 너무 어렵고, 사탄은 가장 풍성하게 계시된 귀한 내용이기에 혐오하고, 세상은 원인과 결과라는 법칙만 알기에 은혜의 견인 교리를 비웃을 수밖에 없고, 무지한 자와 위선자는 그 가치를 모르기에 육신의 안일함으로 남용하고, 틀린 영혼들은 틀렸다고 생각하여 공격합니다. 한 마디로 비신자들은 그 교리의 가치와 의미를 모르기 때문에 부정적으로 대하고, 사탄은 그 가치와 의미를 알기 때문에 성도들이 그것을 깨닫고 누릴 것이 걱정이 되어 혐오합니다.

그러나 그리스도의 신부는 그것을 측량할 수 없는 가치의 보물로 받아들여, 가장 섬세하게 항상 사랑하고, 변함없이 변호합니다. 참된 신자일수록 자신의 무능과 하나님의 전능을 알기에 이 교리가 얼마나 귀한 가치의 보물인가를 알고 크게 누리고, 강력하게 변호하는 것입니다. 어떠한 계획도 어떠한 권세도 이길 수 없는 하나님은 그리스도의 신부가 이를 계속 행하도록 통치하십니다.[86] 전능하신 하나님께서 계속하여 이렇게 통치하시기 때문에 확신의 교리는 예전처럼 이후로도 계속하여 신자들의 마음에 깊이 새겨져 큰 위로가 됩니다. 삼위일체 하나님께서 이렇게 행하심으로 우리는 구원의 확신 속에서 넉넉하게 견디어내어 최종 승리를 누립니다. 그러므로 오직 유일하신 하나님, 성부와 성자와 성령에게 존귀와 영광이 영원히 있을지어다.[87] 아멘!

• 전후 논리

제14항은 하나님은 자신의 은혜의 일을 복음과 성례를 통하여 보존하시고, 지속하시고, 완성하신다고 말하고, 제15항은 성도의 견인과 확실성에 관한 가르침을 비신자들은 부정적으로 대하고, 신자는 보물로

---

[86] 시 33:10, 11 여호와께서 나라들의 계획을 폐하시며 민족들의 사상을 무효하게 하시도다 여호와의 계획은 영원히 서고 그의 생각은 대대에 이르리로다.

[87] 벧전 5:10, 11 모든 은혜의 하나님 곧 그리스도 안에서 너희를 부르사 자기의 영원한 영광에 들어가게 하신 이가 잠깐 고난을 당한 너희를 친히 온전하게 하시며 굳건하게 하시며 강하게 하시며 터를 견고하게 하시리라 권능이 세세무궁하도록 그에게 있을지어다 아멘.

받아들여 항상 사랑하고 변함없이 변호하고, 하나님은 신부가 이를 계속 행하도록 통치하신다고 말합니다.

3. 다섯째 교리에 대한 항론파의 구체적 잘못에 대한 반항론파의 구체적 답변

잘못들의 거부

참된 교리가 설명되었으므로 총회는 다음과 같은 잘못들을 배격한다.

■ 제1절

잘못: 참된 신자들의 견인은 선택의 결과도 아니고, 그리스도의 죽음으로 획득되는 하나님의 선물도 아니라, 새 언약의 조건인데, 그분의 (그들 자신이 말하는 것처럼) 확정적인 선택과 칭의 전에 사람이 자유의지로 수행해야 한다.

반박: 거룩한 성경은 이것이 선택으로부터 따르고, 그리스도의 죽음과 부활과 중보의 권능으로 택자들에게 주어진다고 증거한다. "오직 택하심을 입은 자가 얻었고 그 남은 자들은 우둔하여졌느니라"(롬 11:7). "자기 아들을 아끼지 아니하시고 우리 모든 사람을 위하여 내주신 이가 어찌 그 아들과 함께 모든 것을 우리에게 주시지 아니하겠느냐 누가 능히 하나님께서 택하신 자들을 고발하리요 의롭다 하신 이는 하나님이시니 누가 정죄하리요 죽으실 뿐 아니라 다시 살아나신 이는

그리스도 예수시니 그는 하나님 우편에 계신 자요 우리를 위하여 간구하시는 자시니라 누가 우리를 그리스도의 사랑에서 끊으리요"(롬 8:32-35).

- 설명

알미니안은 타락한 사람들의 부패 정도가 전적이 아니라 부분이라고 보기 때문에, 그들 중 견인에 성공한 자들이 선택을 받았다고 봅니다. 하나님께서 확정적으로 내리시는 선택과 칭의의 대상이 되려면, 사람들이 먼저 자신들의 자유의지로 견인이라는 조건을 수행해야 합니다. 견인은 절대로 하나님께서 참된 신자들에게 주시는 선물이 아니라, 그들 스스로의 능력으로 획득해야 하는 조건입니다.

제1장 제8항에서 살펴본 것처럼 알미니안은 "일반적이고 불확정적인 선택"과 "특정적이고 확정적인 선택"이 있다고 주장합니다. 하나님은 죄인들이 그리스도를 믿으면 구원하시는 "구원의 방식"에 관한 선택을 하셨는데, 이 선택이 "일반적이고 불확정적인 선택"입니다. 구원의 방식에 관한 이 선택에 의하여 자신의 능력으로 믿는 자들은 구원받게 됩니다. 하나님은 이 "구원의 방식"에 관한 선택에 의거하여 누가 믿음의 결단을 할지 미리 내다보심으로써 믿을 자들을 선택하시는데, 이 선택이 "특정적이고 확정적인 선택"입니다. 그런데 "특정적이고 확정적인 선택"에 의하여 선택된 자들 중에서도 처음 가진 믿음을 끝까지 유지하지 못하고 유혹과 핍박 등으로 믿음을 저버리는 자들이 있습니다. 그들은 끝까지 견인하지 못한 자로 최종 구원에서 배제됩니다. 따라서 견

인은 하나님이 선택하신 결과도 아니고, 하나님의 선물도 아닙니다. 사람들이 자신의 자유의지로 수행해야 하는 것이고, 미래를 아시는 하나님은 누가 자유의지로 최종적 견인이란 조건을 수행하는지 여부를 미리 보시고 그에 따라 확정적인 선택의 대상자로 정하십니다.

제2장 제2절에서 살펴본 것처럼, 알미니안은 예수 그리스도께서 죽음으로 사람들이 그리스도를 믿기만 하고 불완전한 순종을 하기만 하여도 구원을 받을 수 있는 새 언약의 새로운 조건을 만드셨다고 봅니다. 이들은 그리스도의 죽음이 구원의 획득만이 아니라 구원의 적용까지도 가져와서, 하나님은 견인을 택자들에게 선물로 주신다는 것을 인정하지 않습니다. 이들은 그리스도께서 죽음으로 새롭게 확정하신, 견인이란 새 언약의 조건을, 사람들이 자유의지로 수행해야 한다고 봅니다.

이런 잘못된 주장에 대하여 도르트 총회는 견인이 선택에서 나오는 것이고, 택자들에게 주어지는 선물이라고 성경에 의거하여 논증했습니다. 롬 11:7은 이스라엘이 구하는 그것을 얻지 못하고, 오직 택하심을 입은 자가 그것을 얻었고, 그 남은 자들은 우둔하여졌다고 말합니다. 전적으로 타락한 사람들은 우둔하여 무엇을 구해야 올바른 것인지도 알지 못하기 때문에 진지하고 정확하게 구하지도 못합니다. 롬 8:32-35은 하나님께서 택자들을 위하여 자기 아들을 내주시고, 모든 것을 우리에게 주셨다고 말합니다. 믿음과 견인을 포함한 모든 좋은 것은 선택의 결과로 말미암은 것이지, 절대로 선택의 조건이 아닙니다.

■ **제2절**

잘못: 만약에 신자가 의무를 수행한다면, 하나님은 신자에게 견인에 이를 충분한 힘들을 정말로 제공하시고, 그 안에서 이 힘들을 유지할 준비가 되어 계신다. 믿음 안에서 견인하는 데 필요한 저 모든 것들이, 그리고 하나님께서 믿음의 유지를 위해 사용하기를 원하시는 저 모든 것들이 갖추어질지라도, 견인할 것인지 말 것인지의 여부는 늘 자유의지에 달려있는 것이다.

반박: 이 생각은 명백한 펠라기우스주의를 담고 있다. 이것은 사람들을 자유롭게 만들기를 원하는 것이지만, 사람들을 신성모독으로 만드는 것이다. 이것은 복음적인 교리에 관하여 지속되어온 일치에 위배되는데, 그 일치는 영광 받는 것의 모든 원인을 사람에게서 제거한다는 것이고, 이 은택에 대한 칭송을 오직 하나님의 은혜로 돌린다는 것이다. 그리고 사도의 증거에도 위배된다: "주께서 너희를 우리 주 예수 그리스도의 날에 책망할 것이 없는 자로 끝까지 견고하게 하시리라"(고전 1:8).

• 설명

알미니안은 신자가 자신에게 부여된 의무를 수행한다면, 그때 하나님은 이것을 언약의 조건을 수행한 것으로 보고서 그에게 견인에 이를 충분한 힘들을 제공하시고, 그 힘들을 신자 안에서 계속 유지하실 준비가 되어 있다고 생각합니다. 이들은 하나님은 스스로 돕는 자를 도우신다고 생각합니다. 하나님께서 신자가 견인하고 믿음을 유지하는 데 필요한 모든 것들을 갖추실지라도, 그 신자가 견인할 것인지 말 것인지의 여부는 늘 신자의 자유의지에 달려있다고 봅니다.

　　이것은 이미 이단으로 정죄된 펠라기우스의 주장을 명백하게 담고 있습니다. 이것은 사람들이 자신들의 견인과 믿음의 유지를 자유롭게 결정하고 수행하는 것이라고 주장하여 사람들에게 자유를 주고자 하는 것이지만, 사람들에게 근거 없는 자유를 주는 것이고, 인본적인 자유를 주는 만큼 사람들을 신성모독으로 만드는 것입니다. 하나님의 주권과 은혜를 빼앗는 것입니다.

　　이것은 보편교회가 일치하여 복음적인 교리로 지속적으로 인정해 온 것에 반대됩니다. 보편교회의 일치된 교리는 영광 받는 것의 모든 원인을 사람에게서 제거하는 것이고, 이 은택에 대한 칭송을 오직 하나님의 은혜로 돌리는 것입니다. 모든 영광은 오직 하나님에게만 있는 것이고, 사람이 칭찬 받을 일이 있다면 그것은 먼 원인으로서 작용하시는 하나님을 인하여 있는 것이시, 가까운 원인에 지나지 않는 사람 자체에 있지 않습니다. 또한 주께서 우리를 예수 그리스도의 날에 책망할 것이 없는 자로 끝까지 견고하게 하신다는 사도의 증거에도(고전 1:8) 위배됩니다.

■ **제3절**

잘못: 참된 신자들과 중생자들은 의롭게 하는 믿음으로부터 그리고 마찬가지로 은혜와 구원으로부터 완전히 최종적으로 떨어질 수 있을 뿐만 아니라, 실제로 드물지 않게 이것들로부터 떨어지고, 영원히 잃어버린바 된다.

반박: 이 견해는 바로 칭의와 중생의 은혜, 그리고 그리스도에 의한 지속적인 보

호를 무력하게 하는 것이고, 사도 바울의 명료한 말에도 어긋난다: "우리가 아직 죄인 되었을 때에 그리스도께서 우리를 위하여 죽으심으로 … 그러면 이제 우리가 그의 피로 말미암아 의롭다 하심을 받았으니 더욱 그로 말미암아 진노하심에서 구원을 받을 것이니"(롬 5:8, 9). 그리고 사도 요한에게도 어긋난다: "하나님께로부터 난 자마다 죄를 짓지 아니하나니 이는 하나님의 씨가 그의 속에 거함이요 그도 범죄하지 못하는 것은 하나님께로부터 났음이라"(요일 3:9). 그리고 예수 그리스도의 말씀에도 어긋난다: "내가 그들에게 영생을 주노니 영원히 멸망하지 아니할 것이요 또 그들을 내 손에서 빼앗을 자가 없느니라 그들을 주신 내 아버지는 만물보다 크시매 아무도 아버지 손에서 빼앗을 수 없느니라"(요 10:28, 29).

• 설명

알미니안은 사람들이 의롭게 하는 믿음을 통하여 참된 신자들과 중생자들이 되었을지라도 그 믿음으로부터 그리고 은혜와 구원으로부터 완전히 최종적으로 떨어질 수 있다고 봅니다. 그리고 실제로 드물지 않게 이것들로부터 떨어지고, 영원히 잃어버린바 된 신자들이 있다고 봅니다.

이 견해는 칭의와 중생을 주시는 하나님의 은혜를 그리고 그리스도에 의한 지속적인 보호를 무력하게 하는 것입니다. 하나님은 택자들에게 칭의와 중생을 은혜로 주실 때에 택자들의 변하는 믿음에 따라 주시는 것이 아니라, 하나님의 불변성과 사랑에 의하여 주시는 것이고, 따라서 그 믿음까지도 불변으로 만드시며 끝까지 칭의와 중생이 유지되게 하십니다. 이렇게 주어지는 은혜가 전적 은혜인 것이지, 신자들이 지속적으로 발휘하는 믿음의 여부에 따라 칭의와 중생이 주어진다면, 이것은 전적 은혜가 아니라 부분 은혜입니다.

바울은 우리가 아직 죄인 되었을 때에 그리스도께서 우리를 위하여 죽으셨고, 우리는 그의 피로 말미암아 의롭다 하심을 받았으니, 앞으로 더욱 그로 말미암아 진노하심에서 구원을 받을 것이라고 말합니다(롬 5:8, 9). 사도 요한은 하나님께로부터 난 자는 그의 속에 거하는 하나님의 씨를 인하여 죄를 짓지 않는다고 말합니다(요일 3:9). 이 구절은 모두 하나님을 능동으로, 사람을 수동으로 표현합니다. 예수님은 본인이 그들에게 영생을 주시므로 영원히 멸망하지 아니하고, 그들을 주신 예수님의 아버지는 만물보다 크시므로 아무도 아버지 손에서 빼앗을 수 없다고 말씀하십니다(요 10:28, 29). 하나님께서 예수님에게 주신 자들은 영원히, 죄풍석으로 잃어버린바 되시 않는 것입니다.

■ 제4절

잘못: 참된 신자들과 중생자들은 사망에 이르는 죄를 그리고 성령에 대항하여 죄를 지을 수 있다.

반박: 같은 사도 요한은 요일 5:16, 17에서 사망에 이르는 죄를 언급하고, 그들을 위하여 기도하는 것을 금지하고, 즉시 18절을 덧붙인다: "하나님께로부터 난 자는 다 (즉 죄의 그런 종류를) 범죄하지 아니하는 줄을 우리가 아노라 하나님께로부터 나신 자가 그를 지키시매 악한 자가 그를 만지지도 못하느니라"(요일 5:18).

• 설명

바로 앞의 제3절에서 참된 신자들과 중생자들이 믿음과 은혜와 구원으로부터 완전히 최종적으로 떨어진다고 말하는 알미니안은 당연히 그들이 사망에 이르는 죄와 성령에 대항하는 죄를 지을 수 있다고 여깁니다. 이런 죄를 짓기 때문에 믿음과 은혜와 구원으로부터 완전히 최종적으로 떨어진다고 봅니다.

하지만 사도 요한은 "누구든지 형제가 사망에 이르지 아니하는 죄 범하는 것을 보거든 구하라 그리하면 사망에 이르지 아니하는 범죄자들을 위하여 그에게 생명을 주시리라 사망에 이르는 죄가 있으니 이에 관하여 나는 구하라 하지 않노라 모든 불의가 죄로되 사망에 이르지 아니하는 죄도 있도다"라고(요일 5:16, 17) 말합니다. 사망에 이르는 죄가 있다고 언급하면서 그들을 위하여 기도하는 것을 금지하고, 사망에 이르지 아니하는 범죄에 대하여 기도하라고 말합니다. 그리고 18절에서는 하나님께로부터 난 자는 죽음에 이르는 죄를 범죄하지 아니하는데 이는 하나님께서 그를 지키셔서 악한 자가 그를 만지지도 못하기 때문이라고 말합니다. 즉 하나님께로부터 난 자는 그의 능력 때문이 아니라, 하나님이 그를 지키셔서 악한 자가 그를 만지지도 못하게 하시기 때문에 믿음을 유지하는 것입니다. 택자들도 남아있는 내재하는 죄 때문에 다양한 죄를 짓지만, 사망에 이르는 죄와 성령을 모독하는 죄를 짓지 않습니다. 신자들 중 그런 죄를 지어 믿음과 은혜와 구원으로부터 떨어지는 자는 참된 믿음을 가진 자들이 아니라 제3장 제9항이 말하는 일시적 믿음을 가진 자들입니다.

■ 제5절

잘못: 누구도 미래의 견인에 대한 확신을 이 생애에서는 특별한 계시 없이는 가질 수 없다.

반박: 이 가르침 때문에 참된 신자들의 견고한 위로는 이 생애에서 빼앗기게 되고, 교황주의자들의 의심은 교회로 다시 들어오게 된다. 거룩한 성경은 도처에서 이 확신을 특별하고 비범한 계시로부터가 아니라, 하나님의 자녀들에게 적합한 표지들과 하나님의 가장 변함없으신 약속으로부터 이끌어낸다. 특히 사도 바울이 그렇다: "다른 어떤 피조물이라도 우리를 우리 주 그리스도 예수 안에 있는 하나님의 사랑에서 끊을 수 없으리라"(롬 8:39). 그리고 요한도 그렇다: "그의 계명을 지키는 자는 주 안에 거하고 주는 그의 안에 거하시나니 우리에게 주신 성령으로 말미암아 그가 우리 안에 거하시는 줄을 우리가 아느니라"(요일 3:24).

• 설명

알미니안은 제4장 제3절과 제4절에서 참된 신자들과 중생자들도 믿음과 은혜와 구원으로부터 완전히 최종적으로 떨어지고, 사망에 이르는 죄와 성령에 대항하는 죄를 짓는다고 보기 때문에, 그 누구도 특별한 계시 없이는 미래의 견인에 대한 확신을 이 생애에서는 가질 수 없다고 봅니다. 그들은 하나님께서 아브라함이나 모세에게 나타나시어 구체적으로 여러 말씀을 하신 것처럼, 하나님께서 사람들에게 직접 나타나시어 견인의 확신을 말씀하실 때만 견인의 확신을 가질 수 있다고 봅니다.

하지만 이러한 가르침은 참된 신자들로 하여금 이 생애에서 견고한 위로를 갖지 못하게 하는 것이고, 교황주의자들의 의심이 교회로 다시 들어오게 하는 것입니다. 견고한 위로를 갖고 싶은 자들로 하여금 아브라함과 모세처럼 하나님이 직접 나타나시어 계시하여 주기를 바라는 신비주의에 빠지게 합니다.

거룩한 성경은 곳곳에서 이러한 확신은 특별하고 비범한 계시가 아니라, 하나님의 자녀들에게 적합한 표지들과 하나님의 가장 변함없으신 약속에 있다고 말합니다. "다른 어떤 피조물이라도 우리를 우리 주 그리스도 예수 안에 있는 하나님의 사랑에서 끊을 수 없으리라"(롬 8:39)라고 말하는 사도 바울의 말보다 더 확실한 표지와 약속이 어디에 있습니까? "그의 계명을 지키는 자는 주 안에 거하고 주는 그의 안에 거하시나니 우리에게 주신 성령으로 말미암아 그가 우리 안에 거하시는 줄을 우리가 아느니라"(요일 3:24)라고 사도 요한도 말합니다. 즉 말씀이라는 표지가 참된 신자들에게 미래의 견인에 대한 견고한 위로를 주는 것입니다.

우리는 제3장 제17항에서 사도들이 말씀과 성례와 권징을 택자들에게 은혜를 전하는 수단으로 삼아 열심히 사용하였음을 살펴보았습니다. 어떤 교회가 참된 교회인지의 여부는 그 교회에 말씀과 성례와 권징의 시행이 있느냐는 여부임도 살펴보았습니다. 즉 은혜의 수단과 교회의 표지가 일치하는데, 거룩한 성경은 견인의 확신을 특별하고 비범한 계시가 아니라, 하나님의 자녀들에게 적합한 이러한 표지들로부터 알 수 있다고 말합니다.

■ 제6절

잘못: 견인과 구원의 확신에 대한 교리는 그것의 본성과 특성을 인하여 육신의 안락함인 것이고, 경건, 선한 도덕, 기도, 다른 거룩한 실천에 해가 된다. 반대로 이것을 의심하는 것은 칭찬할 만하다.

반박: 이 사람들은 자신들이 신적 은혜의 효력과 내주하시는 성령의 일하심에 대하여 모르고 있음을 보여주고 있고, 명료한 말로 정반대를 확증하는 사도 요한과 모순된다: "사랑하는 자들아 우리가 지금은 하나님의 자녀라 장래에 어떻게 될지는 아직 나타나지 아니하였으나 그가 나타나시면 우리가 그와 같을 줄을 아는 것은 그의 참모습 그대로 볼 것이기 때문이니 주를 향하여 이 소망을 가진 자마다 그의 깨끗하심과 같이 지기를 깨끗하게 하느니라"(요일 3:2, 3). 게다가 그늘은 구약과 신약 성경의 성도들의 예들을 통하여 논박되는데, 성도들은 비록 자신들의 견인과 구원에 대하여 확신하였을지라도, 기도와 다른 경건의 실천에 있어 변함이 없었다.

- 설명

알미니안은 견인과 구원의 확신에 대한 교리를 신자들에게 가르치면, 신자들이 자신들의 노력과 행위에 상관없이 견인과 구원이 확실하게 이루어진다고 생각하여, 육신의 안락함에 빠지게 된다고 여깁니다.

그래서 경건, 선한 도덕, 기도, 다른 거룩한 실천 등에 열심을 내지 않게 되어 해롭다고 여깁니다. 반대로 이 교리를 의심하는 일은 이것들에 열심을 내게 하므로 칭찬할 만하다고 봅니다.

이렇게 말하는 사람들은 자신들이 신적 은혜의 효력과 내주하시는 성령의 일하심에 대하여 모르고 있음을 보여주는 것입니다. 참된 성도들은 신적 은혜의 효력과 내주하시는 성령의 일하심을 인하여 온 몸과 영혼이 거룩함을 좋아하고 지향하기 때문에 경건을 향하여 열심을 낼 수밖에 없는 존재입니다. 육신의 안락함에 때로 유혹을 받지만, 기본적으로 하나님의 거룩함을 추구합니다. 이러한 성도들에게 견인과 구원의 확신에 대한 교리는 위로와 평안과 기쁨과 감사 속에서 경건을 더욱 실천하게 합니다.

사도 요한은 명료한 말로 그들과 정반대의 내용을 확증하였습니다. 그는 하나님의 자녀는 장래의 모습에 대하여 정확히 모르지만 하나님과 같이 될 것에 대해서는 알므로 그의 깨끗하심과 같이 자기를 깨끗하게 한다고 말했습니다. 또 그들의 주장은 신구약에 나오는 성도들의 예들의 의해서도 논박됩니다. 성도들은 자신들의 견인과 구원에 대해서 확신할지라도, 그 가치를 알기 때문에 기도와 다른 경건의 실천을 하는 데 있어 변함없이 힘썼습니다. 참된 성도들의 소망과 본질과 지향점은 근본적으로 육신의 안락함과 거리가 먼 것입니다.

■ **제7절**

잘못: 일시적인 믿음은, 오직 지속성이란 측면을 제외하고는, 의롭게 하는 구원하는 믿음과 다르지 않다.

반박: 예수님 자신께서 마 13:20, 눅 8:13, 그리고 다른 곳에서 일시적 신자들과 참된 신자들 간에 있는 삼중의 차이를 분명하게 확증하신다. 예수님은 전자는 씨를 돌밭에 받은 것이고 후자는 좋은 땅이나 좋은 마음에 받은 것이고, 그리고 전자는 뿌리가 없고 후자는 견고한 뿌리가 있고, 그리고 전자는 열매가 없고 후자는 자신의 열매를 다양한 방식으로, 꾸준하게 견인하며 맺는다고 말씀하신다.

• 설명

알미니안은 일시적인 믿음도 믿는 그 순간에 있어서만은 참된 믿음이라고 생각합니다. 다만 일시적인 믿음의 소유자는 그 믿음을 지속하지 못하고, 어려움이 생기면 믿음을 저버린다고 봅니다. 알미니안은 의롭게 하는 믿음일지라도 구원하는 믿음에 이를 수 없다고 봅니다. 이들은 이렇게 믿음을 여러 종류로 나누고, 그 차이는 단지 지속성 여부에 있다고 봅니다. 제1장 제2절이 말하는 것처럼 그들은 "구원에 이르는 결정적 선택"이 없는 "의롭게 하는 믿음에 이르는 선택"이 있다고 봅니다. 즉 의롭게 하는 믿음을 한 동안 소유하였지만, 고난과 시험이 닥치면 그 믿음을 잃어버려, 그 믿음은 구원에 이르지 못하는 믿음이 되어 버립니다. 그들은 믿음을 인간의 측면에서 믿느냐 마느냐라는 관점에서 보기 때문에 믿음을 이렇게 여러 종류로 나눕니다. 이에 반하여 우리는 하나님의 측면에서 우리에게 주시는 믿음을 보기 때문에, 하나님이 택자들에게 주시는 믿음은 단 하나로 참되고, 비택자들이 갖는 믿음은 무늬만 믿음처럼 보이는 거짓 믿음에 지나지 않습니다.

예수님은 마 13장과 막 4장과 눅 8장에 나오는 씨 뿌리는 비유에서 일시적 신자들을 돌밭에 뿌려진 씨앗으로 비유하십니다. 그런 자는 말씀을 듣고 즉시 기쁨으로 받으나 그 속에 뿌리가 없어 잠시 견디다가 말씀으로 말미암아 환난이나 박해가 일어날 때 곧 넘어져 열매가 없습니다. 이에 반하여 참된 신자들은 좋은 땅에 뿌려진 씨앗에 해당되는데, 말씀을 듣고 깨달아 백 배, 육십 배, 삼십 배로 결실합니다. 일시적 신자들과 참된 신자들의 믿음은 돌밭과 좋은 땅, 나쁜 마음과 좋은 마음으로 근본적 차이가 있는 것이지, 단지 지속성의 차이만 있는 것이 아닙니다.

■ **제8절**

잘못: 첫 중생을 잃어버린 사람이 거듭나는 것은, 심지어 여러 번 거듭나는 것은 결코 어리석지 않다.

반박: 그들은 이 교리로 우리를 거듭나게 하는 하나님의 씨가 썩지 않는다는 것을 부정하고 있는데, 이는 사도 베드로의 증거에 반대된다: "너희가 거듭난 것은 썩어질 씨로 된 것이 아니요 썩지 아니할 씨로 된 것이니"(벧전 1:23).

• **설명**

바로 앞의 제7절은 일시적인 믿음이 지속성이란 측면을 제외하면 구원하는 믿음과 다르지 않다고 말합니다. 알미니안에 따르면 자신의 결단과 능력으로 믿음을 가진 자는 말씀으로 말미암아 환난이나 박해가 일어나면 믿음을 잃어버립니다. 그런데 인생의 어느 때에 그 잃어버린 믿음을 다시 자신의 결단과 능력으로 회복하게 되고, 중생하게 됩니다. 이런 논리를 가진 알미니안은 이러한 중생이 여러 번 일어날 수 있다고 주장할 수밖에 없습니다. 이렇게 중생된 자도 언제 그 믿음을 잃어버리며 구원에서 멀어질지 모르니, 이들이 주장하는 중생은 얼마나 불안한지 모릅니다.

하지만 베드로는 우리는 썩어질 씨가 아니라 썩지 아니할 씨로 거듭났다고 말합니다. 그들의 주장은 우리를 거듭나게 하는 하나님의 씨가 썩지 않는다는 성경 말씀을 부정하는 과감한 주장입니다. 우리가 거듭 확인한 것처럼, 그들은 중생과 믿음을 하나님이 택자들에게 주시는 선물이 아니라, 모든 사람들이 스스로의 능력으로 생취해야 하는 조건으로 보기 때문에 이런 이상한 주장들을 합니다.

우리가 잘 아는 것처럼 베드로는 예수님을 세 번 부인한 후에, 돌이켜 형제를 굳게 하는 일을 했습니다. 이런 사례를 통해 신자는 베드로처럼 악의 유혹을 받아 죄에 빠지고, 그 후에 다시 하나님의 은혜를 통해 죄에서 돌아옴을 알 수가 있습니다. 물론 생명에 이르는 구원적 의미의 회개는 단 한 번이라는 면에서는 일회성입니다. 하지만 신자는 남아있는 부패성 때문에 죄에 빠질 수 있고, 그때마다 하나님의 은혜로 다시 죄에서 돌이켜 하나님께로 돌아옵니다. 이러한 면에서 회개는 반복적입니다. 베드로의 위대한 점은 가룟 유다와 달리 자기 죄를 인하여 스스로 목매어 죽지 않고, 하나님께로 돌아와 그리스도께서 맡기신 사명을 잘 감당한 것인데, 이것은 베드로 개인의 능력이 아니라, 그리스도의 은혜와 능력에 의한 것입니다. 예수님은 베드로에게 "시몬아, 시몬아, 보라 사탄이 너희를 밀 까부르듯 하려고 요구하였으나 그러나 내가 너를 위하여 네 믿음이 떨어지지 않기를 기도하였노니 너는 돌이킨 후에 네 형제를 굳게 하라"(눅 22:31, 32)고 말씀하셨습니다. 예수님의 이 기도에 의하여 베드로는 죄에서 돌아온 것입니다.

　　예수님은 사도 요한을 통해 에베소 교회에 "그러나 너를 책망할 것이 있나니 너의 처음 사랑을 버렸느니라 그러므로 어디서 떨어졌는지를 생각하고 회개하여 처음 행위를 가지라 만일 그리하지 아니하고 회개하지 아니하면 내가 네게 가서 네 촛대를 그 자리에서 옮기리라"(계 2:4, 5)고 말씀하셨습니다. 에베소 교회가 처음 사랑을 버리는 죄를 지었으므로 회개하여 처음의 사랑을 가지라는 말씀입니다. 여기서의 회개는 구원의 의미의 회개가 아니라, 구원을 받은 상태에서 죄의 유혹에 빠진 경우의 회개입니다. 따라서 한 번 참된 구원으로 중생된 자는 그 구원을 잃어버리지 않지만, 죄의 유혹에 빠집니다. 하지만 중생된 자이기에 그 죄의 유혹에서 벗어나 다시 하나님께로 돌아오는데, 이것이 바로 썩지 아니하는 씨로 중생되었기 때문입니다. 신자가 중생되는 것과 그 중생에 끝까지 머무는 것은 신자를 향한 하나님의 사랑과 전능하신 능력에 있는 것입니다.

■ 제9절

잘못: 그리스도는 신자들이 믿음에서 실패 없이 견인하도록 결코 기도하시지 않았다.

반박: 그들은 다음처럼 말하는 그리스도 그분에게 모순이 된다: "내가 베드로 너를 위하여 네 믿음이 떨어지지 않기를 기도하였노니"(눅 22:32). 그리고 요한의 증거에도 모순이 된다: "그리스도가 비옵는 것은 사도들만 위함이 아니요 또 그들의 말로 말미암아 자기를 믿는 사람들도 위함이니"(요 17:20). "거룩하신 아버지여, 당신의 이름으로 그들을 보전하사"(요 17:11). 그리고 "내가 비옵는 것은 그들을 세상에서 데려가시기를 위함이 아니요 다만 악에 빠지지 않게 보전하시기를 위함이니이다"(요 17:15).

• 설명

알미니안은 예수 그리스도께서 신자들이 믿음에서 실패 없이 견인하도록 결코 기도하시지 않았다고 봅니다. 그들은 부분 타락한 사람들이 자신들의 능력으로 견인을 수행할 수 있다고 보기 때문에 예수 그리스도의 기도를 필요로 하지 않는다고 봅니다.

하지만 예수님은 베드로의 믿음이 떨어지지 않도록 기도하셨습니다. 사도 요한도 그리스도께서 하나님 아버지의 이름으로 신자들을 보전해달라고 기도하셨습니다. 예수님은 "내가 비옵는 것은 그들을 세상에서 데려가시기를 위함이 아니요 다만 악에 빠지지 않게 보전하시기를 위함이니이다"라고 기도하셨습니다.

이렇게 성경에 예수님이 신자들의 실패 없는 견인을 위하여 기도하신 예들이 명백하게 있는데, 그들은 이것을 다르게 해석하는 것입니다. 하나님께서 사람들의 행위를 보시지 않고 아무 이유 없이 오직 기뻐하심으로 어떤 자들을 택하시고 어떤 자를 버리시는 것은 하나님의 의에 위배된다고 생각한 알미니안은 자신들의 생각을 유지하기 위하여 성경의 여러 구절들을 무시하고 왜곡한 것입니다. 사람들의 상태와 능력을 낙관적으로 본 그들은 성경이 사람들의 전적 부패를 말함에도 불구하고, 사람들의 부분 부패를 말합니다. 하나님과 사람을 성경이 아니라 자신들의 견해와 바람에 따라 해석한 알미니안은 성경과 동떨어진 교리를 주장할 수밖에 없습니다.

어떤 교리를 갖느냐에 따라 성경 해석은 크게 달라집니다. 우리가 도르트 신경을 공부하는 것은 성경을 올바로 해석하여 하나님이 계시하여 주신 진리를 깊이 이해하고 누리기 위해서지, 절대로 도르트 신경 자체가 목적이 아닙니다. 도르트 신경은 지금까지 살펴본 다섯 가지 주제들에 대하여 전체 성경을 통하여 어떻게 이해해야 옳은지 말해 주고, 이것은 궁극적으로 성경을 전체적으로 깊게 보도록 안내합니다. 도르트 신경을 여기까지 공부하신 분들이 성경을 전체적으로 더욱 깊게 이해하고, 자신의 아들을 내주시면서까지 우리를 사랑하신 하나님의 크신 사랑을 온전히 누릴 수 있기를 기원합니다.

이해와 나눔을 위한 질문

0. 항론파의 제5조항은 어떤 면에서 잘못되었습니까?

1. 구원받은 성도일지라도 이 생애에서는 죄의 몸과 육신에서 전적으로 구원되지 않습니까? 롬 7:21-24을 통해 살펴봅시다.

2. ① 여러분의 삶에서도 매일 연약함의 죄가 발생하고, 최선의 행위에도 흠이 붙어있습니까? 그러한 죄를 경험하며 더 큰 죄악으로 빠지고 있습니까? 아니면 하나님 앞에서 겸손하고, 그리스도에게 피신하고, 탄원의 성령과 경건의 거룩한 실천을 통하여 육신을 점점 더 죽이고, 완벽이란 목표를 향하여(빌 3:12, 14) 나아가고 있습니까?
   ② 죄로부터 완전히 해방되는 것은 죽음의 육신에서 해방되어 하나님의 양과 함께 하늘에서 다스릴 때입니까(계 5:6, 10)?

3. ① 회심자들은 남아있는 내재하는 죄(롬 7:20) 때문에, 그리고 세상과 사탄의 유혹 때문에 그들 자신의 힘만으로는 이 은혜에 계속해서 서 있을 수 없습니까?
   ② 하나님은 신실하시어, 한 번 주어진 은혜 속에서 그들을 자비롭게 확증하시고, 내내 끝까지 강력하게 보존하십니까? 고전 10:13과 벧

전 1:5을 통해 살펴봅시다.

4. ① 하나님의 견인하시는 능력이 육신의 쟁취력보다 클지라도(엡 1:19), 회심자는 인도하는 은혜로부터 떠나고, 육신의 정욕에 미혹되고 굴복될 수 있습니까? 성경의 예들과 자신의 경험을 나누어 봅시다.
② 신자들은 시험에 유혹되지 않도록 어떻게 하여야 하는지 마 26:41, 살전 5:6, 17을 통해 살펴봅시다.
③ 성도의 견인 교리는 알미니안이 비난하는 것처럼 중생자를 로봇처럼 대하여 그의 노력 여하에 상관없이 기계적으로 최종 구원을 주는 것입니까? 아니면 중생자를 인격체로 대하여 하나님을 의지하며 깨어있는 신자의 삶을 더욱 살라고 격려하고 권면하는 것입니까?

5. ① 제5항은 중생자가 심각한 죄로 말미암아 겪게 되는 상황에 대하여 어떻게 말합니까?
② 시편 51편은 다윗이 밧세바와의 간음 후 겪은 심정을 말하는데 여러분은 동감합니까? 여러분이 심각한 죄를 지은 경험이 있다면, 그때의 심정을 나누어 봅시다.

6. ① 하나님은 신자들의 심각한 타락에도 불구하고 성령을 완전히 그들로부터 거두시지 않고, 그들로 그 정도로까지 떨어지는 것을 허락

하지 않으십니까?

② 신자들은 사망에 이르는 죄나 성령을 대항하는 죄를 짓지 않습니까? 요일 5:16-18, 마 12:31-32을 통해 살펴봅시다. 다윗은 간음과 가정 파괴와 살인 교사라는 큰 죄를 지었음에도 어떻게 회개하고 왕의 임무를 충실히 수행했습니까? 사도 바울은 스데반을 돌로 쳐 죽일 때 그 증인이었지만 어떻게 돌아서 사도의 사역을 감당했습니까?

7. ① 성도의 견인이 가능한 것은 하나님께서 죽지 않는 자신의 씨를 그들 안에서 보존하시어, 사라지지 않게 하시기 때문입니까? 벧전 1:23과 요일 3:9을 통해 살펴봅시다.

② 그 다음에는 말씀과 성령을 통하여 효력 있게 그들을 회개에 이르도록 역사하시어, 그들이 하나님을 따라 슬퍼하고(후 7:10), 농회하는 마음으로 용서를 구하여 얻고(시 32:5), 그들의 구원을 두려움과 떨림으로 더욱 열심히 이루도록(빌 2:12) 하시기 때문입니까?

③ 예수님을 똑같이 부인하고 배신한 가룟 유다와 베드로이지만 이들이 서로 크게 다른 회개 양상을 보인 이유를 눅 22:3과 눅 22:31-32을 통해 비교해 봅시다.

8. ① 제8항은 성도 자신의 공로나 능력이 아니라 하나님의 값없는 자비로 인한 성도의 견인을 삼위로 구분하여 잘 설명합니다. 성도의 견

인에서 성부의 하시는 일은 무엇인지 시 33:11, 히 6:17을 통해 살펴봅시다.

② 성도의 견인에서 성자의 하시는 일은 무엇인지 눅 22:32을 통해 살펴봅시다.

③ 성도의 견인에서 성령의 하시는 일은 무엇인지 엡 1:13을 통해 살펴봅시다.

9. ① 신자들은 자신의 견인에 대하여 확신할 수 있습니까? 롬 8:31-39과 딤후 4:8, 18을 통해 살펴봅시다.

② 육신의 자녀도 부모가 자신을 끝까지 사랑할 것이라는 확신을 갖습니까? 육신의 아버지도 자녀를 징계하여 성숙한 사람으로 만드는데, 모든 영의 아버지는 우리의 유익을 위하여 징계하시며 그의 거룩하심에 참여하게 하십니까? 그러므로 신자는 범죄와 회복의 과정에서 하나님의 자녀임을 더욱 확신하고 성숙을 향해 나가야 하는지 히 12:7-13을 통해 살펴봅시다.

③ 구원과 견인에 대한 확신이 성도에게 왜 필요합니까? 성도의 견인이 존재할지라도, 성도가 이를 확신하지 못 한다면 성도의 견인이 성도에게 유익하다고 할 수 있습니까?

10. ① 이 확신은 어떤 은밀한 계시로부터 말씀을 넘어서, 말씀 밖에서 만들어집니까? 아니면 하나님의 약속들에 대한 믿음과 성령의 증거

(롬 8:16-17)와 선한 행위를 향한 거룩한 추구로부터 만들어집니까?

② 제1장의 제11항은 선택의 원인을, 제12항은 선택에 대한 확신을, 제13항은 선택의 확신이 주어지는 방식에 대하여 말한다면, 제4장의 제8항은 성도의 견인의 원인을, 제9항은 구원과 견인에 대한 확신을, 제10항은 그 확신이 어떻게 생기는지를 말합니다. 이런 측면에서, 제1장과 제4장이 그 서술 방식에 있어서 비슷함을 실제로 각 항들을 살펴보며 확인해 봅시다.

11. ① 신자들은 믿음의 충만한 확신과 견인의 확신을 항상 느끼는 것은 아니나, 하나님은 감당하지 못할 시험 당함을 허락하시지 않고, 시험과 함께 피할 길을 내십니까(고전 10:13)? 그리고 성령을 통하여 견인의 확신을 그들 안에 다시 일으키십니까?

② 이에 대한 여러분의 경험을 솔직하게 나누어 봅시다. 신자들은 육신의 의심들이 생길 때에 자신을 비신자라고 생각해야 됩니까? 아니면 신자들의 삶은 육신의 의심과 유혹과 더불어 사는 것인 줄 알고, 그럴 때마다 피할 길을 주시는 하나님께 의탁하며 싸워야 합니까?

12. ① 성도의 견인에 대한 확신은 신자들을 거만하고 안일하게 합니까? 아니면 다른 선한 결과를 가져옵니까? 롬 12:1, 시 56:12-13, 시 116:12, 딛 2:11-14을 통해 살펴봅시다.

② 성도의 견인에 대한 확신이 여러분의 신앙생활을 어떻게 이끄는지 나누어 봅시다. 성도의 견인 교리에 의거하여 신자들은 대강 신앙생활을 하여도 최종적인 구원을 얻을 수 있다는 생각을 갖게 되어 거만하고 안일하게 신앙생활을 하지는 않은지 나누어 봅시다.

13. ① 견인에 대하여 되살아난 신뢰는 실족에서 회복된 신자들을 어떻게 이끕니까?

② 이들은 실족의 회복 때에 하나님의 얼굴을 바라보는 것이 생명보다 더 달음을 경험하고(사 64:7, 렘 33:5), 더 이상 영혼이 더 큰 고통에 떨어지지 않도록 경건에 힘씁니까? 하나님은 이 모든 것을 미리 예비하시어 택자들의 실족도 그들의 거룩한 성장에 사용하십니까?

14. ① 하나님은 그의 은혜의 일을 복음의 선포를 통하여 시작하셨는데, 그 일의 보존과 지속과 완성은 무엇을 통하여 하십니까? 신 6:20-25, 딤후 3:16-17, 행 2:42을 통해 살펴봅시다.

② 복음은 신자와 불신자 양쪽 모두에게 사용되지만, 성례는 누구에게만 사용됩니까?

15. ① 하나님은 성도의 견인, 이에 대한 확신 교리를 말씀에서 가장 풍성하게 계시하셨는데 여러분은 성경에서 이런 내용을 찾고 있습니까? 아니면 성도의 견인이 계시된 구절에서 신자들의 공로나 능력

을 찾고 있습니까?

② 육적인 자와 사탄과 세상과 무지자와 위선자는 성도의 견인과 이에 대한 확신 교리를 어떻게 대합니까? 이에 반해 그리스도의 신부는 어떻게 대합니까?

③ 여러분의 삶의 모든 일과 구석구석에서 오직 유일하신 하나님, 성부와 성자와 성령에게 존귀와 영광을 돌리고 있습니까? 시 33:10-11, 벧전 5:10-11, 롬 11:35-36을 살펴보시오.

■ 항론파의 잘못된 주장과 반항론파의 그에 대한 반박

-1. ① 알미니안이 신자들의 견인을 선택의 결과나 하나님의 선물로 보지 않고, 신자들의 자유의지에 의한 새 언약의 조건으로 보는 것은 사람들을 부분 부패로 보는 것과 연관이 됩니까?

② 신자들의 견인이 선택으로부터 따르고, 그리스도의 죽음과 부활과 중보의 권능으로 택자들에게 주어짐을 롬 11:7과 롬 8:32-35을 통해 살펴봅시다.

-2. ① 알미니안은 신자가 자신의 의무를 수행하면, 하나님은 언약의 조건의 수행에 대한 대가로 견인에 이를 힘들을 제공하신다고 생각합니까? 이것은 결국 성도의 견인은 성도 자신의 자유의지에 달려있다

고 말하는 것과 같습니까?

② 이런 주장은 사람들을 자유롭게 만들고자 하는 것이지만, 사람들을 신성모독으로 만들고, 결과적으로는 사람들에게 자유도 주지 못하고, 견인도 주지 못하는 것입니까? 고전 1:8을 살펴봅시다.

-3. ① 알미니안은 성도들이 믿음과 은혜와 구원으로부터 완전히 최종적으로 떨어진다고 보는데, 이들이 생각하는 "성도들"은 하나님의 불변의 택함을 받은 영원한 성도들입니까? 아니면 자신의 선택으로 일시적으로 성도가 된 이들입니까?

② 이들의 주장은 칭의와 중생의 은혜, 그리고 그리스도에 의한 지속적인 보호를 무력하게 하는 것입니까? 롬 5:8-9, 요일 3:9, 요 10:28-29에 어긋납니까?

-4. ① 제4장 제3절에서 믿음과 은혜와 구원으로부터 완전히 최종적으로 떨어진다고 보는 알미니안은 당연히 그들이 사망에 이르는 죄와 성령에 대항하는 죄를 지을 수 있다고 봅니까?

② 이런 주장이 잘못되었음을 요일 5:16-18을 통해 살펴봅시다.

-5. ① 알미니안은 제4장 제3절과 제4절에서 성도들도 믿음과 은혜와 구원으로부터 최종적으로 떨어지고, 사망의 죄와 성령에 대항하는 죄를 짓는다고 보기 때문에, 그 누구도 특별한 계시 없이는 미래의 견

인에 대한 확신을 이 생애에서는 가질 수 없다고 봅니까?

② 이들은 이 확신을 특별하고 비범한 계시를 통해서만 이 생애에서 가질 수 있다고 봅니까? 구원의 확신 교리를 거부하는 이들이 신비주의에 문을 열어놓는다고 볼 수 있습니까?

③ 성경은 이 확신을 특별하고 비범한 계시가 아니라, 하나님의 자녀들에게 적합한 표지들과 하나님의 가장 변함없으신 약속으로부터 이끌어낸다고 말합니까? 롬 8:39과 요일 3:24과 제4장 제10항을 살펴봅시다.

-6. ① 견인과 구원의 확신에 대한 교리는 육신의 안락함을 가져오고, 거룩한 실천에 해가 됩니까? 아니면 신적 은혜의 효력과 내주하시는 성령의 일하심을 경험한 자는 온 몸과 영혼이 거룩함을 좋아하기 때문에 겸기음 함하여 열심을 낼 수밖에 없습니까?

② 제4장 제12항이 말하는 것처럼 견인과 구원의 확신자는 하나님의 자녀로서 갖는 경외감과 열심과 겸손으로 육신의 안락함을 떨치고 거룩한 실천을 행한다면, 알미니안은 구원을 최종적으로 받기 위하여 살아있는 내내 불안한 가운데서 육신의 열심을 내는 것이라고 볼 수 있습니까?

③ 이들의 주장이 잘못되었음을 요일 3:2-3을 통해 살펴봅시다.

-7. ① 알미니안은 왜 일시적인 믿음도 지속성이란 측면을 제외하면 의롭

게 하는 구원하는 믿음과 같다고 봅니까? 이들은 믿음을 인간의 측면에서 믿느냐 마느냐라는 관점에서 보기 때문에 믿음을 제1장 제2절처럼 여러 종류로 나누고, 이 모든 종류의 믿음이 지속되는 순간에 있어서는 참되다고 보는 것입니까?

② 예수님은 마 13:18-23, 막 4:14-20, 눅 8:11-15의 씨 뿌리는 비유에서 일시적 신자들과 참된 신자들 간에 있는 삼중의 차이를 확증하셨는데, 이 삼중의 차이는 무엇입니까?

-8. ① 알미니안은 중생을 인간의 측면에서 획득 가능한 것으로 보기 때문에 중생을 잃어버릴 수도 있고, 다시 획득할 수도 있다고 보아서, 첫 중생을 잃어버린 사람이 여러 번 거듭날 수 있다고 주장하는 것입니까?

② 이런 주장은 사람을 거듭나게 하는 하나님의 씨가 썩지 않는다는 것을 부정하는 것입니까? 벧전 1:23을 통해 살펴봅시다.

-9. ① 그리스도는 신자들이 믿음에서 실패 없이 견인하도록 결코 기도하시지 않았습니까? 알미니안은 부분 타락한 사람들이 자신들의 능력으로 견인을 수행할 수 있어서 그리스도의 기도를 필요로 하지 않는다고 보는 것입니까?

② 이 주장이 잘못되었음을 눅 22:32, 요 17:11, 15, 20을 통해 살펴봅시다.

제5장
결론

1. 도르트 신경의 결론

도르트 신경은 서문, 네 장으로 구성된 다섯 개의 교리에 대한 긍정적 설명, 각 교리에 대한 알미니안의 주장과 이 주장에 대한 논박, 그리고 결론으로 이루어져 있습니다. A4 3장의 분량인 결론 부분은 반이 넘게 예정 교리에 대한 오해들이 무엇인지 말하며, 사람들이 이런 오해에 빠지지 않기를 당부합니다. 여기저기서 들은 비방과 문맥에 맞지 않는 인용으로 개혁 교회들을 판단하지 말고, 개혁 교회들의 공적 신앙 고백과 정통 교리에 근거하여 판단해달라고 부탁합니다. 400년 전에도 존재하여 개혁 교회를 성가시게 한 예정 교리에 대한 오해들에 대해, 결론 부분은 아래처럼 말합니다.

① 예정과 그와 연관된 것들에 대한 개혁 교회들의 교리들은 고유한 특성과 성향을 인하여 모든 경건과 종교성에서 사람들의 마음을 벗어나게 한다.
② 이것은 육신과 사탄의 아편이고, 사탄의 성채인데 사탄은 이곳에서 모든 이들을 매복하여 있다가, 매우 많은 이들을 손상시키고, 다수를 절망과 안전감의 창으로 치명적으로 뚫어버린다.
③ 이것은 하나님을 죄의 조성자, 불의한 자, 폭군, 위선자로 만드는 것이고, 새로워진 스토아주의, 마니교, 방종주의, 터키

주의에 지나지 않는다.

④ 이것은 사람들을 육적인 안전감으로 이끈다. 왜냐하면 이것은 택자들의 구원은 어떻게 살든 손상 받지 않고, 택자들은 가장 잔인한 죄를 안전하게 저지를 수 있고, 유기자들은 성도의 모든 행위를 진심으로 수행하여도 구원에 유용하지 않다고 설득하기 때문이다.

⑤ 이 교리는 하나님께서 단순하게 순전히 임의의 뜻으로, 죄를 전혀 고려하시거나 바라보시지 않고, 세상의 큰 부분을 영원한 저주로 예정하시고 창조하셨다는 것이다.

⑥ 같은 방식으로, 선택은 믿음과 선행의 근원과 원인이고, 유기는 불신과 불경건의 원인이 된다.

⑦ 신자들의 죄 없는 많은 자녀들이 엄마의 가슴으로부터 낚아채어져, 지옥으로 강압적으로 던져진다. 그래서 세례나 그들의 세례 때에 교회가 한 기도가 아무 도움이 되지 않는다.

예정의 교리는 그때나 지금이나 위의 내용대로 오해되기 쉽습니다. 알미니안도 처음에는 하나님을 죄의 조성자로 만들지 않고, 사람에게 로봇의 수동이 아닌 능동의 자유를 주고, 성도들을 경건과 선행으로 격려하려는 선한 동기로 시작했습니다. 그런데 이러한 동기와 목적이 지나쳐, 하나님의 말씀인 성경을 그대로 보지 못하고, 자신들의 의도와 목적에 맞추어 성경을 해석했습니다. 하나님을 죄의 조성자로 만들지 않으려던 선한 동기는 하나님을 사람의 믿음 여부에 따라 구원을 베푸시는 가변적이고 불안한 하나님으로 만들었고, 미래를 사람의 행동 여하에 따라 수동적으로 이끌게 되는 전능하지 않고 지혜가 부족한 하나님으로 만들었습니다. 하나님의 영원한 선택을 사람들이 이해하는 합리적 수준으로 끌어내려 사람들의 가변적인 선택으로 바꾸어버렸습니다. 알미니안은 처음의 시도에 있어서는 선했을지 몰라도, 그 결과에 있어서는 성경에 있는 전능과 영원과 무한의 하나님을 사람들의 삶과 이해 속에 존재하는 유한한 신으로 만들어버렸습니다.

도르트 신경은 성경을 있는 그대로 온전히 해석하느냐 마느냐의 싸움인 것이고, 하나님을 성경대로 믿을 것인지 아니면 사람들의 경험과 이해대로 믿을 것인지의 싸움인 것입니다. 사람들의 행동과 결단을 관찰 가능한 가까운 원인으로만 볼 것인지 아니면 눈에 보이지 않는 먼 원인으로 볼 것인지의 싸움입니다.

도르트 신경의 결론은 끝 부분에서 그리스도의 복음 안에 있는 모든 이들에게 간곡하게 호소하는 내용을 담고 있습니다. 첫째로, 학교와 교회에서 이 교리들을 다뤄줄 것을 부탁합니다. 예정 교리는 많은 오해가 따르므로 목사들은 성도들이 시험에 들지 않도록 다루기를 꺼려 하고, 성도들은 이해하기에 어려워 다루려고 하지 않습니다. 그런데 예정 교리를 잘 다루면 앞에서 살펴본 것처럼 구원의 확신을 비롯한 여러 장점들이 있습니다. 무엇보다 성경을 있는 그대로 깊이 살피게 되고, 하나님을 성경이 말하는 대로 믿게 됩니다. 구더기 무서워 장을 못 담그지 않는 것처럼, 작은 오해들 때문에 예정 교리를 꺼려할 필요가 없습니다.

둘째로, 이 교리를 다룰 때에 하나님의 이름의 영광과 삶의 경건과 고통에 빠진 자들의 위로를 구할 것을 부탁합니다. 예정 교리는 머리를 써서 여러 논리를 생각해야 하므로, 예정 교리의 본래 의미와 목적을 망각한 채 논리 자체에 빠질 수 있고, 극단적 논리의 연장으로 흐를 수도 있습니다. 도르트 신경은 이를 경계하며 하나님의 이름의 영광을 위하여 이 교리를 다루어야 하고, 삶에 더 많은 경건이 있도록 다루어야 하고, 고통에 빠진 자들이 성도의 견인에 대한 확신으로 위로를 받도록 다루어야 한다고 말합니다.

셋째로, 성경과 함께 믿음의 유추를 따라 생각하고 말할 것을 부탁합니다. 우리는 성경이 말하는 만큼 말해야 하고 멈추는 곳에 멈추어야 합니다. 전통이나 학문이나 다수의 견해가 아니라, 오직 하나님의 진리가 계시된 성경에 따라 생각하고 말해야 합니다. 성경이 말하지 않는 것에 대하여 우리는 이성과 감성이 아니라 오직 믿음에 따라 유추하며 생각하고 말해야 합니다. 성경 전체의 내용에 근거하여 믿음의 유추를 사용하면 우리는 성경이 명시적으로 말하지 않는 여러 사항에 대하여도 옳게 생각하고 말할 수 있습니다. 이때 인본적 합리성과 욕망이 끼어들지 않도록 주의해야 합니다.

마지막으로, 성경의 참된 의미가 우리에게 규정한 범주를 넘어서고, 뻔뻔스러운 궤변가들에게 개혁 교회의 교리를 조롱하거나 중상할 수 있는 빌미를 제공하는 모든 표현들을 자제할 것을 부탁합니다. 예정과 선택과 유기에 대하여 성경이 말하지만, 이 교리를 표현할 때 성경이 규정한 범주를 넘어서지 않도록 주의해야 합니다. 자칫하면 하나님을 죄의 조성자로 만들거나, 사람들을 로봇처럼 만들거나, 선교를 할 필요가 없거나, 경건과 기도에 힘쓸 필요가 없다는 뉘앙스의 표현을 할 수 있습니다. 작은 표현의 차이로 성경에 적합하여 이해에 도움이 되기도 하고, 성경에 적합하지 않아 뻔뻔스러운 궤변가들에게 개혁 교회의 교리를 조롱하거나 중상할 수 있는 정당한 구실을 제공하기도 합니다. 예정과 선택과 유기의 교리를 널리 밝히 알리되 열정이 지나쳐 적절한 표현을 넘어서지 않도록 조심해야 합니다.

> 아버지 우편에 앉으셔서 사람들에게 은사를 주시는 하나님의 아들이신 예수 그리스도께서 우리를 진리로 거룩하게 하시고, 잘못을 저지르는 자들을 진리로 이끄시고, 건선한 교리를 숭상하는 자들의 입을 막으시고, 하나님 말씀의 신실한 사역자들을 지혜와 분별의 영으로 가르치시고, 그들의 모든 발언이 하나님께 영광이 되고, 듣는 자들에게 덕이 되게 하옵소서. 아멘.

도르트 신경의 결론은 위의 내용으로 끝을 맺습니다. 예수 그리스도가 아니고 그 누가 그리고 그 무엇이 우리를 진리로 거룩하게 하겠습니까? 우리도 도르트 신경을 마치며 진리로 혼탁해진 이 시대에서 혼탁해지기 쉬운 우리를 예수 그리스도께서 진리로 거룩하게 해주시기를 기도합니다. 진리를 흐리게 하는 잘못을 저지르는 자를 누가 설득하고 이끌 수 있겠습니까? 건전한 교리의 중상자들의 입을 누가 저지할 수 있겠습니까? 사람은 쉽게 설득되는 존재가 아니고, 그 입을 스스로 닫는 존재가 아닙니다. 오직 예수 그리스도께서만 실수자들을 깨닫게 하시고 진리로 인도하시고, 진리의 중상자의 입을 막으심을 알기에, 우리도 그리스도께 이 시대의 알미니안을 진리로 이끄시고, 중상자들의 입을 막아 달라고 기도합니다.

　도르트 총회 참석자들은 특별히 하나님의 말씀의 사역자들을 위하여 기도하고 있습니다. 그들을 지혜와 분별의 영으로 가르치시고, 그들의 모든 발언이 하나님께 영광이 되고, 듣는 자들에게 덕이 되게 해달라고 간구합니다. 도르트 신경은 일반 성도가 쉽게 읽을 수 있는 내용은 아닙니다. 전문적 신학 교육을 받은 목사들이 신중하게 읽어야 이해가 가능한 면이 있습니다. 아무래도 일반 성도들보다는 목사들이 예정과 선택과 유기에 대하여 더 많이 언급하고, 설교하고, 가르치게 됩니다. 목사들이야말로 지혜와 분별로 이것들을 잘 설교하고 가르쳐서 하나님께 영광이 되어야 하고, 듣는 자들로 시험과 혼란이 아니라 이해와 덕을 풍성히 누리게 해야 합니다. 일반 성도들도 도르트 신경을 읽고 이해하고 은혜를 누려야하지만, 목회자는 더욱 그러해야 하기에, 도르트 신경은 말씀의 사역자들을 위한 기도로 끝을 맺습니다. 그러기에 우리도 간절히 "하나님 말씀의 신실한 사역자들을 지혜와 분별의 영으로 가르치시고, 그들의 모든 발언이 하나님께 영광이 되고, 듣는 자들에게 덕이 되게 하옵소서. 아멘."라고 기도합니다.

2. 칼뱅주의 5대 교리

항론파가 1610년에 항론서라는 이름으로 자신들의 견해를 다섯 가지 항목으로 제출했고, 도르트 신경은 논쟁을 일으킨 그 다섯 가지 항목에 대응하여 정확한 답이 무엇인지 기술하고 있습니다. 그 다섯 가지를 비교하면 아래의 표와 같습니다.

	항론파(아르미니우스주의)	도르트 신경(칼뱅주의)
제1조항: 선택과 유기의 원인	**조건적 선택**: 예지 예정 – 하나님은 개인의 믿음 여부를 미리 보시고서(豫知) 선택 여부를 결정하신다.	**무조건적 선택**: 절대 예정 U: Unconditional Election
제2조항: 그리스도의 속죄 범위	**보편 속죄** – 믿는 자만 구원을 받지만, 그리스도는 모든 인류를 구원하시고 속죄하시기 위해 죽으셨다.	**제한 속죄** L: Limited Atonement
제3조항: 믿음의 가능성	**부분 부패**: 믿음 가능 – 인간은 타락하여서 믿음과 선행을 위해서는 하나님의 은혜가 필요하지만, 전적 부패와 전적 무능력은 아니다.	**전적 부패**: 믿음 불가능 T: Total Depravity
제4조항: 은혜의 거부 가능성	**가항력적 은혜** – 성령의 역사로 사람의 중생과 회개가 이루어지지만 사람이 성령의 은혜를 거절할 수 있다.	**불가항력적 은혜** I: Irresistible Grace
제5조항: 구원의 상실 가능성	**성도의 조건적 견인** – 한 번 믿었다고 하여 계속 믿음의 자리에 유지되는 것이 아니고, 은혜의 믿음의 자리에서 떨어져 구원을 상실할 수 있다.	**성도의 견인** P: Perseverance of Saints

도르트 신경이 다룬 다섯 가지 항목은 칼뱅의 전반적 가르침과 일치한다고 여겨져 칼뱅주의 5대 교리로 불립니다. 영어의 앞 글자를 따서 조합하면 튤립(TULIP)이 됩니다. 네덜란드의 꽃이 튤립인데, 네덜란드는 튤립이란 꽃만이 아니라, 튤립이란 도르트 신경도 세계에 수출하였습니다. 거스 히딩크가 2002년 서울 월드컵에서 한국 축구를 4강에 올리며 축구와 문화에 대한 여러 개념을 향상 시켰는데, 도르트 신경은 한국 교회에 올바른 성경 해석과 교리와 교회 질서를 전해줌으로써 한국 교회가 든든히 서가는 데 큰 역할을 하였습니다.

도르트 신경의 제목이 "도르트에서 1618년과 1619년에 열렸던 화란 개혁 교회의 국가 총회가 영국, 독일, 프랑스의 개혁 교회의 많은 뛰어난 신학자들과 함께 화란 교회에서 논쟁이 된 다섯 가지 교리 조항들에 대하여 내린 결정"이므로, 도르트 신경의 각 항은 다섯 가지 교리 조항에 대한 설명이기도 합니다. 따라서 도르트 신경의 각 항을 해석할 때, 위의 5대 칼뱅주의 교리에 근거하여 살펴보면 보다 쉽게 이해가 됩니다. 5대 교리는 각 항을 해석하는 핵심 개념에 속하므로, 각 항의 해석이 어려울 때마다 이 다섯 가지 교리를 염두에 두면 보다 쉽게 파악할 수 있습니다.

① 전적 부패 (믿음의 가능성, 구원 전의 사람의 상태): 아담의 첫 타락에 참여한 모든 인류는 지정의 전체에 걸쳐 전적으로 부패하여, 믿고 선행을 하기에는 전적으로 무능하다.

② 무조건적 선택 (선택과 유기의 원인, 성부의 구원 사역): 하나님은 사람

들에게서 믿음, 믿음의 순종, 거룩함 등을 선택의 조건으로 미리 보시며 선택하시지 않고, 자신의 선한 기쁨을 따라서 오직 순전히 자유로운 은혜와 사랑으로 선택하셨다.

③ 제한 속죄 (그리스도의 속죄 범위, 성자의 구원 사역): 그리스도는 한 방울의 피로도 전 세상의 죄를 속죄하실 수 있지만, 성부께서 택하신 자들을 위해서만 피를 흘리셨고, 그들을 실패 없이 구원에 이르게 하신다.

④ 불가항력적 은혜 (은혜의 거부 가능성, 성령의 구원 사역): 성령은 마음을 조명하시고, 닫힌 마음을 여시고, 강퍅한 의지를 부드럽게 하시는 은혜를 주시는데, 택함을 받은 자들은 성령의 은혜를 저항하지 못한다.

⑤ 성도의 견인 (구원의 상실 가능성, 은혜의 지속성): 신실하신 하나님은 세상과 사탄의 유혹에 흔들리는 신자들을 한 번 주신 은혜 속에서 끝까지 강력하게 보존하신다.

하나님의 진리인 성경을 사람들이 만든 인공물에 지나지 않는 교리로 살피고 해석하는 것을 좋지 않게 생각하는 이들이 있습니다. 칼뱅주의 5대 교리로 성경을 해석하는 것은, 분명히 다른 내용을 말하는 성경 구절임에도 5대 교리에 끼워 넣어 해석하는 잘못을 가져올 수 있습니다. 그러나 교리는 성경 전체의 내용에 근거하여 만들어진 것이므로, 교리의 무리한 적용을 조심한다면, 교리는 성경을 이해하는 데 큰 도움이 됩니다. 교리는 성경의 한 구절이라도 어긋나면 교리의 생명력은 끝납니다. 400년 전에 만들어진 도르트 신경이 교회의 공적 신앙고백으로 지금도 인정을 받는 것은 성경 전체의 내용에 위배되지 않기 때문입니다. 교리는 절대로 자체가 목적이 아니라, 성경 이해를 위해서 존재합니다. 성경의 전체 내용에 의거하여 만들어진 교리는 성경의 본 의미를 보다 정확하고 깊게 파악하도록 돕는 데 존재 목적이 있습니다.

도르트 신경은 자체에 여러 성경 구절들을 담고 있습니다. 그리고 이 책은 도르트 신경을 설명하며 관련된 성경 구절들을 많이 나열했습니다. 독자들은 나열된 성경 구절들의 깊고 넓은 의미가 무엇인지 이 책을 읽으며 접하였습니다. 이런 이해를 갖고, 이제 성경의 다른 부분들도 읽어보십시오. 더 풍성하게 읽힘을 경험할 것입니다. 웨스트민스터 신앙고백이나 도르트 신경을 접하기 전에 가졌던 성경에 대한 이해도와, 접한 후에 가지는 성경 이해도 사이에 큰 차이가 있습니다. 교리는 결코 유한한 인간의 해석으로 만든 인공물에 지나지 않는 것이 아니라, 무한한 하나님의 성경 말씀을 성경 전체의 내용에 따라 주제별로 정리한 유용한 도구입니다. 하나님의 무한한 진리이기에, 유한한 사람은 무한한 진리를 주제별로 정리한 교리의 도움을 받아야 합니다. 교리 도움 없이 성경을 읽는 것은 결코 올바른 성경 이해로 이끌지 않고, 주관주의와 신비주의와 몽매한 해석으로 이끕니다. 또한 모든 성경 구절들을 교리의 시각에서만 보는 것은 더 넓고 풍성하신 하나님을 교리에 가두는 협소함을 발생시키므로, 양자 모두를 주의해야 합니다.

3. 도르트 신경의 작성 방식

도르트 신경은 앞에서 살펴본 것처럼 먼저 각 교리에 대하여 각 지역의 총대모임(collegium)이 자체적으로 논의하여 자신들의 결정을 전체 회의에 제출하였습니다. 이 때 각 총대모임의 서술 방식은 그들의 성향에 따라 다양했습니다. 어떤 곳들은 정통 교리를 상세하게 기술했고, 어떤 곳들은 항론파의 견해를 상세하게 비판했고, 어떤 곳들은 정통과 이단 교리를 병행시키며 대조했습니다. 그런데 모든 총대모임들의 공통점은 스콜라적인 서술 방식과 용어를 사용했다는 점입니다. 항론서가 스콜라적인 서술 방식과 용어로 작성되었고, 각 총대모임의 결정문도 그렇게 작성되었기 때문에, 도르트 신경도 그렇게 작성되기가 쉬웠습니다.

그런데 도르트 신경은 항론서와 각 총대모임의 결정문과 비교하면 일반 성도들도 어렵지 않게 이해하는 것을 목표로 하여, 보다 대중적이고 보편적인(popular and catholic) 방식으로 작성되었습니다. 이것은 팔츠 대표들이 제1장에 대한 결정문을 스콜라적인 방식으로 7쪽 분량으로 작성한 후에, "예정 교리를 대중적으로 가르치는 방식"이란 제목을 가진 2쪽 분량을 결론으로 작성한 것의 영향을 받았기 때문입니다. 이 부분은 "하나님의 말씀의 사역자들은 이 교리를 대중적으로 열매있게 가르치기 위한 계획을 갖추고 있어야 한다"라는 간단한 도입문으로 시작합니다. 그런 후 "대중은 가르쳐져야 한다"라는 제목 하에서 선택에 관하

여 11항목, 유기에 대하여 4항목을 기술하였습니다.[88]

바로 이것이 용어와 교리와 주제와 서술 순서에서 도르트 신경의 제1장과 비슷했습니다. 팔츠 대표들도 다른 네 가지 교리들에 대해서는 스콜라적인 방식으로만 기술하였지만, 팔츠 대표들 중 스쿨테투스(Abraham Scultetus) 박사가 도르트 신경 작성 위원회에 위원으로 들어가, 다른 네 교리들도 제1장처럼 대중적인 방식으로 기술되도록 영향을 미쳤습니다. 현재 성도들이 도르트 신경을 보면 스콜라적인 방식으로 작성되었다고 생각할 지 모르지만, 400년 전에 그것을 만들 때에 일반 성도들도 이해할 수 있도록 대중적이고 보편적인 방식으로 작성되었다는 것을 기억해야 합니다. 이 시대를 사는 일반 성도들은 도르트 신경을 이해하기 위하여 노력해야 하고, 교역자들은 교리를 대중적으로 열매있게 가르치기 위하여 낮아지는 노력을 해야 합니다.

도르트 신경의 각 항은 앞부분에 다루고자 하는 교리에 대한 긍정적 서술이 있고, 이어서 항론파의 잘못과 이에 대한 반박이 존재합니다. 도르트 신경의 제목이 "… 화란 교회에서 논쟁이 된 다섯 가지 교리 조항들에 대하여 내린 결정"이므로, 도르트 신경은 다섯 가지 조항들에 대한 항론파의 잘못이 무엇이고 그에 대한 반항론파의 반박이 무엇인지를 기술하면 되었습니다. 그런데 도르트 신경은 항론파의 잘못만을 드러내

---

88 W. Robert Godfrey, "Popular and Catholic: The Modus Docendi of the Canons of Dordt," 246: "*Modus Docendi populariter doctrinam de Praedestinatione*" ("The manner of teaching the doctrine of Predestination popularly"). 246: "… ministers of the Word of God ought to be prepared with a plan (ratio) for teaching this doctrine popularly and fruitfully." 247: "Docendus est populus" ("The people ought to be taught"). 244-253을 참조하라.

지 않고, 전체 교회의 유익을 위해서 먼저 앞부분에 대중적으로 간결하게(populariter et succincte) 긍정적 부분을 기술했습니다. 그래서 읽는 이들이 성경에 따른 정통 교리가 무엇인지 온전한 논리를 통해 이해하도록 하였고, 이때 최대한 스콜라적인 서술 방식과 용어를 피하고, 대중적인 서술 방식과 용어를 취했습니다.

도르트 신경을 제1장부터 읽다 보면 제2장에 이르러 이미 제1장과 중복되는 면들이 나타남을 알 수 있습니다. 이러한 중복은 각 장마다 현저하게 나타나는데, 이것은 독자들이 각 장을 읽을 때 다른 장들을 읽지 않고도 논리의 흐름을 온전히 갖도록 하기 위함입니다. 도르트 신경의 각 장은 다른 장들의 인용 없이 자체로 온전한 논리 흐름을 갖고 있는 것이고, 이것은 도르트 신경이 얼마나 독자들의 이해의 편의를 고려하며 작성되었는가를 알 수 있습니다.[89]

도르트 신경은 제목이 말하는 것처럼 항론파의 다섯 가지 교리에 대한 답변의 성격을 갖습니다. 그래서 각 장은 다루고 있는 교리에 대한 반항론파의 입장을 하나의 항에서 정의(定義)적 진술로 잘 요약하여 표현하고 있습니다. 가드프리(Godfrey)에 의하면, 제1장은 제7항이 선택에 대한, 그리고 제15항이 유기에 대한 기본적 정의입니다. 제2장은 제8항이 제한 속죄에 대한, 제3장은 제3항이 전적 부패에 대한, 그리고 제6항이 불가항력적 은혜에 대한, 제4장은 제3항이 성도의 견인에 대한 기본적

---

89 W. Robert Godfrey, "Popular and Catholic: The Modus Docendi of the Canons of Dordt," 253.

정의입니다.[90] 도르트 신경은 각 교리에 대한 이런 기본적 정의의 진술을 통해 독자들의 이해를 돕고 있는데, 이런 것들이 모두 대중적이고 보편적인 서술 방식이라고 할 수 있습니다.

위에서 살펴본 것처럼 도르트 신경의 결론 부분은 얼마나 목회적인 마음을 담고 있는지 모릅니다. 도르트 총대들은 예정 교리에 대한 오해들을 일곱 가지 항목으로 서술하면서 이런 오해들을 잘 알고 있고, 이에 대한 답변을 도르트 신경에서 잘 하고 있으니, 그러한 마음으로 도르트 신경을 잘 읽고 오해들에 대처하라고 부탁합니다. 결론 부분이야말로 도르트 신경이 만들어진 목적, 그리고 어떤 마음과 자세로 작성되었는지 잘 말해주고 있습니다. 하나님의 이름의 영광과 삶의 경건과 고통에 빠진 자들의 위로를 부탁하는 결론 부분을 마음에 새기며 도르트 신경을 읽는다면, 도르트 신경이 차가운 논리와 어려운 학문으로 다가오지 않고, 따스한 목회자의 간절한 마음으로 다가올 것입니다.

4. 도르트 신경의 구조

아래의 첫째 표는 각 장 각 항의 내용을 간단한 제목으로 일목요연하게 만들었고, 각 장이 인용한 성경구절들도 담고 있습니다. 둘째 표는 각 장의 각 항의 내용을 보다 자세한 제목으로 묶었습니다. 표에서 보는

---

90 W. Robert Godfrey, "Popular and Catholic: The Modus Docendi of the Canons of Dordt," 253.

것처럼 긍정적 서술 부분에서는 제1장을 제외하고 다른 3장들은 성경구절들을 거의 인용하지 않습니다. 이것은 다른 장들은 성경과 상관없이 논리를 전개했다는 의미가 아니라, 성경을 직접 인용하지는 않았지만 성경의 전체 내용에 의거하여 논리를 전개했다는 의미입니다. 이에 비하여 논박 부분은 4개의 장들이 모두 성경구절들을 많이 인용하였습니다. 이것은 항론파의 잘못을 지적할 때에 최대한 성경을 직접 인용하여 논박하였다는 것이고, 그만큼 항론파의 잘못이 성경의 특정 구절들을 통하여 쉽게 반박된다는 것입니다. 수학에서 어떤 명제가 거짓임을 증명할 때에 틀린 예를 들어서 증명하는 법이 있는데, 도르트 신경도 성경에 나오는 반례(反例)의 성경구절로 항론파의 잘못을 드러내고 있습니다.

	1. 신적 선택과 유기	2. 그리스도의 죽음과 이로 인한 구속	3. 사람의 타락, 하나님께 회개와 그 방식	4. 성도의 견인
1	죄에 빠진 인류 롬 3:19, 23, 6:23	벌을 요구하는 하나님의 공의	하나님의 형상인 사람의 타락	죄와 싸우는 중생자
2	구원의 마련 요일 4:9; 요 3:16	십자가로 이룬 하나님의 공의	부패한 본성의 전달	중생자의 죄와 겸손
3	복음 전파자의 파송 롬 10:14, 15	유일하고 완전한 희생	전적 부패	성도의 견인
4	믿음을 통한 구원의 방식	신인양성의 일인격	희미한 본성의 빛	유혹되는 신자들
5	불신과 믿음의 원인 엡 2:8; 빌 1:29	복음의 약속의 선포	율법의 역할과 한계	중생자의 심각한 죄
6	선택과 유기의 작정 행 15:18; 엡 1:11	불신앙의 원인	성령의 권능으로 복음을 통해 구원하시는 하나님	사망의 죄를 짓지 않는 신자
7	선택 및 구원의 수단 엡 1:4–6; 롬 8:30	믿음의 원인	복음이 신약에 더 전해지는 이유	사망의 죄를 짓지 않는 신자의 회복

	1. 신적 선택과 유기	2. 그리스도의 죽음과 이로 인한 구속	3. 사람의 타락, 하나님께 회개와 그 방식	4. 성도의 견인
8	하나의 같은 선택	제한 속죄	복음을 통해 진정으로 부르시는 하나님	삼위 하나님의 신자 보존
9	선택의 결과물인 믿음 엡 1:4	완수될 하나님의 계획	비(非)회심의 원인 마 13장	구원과 견인의 확신
10	선택의 유일한 원인 롬 9:11-13; 행 13:48		회심의 원인	확신의 발생 방식 롬 8:16, 17
11	실패 없는 선택		하나님의 회심의 방법	가끔 흔들리는 확신 고전 10:13
12	선택의 확신		초월적으로 중생된 의지의 자체성	견인의 확신의 유익
13	선택의 확신의 유익		다 이해할 수 없는 중생의 방식	되살아난 견인의 신뢰의 효과
14	선택 교리의 선포		하나님의 선물인 믿음	복음과 성례의 사용
15	유기의 작정		은혜에 대한 합당한 태도	신자와 비신자의 견인에 대한 다른 태도
16	유기에 대한 자세들	둘째 교리 논박 1. 요 10:15, 27; 사 53:10 2. 히 9:15, 17 4. 롬 3:24, 25 5. 엡 2:3 7. 갈 2:20; 롬 8:33, 34; 요 10:15, 15:12, 13	영적으로 살아난 의지와 그 효과	넷째 교리 논박 1. 롬 11:7, 8:32-35 2. 고전 1:8 3. 롬 5:8-9, 요일 3:9; 요 10:28, 29 4. 요일 5:16-18 5. 롬 8:39; 요일 3:24 6. 요일 3:2, 3 7. 마 13:20; 눅 8:13 8. 벧전 1:23 9. 눅 22:32; 요 17:11, 15, 20
17	유아의 선택과 구원		중생의 사역에 은혜의 수단을 사용하시는 하나님	
18	선택과 유기의 자세 롬 9:20; 마 20:15; 롬 11:33-36			
논박	첫째 교리 논박 1. 요 17:6; 행 13:48; 엡 1:4 2. 롬 8:30 3. 딤후 1:9 4. 엡 2:3-9 5. 롬 9:11; 행 13:48; 엡 1:4; 요 15:16; 롬 11:6; 요일 4:10 6. 마 24:24; 요 6:39; 롬 8:30 7. 눅 10:20; 롬 8:33 8. 마 13:11, 11:25-26 9. 신 10:14-15; 마 11:21		셋째 교리 논박 1. 롬 5:12, 16, 6:23 2. 엡 4:24 3. 렘 17:9, 엡 2:3 4. 엡 2:1, 5; 창 6:5; 시 51:19; 마 5:6 5. 시 147:19, 20; 행 14:16, 16:6-7 6. 렘 31:33; 사 44:3; 롬 5:5; 렘 31:18 7. 겔 36:26 8. 엡 1:19; 벧후 1:3 9. 롬 9:16; 고전 4:7; 빌 2:13	

	1. 신적 선택과 유기	2. 그리스도의 죽음과 이로 인한 구속
1	죄로 인해 영원한 저주와 죽음 하에 있게 된 인류	죄에 대한 벌을 요구하시는 하나님의 공의
2	그런 인류에게 독생자를 보내어 믿으면 영생을 얻게 하신 하나님	하나님의 공의를 위해 십자가에서 죄와 저주가 되신 독생자
3	인류를 믿음으로 이끄려고 복음의 전파자를 보내시는 하나님	전 세상의 죄를 속죄하기에 무한한 가치가 있는 독생자의 죽음
4	전하여진 복음을 믿지 않으면 진노가, 믿으면 영생이 주어짐	참된 사람이자, 성부와 성자와 같은 본질의 그리스도
5	불신의 원인은 사람에게, 믿음의 원인은 하나님에게	모든 사람들에게 선포되는 그리스도를 통한 영생의 복음
6	일부에겐 믿음을 주시고, 일부에겐 주시지 않는 하나님의 영원한 작정	그리스도의 희생의 흠이 아니라 자신의 잘못으로 믿지 않는 이들
7	순전히 은혜로 택자들을 선택하시고, 구원의 수단 정하시는 하나님	오직 하나님의 은혜로 믿고 구원받는 이들
8	다양한 종류의 선택이 아니라, 하나의 같은 선택	제한 속죄: 택자들에게 실패 없이 발휘되는 그리스도의 죽음의 효력
9	선택의 원인과 조건이 아니라, 선택의 목적인 믿음과 믿음의 순종과 거룩함	태초부터 힘차게 실행되었고, 계속해서 실행될 계획
10	선택의 유일한 원인인 하나님의 선한 기쁨	
11	하나님의 지혜, 불변, 전지, 전능에 따라, 방해, 변경, 폐지, 종결이 없는 선택	
12	호기심의 탐구가 아니라, 선택의 열매의 관찰을 통해 주어지는 선택의 확신	
13	선택의 확신에서 오는 겸손과 찬양과 정화와 사랑	
14	신구약과 현대에도 선포되어야하는 선택 교리	
15	일부는 선택되지 않고 간과되는 유기의 작정	
16	유기 교리에 놀라지 않는 은혜의 수단 사용자와 두려워하는 육신의 정욕자	
17	자신의 본성이 아니라 은혜 언약의 효력으로 거룩한 유아	
18	선택과 유기 교리에 대한 올바른 자세	

	3. 사람의 타락, 하나님께로의 회개와 그 회개의 방식	4. 성도의 견인
1	하나님의 형상으로 창조된 사람의 지정의에 걸친 부패	죄로부터 전적으로 구원되지 않는 중생자
2	모방이 아니라 본성의 전달을 통한 부패한 후손의 출산	연약함을 인해 겸손해지고 그리스도에게 피신하는 성도들
3	죄인으로 태어나 전적 부패한 사람	성도의 견인: 세상과 사탄의 유혹에 넘어지는 성도들을 격려하시고 보존하시는 하나님
4	희미하게 남은 본성의 빛으로 회심할 수 없는 사람	시험에 유혹되지 않도록 깨어 기도해야 하는 신자
5	십계명(율법)을 통해 구원을 얻지 못하는 사람	중생자의 심각한 죄가 가져오는 결과
6	성령의 권능으로 복음을 통해 믿는 자들을 구원하시는 하나님	신자의 심각한 타락에도 성령을 거두시지 않는 하나님
7	하나님의 자유로운 기쁨으로 구약보다 신약에 더 다수에게 선포되는 복음	심각한 타락의 신자를 죽지 않는 씨와 말씀과 성령을 통하여 회복하시는 하나님
8	복음을 통해 진지하게 부르시는 하나님	삼위 하나님을 인해 믿음과 은혜에서 떨어지지 않는 신자
9	복음과 그리스도와 하나님이 아니라, 사람에게 있는 비회심의 원인	구원과 견인에 대한 확신을 갖는 택자들
10	사람이 아니라, 선택하시고 부르시는 하나님에게 있는 회심의 원인	하나님의 약속에 대한 믿음과 성령의 증거와 선한 행위의 추구로 생기는 확신
11	하나님께서 성령을 통해 택자들을 회심하게 하시는 방법	육신의 의심과 유혹으로 믿음의 확신을 늘 느끼는 것은 아닌 성도
12	초월적으로 확실히 중생되어 자체로 행하는 의지	거만과 안일이 아니라 겸손, 공경, 경건, 인내 등을 가져오는 견인의 확신
13	다 이해할 수 없는 중생과 회심의 작동 방식	방종이 아니라 주님의 길에 대한 관심으로 이끄는 견인에 대한 되살아난 신뢰
14	하나님의 선물로써 실제로 수여되고 불어넣어지는 믿음	복음과 성례의 사용을 통해 이뤄지는 하나님의 은혜의 일
15	받을 자격이 없음에도 주시는 하나님의 은혜에 대한 합당한 태도	신자와 비신자의 견인에 대한 다른 태도
16	사람을 나무가 아니라 인격으로 대하여, 의지를 참되게 회복하는 중생의 은혜	
17	중생의 사역에 은혜의 수단을 사용하시는 하나님	

위의 표를 보면 알겠지만, 네 개의 장들은 모두 사람이 죄를 인하여 타락하였다는 내용으로 시작합니다. 그리고 그 죄와 저주의 문제를 해결하기 위하여 예수 그리스도께서 십자가에서 죽으셨다는 복음에 대하여 말하고, 이 복음이 전파자를 통해 전파되었다고 말하고, 이에 따라 각 교리를 다룬 후에, 큰 은혜를 베푸시는 하나님께 감사하고 찬양해야 한다고 마무리 짓습니다. 각 교리는 이러한 흐름 속에서 이해되어야 하는데, 이런 문맥을 벗어나 몇 단어로 각 교리를 이해하면 본 의미를 잃기 쉽습니다.

하나님의 선택과 유기를 다루는 제1장은 선택과 유기에 대한 정의로 시작하지 않고, 사람의 죄와 저주로 시작합니다. 이어서 그런 인류를 위해 하나님께서 독생자를 통해 영생을 준비하셨고, 이 기쁜 소식을 전하도록 전파자를 보내셨고, 이 복음을 믿는 자에게 영생을 주신다고 말합니다. 이것을 믿지 않는 원인은 사람에게 있고, 믿는 원인은 하나님에게 있는데, 하나님께서 일부에겐 믿음을 주시고, 일부에겐 주시지 않는 영원한 작정을 하셨기 때문이라고 논리를 이어갑니다. 순전히 은혜로 선택하신 하나님은 선택을 이루시는 구원의 수단도 정하셨고, 그래서 믿음과 믿음의 순종과 거룩함은 선택의 원인과 조건이 아니라, 선택의 목적과 결과이고, 선택의 유일한 원인은 하나님의 선한 기쁨이라고 말합니다. 하나님의 속성에 따라 이루어진 선택은 방해나 변경이 있을 수 없고, 신자들은 이러한 선택을 받았다는 확신을 열매의 관찰을 통해 얻으며 더욱 겸손과 찬양을 갖게 된다고 말합니다. 그 후에 유기를 다루고, 유아의 구원을 은혜언약의 효력에 의하여 설명하고, 신자들이 선택과 유기에 대하여 가져야 할 태도로 끝을 맺습니다.

제한 속죄의 교리로 알려진 제2장의 제목은 "그리스도의 죽음과 이로 인한 구속"입니다. 제목이 암시하는 것처럼, 그리스도의 죽음이 왜 필요했는지 설명하기 위하여 먼저 사람의 힘으로 스스로 해결할 수 없는 사람의 죄에 대하여 언급합니다. 이어서 그 죄를 해결하는 유일하고 완전한 희생이 그리스도의 십자가에서의 죽음이라고 말한 후에, 이런 일을 하시는 그리스도의 신분에 대하여 말하고, 이것이 복음으로 선포되었다고 말합니다. 이어서 이렇게 선포된 복음을 어떤 이들은 자신의 부족함으로 믿지 않고, 다른 이들은 하나님의 은혜로 믿는데, 믿는 것이 바로 하나님의 계획으로 택하신 자에게만 임하는 은혜이고, 이것이 바로 제한 속죄라고 말합니다.

"사람의 타락, 하나님께로의 회개와 그 회개의 방식"을 다루는 제3장도 사람의 타락으로 시작하는데, 그 부패가 모방이 아니라 본성의 전달을 통해 전 인류에게 퍼져, 모든 인류는 전적으로 부패하였고, 본성의 빛은 희미하여졌으며, 율법으로 구원을 얻을 수 없고, 복음으로만 얻을 수 있다고 말합니다. 이어서 복음이 신약에 더 다수에게 전해지는 이유, 사람에게 잘못이 있는 비회심의 원인, 하나님에게 원인이 있는 회심, 그 회심이 이루어지는 자세한 과정, 초월적으로 확실히 중생되어서 자체로 행하는 의지에 대하여 말한 후에, 그 과정은 다 이해할 수 없다고 말합니다. 하나님께서 믿음을 선물로 주시는데, 받을 자격이 없음에도 주시는 은혜에 대한 신자들의 합당한 태도가 무엇인지, 사람의 의지가 중생을 통해 어떻게 인격적으로 살아나는지, 그리고 이러한 일이 말씀과 성례와 권징이란 은혜의 수단을 통해 어떻게 이루어지는 지에 대하여 말합니다. 제3장은 단순히 사람은 전적으로 타락하였고, 하나님의 은혜는 거부할 수 없다고 말하는 것이 아니라, 그러한 은혜에 대한 합당한 태도와 그러한 은혜를 말씀과 성례와 권징이라는 수단을 통해 더욱 크게 누려야 한다고 말합니다. 각 장은 교리를 차갑게 논리적으로 전하지 않고, 얼마나 목회적인 마음으로 독자들을 대하고, 얼마나 우리를 겸손과 감사와 찬양과 열정을 갖도록 격려하는지 모릅니다.

"성도의 견인"을 다루는 제4장은 중생자일지라도 죄로부터 전적으로 구원되지 않아 세상과 사탄의 유혹에 넘어지고, 그러나 하나님은 이런 성도를 최종적으로 보존하신다고 말합니다. 이어서 하나님이 성도를 끝까지 견인하실지라도 중생자는 심각한 죄로 처참한 결과를 맛보게 되므로 깨어 기도해야 하고, 하나님께서 심각한 죄에서도 어떻게 신자를 보존하시는지 자세히 설명합니다. 그리고 택자들은 구원과 견인에 대한 확신을 갖는다고 말하며, 어떻게 갖게 되는지 과정을 설명합니다. 견인의 확실성은 거만과 안일이 아니라 겸손, 공경, 경건, 인내 등을 가져오고, 이러한 하나님의 은혜의 일이 복음과 성례의 사용을 통해 이뤄진다고 말합니다. 마지막으로 비신자는 견인의 교리를 이해하지 못하고 공격하지만, 신자는 사랑하고 변호한다며, 오직 유일하신 하나님에게 존귀와 영광이 영원히 있다고 말합니다.

4개의 장들을 비교하면 긍정적 서술 부분에 반복되는 내용이 많이 나옴을 쉽게 파악할 수 있습니다. 이것은 독자들이 각 장을 읽을 때 전체적인 논리의 흐름을 잃지 않고 읽을 수 있도록 목회적 차원에서 배려한 것입니다. 우리는 또 반복되는 내용이 무엇인지를 통해 도르트 신경이 무엇을 중요하게 여겼나를 파악할 수 있습니다. 도르트 신경은 각 장의 제목을 통해 5대 교리를 명시적으로 드러내었지만, 반복되는 내용을 통해서도 강조점을 드러내었습니다.

이미 살펴본 것처럼 네 개의 장은 무엇보다 사람의 타락을 앞부분에서 강조하고 있는데, 이것은 사람의 능력으로 구원을 얻을 수 없고, 하나님의 은혜가 필요함을 나타냅니다.[91] 제4장은 죄로부터 전적으로 구원되지 않는 중생자에 대하여 말하는데, 이것 역시 하나님의 은혜만이 중생자를 구원의 상태로 견인함을 나타냅니다.

그 다음 중복되는 내용은 하나님께서 타락한 자들을 위하여 구원을 마련하셨다는(1장 2항, 2장 2항, 3장 6항, 4장 2항) 것이고, 이 기쁜 소식을 전파자를 통하여 전하신다는(1장 3항, 2장 5항, 3장 6항과 8항, 4장 14항) 것입니다. 특히 제3장 제17항과 제4장 제14항은 복음과 성례라는 은혜의 수단에 대해서도 언급합니다. 이것은 도르트 신경이 죄와 저주에 빠진 사람들을 위해 하나님께서 구원을 마련하신 것과 이 소식이 널리 전해지도록 적극적으로 복음을 사람들에게 선포하신 것을 나타냅니다. 또 그

---

91 이것은 물론 도르트 신경이 전택설이 아니라 후택설의 입장에서 서술되었기 때문에 사람의 타락을 먼저 기술한 면도 있다. 전택설과 후택설은 심화 설명을 참고하라.

구원의 상태에 계속해서 머물고 이에 대한 확신을 갖도록 하나님께서 말씀과 성례와 권징이란 은혜의 수단을 시행하신 것을 나타냅니다. 도르트 신경은 은혜의 수단을 통해 사람들을 구원하시고 양육하시는 하나님의 구원의 과정을 말하며 5대 교리를 언급하지, 이것들 없이 홀로 분리하면서 5대 교리를 말하지 않습니다. 도르트 신경은 무엇보다 복음 전파를 통한 전도와 은혜의 수단의 열심어린 사용을 강조하고 있으므로 항론파들의 예정의 수동성에 대한 비난은 틀렸습니다. 복음의 선포와 은혜의 수단에 대한 이해 없이 도르트 신경을 단순히 5대 교리로 이해하는 것은 살과 근육이 없는 뼈대에 지나지 않습니다.

도르트 신경은 또 불신과 믿음의 원인이 무엇인지에 대하여도 1장 5항, 2장 6항과 7항, 3장 10항(회심의 원인), 4장 10항(확신의 원인)에서 공통적으로 다룹니다. 이것은 불신의 원인은 사람에게 있지만, 믿음의 원인은 하나님의 은혜에 있음을 말하며 하나님의 도우심으로만 사람이 구원을 받음을 나타냅니다. 도르트 신경은 사람의 전적 부패와 하나님의 전적 은혜를 말하며 하나님의 은혜에 풍성히 거하기 위하여 은혜의 수단을 열심히 사용할 것을 강조합니다.

도르트 신경은 각 장의 마지막 항에서 하나님의 큰 뜻을 알지 못하는 자들은 각 교리를 불평과 의심과 공격으로 대하지만, 참된 신자들은 겸손과 감사와 찬양과 영광돌림으로 받아들여야 한다고 말합니다. 이것은 하나님은 불가해(不可解)하신 분으로 사람이 다 알 수 없으므로, 사람이 알 수 없는 부분에 대하여 의심하고 불평하고 공격하는 것은 옳지 않다는 것이고, 유한은 무한을 다 받을 수 없음을 알고, 겸손하게 하나님을 찬양하고 영광을 돌려야 한다는 의미입니다.[92] 항상 겸손한 자세로 성경이 말하는 만큼만 말하고, 멈추는 곳에 멈추어야 합니다. 성경이 말하는 것은 그대로 받되, 그것을 유한한 이성으로 다 이해할 수 있는 냥 굴어서는 안 됩니다. 교리를 이해할수록 그러한 교리를 주신 하나님을 찬양해야 하고, 그럼에도 아직도 그 교리를 다 이해하지 못한 줄 알고 겸손해야 합니다.

---

92 하이델베르크 요리문답은 서문(1-2문), 사람의 죄와 비참(3-11문), 사람의 구속(12-85문), 하나님께 감사(86-129문)로 구성되어 있는데, 도르트 신경도 사람의 죄와 비참--〉 사람의 구속--〉 하나님께 감사라는 논리를 명시적은 아니지만 기본적 흐름에서 취하고 있다고 말할 수 있다. 이런 흐름으로 도르트 신경의 각 장을 보면 전체적 흐름과 구조가 쉽게 파악된다.

제3부

도르트의 교회 질서
Church Order

도르트 총회는 1619년 4월 16-18일에 전체 회의를 열고 도르트 신경을 승인하였고, 4월 23일에 모든 회원들은 각 장에 서명했습니다. 외국 대표들이 참가하는 국제회의 영역은 제154차 5월 9일 목요일에 공식적으로 끝났고, 5월 13일에 다시 시작된 회의는 네덜란드 대표들만 참여하여 라틴어가 아닌 화란어로 교회 질서(Church Order)를 다루었습니다.

네덜란드 교회는 1568년에 네덜란드 국경 접경 지역인 독일의 베젤(Wesel)에서 비공식적으로 열린 대회에서 교회생활에 대한 일반적인 규칙의 초안을 마련했습니다. 3년 후인 1571년에 독일의 엠덴에서 열린 총회는 이 초안에 기초하여 교회 질서를 채택했습니다. 이 교회 질서는 1586년의 헤이그 총회를 거쳐, 1619년 5월의 도르트 총회에서 시대 상황에 맞게 일부 수정된 후에 승인되었습니다. 도르트 교회 질서는 이후에 정부가 교회 정치에 영향력을 갖게 되며 외적으로 흔들렸지만, 내적으로 네덜란드의 교회 질서를 잡는 데 큰 역할을 했습니다. 하지만 네덜란드 정부가 1816년에 작성한 "개혁 교회의 통치를 위한 일반적 규정"이 집행되면서 도르트 교회 질서는 내적인 역할도 하지 못했습니다. 1834년에 상당수의 개혁 교회들이 국가의 통치를 벗어나 독립을 유지하면서 도르트 교회 질서는 1836년의 총회에서 다시 개혁 교회의 교회 질서가 되었습니다. 그 이후로 네덜란드의 개혁 교회의 영향을 받아 미국, 캐나다, 남아프리카, 호주 등에 세워진 개혁 교회들도 각국의 처지에 따라 약간 수정한 후에 도르트 교회 질서를 그대로 받아 사용하고 있습니다.

합신 교단을 비롯한 대한민국의 보수적인 장로 교단들이 헌법으로 채택한 교회 질서(교회정치와 예배모범과 권징조례)는 도르트 교회 질서의 영향도 일부 받았습니다. 칼뱅은 제네바의 교회 질서 수립에 큰 영향을 미쳤고, 제네바에서 칼뱅의 정치를 보며 배운 스코틀랜드의 존 녹스(John Knox, 1513-1672)는 제일 권징서(the First Book of Discipline, 1560) 작성에 영향을 미쳤고, 녹스의 후계자 멜빌(Andrew Melville, 1542-1622)은 그것을 더욱 발전시켜 1577년에 총회에서 제이 권징서(the Second Book of Discioline)가 채택되는 데 영향을 미쳤습니다. 1563년에 작성된 하이델베르크 요리문답은 우리에게 잘 알려졌지만, 그것이 교회 질서와 함께 출간되었다는 것은 잘 알려지지 않았습니다.

이런 교회 질서들이 웨스트민스터 총회(1643-1648)에서 예배모범(1645년)과 장로회 교회 정치규범(1645년)이 만들어지는 데 큰 영향을 미쳤고, 한국의 장로교 보수 교단들의 교회 질서는 많은 부분 웨스트민스터 총회의 예배모범과 정치규범을 상당 부분 따르고 있습니다. 웨스트민스터 총회는 신앙고백서(1646년 12월 3일), 성경구절 주석 첨부(1647년 4월 29일), 소요리문답(1647년 11월 5일), 대요리문답(1648년 4월 14일)을 만들기 전에 먼저 예배모범(1645년)과 장로회 교회 정치규범(1645년)을 만들었습니다. 그만큼 교회 질서는 신앙고백이나 신경만큼 중요한 것이고, 신앙고백이나 문답서를 만든다는 것은 교회의 질서를 위해서 만드는 것이므로 교회 질서와 함께 작성되는 경향이 있습니다.

여기서는 총 86조로 이루어진 도르트 교회 질서의 주요 내용이 무엇인지 제목만 간단하게 살펴봅니다. 아래에서 보는 것처럼 도르트 교회 질서는 서론(총 1개), 교회의 직분들(총 27개), 교회의 회의들(총 24개), 교리와 성례와 의식들(총 18개), 그리고 권징(총 16개)으로 이루어져 있습니다. 주요 장로 교단의 헌법과 비교하면 교회의 직분들과 회의들(총 51개)이 헌법의 교회 정치에 해당하고, 교리와 성례와 의식들이 헌법의 교리와 예배모범에 해당하고, 권징이 헌법의 권징조례에 해당합니다.

제1장 교회의 직분들
제1조. 교회 질서의 목적과 주요 내용
제2조. 4개의 직분들
제3조. 합법적으로 부름을 받아야 하는 목사
제4조. 말씀과 성례의 목회자가 되는 적법한 과정
제5조. 기존의 목회자를 초빙하는 과정
제6조. 특수 기관에서 사역하는 목사
제7조. 하나의 지역 교회에서 직분을 수행해야 하는 목사
제8조. 신학 교육을 받지 않는 남자의 목회 허용
제9조. 다른 교단 목사의 입회 허락
제10조. 목사의 다른 교회로의 사역 이동
제11조. 목사를 지원해야 하는 지교회의 의무
제12조. 목사에게 세속 직업이 허락되지 않음
제13조. 목사의 은퇴
제14조. 목사의 휴직
제15조. 다른 교회에서의 설교와 성례 집례
제16조. 복음 사역자의 직무
제17조. 교회의 직분들 간의 평등성

제18조. 신학 교수의 업무
제19조. 목사 후보생 양성
제20조. 신학생을 말로 격려함
제21조. 기독교 교육에 관한 교회의 의무
제22조. 장로 선거
제23조. 장로의 직무
제24조. 집사 선거
제25조. 집사의 직무
제26조. 궁핍한 자에게 관심을 기울여야 하는 집사
제27조. 직분자들의 임기
제28조. 교회와 정부의 서로 존중

제2장 교회의 회의들
제29조. 다양한 교회의 회의들
제30조. 교회 회의들의 권위
제31조. 항소권
제32조. 기도로 시작하고 끝나야 하는 교회의 회의들
제33조. 총대(總代)들의 신임장
제34조. 교회 회의 서기의 임무
제35조. 교회 회의 의장의 의무
제36조. 같은 권위를 갖는 당회와 노회와 총회
제37조. 지교회의 당회
제38조. 새로운 당회의 구성과 집사의 당회 참여
제39조. 당회 없는 교회의 사역을 돕는 노회
제40조. 집사회
제41조. 노회
제42조. 목사의 노회 참석과 투표
제43조. 노회와 총회에서의 권징과 재판
제44조. 노회의 각 지교회 시찰

제45조. 회의록 보고
제46조. 결의 사항 존중과 필요시 수정
제47조. 노회의 정기적 회집과, 회집 장소와 시기의 결정
제48조. 노회들 간의 교류와 회집
제49조. 노회의 위원회
제50조. 총회
제51조. 두 언어의 사용
제52조. 다른 언어를 쓰는 교회들의 교류

제3장 교리, 성례, 그리고 다른 의식들
제53조. 서명 양식서에 서명의 의무가 있는 신학교수, 목사, 교사
제54조. 서명 양식서에 서명의 의무가 있는 장로와 집사
제55조. 오류로부터 교회를 지킬 의무가 있는 목사와 장로
제56조. 거룩한 세례
제57조. 자신의 자녀를 세례 받게 할 의무가 있는 아버지
제58조. 세례의 시행 방법
제59조. 성인 세례와 주의 성찬에 참여하는 의무
제60조. 세례 명부
제61조. 주의 성찬 참여자의 자격
제62조. 주의 성찬 시행
제63조. 주의 성찬의 횟수
제64조. 저녁 기도자
제65조. 장례 설교
제66조. 공적 금식과 기도의 날
제67조. 성탄일, 부활일, 오순일의 준수
제68조. 주일 오후에 교리문답의 설교
제69조. 교회에서 부를 찬양
제70조. 교회 결혼

제4장 권징

제71조. 교회 권징의 성격
제72조. 비밀스런 죄에 대한 마 18.15–17절의 시행 I
제73조. 비밀스런 죄에 대한 마 18.15–17절의 시행 II
제74조. 두세 사람의 권면을 듣지 않는 자의 당회 보고
제75조. 범죄자의 해벌
제76조. 수찬 정지와 출교
제77조. 출교 절차
제78조. 출교자의 해벌
제79조. 장로와 집사와 목사의 권징
제80조. 정직과 면직에 해당하는 죄들
제81조. 목사와 장로와 집사가 직분수행에 대하여 서로 견책과 권면을 함
제82조. 다른 교회로의 이명 증서
제83조. 이사하는 가난한 교인을 집사가 도와줌
제84조. 교회와 목사와 장로와 집사 간의 동등 "어떠한 교회도 다른 교회를 결코 지배하지 못하고, 어떠한 목사도 다른 목사들을 지배하지 못하고, 어떠한 장로와 집사도 다른 장로들과 집사들을 지배하지 못한다."
제85조. 외국 교회와의 교류
제86조. 교회 질서의 개정

    현재 우리 교단의 헌법은 1618년의 도르트 총회, 1643년의 웨스트민스터 총회 등을 통해 만들어진 신앙고백과 교회 질서의 전통 하에 있습니다. 우리 교단의 헌법은 사람들의 소견에 따라 만들어진 것이 아니라, 교회 회의들의 전통 속에서 전체 성경의 내용을 따라 만들어졌습니다. 그러므로 우리는 판단해야 할 일이 있을 때에 무엇보다 먼저 헌법의 내용에 따라 판단해야 합니다. 교회에서 직분자를 세울 때 헌법의 교

회 정치에 따라 세워야 하고, 권징을 해야 할 일이 있을 때도 그 방법과 절차를 헌법의 권징조례에 따라 해야 하고, 예배 순서 하나를 정할 때도 효과와 효율을 따지기에 앞서 헌법의 예배모범이 무엇이라고 하는지 살펴야 합니다.

교단이 발행한 표준 예식서에[1] 따라 예배, 성례식(학습식, 유아세례식, 세례식, 입교식, 성찬식), 임직식(목사, 선교사, 강도사, 장로, 집사, 권사), 혼례식(약혼식과 결혼식), 상례식(임종식, 입관식, 장례식, 하관식)을 진행하면, 절제된 가운데 가공하지 않은 은혜를 누릴 수 있습니다. 표준 예식서의 특징은 인본적인 과장과 짜내는 감정 체험을 피하고, 참석자들로 최대한 하나님을 직면하게 하는 것입니다. 표준 예식서는 각 예식의 의미와 목적과 종류가 무엇인지 핵심을 잘 설명하고, 각 순서를 의미 있게 진행하도록 개식사와 같은 구체적 내용도 담고 있습니다.

죄형법정주의(罪刑法定主義)는 무엇이 범죄에 해당하고, 그에 따른 형벌은 무엇인지 국회에서 제정한 법률을 통해서만 규정할 수 있다는 원칙입니다. 그런데 법률이 헌법에 어긋나게 잘못 만들어지면 법원이나 소송당사자가 위헌 여부를 심판하여 줄 것을 헌법재판소에 제청할 수 있습니다. "국가의 통치 조직과 통치 작용의 기본 원리 및 국민의 기본권을 보장하는 근본 규범"인 헌법은 우리나라의 최고 법규로서 국회가 국민의 생활에 관한 다양한 법률을 만들 때 지도하는 역할을 합니다. 헌법의 정신을 파괴하는 법률은 위헌이라고 하여 폐기됩니다.

---

1 합신 총회교육부, 『표준 예식서』, 서울: 합신 총회출판부, 2005년(2판).

헌법이 대한민국에서 이러한 역할을 하듯, 구약과 신약 성경에 있는 하나님의 말씀은 신자들이 하나님을 영화롭게 하고 즐거워하도록 지도하는 역할을 합니다. 소송에 참여한 재판관, 변호사, 피 고소인들만이 아니라 일반 국민도 헌법과 법률에 의거하여 여러 결정을 내리듯, 신자들은 하나님의 말씀에 의거하여 판단해야 합니다. 헌법과 법률은 부족한 사람들이 만든 것이기 때문에 자주 개정하지만, 하나님의 말씀은 영원하신 하나님이 만드셨기 때문에 시대와 상황에 상관없이 유일한 진리입니다. 실제로 형법 제22장 성풍속에 관한 죄, 조항 241조에 있는 "배우자있는 자가 간통한 때에는 2년 이하의 징역에 처한다."는 간통죄는 2015년 2월 26일에 헌법재판소에 의하여 위헌으로 판결이 났습니다.

간통죄가 형법에서 없어져도 "간음하지 말라"는 성경말씀 때문에 간통은 신자들에게 여전히 큰 죄입니다. 성경의 영원한 진리성은 사람들의 경험과 전통과 학문을 넘어서기에 유일한 규범이 됩니다. 그리고 성경의 전체 내용에 의거하여 만들어진 신앙고백과 신경(사도신경, 도르트 신경 등)과 교회 질서(교회 정치, 예배모범, 권징조례 등)는 성경 다음의 권위를 갖는 규범입니다. 우리가 교회 회의들을 통해 만들어진 신앙고백과 교회 질서를 존중하는 것은 성경의 권위 때문입니다. 그 어떤 문서보다 성경의 전체 내용을 가장 깊게 드러내기 때문입니다. 성경은 주제별로 배열되지 않았고, 교회 정치와 예배 순서와 권징의 방법에 대해서도 원리는 말하지만 구체적으로 명시하지 않습니다. 그런데 지상의 성도는 주제별로 정리된 교리를 통하여 성경을 전체적으로 깊이 이해할 수 있고, 지상의 교회는 교회 정치와 예배 순서와 권징에서 구체적 실천과 적용을 요구합니다. 그래서 구체적 실천과 적용이 명시된 교회 정치와 예배 모범과 권징조례가 필요합니다.

400년 전에 네덜란드의 도르트에서 만들어진 신경과 교회 질서를 우리가 지금도 기념하는 것은 그 안에 담긴 성경의 전체적 내용 때문입니다. 성경에 의거하여 만들어졌기 때문에 400년이 지난 지금도 의미가 있습니다. 그 어떤 제도와 학설이 400년이 지나서도 여전히 유효하겠습니까? 오직 진리인 성경의 내용에 의거하여 만들어진 문서만이 400년이 지나도 유효하고, 환경의 변화에 따른 지엽적인 수정 이외에 다른 수정을 요하지 않는 것입니다. 400년 전에 오직 성경에 근거하여 신경과 교회 질서를 만든 신앙 선배들의 겪거과 지혜와 열정이 이 글을 읽는 독자들에게 그대로 전해져, 더욱 하나님을 영화롭게 하고, 즐거워할 수 있기를 바랍니다.

부록

심화 설명

심화 설명 1 : 성부와 성령과 똑같은 영원하고 무한한 본질을 지니신 하나님의 독생자

성부와 성자와 성령의 삼위일체는 한 본질, 세 위격(One Essence, Three Persons)으로 표현할 수 있습니다. 하나님은 본질에 있어서 하나이시고, 위격에 있어서 셋이십니다. 성부와 성자와 성령은 본질에 있어서 같고, 위격에 있어서는 셋으로 각각의 독특성이 있습니다.

1. 성자와 성령에게도 돌려지는 신성

성경에는 성자와 성령에게 성부와 똑같은 신성을 돌리는 구절들이 아래처럼 많습니다. 이러한 구절들을 통해 우리는 성자와 성령이 성부와 똑같은 하나님임을 알 수 있습니다. 성부아 성자와 성령은 한 본질의 하나님이십니다. 모두 영원하시고 무한하시고 불변하십니다. 본질이란 면에서 성부와 성자와 성령은 같습니다. 모두가 태어나거나 만들어지지 않고, 스스로 존재하십니다.

① 예수 그리스도의 신성을 보여주는 성경 구절들

이는 한 아기가 우리에게 났고 한 아들을 우리에게 주신 바 되었는데 그 어깨에는 정사를 메었고 그 이름은 기묘자라, 모사라, 전능하신 하나님이라, 영존하시는 아버지라, 평강의 왕이라 할 것임이라.　　**사 9:6**

나 여호와가 말하노라 보라 때가 이르리니 내가 다윗에게 한 의로운 가지를 일으킬 것이라 그가 왕이 되어 지혜롭게 행사하며 세상에서 공평과 정의를 행할 것이며 그의 날에 유다는 구원을 얻겠고 이스라엘은 평안히 거할 것이며 그 이름은 여호와 우리의 의라 일컬음을 받으리라. **렘 23:5, 6**

태초에 말씀이 계시니라 이 말씀이 하나님과 함께 계셨으니 이 말씀은 곧 하나님이시니라 그가 태초에 하나님과 함께 계셨고 만물이 그로 말미암아 지은 바 되었으니 지은 것이 하나도 그가 없이는 된 것이 없느니라.
요 1:1-3

주 예수 그리스도의 은혜와 하나님의 사랑과 성령의 교통하심이 너희 무리와 함께 있을지어다. **고후 13:13**

그는 근본 하나님의 본체시나 하나님과 동등됨을 취할 것으로 여기지 아니하시고 오히려 자기를 비어 종의 형체를 가져 사람들과 같이 되었고 사람의 모양으로 나타나셨으매 자기를 낮추시고 죽기까지 복종하셨으니 곧 십자가에 죽으심이라. **빌 2:6-8**

또 아는 것은 하나님의 아들이 이르러 우리에게 지각을 주사 우리로 참된 자를 알게 하신 것과 또한 우리가 참된 자 곧 그의 아들 예수 그리스도 안에 있는 것이니 그는 참 하나님이시요 영생이시라. **요일 5:20**

② 성령 하나님의 신성을 보여주는 성경 구절들

그가 그 곳 이름을 맛사 또는 므리바라 불렀으니 이는 이스라엘 자손이 다투었음이요 또는 그들이 여호와를 시험하여 이르기를 여호와께서 우리 중에 계신가 안 계신가 하였음이더라. **출 17:7**

그러므로 성령이 이르신 바와 같이 오늘 너희가 그의 음성을 듣거든 광야에서 시험하던 날에 거역하던 것 같이 너희 마음을 완고하게 하지 말라 거기서 너희 열조가 나를 시험하여 증험하고 사십 년 동안 나의 행사를 보았느니라(출 17:7의 여호와를 히 3:7-9은 성령 하나님이라고 말하고 있다).

히 3:7-9

베드로가 이르되 아나니아야 어찌하여 사탄이 네 마음에 가득하여 네가 성령을 속이고 땅 값 얼마를 감추었느냐 땅이 그대로 있을 때에는 네 땅이 아니며 판 후에도 네 마음대로 할 수가 없더냐 어찌하여 이 일을 네 마음에 두었느냐 사람에게 거짓말한 것이 아니요 하나님께로다. 행 5:3, 4

예언은 언제든지 사람의 뜻으로 낸 것이 아니요 오직 성령의 감동하심을 받은 사람들이 하나님께 받아 말한 것임이라. 벧후 1:21

내가 주의 영을 떠나 어디로 가며 주의 앞에서 어디로 피하리이까 내가 하늘에 올라갈지라도 거기 계시며 스올에 내 자리를 펼지라도 거기 계시니이다. 시 139:7, 8

누가 여호와의 영을 지도하였으며 그의 모사가 되어 그를 가르쳤으랴.

사 40:13

누가 주의 마음을 알았느냐 누가 그의 모사가 되었느냐(롬 11:34는 사 40:13의 여호와의 영이 "주"시라고, 즉 하나님이라고 말한다). 롬 11:34

그러므로 너희는 가서 모든 민족을 제자로 삼아 아버지와 아들과 성령의 이름으로 세례를 베풀고 마 28:19

2. 성부와 성자와 성령의 영원한 존재 방식

성부와 성자와 성령은 본질에 있어서는 같지만, 위격에 있어서는 각각의 독특성이 있습니다. 세 위격은 본질에 있어서는 태어나거나 만들어지지 않았습니다. 스스로 영원히 존재하십니다. 그런데 세 위격들의 관계에 있어서는 어떤 위격이 다른 위격으로 말미암아 존재합니다. 세 위격들 간에는 기원이 존재합니다. 그런데 성부가 성자의 기원이라고 할지라도 이 기원은 영원한 기원입니다. 성부가 성자를 영원히 낳으십니다. 일반적으로 시간 속에서 사람이 아들을 낳으면 그 아들은 부모보다 늦게 존재합니다. 이런 식으로 생각하면 성부가 성자를 낳으면 성자는 성부보다 늦게 존재하시고, 존재하시지 않았던 때가 있습니다. 그런데 성부가 성자를 낳되 영원으로부터 낳으시면, 즉 시간을 초월하여 낳으시면 성자는 성부보다 시간 속에서 늦게 존재하시지 않고, 존재하시지 않았던 때도 없습니다. 이것은 성부와 성자로부터 영원히 나오시는 성령에게도 그대로 적용됩니다.

① 성부의 영원한 존재 방식: 기원이 없음

성부는 성자와 성령과의 위격 관계에서 근원이 되십니다. 성부는 기원이 없습니다. 성부는 성자나 성령으로 말미암아 존재하시지 않고, 스스로 존재하십니다. 성부는 이렇게 성자와 성령의 근원이 되시기 때문에 성경에서 세 위격의 대표가 됩니다. 하나님이란 말로 성부를 의미하기도 합니다.

② 성자의 영원한 존재 방식: 성부에게 나심

성경은 그리스도를 하나님의 독생자라고 말합니다. 즉 성부가 성자를 영원히 낳으신 것입니다. 성부가 성자를 낳으셨다고 해서 엄마가 아이를 낳듯이 배속에 잉태하여 낳았다는 것은 아닙니다. 성경은 성부가 성자를 "낳은 것"이 정확히 어떤 의미인지 설명하지 않으므로, 우리가 아무리 궁리해도 알 수 없습니다. 따라서 우리는 성경이 말하는 만큼만 말하는 자세로 이 내용에 만족해야 합니다.

성부가 성자를 낳되 "영원히" 낳으셨기 때문에 절대로 성자는 존재하시지 않았던 때가 없습니다. 아리우스라는 이단은 성부가 성자를 낳았다고 하여, 성자는 존재하시지 않았던 때가 있었다고 주장했습니다. 이 주장은 성자는 영원하지 않다는 것이고, 따라서 완전한 하나님이 아니라는 것입니다. 아리우스는 성자는 모든 피조물보다 먼저 존재했고, 성자를 인해서 만물이 만들어졌지만, 성부보다 열등한 존재라고 보았습니다. 아리우스가 이렇게 잘못된 주장을 한 것은 성부가 영원으로부터 성자를 낳은 것을 오해하였기 때문이고, 성부가 성자를 낳는 것은 위격 간의 관계에 대한 표현인데 성부와 성자의 본질에 대한 표현으로 오해하였기 때문입니다.

아래는 성자가 성부의 영원한 아들임을 보여주는 성경구절들입니다. 우리는 성부가 성자를 영원히 낳은 것과 성자가 마리아를 통해 2천 년 전에 사람이 된 것을 구별할 줄 알아야 합니다. 성부가 성자를 낳는 것은 시간을 초월하여 영원히 이루어진 일이고, 성자가 마리아에게 태어난 것은 성자 하나님이 2천 년 전에 사람이 된 것을 나타냅니다.

– 성자가 성부의 영원한 아들임을 보여주는 성경구절들

내가 영을 전하노라 여호와께서 내게 이르시되 너는 내 아들이라 오늘날 내가 너를 낳았도다.　　　　　　　　　　　　　　시 2:7

천사가 대답하여 가로되 성령이 네게 임하시고 지극히 높으신 이의 능력이 너를 덮으시리니 이러므로 나실 바 거룩한 자는 하나님의 아들이라 일컬으리라.　　　　　　　　　　　　　　눅 1:35

말씀이 육신이 되어 우리 가운데 거하시매 우리가 그 영광을 보니 아버지의 독생자의 영광이요 은혜와 진리가 충만하더라.　　요 1:14

하나님이 세상을 이처럼 사랑하사 독생자를 주셨으니 이는 저를 믿는 자마다 멸망치 않고 영생을 얻게 하려 하심이니라.　　요 3:16

때가 차매 하나님이 그 아들을 보내사 여자에게서 나게 하시고 율법 아래 나게 하신 것은("하나님이 그 아들을"이란 구절에서 하나님과 예수님이 영원한 아버지와 아들이 됨을 알 수 있고, "여자에게서 나게 하시고"란 구절에서 그 아들이 마리아에게서 태어나 사람이 된 것을 알 수 있습니다).　　갈 4:4

하나님의 사랑이 우리에게 이렇게 나타난 바 되었으니 하나님이 자기의 독생자를 세상에 보내심은 그로 말미암아 우리를 살리려 하심이라.
　　　　　　　　　　　　　　　　　　　　　요일 4:9

3. 성령의 영원한 존재 방식: 성부와 성자로부터 나옴

성자가 성부로부터 영원히 낳아진다면, 성령은 성부와 성자로부터 영원히 나옵니다. 우리가 성부가 성자를 낳은 것의 정확한 의미와 형태를 모르듯, 성령이 성부와 성자로부터 나오는 것도 정확히 어떤 의미인지 모릅니다.

성령이 성부와 성자로부터 나오되 영원히 나오기 때문에 절대로 성령이 존재하시지 않았던 때가 없습니다. 나오기 전에는 존재하지 않은 것이 아니냐는 질문은 시간 속에서만 가능한 질문입니다. 성령이 나오는 것은 시간 속에서가 아니라 "영원히"입니다. 성령이 성부와 성자와 영원히 어떤 관계인지를 살펴볼 때에 성령이 성부와 성자로부터 나온다고 하는 것이므로, 성령은 절대로 성부와 성자보다 열등하거나 나중에 존재하지 않습니다.

아래는 성령이 성부와 성자로부터 나옴을 보여주는 성경구절들입니다. 우리는 성령이 성부와 성자로부터 영원히 나온 것과 성령이 예수 그리스도의 승천 이후 오순절 때 이 땅에 오신 것을 구별할 줄 알아야 합니다. 전자는 시간을 초월하여 영원히 이루어진 일이고, 후자는 시간 속에서 2천 년 전에 이루어진 일입니다.

─성령이 성부와 성자로부터 나옴을 보여주는 성경구절들

내가 아버지께로부터 너희에게 보낼 보혜사 곧 아버지께로부터 나오시는 진리의 성령이 오실 때에 그가 나를 증언하실 것이요. **요 15:26**

만일 너희 속에 하나님의 영이 거하시면 너희가 육신에 있지 아니하고 영에 있나니 누구든지 그리스도의 영이 없으면 그리스도의 사람이 아니라 (성령을 하나님의 영과 그리스도의 영이라고 부르고 있다). **롬 8:9**

너희가 아들이므로 하나님이 그 아들의 영을 우리 마음 가운데 보내사 아빠 아버지라 부르게 하셨느니라. **갈 4:6**

심화 설명 2: 분리되지 않는 삼위의 사역

성부와 성자와 성령은 위격에 있어서는 독특성을 갖고 구별이 되지만, 본질에 있어서는 같습니다. 그래서 성부가 갖는 무한·영원·불변·자존(自存) 등의 속성을 성자와 성령도 그대로 갖습니다. 한 본질이신 성부와 성자와 성령은 속성도 같습니다. 한 본질과 속성을 가지시므로 각 위격이 하시는 일도 다른 두 위격이 분리된 채 따로 하지는 않습니다. 각 위격의 일에 다른 두 위격들도 동시에 참여하십니다. 이 세상의 창조와 구원에 있어서 한 목적과 한 뜻과 한 계획을 갖고 있습니다. 그러므로 성경에서 성부나 성자나 성령의 한 위격만 언급된다고 하여 다른 두 위격들이 그 위격이 하는 일에서 배제되지 않습니다. 한 본질, 한 속성, 한 목적, 한 뜻과 계획이므로 두 위격도 기본적으로 참여하십니다.

같은 일에 세 위격들이 모두 참여하신다고 해도 한 위격에게 그 일이 특별히 돌려지지 않는 것은 아닙니다. 성경에서 사람이 되어 고난을 받고 죽은 분은 성자 하나님이시므로 성육신과 죽음과 부활로 대표되는 구원의 획득은 성자 하나님에게 돌려집니다. 그런데 성자 하나님이 이러한 일들을 하실 때에도 성부와 성령이 같이 하십니다. 그리스도가 하시는 성육신과 죽음과 부활에 성부와 성령도 각자의 방식으로 참여하십니다. 이렇게 성경을 통해서 각 위격이 주도적으로 하시는 일을 살펴보면 작정과 창조와 섭리는 성부께서, 사람이 되어 고난을 받고 죽고 부활하여 구원을 획득하시는 일은 성자께서, 성자가 그렇게 획득하신 구원을 신자들의 소유가 되도록 흔들림 없이 신자에게 적용하시는 일은 성령께서 하십니다.

이것을 외부를 향한 삼위 하나님의 사역은 분리되지 않는다(opera Trinitatis ad extra non sunt divisa)라고 합니다.[2] 각 위격이 창조에 어떻게 참여하는지 살펴봅시다. 요 1:3은 "만물이 그로 말미암아 지은 바 되었으니 지은 것이 하나도 그가 없이는 된 것이 없느니라"(Through him all things were made; without him nothing was made that has been made.)라고 말합니다. 성자의 창조 참여가 "말미암아"(through)라는 전치사로 표현되고 있습니다. 창 1:2은 "땅이 혼돈하고 공허하며 흑암이 깊음 위에 있고 하나님의 영은 수면 위에 운행하시니라"라고 성령이 창조에 참여하신 것을 말해줍니다.

헤르만 바빙크는 모든 은혜가 성부로부터, 성자를 통하여, 성령 안에서(from the Father, through the Son, in the Holy Spirit) 주어진다고 말합니다.[3] 성경에 나오는 성부와 성자와 성령이 어떤 일에 참여하시는 것을 종합적으로 살펴보면 성부는 주도적이기 때문에 기원과 근원에 해당하는 전치사(from)가 어울립니다. 성자는 창조에 참여하시는 것을 통해서도 알 수 있는 것처럼 말미암아(through)라는 전치사가 적합합니다. 성령은 성경 전체를 보면 안에서(in)라는 전치사가 다음처럼 많이 사용되고 있습니다. "하나님의 성

---

2   아우구스티누스는 "성부와 성자와 성령은 분리할 수 없으며 분리되지 않은 채 역사하신다"(pater et filius et spiritus sanctus sicut inseparabiles sunt, ita inseparabiliter operentur.)라고 말했다. 아우구스티누스, "The Trinity," in *The Fathers of the Church*, vol. 45 (Washington: The Catholic University of America Press, 1963), I, iv, 7.

3   Herman Bavinck, *Reformed Dogmatics: Sin and Salvation in Christ*, vol 3, trans. the Dutch Reformed Translation Society (Michigan, Baker Academic, 2006), 2145. "All the grace that is extended to the creation after the fall comes to it from the Father, through the Son, in the Holy Spirit."

령을 근심하게 하지 말라 그 안에서 너희가 구원의 날까지 인치심을 받았느니라"(엡 4:30). "너희 중에 이와 같은 자들이 있더니 주 예수 그리스도의 이름과 우리 하나님의 성령 안에서 씻음과 거룩함과 의롭다 하심을 받았느니라"(고전 6:11).

삼위가 어떤 일을 하실 때 성부는 기원으로(from), 성자는 말미암아로(through), 그리고 성령은 안에서로(in) 참여하시는 것입니다. 그런데 삼위의 내적인 존재와 관계는 삼위의 밖을 향한 사역에 반영이 됩니다. 성부와 성자와 성령의 영원한 관계에서 성부는 성자를 낳으시고, 성령은 성부와 성자로부터 나오시기 때문에, 성부는 성자와 성령의 기원과 근원이시고, 성자는 성령의 기원과 근원이십니다. 그래서 삼위의 밖을 향한 사역에서도 성부는 기원과 근원에 맞는 전치사(from)가 어울리고, 성자와 성령은 각각 말미암아(through)와 안에서(in)가 어울립니다. 세 위격의 영원한 존재와 관계를 다루는 "내재적 삼위일체"(Immanent Trinity)는 시간 속에서 세 위격의 사역을 다루는 "경륜적 삼위일체"(Economic Trinity)에 반영되는 것입니다.

성경 전체를 살펴 각 위격에게 어떤 전치사를 돌리느냐는 조금씩 차이가 날 수 있습니다. 제임스 어셔는 "성부는 자신으로부터, 아들 안에서, 성령에 의하여 모든 것을 합니다. 성자는 성부로부터 성령에 의하여 합니다. 성령은 성부와 성자로부터 합니다."라고[4] 말하여 바빙크와 다른 전치사를 사용했습니다. 그러므로 전치사 배정에는 작은 차이가 있을 수 있지만

---

[4] James Ussher, *A Body of Divinity: or the Sum and Substance of Christian Relogion* (London: Printed by R.J. for Jonathan Robinson, 1702), 78.

외부를 향한 삼위일체 하나님의 사역은 분리되지 않는다는 강조는 일치됩니다.

    이에 대한 이해가 있으면 구약성경에 나오는 하나님을 성부로만 보지 않게 됩니다. 특별히 어떤 위격이라고 언급되지 않는 한 삼위일체 하나님으로 보아야 합니다. 성자와 성령이기도 합니다. 아브라함을 부르신 하나님, 벧엘에서 야곱에게 나타나신 하나님이 성자 하나님이실 수 있습니다. 노아 시대에 하나님이 사람의 죄악이 가득하고 항상 악하게 생각하는 것을 보시고 사람 지으신 것을 한탄하셨는데, 바로 성자 하나님도 한탄하신 것이고, 그래서 그 악한 사람을 위해서 스스로 사람이 되어 십자가에 죽으신 것입니다. 성령 하나님도 그 때에 같이 한탄하셨고, 그래서 지금도 우리 안에 내주하시며 말할 수 없는 탄식으로 우리를 위하여 친히 간구하십니다. 성부와 성자와 성령은 영원·무한·불변하시기 때문에 구약과 신약에 같이 계셨고, 어디에서나 같이 계셨고, 그래서 불변하게 모든 일에 참여하십니다. 영원·무한·불변하신 성부와 성자와 성령은 한 뜻과 한 계획과 한 구원과 한 사역을 갖고 계십니다.

심화 설명 3: 성경에 나오는 하나님에 대한 말씀들의 분류

성경에는 하나님에 대한 표현들이 많이 나옵니다. 그런데 이 표현들 중 어떤 것은 하나님의 본질에 대한 것이고, 어떤 것은 세 위격들의 관계에 대한 표현이고, 어떤 것은 피조물과의 관계에서 나온 표현입니다. 그러므로 성경에 나오는 하나님에 대한 표현들은 이 3가지들 중 어디에 속하는지를 알아야 정확한 해석이 됩니다.

1. 하나님의 본질에 대한 말들

아래 성경 구절들은 하나님의 본질이 어떠한지에 관한 표현들입니다. 그러므로 성부와 성자와 성령 각각에게도 그대로 적용이 됩니다. 주로 하나님의 본질과 속성에 관한 표현들입니다.

> 이스라엘의 지존자는 거짓이나 변개함이 없으시니 그는 사람이 아니시므로 결코 변개하지 않으심이니이다 하니 **삼상 15:29**
> 산이 생기기 전, 땅과 세계도 주께서 조성하시기 전 곧 영원부터 영원까지 주는 하나님이시니이다 **시 90:2**
> 여호와는 은혜로우시며 긍휼이 많으시며 노하기를 더디 하시며 인자하심이 크시도다 **시 145:8**

2. 성부와 성자와 성령의 관계에 관한 말들

아래 성경 구절들은 세 위격들의 관계에 관한 것입니다. 요 3:16에서 "하나님"은 성부를, "독생자"는 성자를 나타내는데, 성부가 성자를 시간 속에서 낳는 관계가 아니라 영원 속에서 낳는 관계를 의미합니다. 그런데 아리우스는 이 구절도 하나님의 본질을 나타내는 것으로 보았습니다. 그래서 성자의 본질은 태어나는 것이고, 따라서 태어나기 전에는 존재하지 않았다고 보았습니다. 이렇게 하나님의 본질에 관한 말인지, 위격 간의 관계에 관한 것인지를 아는 것은 매우 중요합니다.

히 1:5의 "오늘 내가 너를 낳았다"도 성부가 성자를 영원히 낳는다는 위격 간의 관계를 뜻하고, "나는 그에게 아버지가 되고 그는 내게 아들이 되리라"도 성부와 성자의 위격 간의 관계는 영원히 아버지와 아들의 관계라는 것을 뜻합니다. 여기서 성자는 태어난 아들이므로, 태어나기 전에는 존재하지 않았다고 생각하면 안 됩니다. 낳는다는 것은 위격 간의 관계를 뜻하는 말이지 절대로 성부와 성자의 본질에 대한 말이 아니기 때문입니다.

요 15:26에서 "내가"는 성자를 의미하고. "아버지께로부터"는 성부를 의미하고, "보혜사"와 "진리의 성령"은 성령을 의미합니다. 역시 위격 간의 관계를 뜻하는 말들입니다.

앞에서 인용한 성자 하나님이 성부 하나님의 영원한 아들임을 보여주는 성경구절들과 성령께서 성부와 성자로부터 나오심을 보여주는 성경구절들은 세 위격의 관계에 관한 말들입니다.

하나님이 세상을 이처럼 사랑하사 독생자를 주셨으니   요 3:16

하나님께서 어느 때에 천사 중 누구에게 너는 내 아들이라 오늘 내가 너를 낳았다 하셨으며 또 다시 나는 그에게 아버지가 되고 그는 내게 아들이 되리라 하셨느냐.   히 1:5

내가 아버지께로부터 너희에게 보낼 보혜사 곧 아버지께로부터 나오시는 진리의 성령이 오실 때에 그가 나를 증언하실 것이요.   요 15:26

3. 하나님과 피조물과의 관계에 관한 말들

아우구스티누스는 "성부와 성자와 성령은 시간적 운동이나 시간, 공간의 간격 없이 모든 피조물 위에 있지만, 시간과 공간에서 표현될 때에는 본질이 다른 피조물로, 특히 물질적인 피조물로, 분리할 수 없이 나타낼 수는 없다. 우리가 우리의 음성으로 성부와 성자와 성령이라고 부를 때에 우리는 시간적 간격을 두지 않을 수 없으며 그 간격을 그 이름의 음절들이 채운다."라고[5] 말했습니다. 우리는 앞에서 성부와 성자와 성령은 본질이 동일하시므로 전능하신 삼위일체 신으로서 분리할 수 없이 일체로서 역사하신다는 것을 살펴보았습니다.

그럼에도 불구하고 성부와 성자와 성령이 시간과 공간에서 표현될 때에는 분리할 수 없이 나타낼 수는 없습니다. 세 위격의 삼위일체 하나님이시지만 사람들에게 시간과 공간에서 표현될 때에는, 본질이 다른 물질적인

---

[5] 아우구스티누스, IV, xxi, 30.

피조물처럼, 분리되어 표현됩니다. 사람은 성부와 성자와 성령을 발음할 때에 한 번에 동시에 발음하지 못하고, 분리하여 발음합니다. 그렇다고 해서 성부와 성자와 성령이 분리되는 것이 아니니, 피조물의 세계에서 나타나는 세 위격들의 현상을 보고서, 세 위격들의 본질과 관계를 유추하면 안 됩니다.

처녀 마리아에게서 나신 분은 성부나 성령이 아니라 성자 하나님입니다. 십자가에 달려 죽으신 분도 성부나 성령이 아니라 성자입니다. 그렇다고 해서 성부와 성령이 이 일에 같이 하시지 않았던 것은 아닙니다. 또 예수님이 요한에게 세례를 받으실 때 "너는 내 사랑하는 아들이라"는 소리가 난 것과 세 제자들이 그와 함께 산에 있었을 때에 "내가 이미 영광스럽게 하였고 또 다시 영광스럽게 하리라"는 소리가 난 것은 삼위일체가 하신 일이 아니라, 성부가 성자에게 하신 것입니다. 그렇다고 해서 성부 홀로 한 것이 아니라 성자와 성령도 그 일에 같이 하셨습니다. "성부의 음성과 성자의 육신과 성령의 비둘기를 각기 한 위격에 돌리지만, 사실은 전 삼위일체가 함께 성부의 음성과 성자의 육신과 성령의 비둘기를 만드는 것입니다."⁶

그러므로 우리는 성경에 하나님에 대한 말들 중 어느 한 위격이 물질적인 피조물로 나타낼 때에, 이것을 그 위격만의 일로 돌리면 안 되고, 다른 두 위격들의 일로도 돌려야 합니다. 이것이 바로 성경에 나오는 하나님

---

6 아우구스티누스, IV, xxi, 30. "The whole Trinity together produced the voice of the Father, the flesh of the Son, and the dove of the Holy Spirit, although each is referred to one particular person."

에 대한 말들 중 피조물과의 관계에 따른 것들을 해석하는 방법입니다. 아우구스티누스는 "그 자체로 분리될 수 없는 삼위일체가 보이는 피조물의 형태를 통해 분리되어 나타날 수 있고, 또한 성부 혹은 성자 혹은 성령이 나타나신 것이라고 고유하게 분류할 수 있는 것들에 대해서도 삼위일체의 분리되지 않는 역사하심이 있는 것이다."라고 말합니다.[7] 그래서 그는 "삼위일체의 역사는 분리할 수 없으므로, 이 때에도 성자와 성령의 역사가 없이 음성이 들렸다고 말하는 것이 아니라, 이런 말씀이 성부의 위격만을 계시하는 방법으로 들렸다고 말하는 것이다. 마치 삼위일체가 처녀에게서 인간의 형체를 지으셨으나, 그 형체는 성자의 위격뿐인 것과 같다. 보이시지 않는 삼위일체께서 성자의 보이는 위격만을 창조하신 것이다."라고[8] 말합니다. 세 위격이 분리되어 이 땅에서 계시될 때에 보이시지 않는 다른 두 위격이 동시에 참여하셨음을 꼭 알아야 합니다.

---

7 아우구스티누스, IV, xxi, 30. "The Trinity, inseparable in itself, can be manifested separately through the form of a visible creature, and also that the working of the Trinity is also inseparable in each of these things, which are said to pertain properly to the manifesting of the Father, or the Son, or the Holy Spirit."
8 아우구스티누스, II, x, 18.

심화 설명 4: 양성 일인격(兩性 一人格, Two distinct Natures, One Person)

예수 그리스도는 하나님으로서 사람이 되셨습니다. 그렇다면 하나님의 본성(the nature of God, 신성)과 사람의 본성(the nature of man, 인성)은 어떻게 됩니까? 두 개의 구별된 본성을 갖는 한 인격의 신인(神人)이 되십니다.

하나님은 무한하고 영원하고 불변하고 자존하신 영인데 반하여, 사람은 유한하고 변화하고 만들어진 존재입니다. 이렇게 큰 차이가 나는 두 본성이 어떻게 한 인격을 이룰까요? 이것은 사람이 다 이해할 수 없는 신비입니다. 본질적인 차이가 있는 사람의 영혼과 육신이 한 인격을 이루는 것도 이해하기 힘든 신비입니다. 사람이 이해하기 힘들다고 거부해서는 안 되고, 오히려 겸손하게 믿음으로 잘 받아들여야 합니다.

영혼과 육신으로 한 인격이 되는 사람에게 있어 결합의 원리는 영혼에 있듯이, 신성과 인성으로 한 인격이 되는 예수 그리스도에게 있어 결합의 원리는 신성에 있습니다. 성자 하나님께서 인성을 취하신 것이지, 인간 예수가 신성을 획득하여 하나님이 된 것이 아닙니다. 하나님으로부터 인간으로의 낮아짐이지, 그 역이 아닙니다.

신성과 인성은 변질과 합성과 혼합 없이(without conversion, composition, or confusion) 한 인격으로 결합되었습니다. 신성과 인성은 무한과 유한으로 너무나 큰 차이가 나기 때문에 한쪽이 다른 쪽으로 변질되거나 합성되거나 혼합될 수 없습니다. 엄마와 태아가 한 몸을 이루어 서로 영양분을 주고받지만, 두 개의 구별된 인격체로 경계가 있어 서로 변질과 혼합이 되지 않것이 이해하는 데 도움이 될 수 있습니다.

신앙의 선배들은 신성과 인성의 무한한 차이로 변질·합성·혼합이 없는 것을 "유한은 무한을 받지 못 한다(finitum non capax infiniti)"라고 표현했습니다. 유한한 인성은 무한한 신성에 도무지 영향을 미치지 못하는 것입니다. 근본적인 질적 차이가 있습니다. 이 원리가 사람의 인식 능력에 적용되면 "유한은 무한을 인식하지 못 한다."라고 말할 수 있습니다. 유한한 사람은 무한하신 하나님을 인식하지 못하므로 하나님께서 계시하여 주셔야 하고, 계시할 때도 사람이 이해할 수 있도록 사람의 수준에 맞추어 적응계시를 해주셔야 합니다. 그리고 그 적응계시를 충분히 인식하도록 믿음을 주셔야 합니다. 기독론에서 신성과 인성의 무한한 차이가 인식론과 서로 연관이 됩니다.

1. 근본적 변화가 없는 신성

신성과 인성은 변질과 합성과 혼합 없이 한 인격으로 결합되어 있다는 교리는 예수 그리스도의 사역을 이해하는 데 크게 도움이 됩니다. 그리스도의 성육신 시 신성에는 근본적 변화가 없습니다. 예수님은 이 땅에서 사역을 하실 때에 신성을 인하여 무한하고 영원한 속성대로 시간과 공간을 초월하여 일하시고, 인성을 인해서는 시간과 공간의 영향을 받으며 일하십니다. 따라서 예수님은 이 땅에 계실 때에 인성으로 하나님께 기도하시고, 신성으로 그 기도를 들으셨습니다. 인성으로는 배고프고 피곤하시고, 신성으로는 여러 이적을 일으키셨습니다.

부활 후 승천하시어 하나님 우편에 앉아 계실 때도 한정된 장소 그곳에는 인성으로서 계시고, 신성으로서는 장소를 초월하여 어디에나 계시며 우리를 위해 일하십니다. 신성은 고난과 죽음과 무지와 연약과 유혹에 속하지 않습니다. 유일한 구세주로서 신성과 인성을 한 인격에 가지신 예수 그리스도는 분명 고난과 죽음과 무지와 연약과 유혹을 당하셨지만, 그의 신성 안에서가 아니라 인성 안에서입니다. 성자 하나님이 죽으신 것이 아니라, 예수 그리스도가 죽으신 것이고, 그것도 인성에 있어서 죽으신 것입니다.

그런데 신성과 인성이 매우 밀접하게 결합된 단일한 인격이기 때문에 성경은 예수 그리스도의 인성이 죽었다고 하지 않고, 예수 그리스도가 죽었다고 말합니다. 즉 그리스도께서 중보사역을 하실 때에 신성과 인성이란 두 본성에 따라 행하시나, 신성에 적합한 중보사역이 인성에 따라 불리는 인격에게 돌려집니다. 반대로 인성에 적합한 중보사역이 신성에 따라 불리는 인격에게 돌려집니다.

"여러분은 자기를 위하여 또는 온 양 떼를 위하여 삼가라 성령이 그들 가운데 여러분을 감독자로 삼고 하나님이 자기 피로 사신 교회를 보살피게 하셨느니라"(행 20:28)는 하나님을 "자기 피로 사신"이라고 표현합니다. 피를 흘려 죽으신 일은 인성에 따라 이루어졌는데, 신성에 따라 불리는 "하나님"이 하신 일로 표현하고 있습니다.

"하늘에서 내려온 자 곧 인자 외에는 하늘에 올라간 자가 없느니라"(요 3:13)는 인자를 "하늘에서 내려온 자"라고 표현합니다. 하늘에서 내려

오신 일은 신성에 따라 이루어졌는데, 인성에 따라 불리는 인자(人子)의 일로 표현하고 있습니다. 영과 육으로 매우 밀접하게 결합된 사람이 어떤 일을 행할 때에 영이 한 일인지, 육이 한 일인지 분리하여 표현하지 않듯이, 신성과 인성으로 매우 밀접하게 결합된 예수 그리스도는 어떤 중보사역을 하실 때에 신성이 한 것인지, 인성이 한 것인지 분리하여 표현하지 않습니다.

그래서 예수 그리스도에 대한 성경의 구절들을 이해할 때에 그리스도의 인성에 관한 종의 형체의 표현인지, 아니면 그리스도의 신성에 관한 하나님의 본체의 표현인지 구분할 수 있어야 합니다. 빌 2:7은 "오히려 자기를 비워 종의 형체를 가지사 사람들과 같이 되셨고"라고 말합니다. 여기서 성자 하나님이 자기를 비웠다고 해서 신성을 버리고 인성만을 취하였다는 뜻이 아닙니다. 성자 하나님은 인성을 취하시자마자 예수 그리스도가 겪는 비하와 승귀의 주체가 된다는 뜻입니다. 신성으로서 인성이 겪는 일에 한 인격으로 모두 참여하시는데 이것이 바로 자기를 비워 종의 형체를 갖는 낮아짐인 것입니다.

2. 성경에 나오는 예수 그리스도에 대한 말씀들의 분류

우리는 심화 설명3에서 성경에 나오는 하나님에 대한 말씀들을 세 가지로 분류하면 모순되는 듯한 말씀들 때문에 겪는 혼동을 피할 수 있음을 살펴봤습니다. 예수 그리스도에 대한 말씀들도 두 가지로 분류하면 역시 같은 유익이 있습니다. 첫째는 하나님의 본체로서 성부 하나님과 동등하시다는 의미로 사용된 말씀입니다. 둘째는 인성이라는 종의 형체를 취하셨다는 의미로 사용된 말씀입니다. 이렇게 두 가지로 분류하는 것은 예수 그리스도가 한 인격으로 두 본성을 지니셨기 때문입니다. 밑의 표의 내용은 아우구스티누스가 쓴 삼위일체론의 내용을 요약한 것입니다.[9]

하나님의 본체(신성)에 대한 표현	종의 형체(인성)에 대한 표현
그리스도는 신성에 있어서 성부와 성령과 같은 본질로서 동등하시다.	성자는 종의 형체를 취하셔서 성부와 성령보다 작으시다. 아버지는 나보다 크심이라 요 14:18 또 누구든지 말로 인자를 거역하면 사하심을 얻되 누구든지 말로 성령을 거역하면 이 세상과 오는 세상에서도 사하심을 얻지 못하리라 마 12:32 그러나 내가 하나님의 성령을 힘입어 귀신을 쫓아내는 것이면 하나님의 나라가 이미 너희에게 임하였느니라(인성이 성령을 힘입는다는 뜻) 마 12:28 주의 성령이 내게 임하셨으니 이는 가난한 자에게 복음을 전하게 하시려고 내게 기름을 부으시고 나를 보내사 포로 된 자에게 자유를, 눈 먼 자에게 다시 보게 함을 전파하며 눌린 자를 자유롭게 하고(인성에 성령이 임하셨다는 뜻) 눅 4:18(사 61:1)
만물이 그로 말미암아 지은 바 되었으니 지은 것이 하나도 그가 없이는 된 것이 없느니라. 요 1:3	때가 차매 하나님이 그 아들을 보내사 여자에게서 나게 하시고 율법 아래에 나게 하신 것은 갈 4:4
나와 아버지는 하나이니라 하신대 요 10:30	내가 하늘에서 내려온 것은 내 뜻을 행하려 함이 아니요 나를 보내신 이의 뜻을 행하려 함이니라 요 6:38
아버지께서 자기 속에 생명이 있음 같이 아들에게도 생명을 주어 그 속에 있게 하셨고 요 5:26	내 마음이 매우 고민하여 죽게 되었으니 너희는 여기 머물러 나와 함께 깨어 있으라 하시고 조금 나아가사 얼굴을 땅에 대시고 엎드려 기도하여 이르시되 내 아버지여 만일 할 만하시거든 이 잔을 내게서 지나가게 하옵소서 그러나 나의 원대로 마시옵고 아버지의 원대로 하옵소서 하시고 마 26:38–39
그는 참 하나님이시요 영생이시라. 요일 5:20	사람의 모양으로 나타나사 자기를 낮추시고 죽기까지 복종하셨으니 곧 십자가에 죽으심이라 빌 2:8

---

9 아우구스티누스, "The Trinity," in *The Fathers of the Church*, vol. 45 (Washington: The Catholic University of America Press, 1963), I, xi, 22–24.

하나님의 본체(신성)에 대한 표현	종의 형체(인성)에 대한 표현
무릇 아버지께 있는 것은 다 내 것이라 그러므로 내가 말하기를 그가 내 것을 가지고 너희에게 알리시리라 하였노라. 요 16:15 내 것은 다 아버지의 것이요 아버지의 것은 내 것이온데 요 17:10	그러나 그 날과 그 때는 아무도 모르나니 하늘에 있는 천사들도, 아들도 모르고 아버지만 아시느니라 마 13:32 내 교훈은 내 것이 아니요 나를 보내신 이의 것이니라 요 7:16
그는 보이지 아니하는 하나님의 형상이시요 모든 피조물보다 먼저 나신 이시니 … 또한 그가 만물보다 먼저 계시고 만물이 그 안에 함께 섰느니라. 골 1:15, 17	그는 몸인 교회의 머리시라 그가 근본이시요 죽은 자들 가운데서 먼저 나신 이시니 이는 친히 만물의 으뜸이 되려 하심이요 골 1:18
영광의 주(사람들을 영화롭게 하시는 주라는 뜻) 고전 2:8	너희가 과연 내 잔을 마시려니와 내 좌우편에 앉는 것은 내가 주는 것이 아니라 내 아버지께서 누구를 위하여 예비하셨든지 그들이 얻을 것이니라(사람들을 영화롭게 하시는 일을 성부에게 돌리심) 마 20:23

3. 이슬람의 예수 그리스도의 인성에 대한 오해

이슬람이 기독교를 부인하고자 할 때에 무엇보다 삼위일체를 비난하고, 예수님이 하나님이시라는 것을 비난합니다. 이들은 비난할 때에 일반 상식의 논리와 경험을 통하여 비판하지 않고, 놀랍게도 기독교의 성경을 통하여 비판합니다. 그때 그들이 사용하는 구절들 중 상당수가 바로 위의 표에 나오는 예수 그리스도의 인성에 해당하는 성경 구절들입니다.

한국이슬람교는 『하나님의 속성은 무엇인가?』(Naji Kbrahim Al-Arfaj 저, 2009년)라는 총 40쪽의 책자에서 기독교의 삼위일체와 예수의 신격(神格)을 다음 구절을 들어 비판하기 시작합니다. "어떤 사람이 주께 와서 이르되 선생님이여 내가 무슨 선한 일을 하여야 영생을 얻으리이까 예수께서 이르시되 어찌하여 선한 일을 내게 묻느냐 선한 이는 오직 한 분이시니라 네가 생명에 들어가려면 계명들을 지키라"(마 19:16, 17). 그들은 이 구절에서 예수님이 스스로를 선하지 않다고 여겼고, 오직 선한 분은 하나님이라고 말했다며, 예수님은 하나님이 아니라고 주장합니다.

두 번째로 "영생은 곧 유일하신 참 하나님과 그가 보내신 자 예수 그리스도를 아는 것이니이다"(요 17:3)를 듭니다. 그들은 예수님이 여기서도 하나님과 자신을 다른 존재로 구별하였다며 예수님은 하나님이 아니라고 주장합니다.

세 번째로는 "하나님은 한 분이시요 또 하나님과 사람 사이에 중보자도 한 분이시니 곧 사람이신 그리스도 예수라"(딤전 2:5)를 듭니다. 이 구절은 예수님을 인간으로 묘사하지, 하나님으로 묘사하지 않는다고 이들은 주장합니다. 그러면서 "성경은 그 어디에도 예수를 하나님이라고 언급하고 있지 않습니다."(위의 책, 16쪽)라고 단정 짓습니다.

네 번째로 그들은 예수님은 하나님이 아니라 하나님의 일부라고 주장하며, 마 4:1-10에서 다음과 같은 구절이 이것을 지지한다며 이유까지 말하고 있습니다.

마 4:1 그 때에 예수께서 성령에게 이끌리어 마귀에게 시험을 받으러 광야로 가사 – 예수님이 하나님이시라면 스스로 자신을 광야로 인도해야 한다. 하나님은 자신을 인도해줄 누군가의 힘을 필요로 하시지 않는다. 성령이 예수님보다 더 많은 권위와 힘을 가진 것으로 나타나고 있다. 또 하나님은 누군가에게 유혹되시는 분도 아니다. 이 구절은 "하나님은 악에게 시험을 받지도 아니하시고 친히 아무도 시험하지 아니하시느니라"(약 1:13)라는 구절에도 모순이 된다.

마 4:2 사십 일을 밤낮으로 금식하신 후에 주리신지라 – 하나님께서 금식을 하시는가? 하나님께서 배고픔이나 갈증을 느끼시는가?

마 4:8, 9 마귀가 또 그를 데리고 지극히 높은 산으로 가서 천하 만국과 그 영광을 보여 이르되 만일 내게 엎드려 경배하면 이 모든 것을 네게 주리라 – 예수님이 마귀의 이 말에 "주 너의 하나님께 경배하고 다만 그를 섬기라 하였느니라"라고 말했는데, 만약에 예수님이 하나님이시라면 "아니다, 악마야. 너야말로 너의 하나님인 나에게 엎드려 경배해야만 한다!"라고 쉽게 대답해야 한다. 또 악마가 예수를 보았고, 예수에게 말했고, 예수의 목소리를 들었고, 예수를 잡았고, 안내했다는 것은 예수님이 하나님이 아니라는 증거이다. 왜냐하면 "어떤 사람도 보지 못하였고 또 볼 수 없는 이시니"(딤전 6:16)라는 말씀과 "너희는 아무 때에도 그 음성을 듣지 못하였고 그 형상을 보지 못하였으며"(요 5:37)라는 말씀에 따르면 하나님은 볼 수도 없고 들을 수도 없기 때문이다.

다섯 번째로 이들은 성부와 성자와 성령이 동등하다는 삼위일체를 아래 구절들을 들어서 반대합니다. 그런데 아래의 구절들은 우리가 이미 앞에서 살펴본 것처럼 예수 그리스도의 인성에 관한 표현입니다. 이들은 성자 하나님이 신성을 버리지 않은 채 인성을 취하여 한 인격이 되신 것을 이해하지 못합니다. 그래서 예수 그리스도의 인성에 관한 표현을 들어 예수님은 하나님이 아니시라고 하는 것입니다.

아버지는 나보다 크심이라.　　　　　　　　　　　요 14:28

> 그들을 주신 내 아버지는 만물보다 크시매 아무도 아버지 손에서 빼앗을 수 없느니라.　요 10:29
>
> 예수께서 대답하여 이르시되 내 교훈은 내 것이 아니요 나를 보내신 이의 것이니라.　요 7:16
>
> 내가 아무 것도 스스로 할 수 없노라 듣는 대로 심판하노니 나는 나의 뜻 대로 하려 하지 않고 나를 보내신 이의 뜻대로 하려 하므로 내 심판은 의로우니라.　요 5:30
>
> 그러나 그 날과 그 때는 아무도 모르나니 하늘에 있는 천사들도, 아들도 모르고 아버지만 아시느니라.　막 13:32
>
> 또 누구든지 말로 인자를 거역하면 사하심을 얻되 누구든지 말로 성령을 거역하면 이 세상과 오는 세상에서도 사하심을 얻지 못하리라.　마 12:32

이들은 이상의 이유를 들어 예수님은 하나님이 아니시고, 삼위일체는 잘못된 교리라고 주장합니다. 이들도 아리우스처럼 하나님에 대한 성경의 말들을 모두 본질에 관한 말로만 보는 것이고, 예수 그리스도에 대한 성경의 말들을 신성과 인성에 관한 각각의 표현으로 분류하지 않는 것입니다. 그들은 예수님을 인간으로만 봐서 선지자의 역할을 했다고 봅니다. 이들은 결론의 장에서 하나님을 삼위가 아닌 일위의 하나님으로 결론짓고, 예수님에 대해서는 이렇게 말합니다. "예수에 대하여 끊임없이 되풀이되는 논란의 결론은 예수를 창조하셨고, 우리를 창조하신, 그리고 만물을 창조하신 오직 한 분이신 하나님의 예언자라는 사실입니다."(위의 책, 33쪽). 그들에게 예수님은 인간 예언자에 지나지 않습니다.

　성경에 나오는 하나님에 대한 말들과 예수 그리스도에 대한 말들을 분류하는 것은 이렇게 중요합니다. 이러한 분류를 하지 못하면 이슬람의 주장에 대하여 어떻게 반격하겠습니까? 우리가 삼위일체, 한 본질 세 위격, 신성과 인성 등의 단어들을 쓰는 것은 성경 전체를 더 잘 이해하고 변호하기 위해서입니다. 우리 주변에는 이단들과 이슬람과 같은 세력들이 끊임없이 삼위일체와 예수 그리스도와 성령을 부인하고 흔들고 있습니다. 이들에게 맞서기 위해서라도 우리는 웨스트민스터 신앙고백과 대 소요리문답, 하이델베르크 요리문답, 도르트 신경과 같은 신앙고백서를 통하여 교리를 잘 공부해야 하고, 성경 전체를 이해하는 데 필요한 단어들을 적절하게 사용할 줄 알아야 합니다.

심화 설명 5: 보이는 말씀인 성례

성례가 무엇인지 하이델베르크 요리문답 제66문을 통하여 살펴보겠습니다.

제66문: 성례는 무엇입니까?

답: 성례는 거룩한 보이는 표(標, sign)와 인(印, seal)으로, 하나님은 성례의 사용을 통해 복음의 약속을 우리에게 더 충만하게 선포하시고 확증하시려는 목적으로 성례를 제정하셨습니다. 복음의 약속은 하나님은 십자가에서 완수된 그리스도의 단번의 희생을 인하여 죄의 용서와 영생을 값없이 우리에게 허용하신다는 것입니다.

1. 거룩한 보이는 표(sign)와 인(seal)

말씀은 귀로 듣고, 눈에는 보이지 않습니다. 귀로 듣는 말씀을 눈에 보이는 형태로 나타낸 것이 성례입니다. 그러므로 성례는 말씀 없이는 표와 인침이 될 수 없습니다. 성례는 말씀에 의하여 해석되어 표와 인침의 기능을 합니다. 성례는 "보이는 말씀"이라고 불립니다. 신자들은 세례의 물과 성찬의 떡과 포도주가 무엇을 상징하는지 성경을 통해 압니다. 이것들은 그리스도의 복음을 눈으로 보여주는 표인 것입니다.

넓은 들에서 소를 방목할 때에 다른 소유자의 것들과 혼동하지 않도록 도장을 소의 엉덩이 부근에 찍습니다. 소유자들은 그 도장의 모양을 통하여 누구의 소유인지를 분별합니다. 신자들은 세례와 성찬을 통하여 자신들이 그리스도의 자녀임을 다시 확인합니다. 도장이 본인의 것임을 강하게 나타내듯, 성례는 복음을 눈에 보이는 형태로 강하게 나타냅니다.

롬 4:11은 "아브라함이 할례의 표를 받은 것은 무할례시에 믿음으로 된 의를 인친 것이니"라고 말합니다. 아브라함은 이미 믿음으로 의로운 자가 되었지만, 할례를 통하여 자신이 의롭다는 것을 더욱 확실하게 확인하였습니다. 아브라함은 할례 의식을 행하며 하나님의 은혜로 자신의 죄가 표피가 베어 없어지듯 사해짐을 눈으로 확인하며 믿음이 강해집니다. 성례는 이미 생성된 믿음을 강하게 하는 표와 인침입니다.

2. 복음의 약속을 더 충만하게 선포하고 확증하려는 목적

사람은 시각을 통해서 외부 정보의 80%를 받아들입니다. 하나님은 이러한 시각의 능력을 사용하시려고 눈을 통하여 성례를 보게 하셨습니다. 선포된 하나님의 말씀을 확증하시기 위하여 눈에 보이는 성례를 사용하신 것입니다.

구약시대에는 성례가 더 자극적이었습니다. 아기가 태어난 지 팔 일 만에 살점을 잘라내는 할례가 있었고, 소와 양을 잡아 죽이는 유월절과 제사가 매년 있었습니다. 살아있는 짐승을 잡아 죽이면 짐승의 비명 소리와 피비린내와 고기 냄새가 납니다. 하나님은 이런 자극적인 공감각(共感覺) 교육을 통하여 죄인은 죗값으로 죽는다는 것과 대속(代贖)의 죽음을 나타내셨습니다.

그리스도는 십자가에 죽으심으로써 구약의 할례와 유월절과 제사가 상징하고 예표하는 것을 완수하셨습니다. 그래서 그리스도는 신약시대에 이런 의식들 대신에 세례와 성찬을 제정하셨습니다. 세례는 사람의 더러움이 물로 깨끗이 씻기듯, 사람의 죄가 그리스도의 피로 깨끗이 씻기는 것을 나타냅니다. 성찬의 떡은 십자가에서 찢기신 예수님의 몸을, 포도주는 십자가에서 흘리신 예수님의 피를 상징합니다. 수찬자는 두 눈으로 그리스도의 찢기신 몸과 흘리신 피를 생생하게 보며 은혜를 받습니다.

성례는 오감이 사용되는 공감각의 말씀입니다. 구약의 할례에는 살이 잘리는 고통이 있습니다. 유월절과 각종 제사에는 죽어가는 짐승의 고통과 표정과 비명과 피비린내와 살 냄새가 있습니다. 신약에서 세례자는 물이 주는 촉감을 온 몸으로 느낍니다. 성찬의 수찬자는 떡과 포도주를 입으로 먹고 마십니다. 하나님은 이렇게 구약이든 신약이든 성례에서 사람의 여러 감각을 통해 여러 의미를 전달하고 교육하십니다.

3. 말씀과 성례는 믿음을 그리스도의 희생으로 인도하기 위해 제정되었다.

말씀과 성례를 통하여 십자가의 그리스도의 희생을 보지 못하면 아무 소용이 없습니다. 이스라엘 백성은 부패하였을 때에 구약의 성례가 상징하고 예표하는 그리스도를 보지 못했습니다. 그들은 습관적으로, 문화적으로 제사를 지냈습니다. 그러한 제물은 아무리 많아도 아무 소용이 없습니다. 하나님은 이것을 "너희의 무수한 제물이 내게 무엇이 유익하뇨 나는 숫양의 번제와 살진 짐승의 기름에 배불렀고 나는 수송아지나 어린 양이나 숫

염소의 피를 기뻐하지 아니하노라 너희가 내 앞에 보이러 오니 이것을 누가 너희에게 요구하였느냐 내 마당만 밟을 뿐이니라"라고(사 1:11-12) 하셨습니다. 이들은 제사의 의미를 몰랐기 때문에 동시에 악을 행하고 손에 피를 가득 흘렸습니다.

할례는 사람의 별 수 없음과 그리스도의 대속을 나타내지, 단순히 살을 벰으로써 이스라엘의 구성원이 되는 것을 나타내지 않습니다. 설령 할례를 하지 않을지라도 율법의 규례를 지키는 자가 할례를 한 자와 같고, 설령 할례를 했을 지라도 율법을 지키지 않는 자는 무할례자와 같습니다(롬 2:25-29). 구약의 백성은 마음에 할례를 행해야 하고, 목을 곧게 하면 안 됩니다(신 10:16). 마음의 가죽을 베며 악행을 하지 않는 것이 할례이지, 단순히 표피를 베는 것이 할례가 아닙니다(렘 4:4). 하나님은 이스라엘 백성의 마음에 할례를 베푸시어 그들로 마음과 뜻을 다하여 하나님 여호와를 사랑하게 하사 생명을 얻게 하십니다(신 30:5-7). 이것이 할례를 비롯한 여러 성례를 베푸신 목적이고, 신약의 성례인 세례와 성찬에도 그대로 적용됩니다.

세례를 받는 자나 지켜보는 자는 예수와 합하기 위하여 세례를 받는 것인 줄(갈 3:27) 알아야 합니다. 그의 죽음과(롬 6:3) 부활에 동참하기 위해 세례를 받는 것이지, 다른 목적이 없습니다. 성례 때 잔을 받는 것은 그리스도의 피에 참여하는 것이고, 떡을 받는 것은 그리스도의 몸에 참여하는 것입니다. 우리는 이 떡과 이 잔을 먹고 마실 때마다 주의 죽으심을 기억합니다. 신약에는 세례와 성찬 2가지의 성례가 있는데 모두 우리 구원의 유일한 근거인 그리스도의 희생으로 인도합니다.

4. 말씀과 성례의 공통점과 차이점

은혜의 수단인 말씀과 성례 사이에는 공통점이 있습니다. 첫째는 하나님께서 은혜의 수단으로 제정하셨습니다. 둘째는 그리스도가 내용의 중심입니다. 셋째는 믿음을 통하여 은혜에 참여합니다.

말씀과 성례 사이에는 차이점도 있습니다. 첫째는 말씀은 꼭 필요하지만, 성례는 꼭 필요하지는 않습니다. 예수님과 함께 십자가에 못 박힌 강도가 성례 없이 예수님의 말씀을 통하여 구원을 받은 것에서 말씀은 필수적으로 성례보다 우선인 것을 알 수 있습니다. 말씀 없이 성례만을 보고서 성례의 의미를 알 수가 없습니다. 둘째는 말씀은 믿음을 강화시킬 뿐만 아니라 믿음을 발생시키기도 하지만, 성례는 말씀에 의하여 발생된 믿음을 강화시킬 뿐입니다. 말씀 없이 성례만을 보고서 예수 그리스도에 대한 믿음을 갖지 못합니다. 셋째는 말씀은 다양한 형태로 세상을 향하여 선포될 수 있는데, 성례는 오직 교회에서만 성도들에게 시행됩니다. 바깥 사람들에게 시행되어도, 그들은 그 의미를 모르고 성례를 멸시합니다.

차이점에서 알 수 있는 바와 같이 우리는 말씀을 성례보다 우선적으로 봅니다. 성례는 믿음을 전제로 하고 있고, 믿음이 받아들여진 곳에서만 시행됩니다. 성례는 말씀 없이 본래의 의미와 목적이 나타나지 않지만, 말씀은 성례 없이도 그 뜻과 목적을 성취합니다.

하지만 로마 가톨릭은 말씀의 우월성을 인정하지 않고, 성례를 진정한 은혜의 수단으로 생각합니다. 로마 가톨릭이 이렇게 생각하는 것은 떡과 포도주를 먹고 마실 때, 실제로 예수 그리스도의 몸과 피를 먹고 마신다고 생각하기 때문입니다. 성만찬을 집례하는 신부가 떡과 포도주를 들고 "이것은 나의 몸과 피이니라"고 말하는 순간에 실제로 그리스도의 몸과 피로 변한다는 화체설(化體說)을 믿기 때문입니다.

		말씀	성례
공통점	제정자	하나님	
	중심 내용	그리스도	
	참여하는 유일한 길	믿음	
차이점	필수불가결 여부	필수불가결	없어도 됨
	믿음의 발생과 강화	믿음을 일으키고 강화	믿음을 강화
	적용 대상	신자를 포함해 불신자들에게도	교회 안에 있는 자들에게

심화 설명 6: 타락 전 선택설(supralapsarianism, 전택설)과 타락 후 선택설 (infralapsarianism, 후택설)

1618년 11월 13일에 시작한 도르트 총회에 12월 6일과 10일에 나타난 항론파는 여러 무리한 요구를 하면서 의제들의 순서를 바꾸어 유기를 먼저 다루자고 제안했습니다. 외국 대표자들이 유기에 대하여 다양한 의견을 갖고 있기 때문에 이들의 분열을 노린 것이었습니다. 선택과 유기의 교리를 받아들이는 도르트 총대들일지라도, 하나님께서 어떤 사람들을 언제 선택하셨고 유기하셨느냐에 대해서, 그리고 유기의 최종 원인을 어떻게 보고 어떻게 표현해야 하는지에 대해서는 차이가 있었습니다.

하나님은 세상의 창조와 아담의 타락 이전에, 영원 전에 하나님은 가장 지혜로우시며, 가장 거룩한 자기 뜻의 계획에 따라 무엇이든 발생할 일들을 지혜롭게 그리고 변할 수 없게 정하셨습니다. 이때 하나님은 발생할 일들을 선택과 유기와 관련하여 어떠한 순서로 정하셨을까요?

① 타락 전 선택설: 창조될 자들 중 택자들과 유기자들의 선정(選定) → 그 택자들과 유기자들의 창조 → 택자들과 유기자들의 타락 허용 → 택자들의 구원과 유기자들의 정죄

② 타락 후 선택설: 사람들의 창조 → 그들의 타락 허용 → 택자들과 유기자들의 선정

전택설과 후택설은 모두 하나님께서 시간 속에서 작정하신 것을 실제로 집행하시기 전에, 하나님께서 일들의 발생을 어떠한 순서로 작정하셨는가에 대한 주장입니다. 전택설은 사람들의 타락(lapsus)을 허용하시기 전(supra)에 먼저 어떤 자들을 구원으로 선택하시고, 어떤 자들을 파멸로 유기하실 것인지를 정하시는 것입니다. 그 후에 그들을 창조하시고, 그들의 타락을 허용하십니다. 이어서 선택하신 자들을 의롭다 하시며 구원하시고, 유기하신 자들의 죄를 정죄하십니다. 여기서 선택의 대상은 앞으로 "창조되고 타락할 자"(creabilis et labilis)입니다.

이에 비하여 후택설은 사람들을 창조하시고, 그 후 그 사람들의 타락을 허용하시기로 작정하시고, 그 후에(infra) 어떤 이들을 선택하시고, 다른 이들을 유기하실지를 정하십니다. 후택설의 선택의 대상은 이미 "창조되어진 타락한 자"(creatus et lapsus)입니다. 도르트 신경 제1장 제7항은 하나님께서 "처음의 순전한 상태에서 자신의 잘못으로 죄와 멸망으로 빠져 들어간 전 인류 종족으로부터" 일부를 선택하셨다고 말합니다. 하나님은 "죄와 멸망으로 빠져 들어간 전 인류 종족으로부터" 선택하셨으니, 도르트 신경은 후택설에 속합니다.

전택설은 선택과 유기에 있어 토기장이의 비유가 보여주는 하나님의 절대적 주권을 강조합니다. 절대적 주권에서 오는 선한 기뻐하심이 왜 창조를 하시고, 왜 타락을 허용하셨는가에 대한 답입니다. 그런데 이것은 정확한 답이 되면서, 동시에 죄의 문제를 해결하지 못하는 것이기도 합니다. 하나님께서 죄를 허용하셨다는 표현은 하나님의 능력을 벗어나 죄가 들어왔다는 의미를 갖기 때문입니다. 이에 대한 해결책은 하나님께서 죄가 세상에 들어오도록 작정하셨다고 하면 되는데, 이것은 바로 하나님을 죄의 조성자로 만들 가능성이 있습니다. 전택설은 하나님께서 어떤 자를 간과하시는 것은 타락의 허용 이전에 발생하고, 유기자의 죄를 정죄하는 것은 타락 이후에 발생한다고 말하는데, 이것은 간과와 정죄의 시점을 분리시킨다는 면에서 비논리적입니다.

후택설은 하나님의 사랑과 자비를 강조합니다. 죄를 지은 사람들 중에서 일부를 아무 이유 없이 오직 사랑과 자비로 선택하신 것을 강조합니다. 후택설도 죄의 문제는 해결하지 못합니다. 후택설은 하나님께서 사람들을 창조하시기로 작정하신 후에 그들의 타락을 허용하시기로 작정하신 것인데, 이때 죄가 어떻게 사람에게 들어오는가에 대한 문제는 여전히 해결되지 않습니다. 즉 타락의 허용이 하나님과 관련하여 어떤 의미인지 전택설이나 후택설이나 모두 해결하지 못합니다. 후택설도 왜 하나님께서 타락을 허용하셨는가에 대한 답으로 하나님의 선한 기뻐하심을 말하는데, 전택설과 같습니다.

전택설이나 후택설이나 엄밀한 논리의 전개에 있어서는 허점이 있습니다. 무한하신 지혜의 하나님께서 영원히 작정하신 것을 유한한 사람들이 논리로 전개하다 보니 어쩔 수 없습니다. 우리는 하나님은 사람의 이해 능력으로는 완전히 이해가 되지 않는 불가해한 분임을 명심해야 합니다. 여기 땅에서는 거울로 보는 것 같이 희미할 수밖에 없고, 완전한 이해는 얼굴과 얼굴을 대하여 보는 하나님 나라에서만 가능합니다. 지금은 우리가 부분적으로 아나, 그 때에는 주께서 우리를 아신 것 같이 우리가 온전히 알게 되므로, 이 땅에 있는 동안은 늘 겸손해야 합니다.